M. Basilea Schlink

WIE ICH GOTT ERLEBTE

WIE ICH GOTT ERLEBTE

SEIN WEG MIT MIR
DURCH SIEBEN JAHRZEHNTE

Evangelische Marienschwesternschaft
Darmstadt-Eberstadt

ISBN 978-3-87209-344-8

1. Auflage des Gesamtbandes 1975
5. durchgesehene Auflage 2017
25. bis 27. Tausend

I. Teil: ER ZEIGT DER WEGE SINN
als Teilband bereits 1969 erschienen

II. Teil: ... UND FÜHRT ZUM ZIEL
Manuskript abgeschlossen im Herbst 1973

© Verlag Evangelische Marienschwesternschaft e.V.
Darmstadt-Eberstadt 2017

Bibelzitate, soweit nicht anders angegeben, aus der Lutherbibel,
revidierter Text 1984, durchgesehene Ausgabe in neuer Rechtschreibung
© 1999 Deutsche Bibelgesellschaft, Stuttgart.
Weitere Bibelübersetzungen:
[L12]: Lutherbibel 1912
[M]: Übersetzung von Hermann Menge

Übersetzt in 21 Sprachen
Printed in Germany

Dieses Buch sei in großem Dank Mutter Martyria gewidmet, meiner getreuen Weggefährtin, ohne die ich meinen Auftrag in der Marienschwesternschaft nie hätte ausführen können. Ihre restlose Hingabe, Glaubenswege mit mir zu gehen, insbesondere für unser Land Kanaan, und ihre Opferbereitschaft, nicht nur meine Lasten zu teilen, sondern mich auch immer neu freizustellen für alle anderen Aufträge, die Gott mir gab, hat es mir möglich gemacht. Möge der Herr ihr reich vergelten!

Ich preis den Namen, der Ja und Amen,
ich preis die Wege, die ich musst gehen
in dunkle Nacht, die mir gebracht
Frucht, Segen ohne Ende.
Ich preis den Namen, der Ja und Amen,
der führt zum Ziel, weil ist Sein Will
einzig nur Liebe, Güte.

Ich preis Sein Raten, preis Seine Taten,
die wundersam, voll Weisheit sind.
Ich preis Sein Führen, preis Sein Erküren
des Morija-Wegs in Nacht ohn End,
den Er in Herrlichkeit gewendt.

Ich preis den Namen, der Ja und Amen
und wunderbar führt alls zu End.
In Frucht und Segen enden die Wege,
die Gott, der Herr, mich hat geführt.
Mein Seel muss preisen in vielen Weisen:
Wer ist wie Gott, mein Vater hehr!

I.TEIL: ER ZEIGT DER WEGE SINN

II. TEIL: ... UND FÜHRT ZUM ZIEL

Jahr des Todes – Begraben seiner Verheissungen – und Auferstehung 1958–1959

Zurückgeschenktes Leben und neue Aufträge 1959–1964

Berg Sinai – Höhepunkt meines Lebens 1963–1969

Kanaan – letzte Fundierung und Vollendung 1960–1973

I. TEIL: ER ZEIGT DER WEGE SINN

ICH FREU MICH FAST IMMER SEHR

KINDHEIT UND JUGEND
IN BRAUNSCHWEIG 1904–1920

In einer stillen Straße mit einem traulichen Rondell von Kastanienbäumen lagen einzelne, meist schlichte, kleine Villen in Gärten. Doch oft war diese Straße recht belebt. Viele Kinder mussten in den Häusern wohnen, auch in den angrenzenden Straßen, denn es war eine ganze Schar zwischen acht und zwölf Jahren, die unter Führung eines Mädchens – nicht eines Jungen – zu kleinen Streifzügen in die Gärten auszog. Gaußstraße 31 – welche Kindheitserinnerungen an jene Jahre, in denen ich hier mit meinen Eltern und meinem älteren Bruder wohnte! Was schloss dies eine Wort *Gaußstraße* in sich!

Obwohl am 21.10.1904 in Darmstadt geboren, war meine eigentliche Heimat Braunschweig, wohin mein Vater einen Ruf an die Hochschule als Professor für Mechanik bekommen hatte, als ich erst eineinhalb Jahre alt war. Hier nun in der Gaußstraße stand das geliebte kleine Haus mit seinem Garten, der außer der Laube sogar einen Springbrunnen mit Goldfischen hatte; hier hatte ich mein eigenes Zimmer – dies alles umschloss das Reich meiner Kindheit.

An Abwechslung reich war das Erleben in dem geistig regen Elternhaus, in dem man teilhatte am Leben der Technischen Hochschule, die nur sieben Minuten entfernt lag. Dort war der von allen Studenten verehrte und nicht zuletzt von seiner kleinen Tochter bewunderte Vater jahrelang Rektor. Sehr stark nahmen meine Eltern – durch das Geschehen der Kriegsjahre 1914–1918 noch unterstrichen – Anteil am Geschick unseres Volkes. Als

Vierzehnjährige erlebte ich darum den Zusammenbruch des kaiserlichen Deutschlands intensiv. Er brachte die Flucht unserer Familie aus Braunschweig mit sich, weil mein Vater von umstürzlerischen Elementen als Geisel gefangen genommen werden sollte.

Diese Erlebnisse hatten auf mein inneres Leben keinen entscheidenden Einfluss, dafür aber umso stärker die ausgesprochen ethische Haltung meiner Eltern. So schrieb ich dreizehnjährig in mein Tagebuch:

> *L. und B. [zwei Schulfreundinnen] machen sich nichts aus dem Lügen, aber das tue ich.*   25.1.1918

Obwohl ich geistig sehr gepflegt wurde und in einem gottesfürchtigen Elternhaus aufwuchs, meine Eltern mit mir als kleines Kind beteten, war ich in geistlicher Beziehung doch letztlich ohne Betreuung; denn meine Eltern hielten sich damals noch kaum zur Kirche und hatten noch keinen Zugang zu gläubigen Kreisen gefunden. Sie kannten Jesus als ihren persönlichen Heiland noch nicht. So konnte ich bei all den Freuden meiner Kinderzeit das Entscheidende doch nicht sagen: „Weil ich Jesu Schäflein bin ..." Ich war neben allem fröhlichen Wesen andererseits auch scheu, verschlossen und ängstlich. Wohl hatte ich im Religionsunterricht durch die biblischen Geschichten von Jesus gehört, doch nicht so, dass es mein Herz erreicht hätte. So kam mir von daher kein Trost in meinem Kummer bei einem großen Leid, das meine Eltern trugen und um deswillen ich morgens oftmals mit verweinten Augen in die Schule kam.

Doch war ich von Natur fröhlich und gern ein wenig übermütig. Darum wusste ich in jenen Kinderjahren trotz mancher Kümmernisse oft nicht, wohin mit meiner Freude und Lebenslust. So heißt es in meinem Tagebuch:

> *Ich freu mich fast immer sehr, die Welt ist auch zu sehr himmlisch.*   25.1.1918

Bei diesem zuweilen ungebändigten Temperament war es eine große Gnade, dass meine Mutter bei meiner Erziehung sehr weise war und mir begreiflich machte, dass ich mich unbedingt ändern müsse. Das ging mir auch sehr zu Herzen, und ich hielt mich darum für das schlechteste Kind, ja ich zählte alle meine schlechten Eigenschaften wie „toll, ungefällig, launisch, zornig" immer wieder auf – doch was sollte mir diese Erkenntnis helfen? Mit dreizehn Jahren schrieb ich:

Ach, ich möchte auch so gut sein, doch oft ist's furchtbar schwer. Ich will mir immer alle Mühe geben und den lieben Gott recht bitten, dass Er mir hilft und zeigt, wie ich's machen soll. Ich kann ja gar nichts und bin so schlecht. 22.6.1918

Natürlich ersehnte sich meine Mutter – wie wohl Mütter zumeist – eine Tochter, die bei ihr säße, Handarbeiten machte und häuslich wäre. Doch gerade Sitzfleisch hatte ich nicht, nur in der Küche machte ich mir gern immer wieder zu schaffen und probierte neue Rezepte. Zumeist aber strebte ich nach draußen, wo die Kinder schon auf ihre kleine Anführerin warteten, um unsere Streifzüge zu beginnen.

So im Mittelpunkt der Kinderschar zu stehen, das ließ natürlich meinen Übermut wachsen, sodass mein Vater mich schelmisch „Jungfer Üppig" nannte. Meine Mutter hatte also statt einer sittsamen Tochter einen kleinen Strolch, und ihre durchschauenden Augen, die hier das Übermütige und zu stark Vorwärtsstrebende in mütterlicher Sorge sahen, erkannten, was in mir beschnitten werden musste. In ihrer Liebe setzte sie darum alles daran, dass dies geschah. Damit wurde dem Wachstum dieser Veranlagung ein Riegel vorgeschoben. Gott sei Dank für die Gnade, dass Er mir eine solche Mutter gab, so viele Tränen auch dabei geflossen sind. Denn gerade hierin wurde Seine gnadenreiche Hand sichtbar, die dies so übermütig emporschießende Pflänzlein in seinen Trieben beschnitt und mich doch schon als Kind lehrte, nach der Hilfe Gottes auszuschauen.

Ein ähnliches Beschnittenwerden durch Gott erlebte ich später in der Zeit der Tanzstunden, in die ich fünfzehnjährig kam. Da ich Tanz und Musik über alles liebte, war ich hier wieder in meinem

Element. Ich war eine der beliebtesten Tänzerinnen und immer fröhlich im Kreise der anderen, wenn wir in den verschiedenen Häusern zusammenkamen. Doch auf einen Schüler kam es mir besonders an. Ich liebte ihn mit der ganzen Liebe meines Herzens, sodass meine Gedanken und Empfindungen eineinhalb Jahre lang nur um ihn kreisten und um die Frage, ob er mich wohl auch liebe. Aber dieses Echo versagte mir der Herr. Wieder war die gnadenreiche Hand Gottes über mir und züchtigte mich. Er hatte mich von Ewigkeit her erwählt, dass ich Sein Eigen sei. Es war dieses Nein Gottes, das meine Bäume nicht in den Himmel wachsen ließ, sondern sie tüchtig beschnitt. Die Tanzereien und alle Vergnügen waren mir bald vergällt, weil ich jedes Mal spürte: Der, auf den es mir ankommt, gibt nichts auf mich. Und wieder trieb mich diese Not hin zu Gott und ich schrieb in mein Tagebuch:

Warum lebt man eigentlich? Trost über alles dieses findet man wirklich nur bei Gott, sonst könnte ich mit den Schmerzen nicht leben. 11.7.1920

So war ich durch die Nöte meiner Kindheit und frühen Jugend, die ich, meinem Alter entsprechend, als wirkliches Leid empfand, zu Gott hingetrieben worden. Ich hatte angefangen, sagen zu lernen: „Was Gott tut, das ist wohlgetan und das Beste für dich." Ich hatte etwas von der Grenze erfasst, die dieses Leben setzt, wenn wir es in vollen Zügen genießen wollen. Es hatte mich gelehrt, dass hier auf Erden alles unvollkommen ist – am meisten wir Menschen – ich selbst.

„Bis jetzt habe ich – glaube ich – noch meinen Kinderglauben", so lautet um jene Zeit ein Tagebuchvermerk. Es war der Glaube an den lieben Gott, ein Glaube an Christus, doch ohne dass ich Ihn als einen persönlichen Heiland erfasst hatte. Im Laufe meines sechzehnten Lebensjahres aber begann dieser Glaube immer mehr zu zerbrechen. So schrieb ich in dieser Zeit:

Natürlich glaube ich nicht so alles aus dem Alten Testament, z.B. die Schöpfungsgeschichte usw. Wie kann da ein Mensch

das wissen, wie Gott die Erde erschuf und noch so mancherlei.
Das kann ich aber nicht begreifen, wie Menschen Atheisten
werden können. Ein Atheist und ein Materialist könnte ich
nie sein.   1.7.1920

Die letzte Aussage rührte von dem positiven Einfluss des Elternhauses her, das gegen alles Materialistische und Atheistische eingestellt war. Der idealistischen Gesinnung, die dort herrschte, war
alles Satte und Selbstgenügsame fern. Dieses ethische Streben lag
auch in mir. Ich schrieb damals weiter:

Wenn jemand an keinen Gott glaubt, so fehlt ihm die Liebe
hier auf Erden. Er gibt sich keine Mühe, vollkommen zu wer-
den, arbeitet nicht an sich, tut alles nur für sich, und wenn er
tot ist, ist alles aus. Darum sucht er es sich auf Erden so schön
wie möglich zu machen, auf welche Weise, ist ihm gleich, ob er
andere dadurch unglücklich macht. Ach, was bin ich noch so
schlecht: Neid, Eifersucht, Trotz vor allen Dingen und meine
Laune, pfui. Wie muss ich mich noch bessern! Ich will mich
jeden Tag prüfen in Kleinigkeiten und will erreichen, mich zu
bezwingen, alles Schlechte zu bekämpfen, anderen Sonne zu
geben.   1.7.1920

Nach dieser Tanzstundenzeit kam nun ein neuer Lebensabschnitt: die Zeit meiner Konfirmandenstunden, in der ich in die
religiöse Auseinandersetzung hineingestellt wurde. Ich war sech-
zehn Jahre alt, und es erwachte das Erbe meiner Väter: Betonung
des Verstandes, des Kritik- und Urteilsvermögens. Damals ahnte
ich noch nicht, wie viel Not mir mein Verstand noch machen
würde und welch sündige Gebundenheit das starke Kritisieren
ist. Wir hatten einen Pastor, der uns gute und wichtige Gedanken nahebrachte. Doch da er trotz seines Gottvertrauens nicht
an Jesus als seinen Erlöser glaubte, brachte er uns im Unterricht
viel Idealismus bei. Es war ein rein menschliches Anfeuern, in
den ethischen Kampf gegen das Böse einzutreten. Ich schrieb
damals in mein Tagebuch:

Pastor X sagte, dass wir Menschen hier auf Erden auch schon der Ewigkeit angehören können und nicht erst nach dem Tod, wie einige glauben. Ja, gehöre ich der Zeit oder der Ewigkeit an? Ich will und möchte der Ewigkeit angehören und will an mir arbeiten, dass ich meine Achillesferse überwinde und ein guter, tiefer Mensch werde mit Gottes Hilfe. 30.10.1920

Pastor X fragte: Was würdest du tun, wenn du in vierundzwanzig Stunden sterben müsstest? Dann würde man wohl mit aller Kraft gegen Schwächen ankämpfen und Gutes tun, denn bald stehst du vor dem Richterstuhl. So sollen wir immer denken, wer weiß denn, ob wir nicht bald schon abgerufen werden. Ja, der Wille zur Besserung ist stark, doch das Fleisch ist schwach. Wenn ich doch nicht so furchtbar launisch wäre! 27.11.1920

Ich zog aus allem die Folgerung:

Ich finde, das Leben geht jetzt mit mir nicht mehr so weiter. Ich mache es wie jener Amerikaner Franklin, prüfe mich jeden Tag und lege mir dann eine Tabelle an, um die Besserung genau verfolgen zu können. Erst muss ich mir einen Plan über meine Schwächen machen. Das ist zu Hause: Ungefälligkeit, Unordnung, unfreundliches, stacheliges Auffahren, zuletzt: wie viele Male ich im Großen selbstsüchtig gehandelt habe. 27.11.1920

So war mein ethisches Streben durch die Konfirmandenstunden wohl noch verstärkt worden. Doch wurde mir durch diese Stunden auch die neue Erkenntnis zuteil, noch ganz weit von Christus entfernt zu sein, ja, keine wahre Verbindung mit Gott zu haben.

Ich glaube fast, ich habe mir in X [der Tanzstundenliebe] einen Götzen geschaffen, an dem all meine Liebe und mein Denken hängt, sodass ich Gott vergesse. Ich weiß nicht, ich stehe mit Gott eigentlich gar nicht so nah, dass ich beim Beten das Gefühl hätte, Christus ist bei mir. Ich gehe zu sehr in dieser Welt auf, sodass mir irgendeine nähere Verbindung mit Gott etwas

Fremdes wäre. Ich kann das nicht so ausdrücken. Ich weiß nur, ich habe noch nicht den richtigen Weg gefunden. Wenn es heißt: Christus muss eben in uns einziehen, wir fühlen direkt, wie Er uns begleitet, wir sind immer mit Ihm verbunden, so kommt mir dies vor wie eine fremde Sprache. Ich möchte auch so ein Leben, doch wie anfangen, dass so ein Zustand eintritt? Ich beschäftige mich noch zu viel mit all den irdischen Dingen, mit Liebe, Schule, Vergnügen. Ich verstehe einfach nicht, wie bedeutende Männer Gottes Nähe fühlen und Seine Stimme hören. Ich meine, dass sie unbewusst fühlen, jetzt tritt dies oder jenes ein, jetzt muss ich dies oder jenes machen. Ach, ich suche auch halb unbewusst in all solchen Büchern nach etwas, ich kann selbst nicht sagen, nach was, was mir in vielem ähnlich ist, und finde nirgends etwas. 30.12.1920

Diese Erkenntnis, dass mir etwas in meinem religiösen Leben fehlte, war ein Geschenk Gottes, denn die Wahrheit macht frei. Und somit brachte mich die Konfirmandenzeit, obwohl ich seitdem mehr in Zweifel kam, dennoch dem Herzen Jesu näher.

Für meinen Konfirmator war ich allerdings ein hoffnungsloser Fall. Seine Frau erzählte meinen Eltern, dass Pastor X mehrere Male entsetzt von der Konfirmandenstunde heimgekommen sei und gesagt habe: „Hätte ich noch mehr solche wie das Klärchen Schlink, könnte ich einpacken." Ich stellte so viele Zweifelsfragen, sicherlich in selbstbewusster und übermütiger Art, was für den Unterricht störend sein musste. Schließlich rief er mir das Wort zu: „Das Wort vom Kreuz ist eine Torheit denen, die verloren werden!" Das solle ich mir merken, dass ich mit meiner verstandesmäßigen Einstellung verloren gehen müsse. Und dann gab er mir dieses Wort als Konfirmationsspruch. Doch hat es noch eine zweite Hälfte, und ich bekam den ganzen Vers, der endet: „Uns aber, die wir selig werden, ist's eine Gotteskraft" (1. Kor. 1,18).

Einige Jahre später durfte ich meinen Konfirmator besuchen als Schwester einer Bibelschule, als eine, die im Dienst Jesu stand und die Kraft des Wortes vom Kreuz bezeugen konnte. Darauf sagte er: „Es geschehen noch Wunder."

In meiner Kindheit und Tanzstundenzeit sowie in der darauf folgenden Konfirmandenzeit war es immer das Gleiche: Gott stemmte Sein Kreuz in die sündige Veranlagung, die sich ausleben wollte, und dann musste etwas in mir sterben. Und siehe, jedes Mal ließ Gott etwas Neues auferstehen.

In der Kindheit wurde das Gebet zu Gott erweckt, mir doch in allem zu helfen im Angesicht meiner Fehler, die mir unter der weisen Erziehung meiner Mutter schmerzlich bewusst wurden. Während der Tanzstundenzeit wurde mir zum Schluss durch die große Enttäuschung die Erkenntnis gegeben, mir einen Götzen geschaffen zu haben, an dem all mein Leben und Denken hing, sodass ich Gott vergaß.

In der Konfirmandenzeit wurde mir meine verstandesmäßige Einstellung und mein Kritikgeist zur Last, da ich damit meinen Konfirmator so sehr betrübte und er mir immer wieder von der drohenden Gefahr sagen musste, zu den Verlorenen zu gehören. Das schmerzte mich tief, doch war es letztlich Gott, der sich mir darin um meines Zweifelsgeistes willen in den Weg stellte, um so dessen Weiterwachsen zu hindern, ja mich in meiner stark verstandesmäßigen Veranlagung so weit zu treffen, dass ich einen Erlöser nötig hatte. Doch das brauchte noch ein bis zwei Jahre, in denen ich an meinem starken Willen und meiner Verstandesbetonung immer mehr zu leiden hatte und davor zu kapitulieren begann.

So wurde das Sehnen, Gott nahezukommen, aus diesen verborgenen Kindheits- und Jugendkümmernissen geboren, die, wenn es auch nur vorschattend geschah, doch darauf hinweisen, dass alle Trübsal Herrlichkeit mit sich bringt, ja auch das geringste Kreuz, das wir zu tragen haben, selbst das Kreuz unserer Sünden, uns näher zu Jesus bringt.

GESCHEITERTE ETHIK – IHM BEGEGNET

DARMSTADT, OSTERN 1921 BIS OSTERN 1923

Als ich sechzehneinhalb Jahre alt war, zogen meine Eltern nach Darmstadt, da mein Vater den Ruf der dortigen Hochschule angenommen hatte. Weil meine Schule früher begann, siedelte ich vier Wochen eher nach Darmstadt zu meiner Tante über. War ich als Kind übermütig, sprudelnd, voller Ideen und Einfälle, so war ich nun erst recht voll überschäumender Kraft und Lebensfreude, sodass ich oft nicht wusste, wie und wo ich sie auslassen sollte. Mein neues Betätigungsfeld war nun meine neue Klasse. Ich stellte sie völlig auf den Kopf und brachte zum Beispiel meinen Mitschülerinnen während der Turnstunde die neuesten Tänze bei. Die Lehrer wurden auch in anderen Stunden schlecht mit mir fertig, weil ich auf alles nur eine übermütige Antwort hatte. Ich bekam, obwohl Klassenführerin, einen Eintrag nach dem andern und wurde – da es mein letztes Schuljahr war – mit der Note 3 in Betragen aus der Schule entlassen. Meine Eltern wurden, als sie nach Darmstadt kamen, von allen Seiten mit Berichten über die Streiche ihrer Tochter empfangen.

Und doch war mein Herz voll ungelöster Fragen, voll Sehnen nach Gott. Das zeigte ich natürlich niemandem, sondern trat unserem Religionslehrer, der, wie ich deutlich spürte, selber nicht an Jesus glaubte, in allem entgegen. Aus meinem Tagebuch geht hervor, dass ich trotz meiner nach außen hin sehr selbstbewussten, sicheren Art im Grunde sehr unsicher und suchend war.

Ach, wäre ich noch ein Kind, dass ich alles auf gut Glauben so hinnehmen könnte und glücklich wäre. Doch was kann ich machen, wenn sich mein Verstand widersetzt und ich es nicht einsehen kann? Kein Mensch kann mir Antwort geben, in den Büchern suche ich auch umsonst. 22.5.1921

Wie oft frage ich mich: Haben wir Menschen überhaupt einen freien Willen? Ich sage Nein, denn Gott schafft den Menschen mit guten, bösen, starken und schwachen Charakteren. Was kann ein Mensch dafür, wenn er schlechte Leidenschaften hat und einen schwachen Willen, sie zu bekämpfen? Dagegen andere kämpfen mit Leichtigkeit gegen ihre Schwächen an. Ich begreife diese Einrichtung nicht ...

Christus soll für uns gestorben sein, dass wir die Sünde überwinden können. Hat sie aber ein Mensch je ganz überwunden? Auf alle diese Fragen dürste ich nach Antwort, ohne sie zu finden. Was helfen mir alle schönen Predigten, wenn ich am Grundstock zweifle? Ich las von Schopenhauer über Religion, doch da war manches stark nach der atheistischen Seite übertrieben, aber interessant sind alle diese Philosophen doch. 23.5.1921

So sah es in meinem Herzen aus. Ich sehnte mich nach einem Führer zu Gott hin und fand keinen. Stark angeregt durch meinen Bruder Edmund, der dann auch Philosophie studierte, las ich – nach Wahrheit suchend – in vielen philosophischen Werken, wie Schopenhauer und anderen, was nicht dazu beitrug, mich Jesus näherzubringen. Ich sehe mich noch in jener Zeit mit meinem Bruder Streifzüge durch die Buchhandlungen Darmstadts machen, um alle Bücher, die irgendwelche weltanschaulichen Fragen beantworteten, herauszufinden. Doch daneben griff ich mit gleichem Interesse nach aller schöngeistigen Literatur. So hatte ich mir mit fünfzehn Jahren eine kleine Kunstkartensammlung angelegt und mich viel mit Kunst- und Musikgeschichte beschäftigt, mich aber weniger den eigentlichen Schulfächern gewidmet. Mein Geist hungerte nach Nahrung, und er suchte sie überall, bis er schließlich die Fülle der Erkenntnis in Jesus fand.

Doch noch hatte ich Ihn nicht gefunden. So schrieb ich siebzehnjährig in mein Tagebuch:

Warum kann ich nicht wie andere das Leben genießen in Tanz und Oberflächlichkeit und Glücklichsein? 7.11.1921

Die Weihnachtszeit ist wirklich herrlich, und trotzdem fehlt die innere Einheit, ich bin eben ein Suchender. Ich handle nicht mehr aus Überzeugung, handle noch aus Grundsätzen, die mir früher eingeprägt wurden, die ich auch nicht ganz abschütteln will, und eben weil ich dem Herzen nach das Gute dem Menschen nicht absprechen kann, wenn auch mein Verstand mit dagegen redet. Es ist eben der Glaube an die Würde der Menschheit. Dieser Zustand ist der schlimmste, denn ob man sei Atheist oder Gläubiger, so hat man immerhin eine Überzeugung. Doch bei mir? Ach, wenn mir eine Erleuchtung käme, ich einen Menschen fände, der mich überzeugen könnte. Doch dies Unklare ist schrecklich. 17.12.1921

Warum ist man eigentlich auf der Welt? Da soll der Mensch einen freien Willen haben, da ihn doch Stimmungen packen und er nichts dagegen tun kann? Doch wenn wir ein freundliches Gesicht zeigen und innerlich ist es anders, ist es eine Selbsttäuschung, es bleibt eine Maske. Und nur eine höhere Macht kann uns durch die Zeit heilen. 18.1.1922

Unbegreifliche Gnade ist es, wie Gott mich durch diese quälenden Fragen und inneren Auseinandersetzungen hindurchführte. Er ließ mein willentliches Streben und totes Erkennen völlig zunichtewerden, indem Er mich wieder – wie schon in meinen Kinder- und Jugendjahren – in Nöte führte und mir so das Weitergehen auf diesem Weg versperrte.

Das begann so: Getreu meiner „Religion", sich „immer strebend zu bemühen", an sich zu arbeiten, nahm ich es mir fest vor, ein Überwinder meiner Schwächen zu werden. Doch je mehr ich kämpfte, desto mehr stellte ich fest, dass ich nicht vorankam.

Alles geht vorwärts, nur ich, mein eigenes Selbst, bleibt auf dem alten Punkt stehen. Täglich kämpft man mit sich selbst, doch täglich auch unterliegt man. Nachher sehe ich alles so klar an und auch viel großzügiger und schäme mich, wenn ich mich über Kleinigkeiten ereifert habe. 2.6.1922

Gott brachte dann mein Scheitern durch eine bestimmte Führung auf den Höhepunkt: Mit der Schule war ich nach zehnjähriger Lyzeumsausbildung fertig. Ich lernte erst einmal bei meiner Mutter den Haushalt, und eine meiner nächsten Freundinnen aus Braunschweig war zum gemeinsamen Erlernen gekommen – mir eine ganz große Freude. Doch nun geschah etwas, was mich in höchste Not brachte: Diese Freundin wurde mir im Zusammenleben in ihrem ganzen Wesen auf einmal unerträglich unsympathisch. Was sollte ich tun? Zeigte ich ihr meine Abneigung, würde ich sie sehr verletzen. Das wusste ich und wollte es ihr ersparen. Doch andererseits war ich zu offen, um meine Antipathie verbergen zu können. Hier half kein Sichbeherrschen oder Sichbemühen, um zu einer Lösung zu kommen. Ich erlebte vielmehr mein armseliges Unvermögen und schrieb damals in mein Tagebuch:

So kann und darf es nicht bleiben, aber wie? Nenne ich R. die beste Freundin, und beim geringsten Anstoß im täglichen Leben hört das Verstehen auf und man kann sich nicht mehr finden – o du armseliges Menschenkind! Wenn man nicht die Hoffnung auf eine weitere Entwicklung in der anderen Welt hätte, könnte man vor Verachtung vor der Armseligkeit des menschlichen Lebens den Tod suchen. Wie unvollkommen und beschränkt sind doch der Wille und die Gefühle. Doch soweit ich Willen habe und mein Verantwortungsgefühl es fordert, will ich versuchen, die Freundschaft wieder einzulenken nach meinem Grundsatz, dass die Liebe nicht aufhören darf. 10.6.1922

Es nützt in diesem Fall die Selbstbeherrschung wenig. Ich, mein Wille, kann nichts schaffen, meine Kraft geht hier zu Ende, und ich bin an dem Punkt angelangt, wo ich kleiner Mensch, dessen

Wille ein Nichts ist, sich beugen muss vor Gott und dessen Gnade dankend annehmen. 10.7.1922

Und doch fand ich noch nicht zu Jesus – wie sollten wir Ihn auch erkennen können, Er muss uns die Augen öffnen! So ist es nicht verwunderlich, dass ich selbst in diesen Nöten – wenn auch vielleicht schon unsicher – schrieb:

Ich glaube und traue Gott und Christus – doch bin ich so in den Kämpfen und Nöten und Zweifeln, aus denen mir noch keiner heraushelfen konnte. Nächstens will ich mein Glaubensbekenntnis aufschreiben, nur um mir erst klar und bewusst zu werden, wie weit ich glauben kann. Ich stehe auf dem Standpunkt des Edelmenschentums. Schon von der Zeit an, wo ich kaum erwacht war, erklärte mir mein innerstes, unbewusstes Gefühl und Gewissen diese Auffassung als die gerechteste. Und die Worte Christi: „Niemand kommt zum Vater denn durch mich" [Joh. 14,6] *kann ich nicht glauben.* 10.7.1922

Doch dann kam im August 1922 die große Stunde, wo ich bekennen konnte: „Ich habe nun den Grund gefunden", nämlich Jesus als meinen Heiland. Wie war es gekommen? Ich war in meinem ethischen Bemühen im Zusammenleben mit meiner Freundin zuschanden geworden und zu gleicher Zeit in allem Suchen nach Wahrheit in den Büchern restlos ans Ende gekommen. Da fing ich an, Gott anzuflehen, Er möge – wenn Jesus wirklich Sein Sohn sei, der am Kreuz für uns gestorbene Erlöser und der Weg zum Vater – dies mir irgendwie offenbaren. Und Gott antwortete. Ich war krank und musste einige Tage liegen. Da geschah es in einer Nacht, dass ich Jesus als den Gekreuzigten innerlich schauen durfte. Beim Erwachen konnte ich jubeln: „Ich weiß, dass mein Erlöser lebt" – Jesus, der Gekreuzigte, ist der Weg zum Vater, und ich darf Seine Erlöste sein und Ihm folgen. Das war unaussprechliche Gnade.

Keinem sagte ich von meinem Geheimnis. Ich wusste auch nicht, was ich jetzt, nachdem ich Jesus gefunden hatte, tun sollte.

Gläubige Menschen kannte ich nicht. Doch sorgte Gott selbst für mich. Meine Eltern, die sich für alles Geistige und Religiöse interessierten und Lebensbilder und Werke der verschiedenen Religionen in ihrem Bücherschrank hatten, besaßen auch, ohne dass ich dies wusste, die Biografie von Jung-Stilling. Während meiner Krankheitszeit brachte mir meine Mutter dieses Buch, und zwar am Tag nach jener Nacht, in der ich Jesus gefunden hatte. Ich stürzte mich darauf und verschlang es beinahe. Nun konnte es wirklich im Tagebuch heißen:

Oh, ich bin so glücklich und dankbar, dass ich meinen Heiland gefunden habe im Herzen, und nun besiegt mein Herz alle Verstandesqualen. Ich weiß, dass mein Heiland in mir wohnt. Dann wird Seine Liebe in mir wachsen. Ach, dass ich später doch auch nur Liebe wäre. Die Liebe möchte ich besingen und andichten, denn gibt es wohl etwas Größeres als christliche Liebe?

2.9.1922

Ich verstehe jetzt, dass alles auf die Gnade ankommt, mit der ich nie etwas anfangen konnte. Wie war ich vor der Konfirmation auf dem falschen Weg, wo ich noch ein Buch hatte, in dem ich täglich eintrug, wie weit ich mich gebessert hatte – und wie wenig vermochte ich mit meinem kleinen Willen.

Hätte ich etwas geahnt von der Bedeutung: Christus für uns, ich hätte mich nicht so abgequält, sondern wäre abends glücklich gewesen, dass mir um Christi willen vergeben war, und hätte um neue Kraft und Liebe gebeten. Denn wo Liebe ist, schleifen sich unwillkürlich die Schwächen ab. Natürlich müssen wir auch an uns arbeiten, beten und Gottes Wort lesen. Dann wird Segen auf diesem Versuch praktischer Heiligung liegen, wenn wir auch nicht gleich anders sein können. Ohne Gebetsleben gibt es kein Christentum. Das kannte ich vorher nicht; wie arm war ich, arm und allein. Ich muss jetzt noch viel lesen, auf dass alles lebendig bleibt.

8.10.1922

Doch sonst fehlte mir jede geistliche Führung. Ich fühlte, ich müsse nun ins Gebet, in die Liebe hineinwachsen. Wer sollte mir helfen, den rechten Weg zu gehen, wusste ich doch nichts vom Glauben an die lösende Kraft des Blutes Jesu, nichts vom wirklichen Gebet.

Der Herr aber hatte schon längst den Weg bereitet: Monate vorher hatte ich bereits nach dem rechten Beruf für mich gesucht, und ich war zu dem Entschluss gekommen, Kindergärtnerin zu werden, weil man dabei mit lebendigen Menschen zu tun hat. Da fand ich in einer Zeitschrift die Anzeige des *Evangelischen Fröbelseminars* in Kassel. Sie lachte mich wie ein Gruß des Himmels an, hieß es doch *evangelisches*, das heißt *christliches* Seminar. Ich wusste damals noch nicht, dass das, was sich christlich nennt, nicht immer an Jesus als den Erlöser glaubt, und musste darum noch durch viele Enttäuschungen gehen. Doch Gott hatte mein Herz für dies Evangelische Fröbelseminar entzündet, denn hier sollte ich Erika Madauss, die spätere Mitbegründerin der Evangelischen Marienschwesternschaft, kennenlernen. Sie war es, die mich dann dort in die Mädchenbibelkreise einführte, wodurch ich tiefer in das Wort Gottes hineinwuchs. An Ostern 1923 sollte der Kurs im Fröbelseminar beginnen.

In dem halben Jahr, das ich bis dahin noch in Darmstadt – an unseren Herrn Jesus gläubig geworden – verlebte, machte ich meine ersten Gehversuche als neugeborenes Kindlein in Christus. Obwohl mir die rechte Führung fehlte, war ich in Wahrheit nicht allein: Jesus selbst führte mich.

Wie immer ging ich den Winter über zu den Einladungen der studentischen Korporationen und Kreise, war mir doch das Tanzen höchste Freude. Nun aber konnte ich mich nicht mehr ganz unbekümmert daran freuen, denn ich spürte, dass mich dies von Jesus forttrieb, dass es den Heiligen Geist betrübte. So schrieb ich damals in mein Tagebuch:

Ich komme so oft über die Äußerlichkeiten nicht zu Gott.

11.11.1922

Ich weiß jetzt ganz genau, dass ich nach Kassel muss, denn entweder Christus oder die Welt. Und wenn ich so weiter tanze, lebe ich mit meiner Gedankenwelt nur mit dem Satan. Denn

Kleider, Wunsch nach Schönheit, Beliebtheit kreisen ständig in meinem Kopf, und beten kann ich nicht, wenn ich morgens um halb fünf nach Hause komme, wie benommen von Musik, Tanz, der einzigartig berauschenden Atmosphäre, obwohl mein Vergnügen harmlos ist. Doch nachher komme ich von all den Eindrücken nicht mehr los, und Gottes Wort verliert die Kraft, weil meine Seele von anderen Gedanken erfüllt ist und keinen Raum mehr für göttliche, geistliche Gedanken hat. Da bin ich froh, wenn es nach Kassel geht. 18.12.1922

Nachdem ich dies in mein Tagebuch geschrieben hatte, machte ich einen Schluss-Strich und ging von da an nicht mehr zu den Tanzereien. Wie leicht machte der Herr es mir mit dieser Absage, weil ich bald darauf von Darmstadt wegkam.

AUF DER SUCHE NACH DEM WEG

FRÖBELSEMINAR KASSEL,
OSTERN 1923 BIS HERBST 1924

Evangelisches Fröbelseminar Kassel – ein Haus am Stadtrand mit einem Hof und Garten, groß genug, dass an Sommerabenden die Schar der 120 *Heimchen* dort in reiner, jugendlicher Freude ihre Volkstänze tanzte, zu denen sie die alten Volks- und Liebeslieder aus dem ZUPFGEIGENHANSL sang und mit der Laute begleitete. Es war die Zeit der abklingenden Jugendbewegung, die hier nochmals ihr Bestes wirkte, da unter der Jugend ein ausgesprochen guter Geist der Natürlichkeit, Zucht und zugleich des Frohsinns herrschte. So war ich glücklich, in diesen Kreis aufgenommen zu sein und achtzehnjährig mit so vielen Gleichaltrigen in einem Heim zu lernen, zu singen und zu spielen in einem wirklich kameradschaftlichen Geist.

Auf solch guten Geist legte die Leitung besonderen Wert. Sie sah es als ihre Aufgabe an, die ihr anvertraute Jugend, die sie wiederum zu Erzieherinnen heranbilden sollte, innerlich zu liebeoffenen, verantwortungsvollen, einsatzbereiten Menschen zu erziehen. Wir sollten darum auch nicht in unserem abgeschlossenen Internatsleben aufgehen, sondern vielmehr an den politischen Krisen der damaligen Zeit intensiv Anteil nehmen.

Unvergesslich ist mir die Stunde, als wir am 9. November 1923 miteinander vom Hitlerputsch hörten und große Erschütterungen für unser Volk herannahen spürten. Und als wir unter die Schatten der Inflation kamen, eiferten wir, das entwertete Taschengeld,

für das wir unter anderem unsere täglichen Brotrationen einzu-
kaufen hatten, miteinander zu teilen. Denn solche idealistischen
Werte hatten uns unsere Lehrkräfte immer wieder als Höchstes
verkündet.

So war man unermüdlich bemüht, uns zu treuer Pflichterfül-
lung, Rücksichtnahme und Umsicht zu erziehen. Doch wollte die
Leitung ihre Schülerinnen wirklich zu Jesus als unserem Heiland
führen, wie ich es selbstverständlich angenommen hatte, als ich
die Anzeige des Evangelischen Fröbelseminars las? Jesus war
der feinen, ethisch hochstehenden Oberin und auch dem Pfarrer, der die Religionsstunden gab, eine Idealgestalt, doch nicht
der Gekreuzigte, der Retter und Erlöser. So fand ich die innere
Nahrung, die ich mir so heiß ersehnte, in diesem Hause nicht
trotz des großen, unschätzbaren Dienstes, der hier für meine
ethische Erziehung getan wurde. Jahrelang ließ mich Gott noch
warten, bis ich in das Bibelhaus kam, in dem ich fand, was mein
Herz sich damals ersehnte: in einer Gemeinschaft von gläubigen
Menschen sein zu dürfen, von Jesus zu hören und auf den Weg
Seiner Nachfolge geführt zu werden.

Und doch gab Gott damals alles, was ich für meinen inneren
Weg brauchte. Er schenkte mir durch die gute Erziehung, die uns
zuteilwurde, zugleich mehr und mehr den Blick in mein eigenes
Herz und überführte mich Stück um Stück meiner Sünde. Gott
hatte ein klares Ziel im Auge und wollte mich nicht nur eine kleine
Weile fröhlich sein lassen in Seinem Licht (Joh. 5,35) – fröhlich
in Lehrstunden und geselligem Zusammensein, fröhlich beim
gemeinsamen Feiern und Austauschen. Er führte mich so, dass
ich in der Heimchen-Familie, in die ich hineinkam, nicht gleich
den Zugang zu den anderen Heimchen fand, wie ich es sonst
gewohnt war. Zum Zweck der Erziehung waren nämlich die 120
Heimchen – so hießen die Internatsschülerinnen – in Familien
aufgeteilt, die jeweils eine der Lehrerinnen als Familienmutter
hatten und auf einem Stockwerk für sich wohnten.

Nach einer Reihe von Wochen wurde dann davon gesprochen,
wer von den Heimchen im neuen Semester als Stubenälteste

zur Wahl aufgestellt würde. Meine Familienmutter und meine Stubenälteste riefen mich zu sich und teilten mir mit: Obwohl ich dafür die Gabe hätte, müssten sie wegen der starken Wertung und Ausprägung des Intellekts und weil ich zu selbstbewusst sei, davon absehen, mich zur Wahl aufzustellen; mir tue solch ein Amt nicht gut. Diese Eröffnung war für mich solch ein Schlag, weil ich an dem Amt der Stubenältesten große Freude gehabt hätte. Denn als solche durfte man an der Gestaltung des Lebens im Fröbelseminar verantwortlich mitarbeiten und besonders für seine *Stubenkinder* eintreten und sorgen. Doch dieser Schlag traf mich noch aus einem anderen Grund: Das Urteil *selbstbewusst* war mir völlig neu. Nach dieser Eröffnung schrieb ich in mein Tagebuch:

Die Stubenältesten wurden mitgeteilt, und ich sollte es nicht sein. Für mich sank im Augenblick alles zusammen. Dann erfuhr ich warum, wegen meines großen Selbstbewusstseins und zu starker Wertung und Ausprägung meines Intellekts ... Ich weiß jetzt, dass es mir am Höchsten mangelt: an der Demut. Täglich werde ich jetzt um Demut bitten und große Liebe. Ich danke Gott, dass es so gekommen ist. Er kann mir helfen. Ich muss Gott dankbar sein für den großen Gewinn, dass ich mich so weit erkannt habe. Und Gott, wenn Er es mir schickt, gibt mir auch die Kraft, darüber wegzukommen. 13.8.1923

In Seiner großen Liebe deckte mir der Herr meine Schwäche auf und ließ mich ahnen, dass Ihm nichts so sehr im Wege steht wie selbstbewusstes, hohes Wesen und dass Ihm das Kostbarste die Demut ist. Bisher hatte ich meine Beliebtheit und die Erfahrung, so oft bei Menschen im Mittelpunkt zu stehen, als etwas Selbstverständliches, zu meinem Leben Gehörendes in Anspruch genommen. Doch in diesen Wochen erkannte ich zum ersten Mal, dass dies letztlich einen bösen, sündigen Grund hatte: Hochmut und Geltungstrieb. Und zwar erkannte ich es dadurch, dass Gott mir in Seiner Güte diesmal nicht gab, was mir sonst zugefallen war: Beliebtheit und Ehre.

Ich frage mich: Was hat Gott mit mir vor, dass ich so leiden muss, so recht zum Erkennen meiner größten Schwäche komme? Mehr und mehr fühle und durchlebe ich es, wie mein Ehrgeiz, mein Stolz nicht befriedigt ist. Ich brauche diese bestimmte Anerkennung anderer so nötig. Das habe ich in diesen Tagen schon einmal voll und schrecklich erkannt ...

Ja, solange es sich um Neid einem Einzelnen gegenüber handelt, da kann man mit einer Waffe, der Liebe, dagegen angehen, doch was macht man so im Allgemeinen, wie bei Geltungsdrang? Ja, auch jetzt viel Liebe zu geben und vor allem Jesus stets zu bitten um Hilfe gegen diesen Teufel und mich in den Gedanken zu versetzen, dass ich, um wirklich Gottes Kind zu sein, mich erst einmal recht zu demütigen habe – darum geht es, und darum bin ich wohl in diesen ganzen Betrieb hineingestellt. Ach Herr, hilf Du mir! 27.8.1923

Welche Gnade Gottes bedeutete dies Zurechtgewiesen- und Gedemütigt-Werden in Wahrheit! Nicht mit Gold aufzuwiegen ist das, was uns Nöte und Durchquerungen unserer Wünsche bringen: einen Reichtum des Segens, der unaussprechlich ist. So nahm mir hier Gott Liebe und Anerkennung durch Menschen, um mir Kostbareres zu geben: in Wahrheit meine Sünde zu erkennen und dadurch zu Jesus hingetrieben zu werden und Ihn finden zu dürfen wie nie zuvor. Ja, Er ließ mich in meinem hohen Ich-Wesen nicht zugrunde gehen, sondern versetzte ihm einen kräftigen Stoß. Ich gab Gott ein Ja zu dieser Züchtigung und wollte mich demütigen, wie ich immer neu in meinen Tagebuchaufzeichnungen zum Ausdruck brachte.

Dennoch war ich ohne jegliche Anleitung und Führung auf dem Weg der Nachfolge. Welche Gnade, dass Gott selbst sich meiner Seele annahm! Er zeigte mir, dass es nun das Wichtigste sei, mir die Wahrheit sagen zu lassen und mich nicht in mich selbst zurückzuziehen, sondern gleich den nächsten Schritt zu tun, den ich versäumt hatte. Und das war: mich unter diese Zurechtweisung zu beugen und den anderen in Liebe zu dienen, wo ich in der Praxis dazu Gelegenheit hatte. Das tat ich fortan, so gut ich konnte. Nach einer Reihe von Wochen sagten mir dann die Familienmutter und auch die Stubenälteste, sie wollten mich nun doch auf die Wahlliste für die Stubenälteste setzen, weil ich mich in Unterordnung den andern gewidmet hätte und nicht gekränkt gewesen sei.

Nach dieser Vorgeschichte wurde ich in einem späteren Semester von allen Heimchen zur Seminarältesten und damit zur Vertretung der gesamten Heimchenschar gewählt. Dies Amt offenbarte neue Schwächen meines Wesens. Es zeigte sich die große Gefahr, dass solches Führen, Gestalten und Wirken mich ganz in Beschlag nehmen wollte – wie zuvor das Tanzen –, und ich spürte bald: Hier muss in meinem Leben etwas anders werden. So heißt es Mitte Mai 1924 in meinem Tagebuch:

Hier im Fröbelseminar als Seminarälteste lebe ich in all den Sorgen um Dinge und Menschenwege bis ins Innerste wie kein Gotteskind – und ich sollte doch nicht so abhängig, sondern ruhig in Gott sein und mit Seiner Kraft die Dinge besorgen. So gehe ich oft darin auf, rechne und überlege mit meinem kleinen Verstand, und all dies nimmt mich derart in Anspruch, dass ich den Weg zu Gott nicht mehr finde. Ach, ich bitte Gott, hier soll es jetzt anders werden. Ich will ganz in Gott leben, sodass von meinem Wesen auch ein Segen ausstrahlt, und dies vermisse ich so bei meinen temperamentvollen, oft ungezügelten Äußerungen voll Witz und Spott über Menschen und Dinge.

Der Herr half, dass das Verlangen, aus diesem Aufgehen im Wirken herauszukommen, immer stärker wurde. Und durch meine Freundschaft mit Erika Madauss führte Er mich zu geistlichen Quellen. Sie nahm mich mit auf die große Pfingsttagung der Mädchenbibelkreise (MBK) 1924 in Höxter. Das war für mich ein besonderes Erleben. Aus allen Teilen Deutschlands waren hier Hunderte von gläubigen Oberschülerinnen zusammengekommen, die einer Botschaft lauschten, nach der ich mich so sehr gesehnt hatte: der Botschaft des lebendigen Christus, der Jugend in Seine persönliche Nachfolge ruft. Gottes Heiliger Geist wehte auf dieser Tagung und entzündete mein Herz, in die Abhängigkeit und Nachfolge Jesu zu kommen und unabhängig zu werden von Menschen und Dingen dieser Erde.

In kurzen Ferientagen im August durfte ich mit meiner Mutter – nachdem meine Eltern im Jahr zuvor durch eine Evangelisation zum Glauben gekommen waren – in ein christliches Bibel- und Erholungsheim fahren. Hier redete der Herr gnadenvoll mit mir. Ich sah mein Amt als Seminarälteste mehr und mehr in Seinem Licht. So schrieb ich damals in mein Tagebuch:

Ich habe mich nun ganz klar entschlossen, mein ganzes Leben nur in Christi Dienst zu leben und so zu wirken und mich Ihm in jeder Weise ganz zu geben. Darum dürste ich, heraus aus dem Fröbelseminar zu kommen, wo wohl Gott gilt, doch Christus nur als Ethik angesehen wird. 31.8.1924

Mein Herz sehnte sich danach, ganz in Gott zu leben, wie ich es in der Biografie von Sadhu Sundar Singh las, die ich mir auf der Reise nach Höxter gekauft hatte. Doch welche Mächte standen dem noch in meinem Wesen entgegen! Der Herr ließ mich Stück für Stück erkennen:

Gib Du mir Liebe von Deiner unendlichen Liebe, die ich so oft eine Herzenskälte und Schroffheit habe, sodass kein Funken menschlichen Mitleids in mir aufsteigt und ich so kalt, so lieblos den Menschen gegenüberstehe. Ich weiß ja, wie schrecklich klein und schlecht ich bin, doch baue ich auf Deine Gnade. Täglich richte ich von Neuem in meinem Selbstbewusstsein andere, wo ich doch weiß, sie haben ein anderes anvertrautes Pfund und daran vielleicht schon mehr gearbeitet als ich an dem meinen, das nach außen hin ethisch hochstehend aussieht. O vergib mir diese innere Schärfe des Richtens. Und ehrgeizig, selbstgefällig bin ich noch so sehr, ich lebe und trachte nach der Welt, halte das Urteil der Menschen hoch und bin so abhängig von ihnen statt von Dir.

*O mein Heiland, gib, dass ich ganz Dein werde, zeige alle
meine Sünden bis ins Kleinste, durchleuchte mich mit Deiner
Wahrheit und hilf, dass ich an Deine Gnade und Kraft glaube,
auf dass ich Dir ähnlicher werde. Gib, dass endlich mein böses
Selbst zurücktritt und Deine Liebe aus mir strahlt, sodass man
Deine Jüngerin erkennt.*   25.9.1924

Was tatsächlich alles auf meinem Seelengrunde ruhte, ahnte
ich damals in meinem 19. und 20. Lebensjahr erst in kleinem
Maße; doch zeigte es mir der Herr wieder ein Stück mehr in
der folgenden Zeit, als ich das Fröbelseminar im Herbst 1924
beendet hatte und im Oktober mit großen Erwartungen auf
die *Soziale Frauenschule der Inneren Mission* nach Berlin ging.
Von dieser Schule hatte mir Erika Madauss erzählt, die damals
vorhatte, in einen christlich-sozialen Dienst zu treten. Man
wurde dort in einem zweijährigen Kurs zur Fürsorgerin und
Katechetin ausgebildet. Diese Ausbildung baute sich auf der
des Fröbelseminars auf.

Nicht weil ich nach einer weiteren Ausbildung verlangte oder
gar um Wohlfahrtspflegerin zu werden, wollte ich diese soziale
Frauenschule besuchen. Nein, wie heute weiß ich die Stunde –
Erika Madauss und ich putzten gerade miteinander Schuhe –, als
sie mir von ihrem Plan erzählte, im Anschluss ans Fröbelseminar
auf diese Schule in Berlin zu gehen. Es sei eine Ausbildungsstätte,
wo man für Jesu Dienst bereitet würde und dann in eine christliche Arbeit käme. Das schlug bei mir ein.

Mit dieser Hoffnung war ich schon in das Evangelische Fröbelseminar nach Kassel gegangen, doch hatte ich hier nicht das
Ersehnte gefunden. Nun sollte es – nach dem Erzählen von Erika
Madauss – in der Berliner Frauenschule mit katechetischem
Zweig wirklich zu finden sein. Ich war wie elektrisiert und sagte
gleich: „Da muss ich auch hin!" Von meinen Eltern bekam ich
dann auch die Erlaubnis dazu. Mein damaliger innerer Stand ist
aus den Tagebuchaufzeichnungen in den Ferien vor dem Berliner
Schulbeginn zu ersehen:

O Gott, ich danke Dir, dass ich Dich jetzt so lieben kann. Behalte mir das innere Leben, doch nimm meine Selbstgefälligkeit. Ich weiß ja, dass alles, was ich habe, nur Dein Werk ist, alles Gute in mir bist Du, Herr Jesus.

Ich danke Dir für Deine so große Liebe, und ich flehe Dich jetzt an: Komme auch zu den anderen, die Dich noch nicht kennen und für die ich's so erflehe, jetzt, wo ich Deine Herrlichkeit erkannt habe. Hilf, dass ich Dir jetzt nicht mehr untreu bin, sondern stets stark kämpfe gegen Lauheit, sodass ich Dich nie loslasse. Dies ist ja die Hauptsache, in Dir bleiben. Dann hat man Kraft, dann kommt man vorwärts. Hilf meinem Unglauben; meinen Verstandeszweifeln, meiner Liebe zur Welt, zum Heiraten, lass mich ungeteilt Dein sein, dass Dein Wesen aus meinem herausleuchtet, dass ich andere für Dein Reich gewinne, dass Du meine Arbeit segnest. Herr, ich danke Dir für alle Deine unendliche Liebe, lass mich in Dir wachsen und Frucht bringen. Amen.

Das Buch von Gräfin Waldersee hat mir viel gegeben. Ich weiß jetzt, wie untreu, wie wenig recht und tief ich Christus und Seine Sache genommen habe. Jetzt habe ich mich ernstlich geprüft, alle Fehlerquellen mir klar gemacht, und ich will jetzt nicht aufhören zu kämpfen, denn Gott stellt an Gotteskinder große Anforderungen, die Sein Reich – entsprechend der Bergpredigt – ererben wollen. Und ich bin mir klar, dass ich verloren bin, wenn ich bei aller Erkenntnis Jesus noch so wenig ähnlich bin. Darum will ich jetzt ringen, doch nur mit Jesus zu leben, und Ihn nicht lassen. Täglich, das habe ich mir für mein Leben versprochen, gebe ich vor dem Aufstehen eine halbe Stunde Gott, um allein mit Ihm in den Tag zu gehen. September 1924

DIE FLÜGEL WERDEN BESCHNITTEN

SOZIALE FRAUENSCHULE
DER INNEREN MISSION 1924–1925

Im Oktober 1924, als ich meinen zwanzigsten Geburtstag feierte, kam ich in die Großstadt Berlin. Wie wirkte diese Weltstadt auf mich? Sie holte alles, was an Weltlust und Weltliebe in mir verborgen war, heraus. In den ersten Tagen schrieb ich in mein Tagebuch:

Jetzt bin ich also hier glücklich in der Weltstadt. Und zuerst ergriff mich solch ein Verlangen nach der Welt, Leben, Vergnügen. Am liebsten hätte ich mich nur so ins volle Leben hineingestürzt.

Nicht schnell genug konnten Erika Madauss und ich in den doppelstöckigen Omnibussen, die oben offen waren, durch Berlin fahren – voller Begierde, alle neuen Eindrücke des Berliner Straßenbildes, etwa *Unter den Linden*, den Dom und das alte Museum mit seinen Kunstschätzen, in uns aufzunehmen. Jeden Tag lockte uns eine andere Erkundigungsfahrt durch die Stadt. Dies war so ganz im Sinne der Schule, in deren Heim im Westen wir wohnten: Die Schule pflegte im besonderen Sinn einen weltoffenen Geist. Mit allen sozialen, geistigen und kulturellen Strömungen der Zeit sollte man sich auseinandersetzen, Vorträge, Theater und Konzerte besuchen, dabei in der Bibel, in Christus gegründet sein. Ich stürzte mich mit vollen Segeln nicht nur in den Lehrstoff, der uns in den Stunden geboten wurde, sondern in alles geistige und kulturelle Erleben.

Wenn der Herr mir nicht aus Gnaden in diesem Jahr in jeder Hinsicht eine Grenze gesetzt und die Flügel beschnitten hätte, wer weiß, ob ich nicht in all dem, so auch in einer mich sehr erfüllenden Freundschaft, alles Genüge gefunden hätte. Wie bisher auf jeder Wegstrecke war das Nein Gottes, das Kreuz, das Er in mein Leben legte, meine Rettung. Es war die Brücke, die mich jedes Mal in ein neues, mir vorher unbekanntes Land Seiner Liebe und der Offenbarung Seiner Nähe und Herrlichkeit führte. Darum kann ich rückblickend nichts so sehr preisen wie das Kreuz, das der Herr mir mit jedem neuen Lebensabschnitt anders und neu schickte. Gott versagte mir das, wonach mein Herz verlangte, oder Er nahm mir, was mir in dieser Zeit gerade das Liebste und Begehrenswerteste war und dessen Verlust mir fast das Herz brechen ließ. Doch aus jeder solchen Not brach neues Leben auf, eine nie geahnte Glückseligkeit in Jesus. Er gab, wo Er nahm, nach Seinem Wort: „... wer aber sein Leben verliert um meinetwillen, der wird's erhalten" (Luk. 9,24).

So zog ich in Berlin ein und wollte – ohne dass ich mir das bewusst machte – in den ersten Wochen „mein Leben erhalten". Ich wollte auf seelischem und geistigem Gebiet genießen und merkte nicht, dass hier etwas nicht recht war. Doch bald brachte mir das, was mir nach meiner Erwartung zur Freude hätte gereichen und mich bereichern sollen – die Weltaufgeschlossenheit und -liebe sowie das starke geistige Interesse – viel Not. So wurde einmal der an sich natürliche Trieb, heiraten zu wollen, zu einer mich allzu stark beherrschenden Macht, andrerseits kam ich durch die Betonung des Intellektuellen in den Unterrichtsstunden, vor allem durch die Textkritik, in Glaubenszweifel, die mich sehr bedrängten. Ich schrieb nach den ersten Wochen in mein Tagebuch:

Ganz schrecklich habe ich gegen Verstandeszweifel neben weltlichen Wünschen zu kämpfen. O Jesus Christus, hilf mir und meinem Unglauben! Doch sag ich mir dann immer, das ist der Stachel, der mir ins Fleisch gegeben ist und den Du jedem Menschen für seine Individualität geben musst, um weiter ums Reich Gottes zu kämpfen, nie selbstzufrieden zu werden, da dies geistlicher Tod ist ... Und dann wurden weiter so viele Stellen aus

der Bibel angeführt, die nun wieder nicht echt sein sollen – ach,
das trifft bis in die innerste Seele, da mein Glaube mir alles ist.
Ich lass mir Jesus wohl nicht nehmen, doch ist die Glaubenskraft
sicher nicht so stark, wenn diese Verstandeszweifel daran nagen.
Drum flehe ich Dich an, Christus, bei dem wir ja doch nur wahre
Erlösung und Frieden finden können, gib Du mir Bücher in die
Hand, darin Dein Geist weht. Hilf meinen Zweifeln, denn Du
bist ja größer als aller kleinliche Menschenverstand. 9.11.1924

Dass der Unterricht solche Kämpfe auslöste, bedeutete eine
große Enttäuschung für mich, denn ich hatte nun auch in der
Sozialen Frauenschule der Inneren Mission nicht das gefunden,
wonach ich sehnlichst ausgeschaut hatte. Ich war mit einer falschen Voraussetzung nach Berlin gekommen, hatte eine Art
Bibelschule erwartet, um tiefer in Gottes Wort und den Weg
Jesu hineingeführt zu werden als eine Ausrüstung für Seinen
Dienst. Doch es handelte sich um eine Wohlfahrtsschule mit
nur fakultativem Nebenzweig einer katechetischen Ausbildung.

So erhielt ich viele Anregungen zu Erkenntnissen auf sozia-
lem und geisteswissenschaftlichem wie auch theologischem
Gebiet, die mir den Blick für die Weite gaben, besonders durch
Frau Elisabeth Nietzsche, die spätere Leiterin der Schule. Dafür
bin ich in der Folgezeit noch sehr dankbar geworden. Damals
aber erkannte ich nur, dass ich nicht an dem Platz war, den
ich für die Entwicklung meines inneren Lebens brauchte. Ich
kam nicht wie die meisten der Schülerinnen aus christlichen
Kreisen und suchte darum im Unterricht mehr als sie mit dem
ersten Durst nach lebendigem geistlichem Leben, nach dem
Wirken des Heiligen Geistes. Um das andere, was uns geboten wurde, recht zu verstehen, fehlte mir noch die innere Reife,
und darum konnten die Zweifel eine solche Macht werden.

So war ich bald sehr unglücklich. Nun sahen mich die Mauern der Großstadt auf einmal nicht mehr so verlockend an. Es
machte mir Not, so viel über meinen Büchern zu sitzen und mich
mit diesen zermürbenden Verstandeszweifeln zu plagen, die mir

meinen Glauben und damit letztlich Jesus nehmen wollten. Mein kleines Zimmer, über das ich anfangs so beglückt war und das ich wie ein kleiner König einnahm, schien mir wie ein Gefängnis. Man sah nirgends einen Garten, einen Strauch, einen Baum. Das Heim war so anders als das Fröbelseminar, wo schon aus erzieherischen Gründen die Gemeinschaft stark gepflegt wurde. Hier in Berlin lebte man wohl in einem christlichen und schönen Geist zusammen unter der verehrten Leiterin der Schule, Gräfin von der Schulenburg, doch mehr wie Studentinnen, jede frei für sich, und teilte nur eine Mietsetage miteinander.

Dabei fühlte ich mich einsam. Ich hatte ja auch sonst kein Betätigungsfeld mehr wie in Kassel als Seminarälteste. Hier in der Sozialen Frauenschule, wo ich eine der Jüngsten und wenig beachtet war, stand ich allein. Darum konzentrierte sich all meine Liebe und alles Leben in dieser Zeit umso mehr auf eine Freundschaft. Sie war die Insel, auf die ich mich rettete. Dies Einander-Verstehen und diese Freundinnenliebe waren meine Freude.

Aber Gott sprach auch hier in weiser Absicht ein Nein. Zuerst hatte Er mir durch viele Verstandeszweifel das Genießen des geistigen Lebens durchkreuzt, weil es für mich um meiner verstandesmäßigen Einstellung willen eine Gefahr bedeutete. Nun nahm mir Gott das Sichverlieren in eine seelische Liebe, indem Er mich eine große Enttäuschung erleben ließ, die noch tiefgreifender war als die Enttäuschung über den verstandesmäßigen Unterricht. Außerdem demütigte sie mich sehr und ließ Eifersucht in mir aufsteigen. Denn meine Freundin, die bis dahin ganz nur für mich da gewesen war, wurde plötzlich von der Freundschaft zu einem anderen Menschen erfasst. Da zerbrach etwas in mir, wie ich es kaum beschreiben kann, und es wurde Nacht in meiner Seele.

So saß ich nun mit all meinem Kummer in meiner kleinen Stube und vergoss viele Tränen. Es war mir längst vergangen, Streifzüge durch Berlin zu machen. Nun waren mir die Flügel beschnitten – ich ließ sie hängen. Dazu hatte ich keinen Menschen, dem ich von meinen inneren Nöten hätte sagen können.

Der Himmel schien mir völlig verschlossen, ja, Jesus wie tot zu sein, und ich wusste nicht, wie mein Weg weitergehen sollte, weil ich mit der Ausbildung an dieser Schule auf einem Weg war, den ich nie gewollt hatte.

All das klagte ich Gott in meinem Tagebuch, und Gott antwortete mir in Seiner großen Barmherzigkeit. Er antwortete mir so weise, wie nur ein liebender Vater seinem Kind antworten kann, das er kennt und in großer Liebe zurechtbringen will. Er zeigte mir die Lösung des Knotens in diesem Wirrwarr von Leid und Tränen – eine Lösung, die mein ganzes Leben hindurch und dann später für die Marienschwesternschaft in jeder Not eine wahre Lösung sein konnte: Er zeigte mir als Wurzel meiner großen Not meine Sünde. Weil meine Liebe zu Jesus noch so klein war, darum ließ mir der Verlust der menschlichen Liebe alles zusammenbrechen, machte mich unglücklich und brachte mich in solche Nacht. Und außerdem waren es mein Stolz und meine Eifersucht, die mir so viel Kummer brachten, als jetzt jemand anderes mir vorgezogen wurde. Dies erkannte ich plötzlich.

Vergib mir, dass ich so klein bin, neidisch, stolz, und so etwas mich traurig macht. Lass mich nur geschickt werden für Dein Reich, dass ich um etwas anderes weine ... Ich weiß, ich kann noch nicht nur im Geist lieben, ich kann's nicht, bin abhängig, ob sie mich liebt – reinige Du mich, gib mir Deine Jesusliebe ins Herz. 25.1.1925

Einige Wochen später:

Ganz anderes macht mich jetzt traurig ... ich bin ganz erschüttert über mich. Ich sehe jetzt, wie sehr, sehr klein und menschlich ich war – wie sehr mein Herz an den Menschen hing und wie sehr ich Gottes Wirken dadurch hindere. 28.3.1925

Diese gnadenreiche Erkenntnis meiner Sünde brachte mich zur Buße, in der ja immer das neue Leben verborgen liegt. Es ist mir heute unbegreiflich und wunderbar, dass Gottes Geist mich dies erkennen ließ. Anders hätte sich ein Knoten in meinem Herzen bilden können – ein Stück Verbitterung oder Verkrampfung. Doch die Sündenerkenntnis, die uns durch jede Not geschenkt werden soll, und die Buße machen frei und froh. Dann kann man weder Gott anklagen, dass Er einem Lasten auflegt oder jede Freude nimmt und uns soviel zerschlägt, noch kann man Menschen anklagen, die einen enttäuschen. Dann kann man nur noch sich selbst anklagen und Gott danken, dass Er durch solche Nöte von Gebundenheiten löst und in Seine Gemeinschaft zieht.

Nach diesen Wüstenmonaten war ich in den Osterferien mit meinen Eltern verreist. Da durfte ich erleben, dass mir eine ganz neue Liebe zu Christus geschenkt wurde und ich auch dem geistigen Verlangen, mich in all das kulturelle Leben hineinzustürzen, absagen konnte.

So vieles hat sich geändert, indem mir Gott über manches Klarheit gegeben hat, indem in mir solch heiße Liebe zu Christus entbrannt ist, sodass ich weiter nichts als Ihn nur ehren und Ihm dienen möchte. Und deutlich sehe ich jetzt, wie so sehr klein und menschlich ich war und wie nötig und gut mir die Enttäuschung war. Jetzt, wo die Zeit vorbei, ist mir Christus besonders nah und so stark. Klar erkenne ich jetzt, wie sehr mein Herz an Menschen, Dingen und Ehren hing und wie sehr ich darum Gottes Wirken in mir hinderte.

Ich weiß jetzt, dass es der Teufel ist, der einem immer einflüstert, Bildung und alles Sichabgeben mit Verstandesfragen müsse sein. Nein, wenn man sieht, wie sehr dieses dem Geist Gottes wehrt, so weiß man, dass es nicht Gottes Wille ist. Wie viele Seelen warten auf Ihn, und da sollte man doch nur dies eine bringen. Die Hauptsache ist nicht, dass wir auf der Leute Interesse eingehen können, sondern dass der Geist Gottes so stark aus uns leuchtet, dass alle Menschen anfangen zu sehen, hier ist etwas Besonderes, Göttliches. Und ich habe nur den einen Wunsch: Christus zu dienen, noch ganz durch Ihn und für Ihn zu leben, und bitte Ihn, dass Er mich doch ganz in Sei-

nen Dienst einfangen möchte, mich durch Leiden läutere und mich Ihm näher bringe. Ob ich darum Diakonisse oder irgend so etwas Abgeschlossenes werden muss, weiß ich noch nicht.

8.4.1925

O Herr Jesus, von Neuem bin ich jetzt ganz entschlossen, nur Dir zu leben, für Deine Ehre, und nun bewusst allem Irdischen zu entsagen. Ach Herr Jesu, gib Kraft, dass ich nicht mehr an Kleidern, Wohnung, Speise hänge, sondern hiervon nur das Äußerste gebrauche, und vor allem hilf Du mir, dass ich jetzt frei werde von meiner Ehre, ach, dass all das, was Geltungstrieb, Eigenliebe betreiben, dass ich dagegen unempfindlich werde und nur um Deine Ehre besorgt bin.

Ach gib Du mir auch Kraft für die Berliner Zeit ... Ich will jetzt gern leiden wie vor Ostern in Berlin, wenn ich dadurch nur Dir näherkomme, gereinigt werde. Vergib mir mein Murren gegen das Leiden. Herr Jesus Christus, ich habe Dich lieber als alles in der Welt. Mach mich ganz frei, ganz demütig und geschickt, für Deine Ehre zu leben und zu wirken.

16.4.1925

Lieber Herr Jesus Christus, Du kennst meine Seele und weißt, dass ich nicht weiß, wohin mit all der glühenden Liebe zu Dir. Du bist so unendlich groß und gut, nie könnte man Dich zu Ende loben. Herr Jesus Christus, könnte ich doch meine übergroße Dankbarkeit Dir bezeugen! O lass mich leiden, verachtet werden, wenn es gut für Dich ist, ich dadurch rein werde und Dich mehr verherrlichen kann. Herr Jesus Christus, gebrauche mich zu Deinem Werkzeug und Lob, lass mich Deine allmächtige Liebe und Kraft verkündigen, Dir Seelen bringen und sie glücklich machen ...

Ich weiß ja nicht, ob ich es schon ertragen kann, doch möchte ich leiden um Deinetwillen. Lass doch Deine Liebe mir so tief im Herzen verwahrt sein, dass sie durch Leiden standhält. Ach, wenn ich Dich nur habe, muss ich ja alles gern ertragen.

1.5.1925

So hatte mir das Kreuz, das mich schier ertöten wollte in diesen Wintermonaten, eine unaussprechliche Herrlichkeit und Glückseligkeit in der Liebe zu Jesus, ein Herz voll Anbetung und neuer Hingabe gebracht. Ich hatte es erleben dürfen, dass wir inniger mit Jesus vereint werden, dass sich gleichsam ein Strom des Segens über uns ergießt, wenn wir unser Kreuz aus den Händen des himmlischen Vaters annehmen im Wissen, dass Seine Liebe uns das Kreuz zur Läuterung schickt. Und der Vater erwies mir auch darin Seine Liebe: Er zeigte mir den Weg in eine Ausbildungsstätte, auf eine Bibelschule, wo nun endlich alles Sehnen dieser Jahre erfüllt werden sollte. Dort wurde Jesus in der Kraft des Heiligen Geistes als der verkündigt, der heute noch lebt, wirkt und Wunder tut.

Es war im Mai 1925, als mir eines Tages eine Mitschülerin im Vorbeigehen eine Ansichtskarte zeigte und dabei sagte: „Das ist ein Bibelhaus hier in der Nähe, in dem meine Freundin ist, die ich besuchen will." Als ich dies Wort *Bibelhaus* hörte, zündete etwas in meinem Herzen, und mein großes Sehnen erwachte von Neuem. Ich dachte: Vielleicht ist dies das Haus, das du dir schon lange wünschst, um dort für den Dienst Jesu ausgebildet zu werden. So machte ich mich eines Tages auf, mir dies Bibelhaus selbst anzusehen und zu hören, was da gelehrt und verkündigt wurde.

Ich fand bei Bad Freienwalde in der Mark in einer Talmulde einige Häuser, die sich an den Wald anschmiegten, auf der andern Seite der Straße nach Falkenberg nur von Wiesen umgeben. Die Häuser lagen ganz allein in der Stille der Natur. Das kam mir nach der Großstadt Berlin wie ein Paradies vor. Als ich den Weg zum Haupthaus hinaufging, hörte ich aus den Häusern Harmoniumspiel und Singen, ich spürte etwas von der Gegenwart Gottes über diesem Tal. Ja wirklich, dort wohnten Menschen, die sich ganz in Jesu Dienst gerufen wussten – viele auch in die Äußere Mission.

Die Freundin meiner Berliner Mitschülerin führte mich durchs Haus und brachte mich dann in den großen, hellen Lehrsaal, in dem die geistliche Schöpferin des Werkes, Jeanne Wasserzug, eine Lehrstunde hielt. Ich war mitgerissen: Das war Geist und Leben! Das war nicht der Christus der Vergangenheit, sondern der, der heute lebt, liebt, richtet und Wunder tut, der, der heute Herzen entzündet und in Seinen Dienst ruft. Vor Seiner Realität mussten alle Verstandeszweifel weichen, denn Er war da: Jesus Christus heute! Nach dieser Stunde war mein Herz überströmend voll Glück – ich hatte gefunden, was ich so lange gesucht. Ich ging ein paar Schritte in den Wald hinauf, legte mich ins Gras, und mein Herz sprang schier vor Freude über solch einen Herrn, dem ich – wenn es möglich gewesen wäre – aus Liebe tausend Leben geschenkt hätte.

In dieser Stunde gab ich Jesus endgültig mein Leben hin und weihte mich Ihm, ganz in Seinen Dienst zu treten.

In großer Freude kehrte ich nach Berlin zurück, mein Entschluss war gefasst: Im Herbst gehe ich ins *Bibelhaus Malche* – die Ausbildung in Berlin breche ich ab.

Als ich diesen Plan an Pfingsten meinen Eltern mitteilte, wollte er meinem Vater verständlicherweise nicht einleuchten. Er meinte, ich müsse meine Ausbildung in Berlin zum Abschluss bringen und mein Wohlfahrtspflegerinnen- und Pfarrgehilfinnenexamen ablegen. Doch meine Mutter, die spürte, welch inneres Anliegen mir dieser Weg war, trat für mich ein. Mein Vater, der bis dahin ein eisernes Nein hatte, saß eines Tages mit mir auf der Terrasse. Plötzlich fragte er hinter seiner Zeitung: „Was kostet eigentlich die Ausbildung dort?" Ich wusste: Jetzt war das Eis gebrochen.

Und tatsächlich, durch Gott bewegt, gab er sein Ja. Das war ein Heimkommen in mein Berliner Zimmerchen! Nun war es kein Gefängnis mehr, denn die Türen hatten sich aufgetan, und bald würde ich ins Land meiner Sehnsucht hinausfliegen dürfen: ins Bibelhaus. Mein ganzes Verlangen war ja, dass das Jahr dort mir helfen sollte, nicht so viel erkenntnismäßig zu wissen, sondern Jesus in Seinem Wesen zu erfassen und dann wirklich entsprechend zu leben. Wie sehr es darum ging, hatte ich bei meiner Arbeit in einer Berliner Gemeindejugendgruppe erfahren und schrieb darüber in mein Tagebuch:

Jetzt bei der Leitung meiner Jugendgruppe merke ich so stark, dass, wenn man zu fernstehenden Mädchen kommt, um ihnen Christus zu bringen, man nicht mit Bibelstunden [gemeint war mit Theorie] kommen kann. Man kann an ihnen nur etwas ausrichten, wenn man mit seinem ganzen Wesen schon von Jesus durchglüht ist und Seine Liebe ausstrahlt und nicht solch schlechter Mensch ist, wie ich es bin. Und darum: Erst muss man selbst einmal allem langsam absagen, sich ganz auf Christus stellen, in Einsamkeit ganz bei Ihm sein durch Gebet und Selbstverleugnung. So an Ihn gebunden müsste man sein, Seine Liebe in sich haben, dass man innerlich ganz gefestigt ist, um Christus in den Geschäften des Alltags nicht mehr zu verlieren und Seine Liebe auszustrahlen. Hilf mir doch, dass ich ganz einfältig werde, klein und demütig, denn nur dann kann ich in Deiner heiligen Arbeit stehen. Vergib Du mir alle meine Schuld. 16.5.1925

Im Juli/August 1925 musste ich noch von der Frauenschule aus mein Praktikum machen, das ich am Wohlfahrtsamt in Darmstadt absolvierte. In dieser Zeit las ich auf den Rückreisen bei den mancherlei Kinderlandverschickungen, die mir aufgetragen wurden, die Biografien von Mathilda Wrede, Georg Müller, Charles Finney und anderen. Dadurch wurde die Glut in mir stärker, Jesus völlig hingegeben zu sein – alles für Ihn dranzugeben. Ich war manchmal von der Größe und Herrlichkeit Jesu ganz hingenommen:

Herr Jesus, Du bist ja so herrlich und groß, man kann den Dank gar nicht aussprechen. Ach Herr Jesus Christus, dass Du so oft bei mir warst, mich ganz mit Deiner Herrlichkeit besuchtest, diese größte heilige Freude schenktest, ganz in Dir zu sein. Ich kann's oft nicht fassen, so groß bist Du. Es ist beinahe zu viel Herrlichkeit, als dass wir sündigen Menschen sie ertragen können. Ach, ich bin so schlecht. Herr Jesus, bereite Du mich in dieser Zeit, wie Du mich haben willst in Ewigkeit.

Doch so viele Millionen von Menschen kennen Dich nicht, leben geistlich im Dunkeln. Du weißt, warum Du es hier auf

Erden so eingerichtet hast, dass nur so wenige Menschen Dich erkennen. Doch ist dies so unsagbar traurig. Hilf darum, Herr Jesus, erwecke Du doch Menschen wie Finney, Georg Müller, dass doch unser Volk den Weg zu Dir finde, Dein Reich groß werde. Erwecke Du Menschen, die für Dein Reich arbeiten.

Mein Herr Jesus, ich muss Dir noch einmal so recht von Herzen danken für Deine übergroße Gnade, dass ich wirklich Dein Kind sein darf. Meine Freude über diese überschwängliche Gnade und Herrlichkeit, meine Liebe zu Dir ist manchmal so groß, dass ich denke, ich muss zerspringen und immerzu loben. Und dabei bin ich oft lange so kalt gewesen gegen Dich, doch vergib mir, Herr.

So lass mein Leben nun nur Liebendürfen für Dich sein. Führe Du mich, wenn ich nicht so ganz in Dir lebe, auf Demutswegen, bis ich ganz frei von allem Weltlichen, Menschlichen Dir ganz zugehöre. Gib mir die Gnade, dass ich Deinen Namen verherrlichen möge, wo Du mich eben hinstellst. Ach, dass Dein Angesicht aus mir einmal leuchten möchte, sodass auch die Ungläubigen erkennen: Hier konntest nur Du wirken, Herr Jesus. Für Dich möchte ich leben, nimm Du mich hin. Brauche mich für Dich, ich übergeb mich Dir mit allem. Segne meinen Eingang in das Bibelhaus. Gib, dass ich in Deiner Liebe und Demut dort eintrete. 25.7.1925

Am 23. September 1925, bald einundzwanzigjährig, zog ich dann in das Bibelhaus Malche ein.

ENDLICH AN DER QUELLE

Was ich im Fröbelseminar in menschlichem Sinn gefunden hatte, fröhliche Gemeinschaft, das fand ich nun hier im Bibelhaus Malche im geistlichen Sinn. Wieder wohnte ich mit einigen Mitschwestern – man redete sich untereinander mit *Schwester* an – zusammen, man hatte uns „Jugend" zusammengetan. Denn in meinem Kurs von sechzig Schwestern waren nicht wie im Fröbelseminar lauter junge Menschen zusammen. Hier war der Durchschnitt dreißig bis vierzig Jahre alt, und so war ich eine der Jüngsten.

Statt wie in Berlin durch die lauten Straßen zu fahren und da das Leben zu suchen, ging man hier in den stillen Wald, denn man trug nach den Unterrichtsstunden so viel geistliche Anregung in sich, dass ich meist nicht mehr auf meinem Stuhl sitzen bleiben konnte, wenn die Stunde von Jeanne Wasserzug beendet war. Es drängte mich in den Wald hinaus, um meinem Herzen dort über all dem Luft zu machen, was ich von der Größe und Herrlichkeit Jesu und Seiner Heilspläne für die ganze Welt gehört hatte, mit Singen, Laufen oder Springen. Oder aber ich hielt Austausch mit meinen Freundinnen, die mir Gott in Seiner Liebe in diesem Jahr schenkte. Das Einssein in Christus – das Verstehen in Ihm – erfreute mich so sehr. Ja, glückselig war ich in diesem Jahr. Es hatte mir wirklich gebracht, was ich mir ersehnt hatte: dass Jesus mir größer, wirklicher, liebenswerter wurde.

Die Größe Gottes lässt mir gar keine Ruhe mehr, so überwältigt, durchglüht bin ich von der gewaltigen Größe und Liebe meines Heilands, in die ich täglich mehr hineinschauen darf. Seine

Nähe darf ich täglich mehr erleben und Blicke in Seine Herrlich-keit tun – und dass dieser Herr mein Heiland und Gott ist! Ich könnte nur immer jubeln und von Neuem mein ganzes Leben hinlegen. Lass mich ohne Umwege auf das eine Ziel zueilen: in Dir erfunden zu werden zur Auferstehung von den Toten.

O mein Herr und Gott, diese Größe Deiner Herrlichkeit meine ich kaum mehr ertragen zu können, nachdem mir Römer 6,8 so offenbart ist. O Gott, wie groß bist Du! Ich kann nur anbe-tend vor Dir stehen und jubeln, dass ich Dein bin, mein alter Mensch mit Dir gekreuzigt, begraben ist und jetzt nicht mehr mein Ich in der falschen Stellung zu Dir lebt. Nein, Du in mir! Lehre mich stets damit rechnen, dass ich Dich habe, ja es mit Deinen Kräften zu tun habe, die Himmel, Erde, Meer geschaffen haben und besiegen. O Herr Jesus, dass ich solch einen Herrn habe, lass mich dafür dankbar sein, alle meine Kräfte Dir geben, nur nach dem vorgesteckten Ziel jagen, nur das eine vor Augen haben, dass ich eine Säule für Dich werden kann. April 1926

Doch wurde Jesus mir auf dem Weg des Hörens Seines Wortes nur so weit groß, wie ich mich von Seinem Wort auch treffen ließ. Denn Jesus leuchtet uns nur so weit auf, wie wir uns durch das Wort Gottes zunichte machen lassen und als Sünder Ihm zu Füßen liegen. Das war meine Erfahrung in Berlin und schon in Kassel gewesen: Wo Erkenntnis der Sünde, wo Reue und Buße ist, bricht neues Leben auf, dürfen wir tiefer in die Erkenntnis Gottes eindringen, die Er denen gewährt, die unter Seiner Vergebung zu Liebenden geworden sind. Und je ernster ich den Kampf des Glaubens gegen die Sünde in der ganzen Hingabe an Jesus auf-nahm, desto mehr erkannte ich mich in meiner Sünde. Doch ich erkannte Jesus auch dementsprechend in Seiner Erlösungsmacht, die neue Menschen schafft und von einer Klarheit zur anderen verklärt. Das durfte ich in diesem Jahr durch die Kraft des Gottes-wortes erleben, die ich hier zum ersten Mal erfuhr. Jetzt lernte ich anders als vorher: Jesus lebt, Jesus erhört Gebet, Jesus macht frei. Wer sich im Glauben auf Seine Verheißung stellt, der empfängt!

Ich hatte am Einzugstag ins Bibelhaus Malche eine Bitte, gewissermaßen eine Abmachung mit dem Herrn aufgeschrieben:

Herr Jesus, dies schreibe ich, um an dem Tag, wenn Du es vollbracht haben wirst, Dein Wunder verkündigen zu können, damit ich Dich ganz besonders ehre und Dir danke und ich und andere glauben lernen: Gott ist kein Ding unmöglich.

Heute bin ich noch so: voll Ehrgeiz, Selbstgefälligkeit, in meiner Natur verwachsen. Bin dann glücklich, wenn andere mich viel fragen, brauchen, man von mir weiß, dass ich klug, begabt bin und auch beliebt. Ich bin froh, wenn ich mit Menschen gut stehe, Austausch habe, wenn ich glänzen kann. Herr Jesus, und Du hast nur gedient. Ich gebe Dir heute mein ganzes Wollen und meine Freude an diesem Großsein hin. Ich will jedes Mal, wenn ich den unteren Weg geführt werde, unerkannt, unbeliebt bin, nicht traurig sein, mir nie mehr Pläne machen, wie ich es ändern könnte, auf dass die Menschen merken, was hinter mir steckt [ich meinte Begabung, Klugheit].

Herr Jesus, ich will jedes Mal zu Dir kommen, bitten, dass ich diesen Demutsweg annehme von Dir und ihn dann auch mit Freuden gehen kann, da Dich zu haben und von Dir gekannt zu sein unsere einzige Freude werden muss. Gib Du mir die Kraft dazu, wenn es mir oft zu sehr wehe ist, gib, dass ich mich durchringe bis zu Dir, und dann gib mir Freudigkeit zu den Demütigungen. Jesus, ich will von heute an praktisch diesen Weg gehen, wo mich die Menschen nicht kennen hier, mich vielleicht nur für kindlich halten, ich vielleicht keine Rolle spielen werde. Hilf Du mir dazu! – Heute fange ich damit an, auf dass ich, wenn ich das Bibelhaus verlasse, hier drunter schreiben kann, dass Du trotz dieser so tief in mir steckenden Veranlagung und Sünde mich frei gemacht hast, Du allen Menschen, die sich Dir hinlegen, hilfst. Mach mich in diesem Jahr klein und demütig.

23.9.1925

Gott hat mir in Seiner Gnade die Bitte erhört. Wenn Er auch auf meinem weiteren Lebensweg in diesem Punkt immer tiefer reinigen musste, so war hier in dem Jahr doch Grundlegendes geschehen. Ich schrieb im Juni 1926 in mein Tagebuch:

Mein Herr und mein Gott, ich möchte Dir ja so von Herzen danken. Herr, wie groß bist Du, wie ganz wunderbar ist es, dass ich heute hier niederschreiben kann: Du hast wirklich getan, um was ich Dich in den ersten Tagen des Kurses bat, dass Du es bis zum Schluss doch in mir wirken möchtest. Damals schrieb ich im Glauben: Zum Schluss werde ich zu Deiner Ehre hinschreiben, dass Du es vollbracht hast. Und heute, ein paar Wochen vor dem Schluss, kann ich dies bezeugen: Du hast einen Anfang gemacht, Du hältst alles, was Du versprichst. Du hast mir in diesen Tagen die Freude am Glänzen innerlich genommen, da Du mir bei Lob und Anerkennung von anderen durch das Wirken Deines Geistes stets einen bitteren Stachel gegeben hast. Es ist mir keine reine Freude mehr, ja, eher Trauer und Angst dabei. Und Du wirst es mir durch viele schwere Führungen noch weiter abgewöhnen, das weiß ich. Und weil es Dir keine Freude macht, dies innere Wohlbehagen bei Anerkennung, so macht es auch mir keine Freude. O Herr, dass Du dies in mir geschafft hast, ist größer als jedes andere wirkliche Wunder. So gib, dass alles, was Dir nicht Freude ist, auch mir nie Freude macht. Lehre mich das immer mehr.

Eine besondere Gnade war, dass uns Jeanne Wasserzug in ihren Lehrstunden die erlösende Kraft des Blutes Jesu für unsere Sünden verkündete und ich sie nun für meinen Sündenkampf zur Erlangung des Sieges in Anspruch nehmen durfte. Vorher hatte ich wenig davon gewusst.

So gingen die neun Monate schnell dahin. Sie waren eigentlich ein ständiges An-der-Quelle-Trinken für jemand, der lange Zeit am Verdursten gewesen ist und sich nun nicht satt trinken kann, nicht genug bekommt. Darum sah ich damals auch alles im Bibelhaus mit verklärten Augen an, weil es mir nach den vorherigen Enttäuschungen in Kassel und Berlin unfassbar war, nun die „kostbare Perle" gefunden zu haben.

Doch eine Not und Frage beunruhigte mich während des Bibelkurses im Bibelhaus Malche. Sie wurde mir auch in diesem Jahr – so viel es mir sonst gab – nicht gelöst, ja, sie harrte noch jahrelang der Lösung. Dann aber sollte sich mir die Tür zu einer besonderen Schatzkammer öffnen. Es war die Frage: Weltverneinung oder Weltbejahung – die auch ein Teil der Frage „Gesetz und Freiheit" ist. Wie weit darf und soll man als gläubiger Christ im kulturellen Leben stehen, sich damit beschäftigen?

Mir war dabei immer dies die Frage: Will ich ganz für Jesus und Sein Reich da sein, dann gleiche ich einem Soldaten, der in den Kampf zieht und der nun keine Zeit mehr hat, sich wie in Friedenszeiten verschiedenen Dingen zuzuwenden, die an und für sich erlaubt sind. Er muss sich nun einseitig dem Kampf hingeben, denn dabei geht es um Tod und Leben seines Volkes. Doch im Kampf zwischen dem Reich der Finsternis und des Lichtes, durch den Seelen der Hölle entrissen werden sollen, geht es noch weit mehr um einen Kampf auf Leben und Tod. Müsste man da nicht erst recht alles andere lassen und zurückstellen und einseitig nur dem Reiche Gottes leben?

Wenn ich damals so überlegte, merkte ich jedoch, dass die Rechnung nicht aufging. Und zwar insofern, als mir die Frage nicht beantwortet wurde: Warum hat Gott dann die Natur, die Kunst und vieles andere mit solcher Liebe geschaffen und geschenkt? Wenden wir uns von alledem asketisch ab, so ist irgendetwas in unserem Leben unnatürlich, ungöttlich, denn wir verneinen und meiden das, was Gottes Liebe schuf. Ich fand keine Verbindung zwischen diesen beiden Wegen, die sich gegenseitig auszuschließen scheinen.

Da ging ich in meiner Not zu einer verehrten Lehrerin, die eine großzügige Persönlichkeit war und frei und weit in ihrem Urteil. Ich trug ihr mein Anliegen vor und sagte ihr von den Gestalten, die Gerhard Tersteegen in seinem Buch LEBEN HEILIGER SEELEN schildert. Ich fragte sie, ob diese Menschen mit ihrer Haltung, die mir asketisch schien, nicht doch den rechten Weg gegangen seien, weil sie so ganz in Gott gelebt, Jesu Bild ausgestrahlt und große Vollmacht gehabt hätten. Da wehrte sie – vielleicht wegen einer Gefahr, die sie für mich persönlich sah – sehr ab und warnte mich vor diesem Weg als vor einem mystischen, der gefährlich sei. Sie sagte mir, ich solle in voller kindlicher Freiheit in allem, wohin der Herr mich führe, stehen und doch in ganzer Hingabe zu Jesus bleiben. Doch ich wusste ja gerade nicht, wie ich dies im praktischen Fall machen sollte, denn davon sagte sie mir nichts. Zum Beispiel: Was soll ich tun, jetzt beten oder die Zeit zu einem Gang in die Kunstgalerie nehmen, mich bestimmten geistigen Interessen zuwenden, Austausch und Geselligkeit mit Menschen pflegen?

In der Folgezeit brachte es mir viel inneren Verlust, dass ich auf diese Warnung vor dem Weg der „heiligen Seelen" Tersteegens einging. So schrieb ich damals bezüglich meiner Fragen in mein Tagebuch:

O Jesus, ich übergebe Dir heute noch einmal so ganz die letzten zehn Wochen hier. Hilf, dass ich keine einzige Stunde in etwas verweile, was nicht Dein Wille ist. Ich möchte ja nur das eine: ganz in Abhängigkeit von Dir leben, um allein für Dich da zu sein.

Ach, ich bin doch als Dein Kind von Dir hier mitten in das Leben dieser Welt hineingestellt, und Du weißt, wie offen mein Geist und meine Sinne sind für all Dein Geschaffenes, für Menschen, Kunst, Psychologie und Fragen des Lebens, und Du weißt, wir müssen auch so ganz hier auf Erden tüchtig sein. So zeige Du weiter in jeder Stunde, ja, bis in jede Minute meines Lebens, ob ich hineingehen soll in diese Dinge, wenn ich etwa durch Menschen hineingeführt werde – oder wann ich davon fortgehen soll, um mich bewusst mit Dir, Deinem Wort und Deiner Sache zu beschäftigen. Gesetzlicherweise ist diese Aufgabe nie zu lösen, doch Du bist selber Geist, Leben: Gib mir von Deinem Heiligen Geist, dass ich von Fall zu Fall entscheiden kann, was ich tun soll. Herr, gib, dass ich nur Deinen Führungen folge, keine Umwege mache zu dem einen Ziel: dass Du mir alles wirst, ich in

Dein Bild verklärt werde und ganz für Dich da sein kann. Hilf,
dass ich mich nicht mit der Welt beschäftige, ob es seelisch oder
geistig ist. Und gib, dass ich in dieser Welt stets Deine Wahrheit
sehe, nie auch gesetzlich werde. 22.4.1926

Ich wusste damals noch nicht, dass die Liebe zu Jesus allein die
Lösung sein würde, weil in mir diese Liebe noch so wenig lebte.

So zog ich später – nach Beendigung des Bibelkurses – mit
dieser Not in meine neue Arbeit hinein. Diese ungelöste Frage
brachte mir noch viele schwere Stunden. Doch erst einmal über-
wog die Vorfreude: Ich durfte nun tatsächlich in die Arbeit für das
Reich Gottes gehen! Mir brannte das Wort Jeanne Wasserzugs
im Herzen: „Es gibt keine größere Ehre, als wenn Gott einen
Menschen in Seinen Dienst ruft."

Schon in den ersten Ferien während meiner Bibelhauszeit –
Weihnachten 1925 – geschah es, dass der Prediger der Darmstädter Stadtmission einen Besuch bei meinen Eltern machte
und dabei hörte, dass ich gerade zur Ausbildung im Bibelhaus
Malche sei. Da kam ihm plötzlich die Frage, ob ich nicht nach
Abschluss meines Kurses die Jugendarbeit in der Stadtmission
aufbauen wolle. Meinen Eltern und mir schien das von Gott so
geführt, und der Vorstand des Bibelhauses willigte ein, mich
nach Beendigung des Kurses als Schwester dieses Hauses in
die Arbeit zu senden, die im August 1926 beginnen sollte. Ich
war damals 21 Jahre alt.

Doch ehe ich die Arbeit anfing, kam ich noch in schwere
Konflikte, die mich schon im Bibelhaus sehr beunruhigt hatten
durch alles, was in Berlin an mich herangetragen worden war,
und die nun neu auflebten. Ich war nämlich vor Beginn meines
Dienstes noch einige Wochen in einem Bibelheim. Dort wurde
eine Lehre vertreten, bei der es um die „Gemeine" ging, die
alle Erwählten umfasst, die wahrhaft wiedergeboren sind und
für deren Leben es gilt, die absolute „Sterbenslinie" zu gehen.
Man betonte in den an sich vollmächtigen, reich gesegneten
Bibelstunden immer wieder, dass alles in der Welt nur Bruch,

nur Leid sei und dass wir darum alles in der Welt nur leidend durchlaufen können.

Innerlich hörte ich dabei immer die Worte meiner Lehrerin, Jeanne Wasserzug, die im Gegensatz zu dieser so ernsten Botschaft in ihrer freien, fröhlichen Art von der Liebe Gottes sagte, der Seinen Kindern Freude machen und Gutes schenken will. Das war, natürlich abgesehen von den Züchtigungswegen, die nötig sind, so gemeint, dass Gott als ein gütiger Vater für uns sorgt. Doch hier verkündete man ständig das eine, dass Gott uns nur Sterbenswege führt. Von Gläubigen, die anders dachten, meinte man, dass sie in den Kinderschuhen steckengeblieben seien. Wohl seien sie bekehrt, aber nicht wiedergeboren. Und im Übrigen vertrat man den Grundsatz, dass Frauen das Wort Gottes nicht verkündigen dürften, auch nicht vor Frauen und Jugend, es liege dann ein Unsegen auf ihren Diensten.

Ein Anhänger dieses Kreises, ein Studienrat, nahm mich ganz besonders vor und redete mir ins Gewissen, meine Arbeit doch aus diesem Grunde nicht anzutreten. Ich kam dadurch in größte Gewissenskonflikte und schrieb damals:

Mein Herr und Gott, Du siehst meinen ganzen Schmerz, siehst, dass ich nicht aus noch ein weiß bei all den verschiedenen Wegen, die Deine Kinder alle gehen und jeder den seinen für den einzig richtigen hält. Herr, ich will ja alles drangeben, wenn Du mir nur klar zeigst, dass dies wirklich Dein Weg ist. So gib mir ein Zeichen, irgendeine Antwort, ich weiß nicht, was ich tun soll. Ach, mache mir lieber alles, alles kaputt, ehe ich auf einen Weg gehe, der nicht Dein Weg ist, ich Dir nicht gehorsam bin.

Herr, höre mein Flehen und Weinen über das, was Studienrat X immer wieder sagt. Du siehst meinen ganzen Schmerz, zeig Du mir hier das Richtige, rede Du selbst zu mir. O gib, dass ich mich in nichts einschachtele und wieder gesetzlich werde, aber dass ich auch nicht zu weit werde und dadurch das eine, was mir allein not ist, zurücktreten lasse. Hilf mir zur Klarheit über solche Aussagen wie: „Die Wiedergeborenen

sind Erwählte. Den anderen, die nicht erwählt sind, hilft alles
Suchen und Ringen nichts." Man sagt hier weiter, dass einer
Frau, die in der Gemeinde redet, große Gnade der Herrlichkeit
verloren gehe; denn sie handle damit gegen Gottes Willen, und
ein Wesenszug wahrer Gotteskinder fehle. Ist es dann so, wenn
Jeanne Wasserzug dies nicht restlos anerkennt, dass sie nicht
zur Gemeinde gehört?

O Herr, es sind doch alles Deine Kinder, und wir haben nicht
zu urteilen, wer wiedergeboren ist und wer noch nicht. Es kann
sich doch nicht danach entscheiden, ob einer zu den Auserwähl-
ten gehört, wie weit er die Gemeindelinie als den Rat Gottes
erkennt, sondern das eine kann doch nur entscheidend sein:
die Fülle des Geistes und der Grad der Hingabe, der Liebe zu
Christus.

Daraus entwickelt sich alles andere organisch: Frucht brin-
gen, Stellung zur Welt und allen Dingen. Die Hauptsache ist
doch stets, wie brennend, wie groß mir das eine ist, wie weit es
mich, mein ganzes Leben, mein Tun und Denken beherrscht.
Darum finde ich es leicht gesetzlich, so genau einzuschachteln:
der wiedergeboren, der bekehrt, der erweckt ...   16.7.1926

Gleichsam ahnend hatte ich in diesem Wirrwarr der verschiedenen Wege etwas von der Not geschmeckt, der zu wehren einst
ein Teil meines Lebensauftrags werden sollte: die Not der Uneinigkeit der Kinder Gottes durch Gegeneinanderstehen und
Streiten, indem jeder den eigenen Weg für den einzig richtigen
ansieht. Gott hatte mir in der Stunde der Anfechtung schon die
Lösung aufleuchten lassen, dass die Liebe zu Christus von selbst
die rechte Stellung zur Welt und allen Dingen, die rechte Frucht
bringt und allein so die Einheit werden kann. Es bedurfte aber
noch vieler Bereitungs- und Züchtigungswege für mich, um in
der Praxis die Lösung der Spannungen und Zertrennung im
Leibe Jesu Christi allein in der Liebe zu Ihm zu erfassen. Ehe
ich meine erste Arbeit begann, hatte ich mich zu der Erkenntnis
durchgerungen:

*Ich danke Dir, dass Du mir doch die Gewissheit gegeben hast:
Bei völliger Hingabe braucht nie etwas Gesetzliches zu sein,
sondern wenn man die Linien der Schrift einhält, steht man in
völliger Geistesfreiheit, gerade auch als Frau.*   25.7.1926

IM KAMPF UM WELTVERNEINUNG
ODER WELTBEJAHUNG

JUGENDARBEIT IN DARMSTADT,
SOMMER 1926 BIS SOMMER 1928

Im August wurde ich in einer öffentlichen Feierstunde als die neue Jugendschwester der Stadtmission Darmstadt eingeführt. Der Prediger sagte mir gleich am Anfang, er lasse mir völlige Freiheit im Gestalten der Arbeit, und gewährte mir diese dann auch großzügig, solange ich dort war. Die Hauptsache war ihm, dass ich Jugend zusammenrief und einen neuen Kreis aufbaute. Wir hatten darum ein schönes, harmonisches Zusammenarbeiten, soweit man von Zusammenarbeiten reden kann, da ich innerlich und auch im äußeren Gestalten der Arbeit sowie in der Seelsorge völlig auf mich allein gestellt war, dazu noch reichlich jung und unerfahren.

Kurz vorher war eine Zeltmission in Darmstadt gewesen. Einige Mädchen, Kinder von Eltern, die zur Stadtmission gehörten, waren zum Glauben gekommen. Bei meinen Besuchen konnte ich mit ihnen beten und versuchen, ihnen in vielen Fragen zu helfen. Mit diesen fing ich nun einen neuen Kreis an, zu dem sich bald etwa vierzig Mädchen zusammenfanden. Die Hälfte war allerdings älter als ich.

Doch trotz dieses guten Anfangs war ich sehr unglücklich. Ich hatte mir ein zu hohes Ziel gesteckt und hatte mit meinen zweiundzwanzig Jahren die falsche Vorstellung, dass gebundene Seelen durch den Glauben an Jesus sehr schnell und auch in großem Maße frei und verwandelt werden müssten. Ich war der Überzeugung, dass die Erlösung Jesu im praktischen Alltagsleben sehr bald in Sieg, Freude und Hingabe sichtbar werden müsste, und sah nun bei meiner Seelsorge nichts davon. Ich erlebte das für mich Erschütternde, dass die Gemeinde Jesu vielfach ein umgekehrtes Bild von dem darstellt, was sie eigentlich sein sollte, dass sie nämlich unerlöst ist und also Nietzsches Kritik verständlich: „Erlöster müssten mir die Christen aussehen, wenn ich an ihren Erlöser glauben sollte."

Wenn ich mit meinen Mädchen wegen ihrer Nöte und Bindungen längere Zeit in seelsorgerlichen Gesprächen gerungen hatte, erfuhr ich dennoch, dass sie in diese oder jene Sünde wieder zurückfielen und auch hie und da Jesus einfach nicht folgen wollten, obwohl sie doch „gläubig" waren. Es war ein verzweifelter Kampf mit den Mädchen, der mich schier erdrückte. Ich liebte sie sehr, und ihre Nöte und Anfechtungen waren die meinen geworden. Ich konnte es einfach nicht verstehen, warum sie nicht frei wurden. So wurde mir die Arbeit zur unerträglichen Last.

Meine Eltern spürten diesen zu intensiven Einsatz und suchten mich davon abzubringen, um mich für ein leichteres Leben zurückzugewinnen. Ich stand darum in einem doppelten Kampf und hatte niemand, der mir innerlich half. So kam ich immer wieder zu dem Schluss: Ich bin zu jung für diese Arbeit, zu unfähig. Die Macht Satans und all das Leid hier auf dieser Erde sind zu groß. Es wurde dunkel in meiner Seele, und die Freude, die mich im Bibelhaus erfasst hatte, war unter all der realen Not gewichen. Ich schrieb in mein Tagebuch:

L. ist am Rande der Verzweiflung, H. war nicht da, ist ja auch ganz mut- und hoffnungslos, Du hilfst ihr einfach nicht. O zeig ihr, warum, was sie falsch macht. K. ist wieder ganz am Rande ihres Glaubens. Bei den Mädchen gestern konnte ich wieder nicht sprechen, wie ich wollte, solch ein Gegengeist war da. Frau B., bald hysterisch vor Kummer und Kampf, kann nicht Frieden finden; es nicht glauben, dass Du ihr aus Liebe den Mann genommen ... O Herr, Herr, wo bist Du? Erbarme Dich über die Menschen. Du hast sie doch lieb. Herr, hilf, denn Du bist

die Barmherzigkeit. Hilf um Deines Namens Ehre willen, der
Du so groß bist ... Schenk mir Glauben für die Menschen. Du
musst mir in der Jugendarbeit morgen helfen. Ich bin so unter
Druck innerlich, in ganzer Finsternis, Dir so fern, ich kann nicht
noch predigen. Aber in Dir haben wir doch alles. Herr Jesus, ich
will nicht klagen, verzweifeln, Du bist meine Kraft, mein Glück,
und Du führst alles herrlich zum Ziel. Ich vertraue Dir! O Herr,
wenn Du mich demütigst, machst Du mich groß [Ps. 18,36 L12].
Ich danke Dir. Ach lass die andern keinen Schaden haben. Hilf
mir nur, dass sie dadurch doch noch gesegnet werden. Amen.

1.11.1926

Herr, warum hast Du mich verlassen? Ich kann nicht mehr so
weiterleben. Herr, ich bin zu jung – o dass ich doch nicht pre-
digen, Seelsorge treiben müsste, wo ich selbst so arm bin. Oft
denke ich: Lieber den einfachsten Handlangerdienst Dir noch
zur Ehre tun dürfen! Ach Herr, und doch ist's nur Gnade, dass
ich in Deinem Dienst stehen darf. So will ich's auch mit Freuden.

28.11.1926

Warum wurde es so dunkel in meiner Seele? Ganz abgesehen
von meiner jugendlichen Unkenntnis und Unerfahrenheit, hatte
es auch noch eine persönliche – meine Sünde betreffende – Ursache. Wohl hing ich in keiner Weise seelisch an einem der Mädchen, die ich führte, aber ich liebte ihre Seelen in der Weise, dass
ich sie um jeden Preis aus ihren Nöten und Bindungen heraus-
holen wollte. Darum setzte ich mich bis zum Letzten ein. Kein
Weg war mir dafür zu viel, nichts, was sie mir zu tragen auf-
erlegten, zu schwer.

Ich hatte in Darmstadt ein Zimmer für mich, das vor der Tür
einer Etagenwohnung lag. So konnte ich meinen Mädchen selbst
aufmachen, wenn sie zu jeder Zeit und mit jeder Not kamen. Mein
Zimmer war ihnen Heimat, da hatten wir die vielen seelsorgerlichen Aussprachen und Gebetskämpfe. Ich liebte meine Mädchen
mit all ihren Schwächen, und sie liebten mich. Ja, mein ganzes
Herz lebte so sehr für die mir anvertraute Schar, dass eine Tante,

die uns in jener Zeit besuchte, den Eindruck hatte: Zuerst sei ich still und unlebendig gewesen, als sie mich aber nach meiner Arbeit fragte, sei ich plötzlich ein anderer Mensch gewesen, so feurig habe ich von meinen Mädchen erzählt. Doch war die Liebe zu ihnen ungereinigt, ich liebte ihre Seelen zu menschlich. Dazu klingen die Notschreie in meinem Tagebuch von damals zum Teil wie Anklagen gegen Gott, dass Er Seinen Menschen nicht hilft:

Warum können die Menschen immer nicht glauben? Warum ist das Leben so furchtbar? Jetzt auch noch L.'s Zweifel, Auflehnung gegen Dich. Oh, ich kann das alles bald nicht mehr ertragen. Es ist so entsetzlich schwer. Herr, mein Gott, ich kann einfach nicht mehr! Schenke Du mir doch Glauben, neue Kraft, dass ich über das Warum des Verzweifelns hinwegkomme bei den so heftig kämpfenden, Dich suchenden Menschen... Du hilfst ihnen einfach nicht, offenbarst Dich nicht. 5.4.1927

Ich meine, mir müsse das Herz zerspringen, wenn ich so die Qual der Menschen mit ansehen muss: J., Frau H., L. und die vielen, vielen anderen. Sie wollen glauben, siegen und können's doch nicht. Warum dies Hin und Her in ihrem Leben, Veranlagung, Vererbung? Ach Herr, ich will nicht fragen: Warum? – Dir vertrauen, da Du ja einfach gerecht und heilig bist. Doch muss hier eine Lösung sein, die wir sicher erst in der Ewigkeit verstehen. 26.5.1927

Ja, eine Lösung war da – doch anders, als ich sie suchte. Ich meinte, ich müsse mich mehr zum Glauben durchringen. Sicher, das war nötig und gut, und dies zu müssen war mir eine rechte Vorschule, um einst ein ganzes Werk – die Marienschwesternschaft – auf dem Weg des Glaubens aufzubauen und führen zu können. Es war Gottes große Weisheit, dass Er mich schon damals in meinen Kämpfen um die Seelen, die so aussichtslos schienen, das Glauben lehrte. Immer wieder rang ich mich im Angesicht meiner Untauglichkeit für den Dienst und im Anblick der Macht des Feindes, der die Seelen gebunden hielt, zum Glauben durch.

Darüber schrieb ich:

So sieht man die Wirklichkeit – und dann soll man predigen, predigen von Deinem Sieg, wo das andere doch siegt? Doch wenn es bei allen Menschen in die Brüche geht, ich nur unter Qualen dahinlebe, meine Arbeit in Trümmer gehen sollte, ich glaube an Dich und den Sieg Jesu Christi – an Dich, Du Lebendiger, der Du stärker bist als Sünde – an den, der in mir ist, und wenn ich das Leben, Deine Wege bei den andern gar nicht mehr verstehen sollte.   5.4.1927

Doch die Lösung lag nicht in dieser Art Glauben, weil der Schaden tiefer saß, nämlich in meiner eigenen Veranlagung, meiner Sünde. Die Weichen waren falsch gestellt, und darum kam ich in solch eine innere Nacht. Das Leiden der Seelen ging mir mehr zu Herzen als das Leiden Jesu um die Seelen. Ich lebte also mehr mit den Seelen als mit Jesus. Die Mädchen bedauerte ich, dass sie nicht zum Sieg, zur Lösung kamen, statt dass mein Herz davon erfasst gewesen wäre, welche Not wir Jesus mit unserem Nicht-Wollen, unserem Widerstehen und Ihn-Verlassen machen. Ich kannte Jesu Herz, das nur Liebe ist, noch wenig. Darum war ich von Seinem Leiden noch nicht erfasst und begriff nicht, dass gerade in diesem Punkt mein geistliches Leben nicht in Ordnung war. Ich merkte nicht, dass ich darum aus dem Frieden und der Freude in Christus Jesus, aus Seinem Sieg herausgenommen wurde, weil ich mich in die Tiefen und Schwankungen der Menschenseele hineinnehmen ließ, weil für mich die Seelen der Mädchen im Mittelpunkt standen – wie früher einzelne Menschen.

So war es in der Berliner Zeit gewesen, dass ich darum in Dunkelheit kam, weil eine Freundschaft mehr im Mittelpunkt meines Lebens gestanden hatte als Jesus selbst. Damals hatte ich die Wurzel meiner Traurigkeit sehr bald erkannt. Doch viel schwieriger war für mich, die Wurzel meiner Dunkelheit in der Zeit meines Dienstes an der Jugend zu erkennen. Erst viele Jahre später ging mir auf, dass wir auch im eifrigen Dienst für unseren Herrn Christus stehen können und nicht Ihn im Mittelpunkt haben, sondern die Menschen, denen wir zu dienen suchen.

Gottes große Güte wollte mir sicher damals schon die Augen öffnen, doch ich ging noch nicht darauf ein. Erst später, als der Herr mich in noch größere Not des Glaubens und Gebets um bestimmte Seelen hineinstellte und ich an der Not, dass diese Seelen sich nicht retten ließen, beinah zusammenbrach, zeigte Er mir, dass hier eine böse Wurzel in meinem Herzen war: dass ich Seiner Liebe nicht restlos glaubte, weil ein Geist des Murrens gegen Ihn in mir war. Nur wo Jesus im Mittelpunkt steht, Sein Leiden um die Seelen, Seine Liebe und Sein Ringen für sie uns bewegt, können wir im Frieden bleiben, in wahrer Freude und im sieghaften Glauben, weil unser Schwergewicht nicht in Menschen, sondern in Ihm liegt.

Im Lauf der zweijährigen Arbeit ließ Gott dann alles lichter werden. Er ließ mich in Seiner großen Gnade eine kleine Erweckung unter den Mädchen erleben und schenkte mir eine lebendige Jugendarbeit mit verschiedenen Kreisen. Meine ganze Freude war ein kleiner Stamm verantwortungsvoller und mittragender Mädchen, mit denen ich viel zu Gebetsstunden zusammenkam. Es war eine richtige Liebesgemeinschaft, eine Beter- und Streiterschar für Sein Reich geworden. Mein kleines Zimmer glich einem Heerlager, wenn die Mädchen den ganzen Fußboden als Sitzgelegenheit einnahmen und nun voll innerem Feuer die Gebete wie Geschosse auf viele Herzen gerichtet wurden. Ja, die ganze Stadt – so hatten wir uns vorgenommen – sollte für Jesus entzündet werden. Dies alles ließ die ungelösten inneren Kämpfe in den Hintergrund treten, und ich schrieb in diesem zweiten Jahr dann:

Mein Herr Jesus, ich muss Dir danken, dass Du mir so die Köstlichkeit des Dienstes aufgeschlossen hast, dass ich immer nur jubeln muss, dass ich darf, und der Dienst selbst mir das Köstlichste im Leben scheint. 3.4.1928

Wo ist ein solcher Gott wie Du? Herr, Du hast mich so reich gemacht in Dir, so selig, dass ich manchmal meine, es nicht mehr fassen zu können. Ach, „unbeschreiblich, ganz unglaublich sind die Triebe Deiner wunderbaren Liebe". Ich jauchze Dir zu: „Aus Gnaden bin ich, was ich bin: verlobte Braut und Königin. Ich schäme mich mit Freuden." [E. G. Woltersdorf]   30.6.1928

Rückblickend erkenne ich die große Güte Gottes, die mich nie über Vermögen versuchen ließ, sondern, weil ich noch so jung im Glauben war – und reichlich jung für meinen Dienst –, mir Seine Liebe durch viel Gnade in der Arbeit erzeigte und mich damit wieder sehr im Glauben stärkte. Doch andrerseits gab der Herr mir auch keine Ruhe. Er packte immer wieder die wunden und kranken Stellen an – das Verzweifeln und Aufbegehren über das Versagen der Menschen, für die ich im Gebet eintrat – und gab mir Klarheit darüber, dass hier etwas bei mir nicht stimme. Erst in der Marienschwesternschaft erfuhr ich in tiefstem Maß, worin die Lösung liegt, von der ich mit zweiundzwanzig Jahren schrieb: „Es muss doch hier eine Lösung geben", nämlich im Erfassen des Leidens Jesu und der Anliegen Seines Herzens.

Auch die zweite große Frage in jener Zeit: Weltoffenheit oder Weltverneinung, mit der Angst, die volle Hingabe an Jesus zu verlieren oder aber gesetzlich zu werden, ließ mich damals nicht los. Ich schaute nach Führung und Beratung aus und fand sie nicht. In meinem Dienst stand ich sehr allein. Eine Zeitlang hatte ich mit der Diakonisse, die die Frauenarbeit in der Stadtmission leitete, eine gesegnete Gebetsgemeinschaft. Wir verstanden uns gut in den Anliegen für Gottes Reich – aber meine Probleme waren ihr keine Probleme, da sie nicht wie ich in das kulturelle und geistige Leben hineingestellt war. So mühte ich mich immer wieder allein mit diesen Fragen ab.

Doch nicht nur bei meinem Dienst hier in Darmstadt war ich so allein und hatte niemanden, der innerlich mit mir ging, sondern noch in anderer Beziehung erlebte ich damals solche Not: Erika Madauss, die mich im Fröbelseminar näher zu Christus

69

geführt hatte und der ich trotz verschiedener Wegführung verbunden blieb, entfernte sich in dieser Zeit innerlich von mir. Sie
war damals so sehr von der Kunst und allem Kulturellen erfüllt,
dass ihr Leben nicht mehr in erster Linie um Jesus kreiste. Das
war mir sehr schmerzlich.

Dabei konnte ich aber nicht übersehen, dass sie ein unbestech-
liches, klares, natürliches Empfinden hatte für das, was echt oder
unecht war auch an mir. Darum stellte sie bei unserem Zusammensein oder in Briefen mein treibhausartiges Frommsein infrage.
Das blieb bei mir nicht ohne Wirkung – doch wenn ich ihr schon
in vielem recht geben musste und mich in Liebe bemühte, sie zu
verstehen, schien mir ihr Weg auch nicht der richtige zu sein.
Aber wo sollte ich den finden? In meinem Tagebuch klingt die
Not dieser Zeit auf:

Ich weiß nicht ein noch aus, ich bin so unsagbar unglücklich.
Herr, was ist der Weg? Ich finde nicht durch. Ist's was anderes,
was Erika in ihrem Glauben lebt, oder ist es eine andere Form?
Manchmal bin ich so ganz einig mit ihr, verstehe sie so ganz,
das Christsein in der Vielgestaltigkeit des Lebens. Dann ist's
mir wieder so fremd, so anders und ich meine, wir könnten
nicht zusammengehen, und doch will ich nicht urteilen. Ach,
ich wage es kaum, diese Freiheit zu gebrauchen, und für Erika
mag's doch der Weg sein. 21.12.1926

In dieser inneren Auseinandersetzung machte ich eine entscheidende Erfahrung: Bis dahin hatte ich den Eindruck, dass
die Art bewusster Frömmigkeit, wie ich sie zumeist erlebt hatte,
die ganz pietistisch und mehr auf Einseitigkeit eingestellt war,
das Idealbild sei. In meinem Dienst erfuhr ich aber dann, dass
bei gleicher frommer Ausdrucksweise sogenannter Gläubiger in
bekümmernder Weise oft Predigt und Gebet ganz tot sein können.
Nie werde ich da ein kleines und mir doch Richtung gebendes
Erlebnis vergessen.

Ich besuchte eine Dame, deren christliche Haltung – wie ich auf
den ersten Blick erkannte – recht frei war. Diese Schwerkranke

brachte mir Jesus näher als die Predigten und Gebete, die ich in letzter Zeit gehört hatte. Es war nur durch eine Äußerung, die mir ihre völlige Willenshingabe an Gott und damit ihre Demut zeigte. Hier begegnete ich dem lebendigen Jesus Christus, dem zu leben und den zu bezeugen mein großes Anliegen war. Diese Dame gab mir Dürers Passion mit, und wiederum geschah das Seltsame, dass durch diese Bilder, eben durch die Kunst, Jesus zu mir redete, wie ich es in den Predigten und Gebeten in der Gemeinschaft so sehr vermisst hatte. Ich schrieb in diesen Tagen in mein Tagebuch:

Nach Pfarrer X muss alles hier auf Erden als unter dem Fluch stehend gemieden werden, nur leidend getragen und erlebt werden. Es gibt nur diese große Einseitigkeit im Erleben Gottes – Christus ist nur im Wort und als Christus in uns zu finden. Das bedeutet dann aber, dass man dem ganzen Leben verneinend gegenüberstehen muss, und das drückt so.

Man überspringt das Leben, und so ist man unwahr. Erlebt man aber andererseits Gott in der Vielgestaltigkeit des Lebens und steht als Christ ganz im Leben drin, so ist mir bange, dass mein Christsein etwas Halbes wird. Denn all die wirklich fruchtbaren Gottesmenschen wurden es durch heilige Einseitigkeit, Paulus und all die heiligen Seelen, von denen Tersteegen so viel schreibt. Oder gab es auch andere?

Herr Jesus, lass mich doch Dein Evangelium verstehen – ich kann es nicht verstehen, es scheint mir so widersprüchlich, einmal ganze Hingabe bis zur gesetzlichen Selbstverleugnung, einmal die große Freiheit...

Schenk mir die rechte Form, mach mich frei vom Gesetz. Du weißt, dass ich so gesetzlich bin, beinahe ein schlechtes Gewissen habe, wenn ich nicht etwas direkt für Dich tue, sondern einmal etwas Literarisches, Künstlerisches lese, dass ich dann Angst habe, ich nütze die kurze Zeit des Lebens nicht genügend für Dich, Deine Sache aus. Oh, wo ist der Weg? 4.1.1927

Diese Frage war mir ein richtiges Kreuz, wie ich damals in mein Tagebuch schrieb:

Diese Frage ist wohl das Kreuz meines Lebens. 20.1.1927

Hatte ich mich durchgerungen, Gott in der Vielgestaltigkeit des Lebens zu erfassen, und gejubelt:

Herr, ich danke Dir, dass Du Dich mir so offenbarst in Menschen, Natur, Kunst, ich mich mit so reinem Gewissen freuen und Dir leben kann, da es ja nur alles die Liebe zu Dir größer macht ... Ich danke Dir, dass Du mich frei gemacht hast vom Gesetz ...
6.1.1927

so schien mir nach einigen Wochen der Weg doch nicht richtig, den ich eingeschlagen hatte, und ich schrieb:

Es kommt mir immer so vor, als setze ich nicht meine ganze Kraft ein, leiste ich nicht genug, es ist alles so leer und nichtig. Ach Herr, ich möchte doch um jeden Preis ganz für Dich und Deine Sache mein Leben einsetzen, durchglüht von Deiner Liebe. O lass doch dies eine nie geschehen, dass aus mir eine halbe Reichgottesarbeiterin wird, geistlich halb tot, von der nicht das quellende Leben ausgeht. 26.1.1927

So wurde ich hin und her geworfen, quälte mich und fand keine Lösung. Gott wollte sie mir nicht erkenntnismäßig geben. Sie sollte durchlebt und durchlitten sein. Jetzt sehe ich, warum: Ich sollte einst eine ordensmäßige Schwesternschaft gründen und führen. Um die jungen Mädchen, die hier als Schwestern eintraten, weder in ein gesetzliches, weltverneinendes Christentum zu führen, das Seelen zu Krüppeln oder selbstgerechten Pharisäern macht – noch sie in einem Christsein der Lauheit und Weltförmigkeit zu lassen, wo Salz und Kraft ihrer völligen Hingabe fehlen, musste ich in meinem Leben alle diese Wege durchlaufen.

Nur so konnte ich meinen geistlichen Töchtern dann den rechten Weg zeigen: sich als Kind des himmlischen Vaters in Natürlichkeit und Freude beschenken zu lassen, in Dankbarkeit

Seine guten Gaben zu genießen, wenn Er sie uns zu bestimmten Stunden schenkt – und doch zugleich als Braut Jesu aus Liebe zu Ihm die Wege Seines Kreuzes mit Ihm zu gehen, die Wege des Verlierens und der Entäußerung unter der Führung des Heiligen Geistes.

Ich sollte später in manchen Schriften Menschen auf den Weg wahrer Nachfolge rufen, die keine gesetzliche Askese ist. Und die Botschaft von der Liebe zu Jesus, der Liebe zum Vater, der Liebe zum dreieinigen Gott, die ich zu bringen hatte, war der Schlüssel zur Lösung der mich so sehr quälenden Frage. Doch damals – während meiner ersten Arbeit in Darmstadt – ahnte ich noch nichts von dieser Lösung.

Den Weg in die Nachfolge Jesu aus Liebe zu Ihm allein ohne tote, gesetzliche Enge fand ich nicht durch eine bestimmte Frömmigkeitsprägung – sei es die der Gemeinschaftsbewegung oder die des landeskirchlichen Christentums. Der Herr hat mich vielmehr, vor allem in den folgenden Jahren, durch meine Dienste mit verschiedenen christlichen Strömungen in Berührung gebracht. Ich hatte im Lauf der Zeit in mancherlei Kreisen und Häusern mitzuarbeiten und musste mich dadurch innerlich mit unterschiedlichen Richtungen auseinandersetzen, wobei Er mich langsam das, was Er uns in Seinem Wort von Gesetz und Evangelium sagt, recht verstehen ließ.

Damals in meiner Jugendarbeit setzte ich mich mit dem, was in Gemeinschaftskreisen oft Not sein kann, unter viel innerem Kampf auseinander. Ich sehe noch heute die erste Weihnachtsfeier, die ich dort als Schwester miterlebte, vor mir: In einem großen, nüchternen, etwas dunklen Saal saßen an langen Tischen die wohl rund 400 Mitglieder der Stadtmission mit ihren Familien bei Kaffee und Kuchen zusammen. Es wurden Gedichte aufgesagt, Chöre sangen, und dabei empfand ich alles als so laut, menschlich, allzu menschlich, und Kaffee und Kuchen schienen so wichtig. Mir krampfte sich das Herz zusammen. Wo war hier die Gegenwart Jesu? Ich schrieb daraufhin in mein Tagebuch:

O Herr, ich meine, ich kann einfach nicht mehr hier arbeiten –
in diese Form passe ich nicht. Es ist alles so leer und doch so
aufdringlich in Gebeten und im Vortragen.   28.12.1926

So voll glühender Liebe ich im Bibelhaus Malche gewesen war, einem von der Gemeinschaftsbewegung geprägten Haus, so leer und enttäuscht war ich nun hier. Mir schien, dass das, was die Väter der Erweckung gewollt hatten, hier kaum noch zu finden war. Gewiss ist es in vielen Gemeinschaftskreisen anders; doch Gott ließ mich dies alles hier wohl so erleben, damit ich daran lernte, geistliche Prägungen und Formen auf ihren wahren Inhalt zu prüfen, der doch immer nur Jesus allein sein kann.

Ich erkannte, dass die Tatsache unserer Bekehrung noch nicht bedeutet, in der rechten Nachfolge zu stehen, im Gegenteil. Wie leicht berufen wir uns darauf: „Ich bin bekehrt", und nehmen dies als Ruhekissen oder sogar als Schild, um nicht vom Licht der Wahrheit getroffen zu werden. Damit ist die große Gefahr der Heuchelei und des Pharisäismus gegeben. Man ist der Meinung: „Bei mir ist alles in Ordnung", und sieht hochmütig auf andere herab, ja will manchmal nicht mit solchen zum Abendmahl gehen, die „nur" Kirchenchristen sind, die noch in Vorträge oder Konzerte gehen, also zur „Welt" gehören. Dabei sieht man nicht, dass manche unter diesen gerade dem Zöllner entsprechen, der fleht: „Gott, sei mir Sünder gnädig!", und Gott wohlgefälliger sind als die Frommen. Andererseits erlebte ich auch, dass in kirchlichen, weltoffenen Kreisen oft große Lauheit herrscht und der aus Gemeinschaftskreisen bekannte Einsatz für die Arbeit des Reiches Gottes fehlt.

Eines wurde mir klar, was ich später noch mehr erkennen sollte: Es gibt in allen Lagern Mitläufer wie auch wahre Nachfolger Jesu. Doch was ist das Geheimnis der wahren Nachfolge? Der Herr hat es mir durch Sein Wort, das Er mir anhand Seiner Führungen verdeutlichte, immer klarer gezeigt: Es ist das demütige, zerbrochene Herz, das sich vor Gott und Menschen als Sünder erkennt, Schuld zugeben und sich sagen lassen kann. Solch ein Herz muss

Jesus mit allen Kräften lieben (Luk. 7,37–50). Und diese Liebe bringt wahre Freiheit, löst alle Fragen und Knoten. Doch damals fand ich den Schlüssel dazu noch nicht.

Und so führte mich der Herr zunächst in den umgekehrten Lebenskreis hinein: in das weltoffene Christentum. Er führte mich wieder nach Berlin in die Soziale Frauenschule zurück. Doch diesmal ging es nicht wie vor vier Jahren mit fliegenden Fahnen dorthin, sondern im Gehorsam gegen Gott auf einem Weg, der mein Wollen und Wünschen durchkreuzte.

Wie war es gekommen, dass ich noch einmal nach Berlin zurückkehrte? Das hatte mit den schon genannten Kämpfen in der Jugendarbeit zu tun, denn meine Eltern meinten, dass ich mich zu einseitig in die Seelsorge stürze und für nichts anderes mehr offen sei. So erschien es ihnen unbedingt nötig, dass ich aus dieser Arbeit herauskäme, und sie sprachen darüber mit verschiedenen führenden christlichen Männern, die in unser Haus kamen, und wandten sich auch schriftlich an die Leitung des Bibelhauses Malche. Schließlich wurde mir von allen Seiten – auch von maßgeblichen christlichen Leuten – ans Herz gelegt, ich müsse aus solch engem Arbeitsgebiet heraus und mich noch einmal mit der Welt auseinandersetzen, um nicht geistlich zu verkrüppeln und gesetzlich zu werden. Man riet mir dringend, die Ausbildung auf der Sozialen Frauenschule zu Ende zu bringen und mich dort mit sozialen und geistigen Fragen zu beschäftigen. Der Gedanke, noch einmal nach Berlin zu müssen, war mir bitter schwer. Doch ich spürte: Der Herr will es.

WARUM DIESER UMWEG?

WIEDER IN DER SOZIALEN FRAUENSCHULE
DER INNEREN MISSION, BERLIN 1928

Nun war es wieder Herbst geworden – Herbst 1928, als ich nach Berlin fuhr. Vier Jahre waren vergangen. Ich war jetzt vierundzwanzig Jahre alt. Wieder bekam ich ein kleines Einzelzimmer im Schülerinnenheim mit dem Blick über den Hof auf die andere Hausseite. Doch es war alles so anders. Die Weltstadt Berlin lockte mich nicht mehr. Nun tiefer in Jesus lebend, spürte ich sehr die finstere Atmosphäre dieser Stadt. So quälte es mich, nicht nur in diesen Mauern, sondern auch unter diesem Geist leben zu müssen. Jetzt sah ich, welche Mädchen dicht neben unserem Haus vor den Türen standen, ahnte all das Dunkel und Leid der Sünde, das sich hinter den Fassaden dieser großen, stattlichen Berliner Mietshäuser abspielte. Jetzt brannte mir durch meine Seelsorgearbeit die Not der Sünde im Herzen.

Diesmal saß ich in meinem Zimmer mit den Nöten einer Schülerin, die vor vier Jahren eine Ausbildung unterbrochen und nun zum Teil bei anderen Lehrern andere Stunden hatte. Ich musste beinahe das ganze erste Jahr nacharbeiten, da so viele neue Gesetze auswendig zu lernen waren. Mein Tagebuch gibt ein Bild meiner Herzensverfassung:

Gesetze, Gesetze und Gesetze pauken ... mein Grauen! Ach, das furchtbare Berlin, die Atmosphäre erdrückt mich schier. Mauern, Tod in all dem Leben; seelenlos in allem Jagen, so schaut es mich an, wohin ich gehe ... Und nun ein Jahr drin leben! Ich greife mir oft an den Kopf: Warum hast du das getan? Nur um ein Verstehen für soziale Dinge zu bekommen, um Menschen

in praktischen Fällen besser raten zu können? Ich überwinde
die Anfechtung über diese Dummheit, solch einen Weg einge-
schlagen zu haben, stets mit dem „inneren Muss", das genauso
in mir lebt: Im Gehorsam bin ich hier, Herr, so hilf Du mir!

17.10.1928

Ja wirklich, mein Verstand konnte mir keine Antwort darauf
geben, warum ich nun wieder in der Schule war, die ich zuvor aus
eigenem Entschluss verlassen hatte. Doch war mir eines gewiss:
Gott hat einen Plan, den ich jetzt noch nicht verstehe, den ich
aber später erfahren werde.

Es war im August ein bewegender Abschied von meinen Mädchen in Darmstadt gewesen. Und mir wollte fast das Herz brechen
vor Heimweh nach meiner Darmstädter Arbeit, war doch ein
Dienst an Menschenseelen im Reich Gottes das, wonach mein
Herz verlangte. Gott aber versagte mir einen solchen Dienst jahrelang. Er sah – was ich damals noch nicht erkannte –, welche
Gefahr diese Arbeit für mich war. Denn so sehr ich darin für Jesu
Reich glühte, kam ich doch unmerklich dazu, mehr im Dienst
selber, im Ringen um die Seelen aufzugehen als in Ihm allein, der
meine einzige Liebe sein wollte. Ich erkannte damals noch nicht
die Vermengung von Seelischem und Geistlichem, von Liebe
zum Dienst und Liebe zu Jesus.

Doch Gott ist ein eifersüchtiger Gott. Er wollte rein geliebt
werden, nur um Seiner selbst willen. Und so fing Er an, meine
Seele in diesem Punkt zu reinigen, indem Er ihr keine Nahrung
mehr gab für ihr scheinbar geistliches, tatsächlich aber seelisches
Befriedigtwerden in einem Dienst an Menschen. Er führte mich
in eine große Einöde und Leere, in der mein Herz lange Jahre
hindurch nichts hatte, für das es sich verzehren konnte. Doch
Kreuzeswege enden in der Herrlichkeit, so wunderbar, dass ich
heute noch tiefere Wüstenwege dafür durchgehen würde. Sie
führten mich in das Geheimnis der bräutlichen Liebe zu Jesus,
des „Christus in uns", das den Himmel auf Erden bringt, weil
Ihn selbst.

Das Warum und Wozu dieses Weges nach Berlin und der späteren Wüstenwege war mir allerdings damals noch verborgen, war ich doch der festen Überzeugung, nach dem Berliner Jahr wieder den Dienst im Reich Gottes aufnehmen zu dürfen. Das innere Muss, der Gehorsam, war mir im Augenblick Antwort genug. Bald war ich in allen Unterrichtsstunden ganz beteiligt. Ja, der geisteswissenschaftliche und theologische Stoff machte mir sogar Freude, denn nun wurde mir nichts mehr, auch nicht die Bibelkritik, zur Anfechtung wie im ersten Jahr in Berlin.

Zusammen mit einer gläubigen Mitschülerin richtete ich eine Bibelbesprechstunde für unsere Klasse ein. Daneben ging ich – weil ich dieses zweite Jahr in Berlin deshalb absolvierte, um in die geistigen und sozialen Fragen unserer Zeit einzudringen – in Museen; für Kunstgeschichte hatte ich mich ja immer schon interessiert. Auch hörte ich Konzerte und mancherlei Vorträge. Doch im Tagebuch steht:

Dabei begleitet mich das Sehnen, wieder für die Sache Deines Reiches da zu sein. So viel Schönes und Anregendes hier ist, es ist ein Leben nur für sich selbst – und „Dein Reich komme" treibt mich.   11.2.1929

Doch dieses Getriebenwerden, mich für Sein Reich zu verzehren, sollte gerade in dem Berliner Jahr gereinigt werden – einerseits, indem der Herr mir keine Möglichkeit gab, in Seinem Dienst zu stehen; andererseits durch mancherlei hilfreiche Kritik, die von den Menschen, die mich hier umgaben, an mir geübt wurde. Dadurch zeigte Er mir: Etwas stimmt in deinem Wesen und deiner Einstellung nicht. Gott führte es so, dass mir von verschiedenen Seiten immer wieder das Gleiche gesagt wurde:

Heute sagte mir L. wieder, dass mir das Vitale fehle. Alles sei immer in mir gespannt, zu ernst, das kindlich Harmlose, das frohe Gelöstsein habe ich nicht, ich bedrücke die Menschen.
                                                                20.4.1929

Ich war darüber sehr unglücklich und schrieb:

So kann es doch nicht bleiben, dass ich die anderen durch mein Wesen hemme, bedrücke. Das ist so furchtbar. All die Not in meiner Arbeit hat mich wohl so ernst gemacht.

Ja, ich hatte mich gegenüber der Kindheit und frühen Jugendzeit, in der ich so ausgesprochen fröhlich gewesen war, sehr verändert. Die andere Seite meines Wesens, der Ernst, hatte nun die Vorherrschaft, da ich in viel Kampf stand, den ich eben noch sehr gesetzlich ausfocht. Wenn Christus das Endziel des Gesetzes ist (Röm. 10,4), wird uns das Durchlaufen des Gesetzlichen als einer Stufe nicht erspart. Die Not dieser Jahre hatte meinem Wesen immer stärker die ernsteren Züge aufgeprägt. Ich kam darüber in große Anfechtung:

Es ist jetzt dunkel um mich. Ach Herr, zeige mir Deinen Weg. Was ist richtig? – Ich bin an allem irre. Was mir das Ziel war – ist es falsch?

Warum ist alles so unsagbar verwirrend und kompliziert? Herr, es kommt doch von Dir, dass mir jetzt von allen Seiten so stark gesagt wird, welch ein verkrampftes, stets in Spannung stehendes Leben ich führe, sodass die anderen sich leichtsinnig vor mir vorkommen. Man sagt, ich lebe in ständig gesteigerter Verantwortung. Ach, kann ich denn anders? Wenn die furchtbare Not der Menschen, ja der Menschheit mir nicht ständig in ihrer ganzen Trostlosigkeit gegenüberstände! Darf ich an ihr vorübergehen und meiner Freude, meinem natürlichen Ausgestaltetwerden als Mensch leben?

H. sagte zwar, mich bestärkend, wenn man mit ganzer Hingabe in der Reichgottesarbeit stehe, fordere dies irgendwie das Opfer des natürlichen Menschen. Es sind ja auch genug, die die Schönheit des natürlich Menschlichen entfalten, sollte ich es da nicht für Christus hingeben können? Nur andere möchte ich damit nicht bedrücken. 22.4.1929

Ich kam nach diesen Wochen zu dem Schluss: Jesus muss ich dienen, ganz für Ihn mich verzehren:

Lass mich in Dir ganz Kind sein, und ich glaube, was da an bedrückender Spannung ist, wirst Du lösen. 28.4.1929

So hatte mir diese zweite Berliner Zeit also die Erkenntnis gebracht, dass in meinem ernsten, gespannten, gesetzlichen Christsein etwas nicht stimme. Das war große Gnade Gottes, denn „die Wahrheit wird euch frei machen" (Joh. 8,32). Welche Weisheit der Führung Gottes, dass ich nicht in meiner Darmstädter Arbeit geblieben war, da man mich dort sicher in meiner Art noch besonders fromm fand. Von jedem menschlichen Verstehen her war dieser Weg in die Frauenschule zurück sinnlos, denn nie habe ich später den Beruf der Fürsorgerin ausgeübt. Doch die Lehrerin des Bibelhauses sagte oft: „Mehr als um die Arbeit geht es dem Herrn um dich selbst, um deine Seele, dass sie Christus ähnlich wird und zum Ziel kommt." Und meine Seele hätte Schaden gelitten, ich wäre wie eine Treibhauspflanze aufgewachsen – wie Erika Madauss während der Zeit meiner Darmstädter Arbeit sagte: „Wenn du so weitermachst, bist du bald eine Heilige, aber eine, vor der man Angst hat in ihrer Frömmigkeit!" Sie meinte wohl damit, dass ich so wenig kindlich, natürlich und fröhlich sei, was ja das Zeichen wahrer Liebe und Demut ist.

Für mich war der damalige Zustand nicht leicht. Ich wollte wie ein Schmetterling aus der Puppe heraus und konnte doch noch nicht fliegen, konnte noch nicht in das freie Wesen hinein, weil mir die Flügel der Liebe fehlten. Aber Gott hatte schon alles bereit durch weitere Wege der Züchtigung.

IN DER SCHMIEDE DER ANFECHTUNG

ALS LEHRKRAFT IM BIBELHAUS MALCHE,
HERBST 1929 BIS HERBST 1930

Nachdem das Berliner Jahr beendet war, kam ich nicht wieder in den Dienst an der Jugend. Die Leitung des Bibelhauses hatte mich gebeten, ob ich nicht nach meiner Abschlussprüfung als Lehrkraft dorthin kommen wolle.

Ins Bibelhaus Malche zu gehen, wo ich dies glückliche Jahr erlebt hatte, reizte mich wohl, doch nur Unterrichtsstunden zu geben, das entsprach eigentlich nicht meinen Neigungen, da mein Herz sich heiß sehnte, wieder eine Jugendschar seelsorgerlich führen und ihr das Wort Gottes sagen zu dürfen. Noch hatte ich aber keine klare Vorstellung, wie der Dienst als Lehrkraft im Bibelhaus aussehen würde. Ich wusste nur: Wenn die Leitung mich um diesen Dienst bat, sollte ich gehen. So zog ich nun das zweite Mal, vier Jahre später, im Oktober 1929 ins Bibelhaus ein.

Wieder wohnte ich in demselben Haus. Doch nun nicht wie das erste Mal mit einigen jungen Menschen zusammen, mit denen ich damals so reichen Austausch gehabt hatte. Nein, nun hatte ich ein kleines Zimmer, das mir wie im ersten Berliner Jahr zu einer „Gefängniszelle" wurde.

Worin bestand jetzt mein Leben? Ich hatte meine Stunden im Missionslehrerinnenseminar sowie im Kurs der Bibelschule und im Oberkurs des Pfarrgehilfinnenseminars zu halten, und zwar unter anderem Deutsch, Psychologie und Kirchengeschichte. Da ich sonst keinerlei Berührung mit den Schülerinnen haben konnte, nicht mit ihnen in Lebensgemeinschaft wohnte, blieb mir nach den Lehrstunden nur der Weg wieder auf mein Zimmer zurück – oder ein einsamer Spaziergang. Ich hätte in den Kreis der Lehrkräfte gehört. Doch da passte ich auch nicht hinein, weil ich meinem Alter nach, gerade fünfundzwanzig, eigentlich den Schülerinnen näherstand. Im Nebenzimmer hörte ich oft die Unterhaltung, wenn sich dort eine Schar der Mitarbeiter sammelte, die sich von früher her kannten. Doch weil ich ihnen fremd war und es ihnen durch meine zurückhaltende Art wohl etwas schwer machte, forderten sie mich nie auf, zu ihnen zu kommen. Das immerwährende Alleinsein, das anderen Menschen vielleicht gerade Freude macht, lastete damals schwer auf mir.

Diese Not war aber nicht die eigentliche Ursache, dass mein zweiter Aufenthalt im Bibelhaus nun so ganz anders und so schwer für mich war. Ich war vielmehr älter und reifer geworden, und meine vor vier Jahren auch stark jugendliche Begeisterung und Freude, in einem Bibelhaus zu sein, war natürlicherweise abgeklungen. Je älter wir aber werden, desto mehr prägt sich unser eigentliches Wesen aus.

Wieder spürte ich etwas von dem, was mir während meiner Arbeit in Darmstadt schon Not gemacht hatte: Wir älteren Christen tragen oft eine bestimmte Art von Frömmigkeit, einen bestimmten frommen Ton an uns, der etwas Bedrückendes hat. Es ist wohl Ausdruck dafür, dass manches in unserem Herzen noch nicht überwunden und gelöst ist. Dies auch hier zu erleben, war mir schwer. Und war das, was ich bei den anderen sah, nicht mein Bild, das ich nun, nach ein wenig mehr geistlicher Erfahrung, schon ansatzmäßig in mir entdeckte?

Es war eine besondere Gnade des Herrn, dass Er mir in Berlin mein Wesen schonungslos gezeigt hatte, und es war wiederum große Gnade, dass Er mich hier im Bibelhaus nun der Gefahr eines frommen Erstarrens gegenüberstellte. Es war weiter Seine Gnade, dass Er hier, wo ich nichts hatte, was meine Sehnsucht nach Gestalten und Wirken im Reiche Gottes befriedigt hätte, alle Seelentriebe ausdörren ließ. In Berlin hatte ich wenigstens noch all die geistigen Anregungen und Abwechslungen gehabt und meine Mitschülerinnen – doch hier? Es blieb mir eigentlich kein persönlicher Dienst an Menschenseelen, auch sonst so gut wie kein Austausch mit Menschen:

Sie [meine damaligen Kolleginnen] sind so ganz anders als ich, gar nicht mal lustig, ausgelassen oder interessiert und leidenschaftlich. Und dies schematische Stundengeben, während ich brenne, Sachen ganz zu gestalten, von Grund auf in die Hand zu nehmen! Ich möchte mit den Menschen als Ganzes zusammenleben, für sie sorgen – nicht nur für ihren Geist. 8.11.1929

Nun lag das Leben im Bibelhaus, das mir vorher ein Quell der Freude war, wie ein Druck auf mir. Außerdem spürte ich – das mag aber auch Einbildung gewesen sein –, wie die Lehrkräfte von mir Abstand nahmen, da sie wohl merkten, dass unsere geistliche Prägung, zumindest nach außen hin, sehr verschieden war.

So saß ich denn wie ein kleiner Vogel im Käfig – und doch war dieser Kummer nicht der einzige. Ich kam auch durch psychologische Bücher, die mir zum Durcharbeiten für die Lehrstunden gegeben wurden und die das Erleben mit Gott bei führenden christlichen Persönlichkeiten aller Zeiten als menschlich-seelisch erklärten, in viel innere Anfechtung. Aber all diese Nöte waren klein im Vergleich zu einer anderen Not, die mich schier zur Verzweiflung bringen wollte. Gott setzte Seinen Hebel an. Er verweigerte mir nach dem Berliner Jahr die ersehnte Jugendarbeit und führte mich stattdessen wie in eine Einöde, in der ich mich lebendig begraben fühlte, damit meine Seele und mein geistlicher Mensch gereinigt werden sollten. Dabei setzte Er vor allem an der Stelle an, die mir während der Darmstädter Arbeit schon viel Not gemacht hatte: dem falschen Eifer um Menschenseelen.

Diesmal ging es um Erika Madauss. Sie war von Jesus mehr und mehr abgekommen, in vielen Zweifeln und dadurch in großen Nöten. Da wollte mir das Herz schier brechen. So selbstverständlich es mir war, bei allem Schmerz, der mich persönlich betraf, Gott ein Ja zu geben, so schwer wurde es mir bei anderen Menschen. Da kam ich um ihrer Nöte willen in solche Anfechtungen, dass ich mich jedes Mal wieder neu zum Glauben an Gottes Liebe durchringen musste. Dass ich mit diesen Anfechtungen so schwer fertig wurde, offenbarte, was letztlich dahinterstand: murren gegen Gottes Wege. Das zeigte mir Gottes Wort nur zu deutlich. Über allen Kampf schrieb ich in mein Tagebuch:

Ach, warum kann ich so schwer an Gottes Liebe glauben? In allem, allem, was mein Leben betrifft: ob es der Verlust meiner Darmstädter Arbeit ist oder dass ich jetzt einsame, unbefrie-digende Arbeit tun muss, weiß ich, dass der Segen nur darin, gerade in diesem Weg, liegen muss. Und ich kann wohl sehr traurig sein, doch nie verzweifelt, weil ich Gott darin sehe, es schließlich nicht anders will, als Er es führt, wenn es auch nur durch Sterben ginge. Doch hier handelt es sich um Ewiges, denn wenn Menschen im Letzten nicht vorwärts, zur Klarheit kom-men, steht darüber: „für Ewigkeiten", abgesehen von dem, was sie, innerlich so zerrissen, durchmachen. Ich kann das nicht mit ansehen. Wann hörst Du mich, o Gott? Warum errettest Du nur so wenige Menschen? Der Gedanke zermartert mich ... Erweise Deine Macht, Herr Jesus Christus, und lehre mich an Deine Liebe glauben. Vergib mir! Amen. 16.11.1929

Ich war in großer innerer Nacht. Das Wort Gottes sagte mir nichts. Beten konnte ich nicht in der Kraft des Glaubens, und ich hatte keinen Menschen, dem ich meinen Kummer anvertrauen konnte. Gott schien nicht mehr zu antworten und war mir fern und tot. So saß ich Tag für Tag in meinem Zimmer; Tränen waren meine Speise, voll Anfechtungen meine Gedanken, und mein Herz wollte fast brechen wegen der Gottesferne des geliebten Menschen.

Unbegreiflich ist mir, wie der Herr hier hindurchbrachte. Es war, als ob Jesus mich fragte: *Willst du nun noch bei Mir blei-ben, willst du Mir allein leben? Bin Ich dir genug, auch wenn Ich schier tot bin, dir weder innere Tröstungen noch Liebeserweise noch Zeichen Meiner Nähe gebe? Wenn dir kein befriedigendes Wirken für Mich in Meinem Weinberg zuteil wird und Ich deine Gebete um geliebte Menschen in ihrer Nacht nicht erhöre? Wenn*

Ich dir nicht die Lösung deiner Fragen gebe, wie weit der Christ in der Welt zu stehen hat?

Ach, meine Antwort an Jesus hätte wohl noch trauriger ausgesehen, als sie schon aussah, wenn der Herr mir nicht den gleichen Dienst wie damals in dem ersten, mir so schweren Berlin-Jahr getan hätte: Er ließ mich in meiner Not meine Sünde erkennen. Und die Seele verliert Jesus nicht, die sich Ihm als ein Sünder zu Füßen legt. Denn der Erlöser und die Sünder gehören unlöslich zusammen. So schrieb ich damals in dem heißen Ringen:

Ich sehe doch immer klarer, dass mein Christentum völlig kraftlos ist. Wie könnte ich sonst so verzweifeln, wo ich gerade für jemand glauben sollte. Herr, ich bitte Dich, schenke mir Glauben. 4.11.1929

Ich weiß nicht, mein Leben kommt mir so arm vor, so ohne Frucht. Was ist mein Christentum? Habe ich vielleicht zu viel mit mir zu tun, meinem Unglücklichsein? ... Hilf zum ganzen Nein bei diesem Selbstbedauern... diesem quälenden Warum, das es doch in meinem Leben nicht mehr geben sollte, das von der Liebe Gottes weiß. 7.11.1929

Du weißt, dass ich im Glauben die letzten Wochen so gescheitert bin. Herr, mit allen Waffen des Wortes Gottes und Gebetes will ich wider den Unglauben, der nur ein Murren wider Dich ist, kämpfen ... Warum ist mein Glaube gänzlich tot, dass ich mit Gott rede, als ob Er all solchen Jammer nicht dulden dürfte? „Meine Gedanken sind nicht eure Gedanken" [Jes. 55,8] *– wann werd ich's fassen, mich darunter demütigen?* 25.1.1930

Und wie anders klingen dann plötzlich die Eintragungen, als der Herr die Wende schenkte:

Wie Schuppen fällt's von meinen Augen, jetzt, wo ich in übergroßem Glück über das, was Du an Erika tatest, Deine Herrlichkeit wieder schauen darf. Ich sehe all meinen Unglauben, Bitterkeit, ja Trotz Dir gegenüber, meinen Tod, meine Lieblosigkeit, wodurch ich in meinem Kummer an den nächsten Menschen hier vorüberging, meine Trägheit im Gebet. Und ich kann nur weinen und mich schämen über diesen Winter. 19.5.1930

Herr, ich danke Dir, dass Du mich so richtetest, aber den Weg zu dem neuen Leben zeigtest: das Gebet. Beten, beten und beten will ich, und Du wirst Deinen Geist neu dazu geben. Ach, dass ich nicht mehr zu Dir kam! 12.6.1930

Gottes gütige Hand hatte Sein Kind durch diese dunkle Zeit hindurchgeführt. Er hatte meine Bitten, die in tiefster Not aufgestiegen waren, erhört:

Ich bitte Dich für alle Stunden des Sterbens in tiefster Seele, die so grauenvoll dunkel sind. Lass daraus hervorwachsen eine Liebe, die alles trägt, alles hofft, alles duldet, aus Dank, dass Du mich jedes Mal durch diese Stunden hindurchgetragen hast.
4.12.1929

Ich möchte nur eines hier im Leben – und diese Sehnsucht ist meine leidenschaftliche Bitte an Gott –: lieben, lieben und wieder lieben, da, wo ich auch stehe, und ob mir die Menschen selbst feindlich begegnen. 16.12.1929

Der Herr erhörte alle diese Gebete ganz wörtlich. Er hat wohl auf solche Gebete besonders acht, die aus dunkelster Nacht in dem Dennoch des Glaubens emporsteigen aus einem von Gott zerschlagenen Herzen, das nichts mehr an eigener Glaubenskraft in sich hat.

Menschlich gesehen schien nun meine Seele in jener Zeit wie ausgelöscht im Ofen des Elends – ohne einen Funken Glauben, Freude, Liebe; ja, ich wurde in allem zuschanden. Gott wollte meine ganze Blöße offenbar werden lassen, um mich endlich zu einem armen Sünder zu machen, doch begnadigt von Ihm, der die Armen mit Seinem Reichtum beschenkt und sich der Elenden erbarmt.

Das Jahr im Bibelhaus ging zu Ende. Es brachte mir die Gebetserhörung, dass Erika Madauss, um deren Seele ich gerungen hatte, zu Jesus zurückfand. Überglücklich war mein Herz, voll

Dank und Jubel zu Gott, voll Beschämung über meinen Unglauben. Das Ende des Schuljahrs brachte auch das Ende meiner Zeit dort – mir eine Befreiung! Doch wohin ging nun mein Weg? Die Leitung des Oberkurses im Bibelhaus hatte Dr. Gertrud Traeder – später Dr. Wasserzug-Traeder, Beatenberg –, die vorher führend in der Christlichen Studentinnen-Bewegung gestanden hatte. Sie selbst, wie auch die Bibellehrerin Jeanne Wasserzug, ehemals Missionslehrerin in Tunis, hatten nach den ersten Monaten meines Dortseins den Gedanken, ich müsse in die Seelsorgearbeit an Studentinnen gehen, wo, wie sie meinten, gläubige Menschen in der Führung weithin fehlten. Es war beabsichtigt, dass ich vor allem ausländische Studentinnen sammeln sollte. Um diesen Dienst recht tun zu können, sollte ich selbst mit einem Studium beginnen. Doch wie konnte ich das, da ich kein Abitur hatte? Drei Schuljahre fehlten mir.

Es gab die Möglichkeit, in Berlin am Kultusministerium eine Begabtenprüfung abzulegen, falls man von namhaften Persönlichkeiten Gutachten über besondere Begabung einreichen konnte. Dies, wie auch die Zulassung, aber erst recht dann das Bestehen der Prüfung war für mich durchaus nicht selbstverständlich, doch wollte Gott diesen Weg. Professor Paul Luchtenberg, damals in Darmstadt, 1956–58 Kultusminister von Nordrhein-Westfalen, bei dem ich während meiner Darmstädter Arbeit an einem Seminar für Psychologie teilgenommen hatte, gab mir ein Gutachten, auf das hin ich zur Prüfung zugelassen wurde. Nach dem Schriftlichen schien das Bestehen fraglich zu sein. Dann kam die mündliche Prüfung. Ich musste im Kultusministerium *Unter den Linden* am langen Sitzungstisch allein einer Reihe von Professoren und hochgestellten Persönlichkeiten aus dem Ministerium gegenübersitzen, die mich in den verschiedensten Gebieten auf das Urteilsvermögen hin prüften. Und Gott schenkte, dass ich die Prüfung bestehen durfte. So stand der Weg offen, Psychologie als Hauptfach zu studieren, Philosophie und Kunstgeschichte als Nebenfächer. Doch sollten die Studien nur eine Brücke sein, um das Evangelium an die Studentinnen heranzubringen.

START ZU NEUEM DIENST

STUDIUM IN BERLIN,
HERBST 1930 BIS HERBST 1931

So war ich ein Jahr, nachdem ich die Wohlfahrtsschule verlassen hatte, wieder – jetzt das dritte Mal – in Berlin und fühlte mich in der großen Weltstadt noch verlorener als damals in der Heimschule. Alles war so anders. Das eigene Studium und zugleich eine völlig neue Arbeit an ausländischen Studentinnen aufzubauen, war zeitlich unmöglich. Die Entfernungen waren riesengroß, sodass auf einen einzigen Besuch oft ein halber Tag ging.

Nachdem ich einige Wochen lang diesen Dienst getan und zwei Mal offene Abende für ausländische Studentinnen veranstaltet hatte, merkte ich, dass ich dabei unmöglich mein Studium in normaler Zeit zu Ende bringen könnte. So entschied ich mich, als Vorbereitung auf den geplanten Dienst zuerst das Studium abzuschließen. Der Berliner Kreis der Deutschen Christlichen Studentinnen-Bewegung, DCSB, bat mich dann einige Wochen später, dort mitzuarbeiten – darauf ging ich ein, weil mir das neben dem Studium möglich war und es mich zog, Gemeinschaft zu haben mit gläubigen Studentinnen.

Doch wie ein Kreuz lag dieses Studium auf mir. Wohl war ich an geistigen Fragen interessiert, sodass ich schon während des Haushaltlernens bei meiner Mutter und während der Jugendarbeit in Darmstadt Kollegs über Psychologie, Philosophie und Kunstgeschichte gehört hatte. Doch nie hatte ich Neigung, viele Stunden über den Büchern zu sein. Schon als Kind genügte mir eine halbe Stunde zum Lesen, dann sprang ich wieder davon; ich

war alles andere als ein Bücherwurm. Und nun hatte ich wochen-
monate-, jahrelang nichts anderes zu tun, als über Büchern der
Psychologie, Philosophie und Kunstgeschichte, aber auch der
Theologie zu sitzen, denn für die ersten beiden Semester hatte
ich vor allem Theologie belegt.

In meinem Hauptfach Psychologie hörte ich den genialen
Begründer einer neuen Richtung, Professor Eduard Spranger,
der mich auch im Kulturexamen geprüft hatte und dessen groß-
zügiges Anpacken psychologischer Fragen in geisteswissenschaft-
licher Sicht mir viele neue Aspekte gab. In Theologie waren es
Professoren, die mir durch ihr lebendiges Nahebringen theolo-
gischer Anliegen die Theologie lieb machten. Wo textkritische
Fragen aufgeworfen wurden, konnten sie mir persönlich keine
Schwierigkeit mehr machen; doch blieb es mir schmerzlich, bei
den jungen Kommilitonen zu beobachten, dass sie dadurch in
Glaubensnöte kamen und man ihnen meist nur sehr schwer
helfen konnte.

Von Berlin aus traf ich mich öfter über den Sonntag mit Erika
Madauss, die ein Jahr vorher aus England zurückgekehrt war
und nun in Hamburg als Fürsorgerin arbeitete. Eine echte innere Gemeinschaft war uns spürbar zurückgegeben, was mir
ein großes Geschenk Gottes war. Dass wir innerlich wieder ganz
zusammenfanden, war aber auch insofern von Bedeutung, weil
wir später den gleichen Weg gehen und miteinander die Marienschwesternschaft gründen sollten.

UNERFÜLLT UNTER DER „BILLIGEN GNADE"

HAMBURG – STUDIUM UND REISEDIENST, HERBST 1931 BIS HERBST 1935

Vom dritten Semester an, Herbst 1931, studierte ich in Hamburg und wohnte dort mit Erika Madauss zusammen in deren Elternhaus. Damit begann für uns beide ein neuer Abschnitt unseres inneren Weges. In meinem Leben hat es öfter Weichenstellung aus einem klaren inneren Muss heraus gegeben, etwa als ich die Ausbildung auf der Sozialen Frauenschule abbrach und in das Bibelhaus Malche ging, ebenso als ich meine Darmstädter Arbeit aufgab und ein zweites Jahr die Soziale Frauenschule besuchte.

Dies innere Muss spielte auch eine besondere Rolle bei der Frage, ob Ehe oder Ehelosigkeit. So sehr es mich eigentlich aus dem Sehnen nach eigenen Kindern zur Ehe drängte, so war es mir dennoch klar, dass ich nach Gottes Führung und Berufung den Weg der Ehelosigkeit zu gehen hatte. Jedes Mal, wenn die Frage der Heirat an mich herantrat, wusste ich, dass ich ein Nein zu geben hatte, weil ich unter der Berufung stand, ausschließlich für Jesus und Seinen Dienst da zu sein.

Um solch ein inneres Muss ging es auch, als ich nun in der Zeit des Studiums in Hamburg mit Erika Madauss in allen Dingen ein gemeinsames Leben begann, bei dem wir gemeinsame Kasse und gemeinsamen sonstigen Besitz hatten. Als mich während dieser Zeit noch einmal ein Pfarrer ernsthaft vor die Frage der Ehe stellte, war es mir wieder ganz klar – so sehr mir der Dienst in der Gemeinde große Freude gewesen wäre –, ein Nein zu geben in der Gewissheit des göttlichen Planes, dass Erika Madauss und ich gemeinsam ein Werk Gottes aufbauen sollten.

So sollte es dann später wirklich werden. Doch wie wenig waren wir dazu bereitet! Wohl lasen wir viel theologisches Schrifttum, vor allem von Martin Luther und Karl Barth, dazu missionsgeschichtliche Werke. Und im Gegensatz zur Bibelhauszeit war ich jetzt glücklich – aber ob wirklich glücklich in Jesus?

Ich war wohl menschlich glücklich, denn mein Leben schien irgendwie verwandelt. Hatten die zwei Jahre vorher unter dem Zeichen des Alleinseins, der Anfechtungen und mancherlei Nöte gestanden, war ich nun in ein warmes Nest versetzt. Ich war nicht mehr allein auf einer Studentenbude, sondern in einer Familie, wo liebevoll für mich gesorgt wurde.

So war ich voll Dank nach dem Jahr in der Berliner Steinwüste, unter der ich gelitten hatte. Hier im Hamburger Wohnviertel gab es viele Bäume, Vorgärten und Parkanlagen. Und nicht weit davon kam man gleich zur Alster. Hamburg war wirklich eine schöne Stadt und eroberte gleich mein Herz. Die Universität lag auch in der Nähe – ich konnte dorthin zu Fuß gehen – sie war klein, von weiten Rasenflächen umgeben, am Dammtor gelegen. Ach, wie erleichtert war ich, keine Untergrundbahn zur Universität fahren zu müssen. Es schien mir, als wäre ich aus der ganzen Unnatur des Lebens während der letzten Jahre wieder in ein natürliches Leben zurückgekehrt, da Leib und Seele sich des Lichtes und der Sonne erfreuten.

Während der Zeit meiner Lehrtätigkeit im Bibelhaus Malche und meines Studiums in Berlin waren die Bücher tatsächlich mehr oder weniger mein alleiniger Umgang gewesen. Hier in Hamburg nun hatte ich den Austausch mit Erika Madauss, die mit mir alle Interessen, aber auch alle Nöte und Freuden teilte.

Wir machten zusammen die Kunstreisen, die für mein Studium nötig waren – nach Holland, Frankreich und Italien. Wir erlebten dabei etwas von dem Reichtum, der in all den Gaben der Schöpfung und der Kunst liegt. Nun musste ich nicht mehr allein in meinem Zimmer lernen, nein, auch das Lernen teilte Erika

Madauss mit mir, deren Interessen schon immer auf dem Gebiet der Kunst und Psychologie gelegen hatten. Am Spätnachmittag, nach der Arbeit in ihrer Fürsorgebehörde, trafen wir uns entweder in der Universität, wo sie einzelne Kollegs mithörte, oder an der schönen Alster, auf der an herrlichen Sommertagen die vielen Segelboote dahinfuhren – ein fröhliches Bild –, während im Hintergrund die alten, ehrwürdigen Türme der Hansestadt aufragten.

Das war dann ein leichtes Lernen, besonders im letzten Sommer vor dem Doktorexamen, als ich durch Erika Madauss nicht nur die Hilfe des Abhörens, sondern auch die des Abschreibens meiner Doktorarbeit hatte. Diese Arbeit behandelte das religionspsychologische Thema: DIE BEDEUTUNG DES SÜNDENBEWUSSTSEINS IN RELIGIÖSEN KÄMPFEN WEIBLICHER ADOLESZENTEN, und zwar auf Grund von 400 Briefen der Mädchen aus meiner Jugendarbeit in Darmstadt.

Ich hatte diese Arbeit 1933 bei dem bekannten Psychologen Professor William Stern eingereicht, dessen Kollegs mich im Gegensatz zu den Spranger'schen dazu angeregt hatten, auf empirische Weise psychologische Studien zu treiben. Durch die politischen Erschütterungen des Jahres 1933 konnte ich den Abschluss meiner Doktorarbeit nicht bei ihm machen, sondern musste mit allen meinen Lehrern wechseln. Denn nicht nur Professor Stern war Jude, sondern auch meine verehrten und bedeutenden Lehrer der Philosophie, Professor Ernst Cassirer, und der Kunstgeschichte, Professor Erwin Panofsky, bei denen ich vornehmlich gearbeitet hatte. Sie mussten 1933 zu meinem und vieler Studenten tiefstem Bedauern als Juden ihr Lehramt aufgeben. Ich wurde dann von fremden Lehrern geprüft, und es war nicht selbstverständlich für mich, bei ihnen mit einem guten Ergebnis abschließen zu können.

Doch obgleich mir Gott in Seiner Güte das Studium so leicht und angenehm wie möglich machte, blieb ich immer voller Sehnsucht nach dem eigentlichen Dienst, wie ich ihn in der Jugendarbeit in Darmstadt gehabt hatte. Das Studium ließ mich letztlich unbefriedigt. Wohl kam ich bald mehr in die Arbeit der DCSB hinein, wo ich Kreisleiterin in Hamburg war und später zur Gauleiterin und danach zur Reichsleiterin gewählt wurde. Doch bei diesem Dienst an den Studentinnen fand der Same des Wortes Gottes nur schwer Eingang. Alles erstickte in den vielen verstandesmäßigen und theologischen Auseinandersetzungen wie unter Dornen. Das war ein großer Kummer. Außerdem fiel mein Dienst während der Jahre 1933– 1935 in die Zeit des Nationalsozialismus, in der die *Deutschen Christen*, eine rassistische, antisemitische und am Führerprinzip orientierte Strömung, diese Arbeit sehr erschwerten. Jeder christliche Studentinnenkreis war in zwei Gruppen gespalten. Wohin man auch kam, ging es meist nur um diesbezügliche Auseinandersetzungen, ja, es war ein Streiten über die verschiedenen Richtungen.

Ich erinnere mich noch an die stürmische Nachtsitzung im Februar 1934 in Hannover, bei der es um die Frage ging: Nehmen wir als Christlicher Studentinnenbund die Forderung an, den Arierparagrafen einzuführen, oder nicht. Wir kamen zu dem Beschluss, den Arierparagrafen nicht einzuführen – das bedeutete, weiterhin judenchristliche Studentinnen in die Kreise aufzunehmen. Damit mussten wir mit der Auflösung der DCSB rechnen, was 1938 tatsächlich geschah. Am 16. Januar 1934 schrieb ich als damalige Reichsleiterin einen Brief an alle Kreise der DCSB. Nach einem Hinweis auf das Nein des Vorstands zum Arierparagrafen fuhr ich fort:

... Wir stehen in manchen Universitäten durch das Verbot der Doppelmitgliedschaft vor schweren Entscheidungen: in der DCSB bleiben oder zur ANST [Arbeitsgemeinschaft Nationalsozialistischer Studentinnen] überzugehen. Ich weiß, dass dies für manche viel Bangen und Furcht ausgelöst hat, besonders da, wo die DCSB von der ANST feindlich angesehen wird, weil damit eine Schädigung fürs Examen und das spätere Berufsleben zu befürchten ist. Es ist unausbleiblich, dass, sobald wir der Wirklichkeit klar ins Auge schauen, uns Gedanken solcher Art

*bewegen. Wir müssen dann jedoch als Christen diesen Reali-
täten die Realität Christi gegenüberstellen, vor der sie wie ein
Nichts verschwinden, denn alle Dinge und Menschen sind ja gar
nichts vor Seiner Macht und Majestät, sind nur Werkzeuge des
Herrn, der Himmel und Erde geschaffen hat, um an den Seinen
auszurichten, was Sein Arm befiehlt. Darum rufe ich Ihnen zu:
Denket daran, was der Allmächtige kann!*

*Alles kommt jetzt darauf an, ob wir uns zu Christus bekennen
wollen und uns Seiner Sache verpflichtet wissen, auch gerade
dann, wenn uns das Bekenntnis Schaden bringen kann. Als
in einer Zeit der Entscheidung stehen wir in einer großen Zeit.
Lasst sie an uns nicht vorübergehen, ohne dass wir, wenn Gott
es von uns fordert, das Bekenntnis ablegen: Christus ist mein
Herr, Ihm gehöre ich im Leben und im Tod.*

*Möge der Herr in diesen Tagen der Entscheidung unsere
DCSB wachend finden, dass die Verheißung an ihr erfüllt
werde: „Der Geist, der ein Geist der Herrlichkeit und Gottes
ist, ruht auf euch"* [1. Petr. 4,14 L12].

*Lasst uns gerade jetzt die Reihen fest schließen und uns ge-
genseitig helfen, dass niemand aus Schwachheit die Bewegung
verlässt. Lasst uns eins sein im Bekenntnis zu Christus, unserm
Herrn, und mutig Ihm glauben: Sein ist das Reich und die Kraft!*

Im Mai 1934 wurde die *Bekennende Kirche* gegründet, die
sich gegen staatliche Übergriffe zur Wehr zu setzen versuchte.
Ich selbst wurde schon bald eingetragenes Mitglied und führte
die DCSB in diesem Geist. Dennoch hielt ich es nicht für richtig,
dass ganze Studentinnenkreise, die ja Missionskreise sein sollten, sich als solche der Bekennenden Kirche anschlössen. Damit
wäre suchenden Studentinnen, die nichts von diesen Kämpfen
wussten, der Weg versperrt gewesen; denn sie hätten die Zugehörigkeit zur Bekennenden Kirche nachweisen müssen, um in
unsere Studentinnenkreise einzutreten. Somit wäre ihnen aber
eine Möglichkeit weniger gegeben, unter Gottes Wort und damit
zu Christus zu kommen. Meine Stellung zu dieser Frage konnten

viele nicht verstehen, und so waren nicht nur die Studentinnen aus den Reihen der Deutschen Christen gegen mich, sondern auch manche aus der Bekennenden Kirche, weil sie den Anschluss unserer Bewegung als Ganzes forderten. Ich stand traurig dabei, denn mein inneres Anliegen, Jesus den Studentinnen näherzubringen, scheiterte fast immer an solchen Auseinandersetzungen, zumal diese oft in ungutem Geist geführt wurden und meine Kommilitoninnen auch auf Bibelstunden meist nur verstandesmäßig reagierten.

Von 1933 bis zur Promotion, mit der ich mein Studium 1934 abschloss, hatte ich schon die ehrenamtliche Reichsleitung der DCSB. Ab 1934 war ich dann in einer Person Reichsleiterin und Sekretärin der Bewegung und bereiste nun planmäßig die Kreise der Universitätsstädte. Dankbar denke ich an Anregungen, Klärung, Korrektur und Kameradschaft, die ich in dieser Zeit empfing. Doch vor allem denke ich mit Betrübnis an diesen Dienst zurück, weil ich den Studentinnen und auch den Akademikerinnen viel schuldig blieb. Ich empfand selbst, wie wenig Kraft mein Dienst hatte – es fehlte an Vollmacht, zu den Herzen vorzustoßen. Und ich spürte, dass die Hauptschuld an dem für mich unerquicklichen und unbefriedigenden Arbeiten bei mir selbst lag. Denn das konnte nicht nur an der verstandesmäßigen Einstellung der Studentinnen, auch nicht allein an den zeitgeschichtlich bedingten theologischen Diskussionen liegen – es musste einen tieferen Grund haben.

Damals war es mir noch nicht klar. Rückblickend erkenne ich: Es fehlte mir in diesen Jahren in Hamburg das Kreuz! Durch die neu geschenkte innere Gemeinschaft mit Erika Madauss stand ich nicht mehr allein, sondern konnte alles, was mich beschweren wollte an politischen Sorgen, an Nöten in der DCSB oder im Studium, mit ihr gemeinsam tragen, abgesehen von dem reichen Austausch, den wir hatten. Auch das, was mir in den Jahren vorher zu quälenden Gewissenskonflikten geworden war, zum Beispiel die Entscheidung zwischen Weltverneinung und Weltbejahung, hatte sich gelegt, obschon die wahre Lösung noch ausstand. Der eigentliche Grund meiner nicht vollmächtigen Arbeit war, dass ich in diesen Jahren, ohne es zu merken, weltförmig wurde und lau in der Liebe zu Jesus. Darum war ich nicht mehr von Jesu Wort erfasst: „Will mir jemand nachfolgen, der verleugne sich selbst und nehme sein Kreuz auf sich" (Matth. 16,24 L12). So war ich kreuzesscheu. Und als das viele Reisen für die DCSB mir manche Unannehmlichkeiten brachte, klagte ich öfter über den anstrengenden Dienst, tat ihn nicht gern. Wie konnte er dann Frucht bringen?

Die Sonntage boten ein typisches Bild unseres damaligen geistlichen Lebens. Sie waren uns das Freudenziel der Woche, weil es da nach Wedel hinausging – einem kleinen Ort hinter Blankenese –, von wo aus man eine Stunde über Deiche, durch einsame Wiesen mit vielen Kuhherden wanderte und einen so schönen Blick auf die Elbe hatte. Sicher fuhren wir sonntags immer früh fort, um nie den Gottesdienst in Wedel zu verfehlen, denn Gottes Wort war uns schon wichtig. Aber die Hauptbetonung unseres Sonntags lag auf dem Erleben der wunderschönen Natur dort, wo man sich in die weiten Wiesen legte und Erika Madauss viele ihrer schönen Aquarelle malte. Wohl lasen wir zumeist Geistliches, doch Jesus stand dabei letztlich im Hintergrund, denn es war uns nicht die Hauptsache, den Sonntag in der Stille zu verbringen, um Jesus im Gebet neu zu begegnen; uns ging es vor allem um theologische Erkenntnisse.

Auch für die übrigen Tage galt Ähnliches. Unsere Morgen- und Abendwachen hatten ihre festgesetzten Zeiten, die treu eingehalten wurden wie Kirchgang und wöchentliche Bibelstunden. Doch wo war der Glaubenskampf gegen die Sünde, wo das echte Brennen und Sichverzehren für Jesus und Sein Reich? Wo war ein Ringen im Gebet um Menschenseelen? Wo war Anbetung und ein Erfasstsein von der Größe der Liebe Gottes? Mein Leben war ein Stück bürgerliches Christentum geworden, wenn ich auch bei den Studentinnen als die Radikale galt, die auf Einseitigkeit der Nachfolge drängte. Bei allem Reichtum durch die Gemeinschaft mit Erika Madauss und das vielfältige geistige Erleben dieser

Jahre war ich arm. Denn – ich weinte kaum über meine Sünden, und meine Seele jauchzte darum andererseits auch nicht über Jesus, meinen Erlöser. So konnte ich die Herrlichkeit Jesu als die unseres Erlösers und Königs und den Ruf, Ihn zu lieben, den Studentinnen nicht in der Kraft des Geistes bringen.

Wenn diese Jahre nur dazu führten, dass ich mich entfernte von dem, worum es eigentlich in meinem Leben ging – warum hatte mich Gott wohl diesen Weg des Studiums geführt? So fragte ich mich später oft in den schweren Jahren nach 1935. Heute weiß ich, dass Er mir die Hamburger Jahre in Seiner Weisheit und Güte zu Wichtigstem dienen ließ. Durch das Studium wurde die stark psychologische Einstellung zu allem Leben und damit auch zu allem religiösen Erleben gestärkt; was darin nicht rein geistlich, sondern vielmehr von der Seele und von der Natur her bestimmt war, lernte ich bei mir und andern zu unterscheiden.

Hier lag die weise Führung Gottes. Denn ich sollte später die große Gnade der bräutlichen Liebe zu Jesus erfahren, ja, die Botschaft von der bräutlichen, der ersten Liebe zu Jesus, vielen durch meine Schriften verkünden.

Bei der bräutlichen Liebe zu Jesus muss man aber sehr besorgt sein, stets gleich zu erkennen, ob Vermischung mit seelischen Elementen oder auch verdrängten Trieben mit im Spiele ist. Durch mein Studium der Psychologie und Psychoanalyse kannte ich diese Gefahren und war in diesem Punkt noch wachsamer geworden, nachdem ich schon früh erkannt hatte, dass alles seelische Christsein in seinen Verkrampfungen oder Übersteigerungen zumeist auf Verdrängungen beruht. Dagegen hat bräutliche Liebe die nüchterne Wurzel der Wahrheit: ein Erkennen und Bereuen der Sünde – und Buße, das heißt Sinnesänderung und Umkehr. Wahre bräutliche Liebe kommt aus der Vergebung, wie es uns die Jesusliebe der großen Sünderin zeigt.

So wurde mir später das Geschenk der ersten Liebe zu Jesus auf dem Weg zuteil, dass der Heilige Geist meine Sünde aufdeckte und ans Licht brachte. Die Reue, die mir dadurch geschenkt wurde, brachte die innigere Hinkehr zum Herrn und die

Liebe zu Ihm, die in Ihm alles fand, Erfüllung und Seligkeit meines Lebens. Jesus selbst als der Bräutigam hat sich darin herabgeneigt und Sein Herz der Liebe offenbart, so wie Er sich mir mit siebzehn Jahren als der Gekreuzigte, der Erlöser und Heiland gezeigt hatte. Und als Zeichen, dass diese Liebe zu Ihm echt war und vom Geist geschenkt, gab Gott mir größere Kreuzesliebe und Überwindergnade, wie ich sie vorher nicht gekannt hatte. Kein Opfer wäre mir hinfort zu schwer gewesen, denn „die Liebe Christi dringet uns also" (2. Kor. 5,14 L12). Nun konnte ich um Jesu willen sagen: „Ich achte der keines, ich halte mein Leben auch nicht selbst teuer" (Apg. 20,24 L12).

Man kann aber andere nur führen, ja eine Botschaft, wie etwa die der bräutlichen Liebe zu Jesus, nur dann den Menschen bringen, wenn man das, was man verkündet, durch viele Kämpfe durchdacht und durchlitten hat. Dann steht man dafür, dass solch ein Weg der richtige ist. Nur wenn man den Gefahren eines Weges ins Auge gesehen hat und ihn kennt, vermag man auch andere auf diesem Weg zu führen und sie vor seinen Gefahren zu warnen.

Doch die Hamburger Jahre brachten mir noch etwas Entscheidendes: Durch das Lesen von Werken Martin Luthers und Karl Barths ging Erika Madauss und mir ganz neu das Geschenk eines Lebens der Rechtfertigung durch den Glauben auf. Nach der Enttäuschung durch Menschen, die sich auf ihre Bekehrung beriefen, wurde mir Luther zu einer neuen Entdeckung. So kam es zu einer Gegenreaktion gegen das gesetzliche und verkrampfte Heiligungsstreben, in dem ich gestanden und damit auf andere bedrückend gewirkt hatte. Dabei war ich nun allerdings in der Gefahr, von der „billigen Gnade" zu leben. Vorerst aber beglückte uns die Tatsache ganz neu, dass gerade Sündern, Gottlosen und Gerichteten Gnade und Rechtfertigung zuteilwerden, und wir freuten uns an diesem „Gerecht aus Gnaden".

Außerdem war die Auseinandersetzung mit diesen Schriften auch für die spätere Führung der Marienschwesternschaft von entscheidender Bedeutung durch die neue Sicht, die sie uns über die Notwendigkeit der täglichen Buße gab. Bisher hatte ich hauptsächlich über die Wege der Bekehrung, Wiedergeburt und Heiligung gehört und darin gelebt. Und wenn der Herr aus Gnaden mich immer so geführt hatte, dass das Tor zu tieferer Erkenntnis und Gemeinschaft mit Gott nur durch neue Sündenerkenntnis und Buße geöffnet wurde, so war mir solch ein Führen Gottes bis dahin nicht theologisch unterbaut. Das aber wurde Erika Madauss und mir jetzt durch gemeinsames Lesen dieser Schriften gezeigt.

Dabei wurde für uns die Erkenntnis entscheidend, dass die Heilserfahrung, allzumal Sünder, aber gerecht aus Gnaden zu sein, nicht einer einzigen Stunde angehört, nämlich der Stunde der Bekehrung, sondern vielmehr den bleibenden Stand eines Christen ausmacht. Täglich neu werden wir schuldig und stehen unter Gottes Gericht – aber durch den Glauben an Jesus Christus werden wir Seiner Vergebung teilhaftig und stehen damit auch täglich neu unter Seiner Gnade. Nur dieser Stand täglicher Buße bewahrt uns vor Pharisäertum und Heuchelwesen. Von dieser Not der Frommen spricht Jesus ja immer wieder.

Der Same, der hier in den Hamburger Jahren überwiegend erkenntnismäßig gelegt wurde, ging später auf, als wir uns durch viele notvolle Führungen vor Gott und Menschen immer tiefer dazu bekennen mussten, Sünder zu sein. Bei allem schmerzlichen Durchleiden des „allzumal Sünder-Seins" erlebten wir zugleich, dass der Herr den Platz zu Jesu Füßen zum Platz der Liebenden macht, die nicht anders können, als Ihn aus Dank für Sein Vergeben zu lieben.

Gnadenreich war uns diese persönliche Führung Gottes im Gedanken an das Werk unserer Marienschwesternschaft, die dazu berufen war, die bräutliche Liebe zu Jesus zu leben und zu verkünden. Hierfür war mehr denn je der gesunde Grund der Rechtfertigung des Sünders aus Glauben allein von größter Wichtigkeit, damit wir uns nicht in mystische Welten versteigen und dabei den Boden der Wirklichkeit unter den Füßen verlieren und uns einer erdichteten Frömmigkeit und Heiligkeit hingeben. Immer wieder war es deshalb der Römerbrief als Fundament des geistlichen Lebens, über den Erika Madauss – später Mutter Martyria – sprach und ihren geistlichen Töchtern damit kräftiges „Schwarzbrot" zu essen gab.

So waren jene Hamburger Jahre, obgleich einerseits nicht letztlich auf den Herrn ausgerichtet, doch angefüllt mit Seinem vorbereitenden Handeln an uns. Doch sollte jetzt die Zeit kommen, in der Jesus uns in eine neue Hingabe an Ihn und Einseitigkeit für Ihn hineinführte, wie ich sie mir in den Jahren gesetzlichen Strebens nach Heiligung nicht stärker hätte vorstellen können. Zugleich aber brach ebenso die Zeit an, in der Gott uns aus dem Gesetz heraus in die Natürlichkeit der Kinder Gottes führte, die aus der Liebe zu Jesus geboren war. Doch dafür musste Gott uns aus den menschlich schönen Hamburger Jahren in neue Tiefen führen, durch neue Wüstenwege, die eine direkte Vorbereitung auf das Leben in der Marienschwesternschaft sein sollten.

ALLES UMSONST?

Gott hatte mir am Ende der Hamburger Jahre einen neuen Auftrag ins Herz gegeben – wenn auch mit noch unklaren Konturen, so doch als Auftrag mir unumstößlich gewiss. Es war mir, als wolle der Herr, dass Ihm ein „Haus auf dem Berg" errichtet werde, das Seine große Taten, die Er auch heute noch tut, verkünden solle zur Verherrlichung Seines Namens. Dadurch sollten Menschen zu Ihm gerufen und Seine Ehre großgemacht werden.

So siedelte ich, fast einunddreißigjährig, im Jahre 1935 mit Erika Madauss nach Darmstadt in mein Elternhaus über. Als nächster Schritt wurde mir gezeigt, mit viertel- und halbjährigen Bibelkursen für junge Mädchen, vornehmlich Pfarrbräute, zu beginnen. Diese Kurse sollten der Jugend vor ihrer eigentlichen Berufsausbildung oder Pfarrfrauentätigkeit zur Vertiefung in Gottes Wort dienen.

Um auf jeden Fall sicher zu sein, hier keinen eigenen Weg gewählt zu haben, erbat ich mir noch eine Bestätigung für diesen menschlich im Dunkeln liegenden Weg. Ich war bereit, den mir so gewissen, von Gott gegebenen Auftrag auch wieder an Ihn zurückzugeben. Ich stellte mich darauf ein, die geplante Arbeit, die ich in Darmstadt mit Erika Madauss aufbauen wollte, wieder hinzugeben, falls die Leitung des Bibelhauses Malche mich bitten sollte, dort einen Dienst zu übernehmen. Die Leiterin, Jeanne Wasserzug, hatte in den Jahren vorher immer gesagt, wenn ich mit dem Studium fertig sei, würde sie mich gern wieder zur Mitarbeit haben. Darum war es naheliegend, dass sie mich jetzt auffordern würde, dorthin zu kommen. Ich bat Gott, das Herz der Leiterin zu lenken. Ihre Entscheidung sollte mir an dieser Wegkreuzung das Zeichen Gottes sein.

So fuhr ich im Februar 1935 zum Bibelhaus. Doch Gott führte es, dass die Aufforderung in diesen Tagen unterblieb. Ein halbes Jahr später kam die Bitte um mein Kommen; da waren die Würfel bereits gefallen. Inzwischen hatte Erika Madauss in der Zeit noch großer, allgemeiner Arbeitslosigkeit um des Dienstes Jesu willen ihre Stellung als pensionsberechtigte Fürsorgerin in Hamburg aufgegeben und war mit nach Darmstadt gezogen. Ich hatte meine Arbeit als Reichsleiterin der DCSB niedergelegt, obwohl man das nicht gern sah und mich gebeten hatte, zu bleiben. So gab es kein Zurück mehr.

Die Übersiedlung von Hamburg nach Darmstadt war im Kleinen ein Auszug ähnlich dem des Vaters Abraham, ein Auszug im Glauben, nur auf einen inneren Auftrag Gottes hin, ohne zu wissen, ob und wie das aufgetragene Werk werden soll und wie es zu finanzieren sei. Aber es war eigenartig: Weil es um einen Auftrag Gottes ging, hatte ich die felsenfeste Gewissheit in mir, dass er hinausgeführt würde. So schrieb ich dann auf die spätere Anfrage der Bibelhausleitung hin, doch dort den Dienst zu übernehmen: „Ich glaube, Gott hat in Darmstadt eine große, bedeutsame Sache vor, darum muss ich hierbleiben."

Vorerst aber schien aus dem Auftrag gar nichts zu werden! Wohl hatten wir mit großer Liebe im Winter 1935/36 die Mansarde meines Elternhauses, des Steinberghauses, für die Schülerinnen hergerichtet und in den Kellerräumen Küche und Esszimmer. Das war mit vielen Ausgaben verbunden. Erika Madauss und ich lebten in diesem ersten Jahr ein Stockwerk tiefer auf engem Raum in einem Zimmer, in dem wir auch die Bibelstunden für Frauen aus Darmstadt hielten, wollten wir doch die Mansarde für die einziehenden Schülerinnen frei halten. Meine Eltern hatten uns mit Freuden empfangen und uns Möbel und Bettzeug gegeben.

Doch die Betten blieben leer, die Zimmer tot. Nach der Herausgabe des Prospektes über die Bibelkurse warteten wir von Woche zu Woche auf Anmeldungen, aber sie kamen nicht, oder Angemeldete meldeten sich vor Kursbeginn wieder ab. Welche Enttäuschung! Das Wort „umsonst" stand in den ersten Jahren über allen Vorbereitungen: umsonst eingerichtet, umsonst alles durch die Hamburger Fürsorgearbeit ersparte Geld für das Herrichten der Räume ausgegeben, ja, umsonst hatte Erika Madauss ihre Staatsstellung aufgegeben. Es war dies alles umsonst geschehen.

Und nun kamen noch die Stimmen der Anfechtung dazu. Hatte ich mich in dem Ruf und Auftrag getäuscht, wie mir nun Menschen sagten? War ich einen Weg des Ungehorsams gegangen? Mit welcher Freude waren wir in das Steinberghaus im Hölderlinweg 26 eingezogen! Doch das freundliche Einfamilienhaus mit seinem großen Garten, nah am Wald in einem schönen Villenviertel gelegen, lachte uns bald nicht mehr an. Die Spaziergänge jener Zeit in den Wald, bei denen wir über unsere Lage berieten, sind uns schmerzliche Erinnerungen. Noch heute geht uns ein Stich durchs Herz, wenn wir einmal zu dieser oder jener Bank kommen, auf der wir damals in völligem Dunkel mit Tränen saßen und über die gescheiterten Pläne und den nächsten vorzunehmenden Schritt berieten.

Der größte Trost auf diesem dunklen Weg – gegenüber den dunklen Wegen in meinen Jugendjahren – war aber der, dass man diese Not zu zweit trug, und miteinander erkannten wir mehr und mehr das Reden Gottes darin. Wohl lag der Beginn dieser Bibelkurse in der dafür ungünstigen Zeit des Nationalsozialismus, wo jungen Mädchen vom Staat und Arbeitsamt her kaum die Möglichkeit offenstand, solch eine Bibelschule zu besuchen. Dennoch war uns klar, dass allein Gott es war, der hier das Nein sprach. Er selbst zeigte unmissverständlich, dass Er uns zu diesem Dienst noch nicht brauchen könne. Wir konnten uns nur beugen und sagen: „Gott, dein Weg ist heilig" (Ps. 77,14). Und Gott half immer wieder einen Schritt weiter, indem Er uns die Möglichkeit gab, im Steinberghaus Bibelstundenreihen zu halten, zu denen etwa dreißig bis vierzig Frauen kamen.

Einige Monate später übernahm ich auf Bitten einer Lehrerin einen 1933 bei der sogenannten Gleichschaltung aufgelösten

Mädchenbibelkreis (MBK). Ich begann diesen Dienst mit trauri-
gem Herzen, da aus unserer eigentlichen Arbeit, den Bibelkursen,
nichts geworden war. Denn wir ahnten damals noch nicht, dass
dieser Mädchenbibelkreis das Samenkorn war, das Jahr um Jahr
wachsen und aus dem schließlich die Marienschwesternschaft
werden sollte. Wie sehr aber Gottes verborgener Plan mit der
Marienschwesternschaft gerade in der Geburtsstunde der MBK-
Arbeit im Steinberghaus begann, zeigt das Wort, das ich nach
langem Besinnen für die erste Bibelstunde mit sechs Mädchen
von vierzehn bis achtzehn Jahren wählte: „Tut Buße, denn das
Himmelreich ist nahe herbeigekommen!" (Matth. 3,2). Dies Wort
hat uns auf unserem Weg als Marienschwestern unentwegt
begleitet bis hin zur Einweihung der *Jesu-Ruf-Kapelle* und ist
das Leitwort für unser *Kanaan* geworden und für alle *Kanaanfreunde*.

Wie sollten wir aber damals erkennen, welche Bedeutung dieser erste unscheinbare Mädchenbibelkreis haben würde? Vor
Augen hatten wir nur, dass alle unsre Pläne in Trümmern lagen.
Wir hörten Gottes Nein nicht zuletzt durch die ständigen Vorwürfe, selbst erwählte Wege beschritten zu haben, die natürlich
im Fiasko enden müssten.

Doch einen Verheißungsstern ließ uns Gott in dieser dunklen
Nacht des ersten Jahres aufleuchten, ein Wort der Schrift, das Er
Erika Madauss in dunkler Stunde gab:

> Die Weissagung wird ja noch erfüllt werden zu seiner Zeit und
> endlich frei an den Tag kommen und nicht ausbleiben. Ob sie
> aber verzieht, so harre ihrer: sie wird gewiss kommen und
> nicht verziehen. Hab. 2,3 L12

Darauf stellten wir uns die Jahre über im festen Glauben. Blieb
uns etwas anderes übrig, als jetzt den Glaubensweg einzuschlagen? Wir mussten ihn gehen im Blick auf die irdischen Dinge,
indem wir alles, was wir nötig hatten, von unserem himmlischen
Vater erbaten und erglaubten, denn feste Einnahmen hatten wir
nicht. Und wir mussten den Glaubensweg für den inneren Auftrag

gehen, denn vor unseren Augen sahen wir die Mansarde Monat für Monat leer stehen.

Als aus den Bibelkursen nichts wurde, waren die dafür gegebenen Möbel nicht mehr für uns verfügbar. Damit blieb uns auch für einen späteren Termin keine Möglichkeit mehr, Schülerinnen aufzunehmen.

So war alles notvoll in diesen ersten Jahren nach dem Auszug aus Hamburg. Wir hatten einen langen, dunklen Tunnel zu durchgehen, und es schien das Licht nie wiederzukommen. Doch ein anderes, neues Licht ging in unseren Herzen auf. Nun sollte die damals in Hamburg erkenntnismäßig aufgenommene Lehre von der Rechtfertigung des Sünders lebensmäßig erfasst werden. Das Nein Gottes, Verachtung und Schmach, viel Not im Zusammenleben mit Menschen ließen uns von dem gedanklichen Erkennen unserer Sünde zu wahren Sündern werden, denen man im Alltag mit Recht vielerlei vorzuwerfen hatte. So hatten wir Grund, über unsere Sünde zu weinen, aber dann auch Jesu Opfer und Vergebung und damit wahre Rechtfertigung voll Dank als begnadigte Sünder zu empfangen.

Gott hatte das Werk der Marienschwesternschaft im Auge, das auf Reue und Buße aufgebaut werden sollte – nämlich durch die Bußbewegung in den Mädchenbibelkreisen während der Erweckungszeit 1944/1945. Konnte darum unser Leben in den Jahren vor der Gründung unserer Marienschwesternschaft von etwas anderem geprägt sein als von immer neuer Reue und Buße? Jesus begann, sie in diesen Jahren zu schenken. So schrieb ich nach dem ersten schweren Jahr Erika Madauss 1936 zum Geburtstag:

„Wo ist solch ein Gott, wie du bist, der die Sünde vergibt!" (Micha 7,18) *Über vieles können wir Gott rühmen und loben – doch kein Jubel auf der Welt ist und wird größer sein als der über die Gabe Gottes, dass Er Sünden vergibt. Dieser Jubel erschallt nicht nur laut hier auf Erden: Lobe den Herrn, o meine Seele, sondern er erschallt heute auch schon weit in den Himmeln: Also ist Freude über einen Sünder, der Buße*

tut [Luk. 15,7]. *Und wenn dereinst alle andern Lieder und Lobgesänge über all das, was Gott uns hier in diesem Leben Gutes getan hat, schweigen, dann wird droben von der Gemeinde noch ein Lied angestimmt werden: das Lied vom Lamme, das unsere Sünden hinwegtrug.*

Kennen wir beide diesen Klang, gerade diesen Dank: „Wo ist solch ein Gott, wie du bist, der die Sünde vergibt!" – oder schweigt es in unseren Gebeten? Doch wie sollten wir dann am Thron des Lammes in Sein Lied mit einstimmen können?

Erika, so war's bei uns, als wir ins vergangene Jahr hineingingen. Wir kannten diesen Jubelsang unserer Losung kaum. Ja damals, nachdem wir Christus gefunden – Du wirst Dich aus der Zeit Deiner Konfirmation und nachher der Zeit in Kassel erinnern – ich erinnere mich an meine Bibelhauszeit –, da gehörten zu meinen Lieblingsliedern: „Welch Glück ist's, erlöst zu sein" – „Es ist ein Born, draus heilges Blut für arme Sünder quillt ... Auch ich war einst in Sündennot, da half mir Jesu Blut, drum jauchz ich auch bis in den Tod ob dieser Gnadenflut."

Doch dann später, als all die Jahre des Lernens und Wartens, bei Dir des Berufes, kamen, wurde das Herz beschwert von so vielen Dingen dieser Welt. Das Lied des Lammes verstummte, und das Herz kannte nicht mehr das Jauchzen: „Wo ist solch ein Gott, wie du bist, der die Sünde vergibt!" Man hatte sich damit abgefunden, mit dieser oder jener Gebundenheit seines Charakters nicht fertigzuwerden. Man litt nicht mehr so sehr darunter wie einst – und so konnte man auch den Befreier nicht täglich neu erfahren und das Jubellied der Vergebung und Befreiung von unseren Sünden anstimmen. Wir gingen so immer weiter auf diesem Weg, der uns, ohne dass wir's merkten, weiter ab von Christus führte.

Doch, Erika, Gottes Gnade suchte uns, auf dass unser Herz wieder das Loblied des Lammes singen könnte und einst an Seinem Tage dabei sein dürfte. Sie ließ uns mit Macht im letzten

Jahr unsere Sünde und Gebundenheit erkennen – beim Arbei-
ten in diesem Winter und dann vor allem im Sommer mit X.
Das eine hat's uns beiden gezeigt: Wir können nicht vergeben,
nicht barmherzig sein, nicht Unrecht leiden, nicht sanftmütig
sein – so, wie wir sind, können wir einst nicht auf der Seite
der Überwinder stehen, denn ohne Heiligung kann niemand
den Herrn schauen [Hebr. 12,14]. *Ach, Erika, dass Gott uns dies*
Größte im letzten Jahr schenkte: dass wir Erkenntnis unserer
Sünde bekamen! Keine andere Losung konnte uns zu Deinem
Geburtstag geschenkt werden, gerade auf die verlorenen Jahre
zurückschauend, als dieser Dankesruf: „Wo ist solch ein Gott,
wie du bist, der die Sünde vergibt!"

Erika, so können wir nun auch in den Dienst gehen – wir
konnten's ja vorher eigentlich gar nicht, denn ohne diesen Jubel-
ruf im Herzen kann man die frohe Botschaft von der Vergebung
aller Sünden gar nicht weitertragen. Da fehlte die Kraft und
die Berechtigung zum Dienst, die nur der hat, dessen Herz
jubelt: „Alle, alle meine Sünden hat Sein Blut hinweggetan"
[J. A. v. Poseck] – und der mit leuchtenden Augen auf das Lamm
weisen kann, das das Größte und Wunderbarste getan hat…
Das alte Jahr brachte uns die Erkenntnis von unseren besonde-
ren Gebundenheiten und von Gottes Vergeben – das neue Jahr,
Erika, das wollen wir uns geloben, soll in dem heißen Ringen
und Kämpfen um die Überwindung unserer Sünden stehen;
denn wen der Sohn frei macht, den macht Er recht frei [Joh. 8,36].

Waren wir die Jahre vorher im Sündenkampf lau gewesen, weil
wir nicht unter der Züchtigung standen, die uns unsre Sünde
aufdeckte, so war dies Aufdecken im letzten Jahr geschehen, und
damit erscholl wieder das Jubellied der Erlösung in unseren Herzen, das Lied des Lammes, das Lied der Liebe zu Jesus, das unser
Lied in der Marienschwesternschaft werden sollte. Bis heute kann
ich die Gnade nicht fassen, dass der Herr mich aus der Lauheit
der Hamburger Zeit herausholte und mir den Jubelton wahrer
begnadigter Sünder neu ins Herz legte.

Wieder war es wie in meinen Kinder- und Jugendjahren das Kreuz, das mir das Heil brachte. Ohne Kreuz und Züchtigung in meinem Leben wäre ich der allerärmste Christ auf Gottes Erde gewesen: selbstgerecht, satt, tot – und noch hochmütig dazu, gesetzlich oder weltförmig. Doch was hatten mir die Kreuzeswege Gottes gebracht! Es ist nicht auszusagen, dass sie mich zum glücklichsten Menschen gemacht haben, einem Menschen, der immer neu zwei Blicke tun durfte, nämlich den Blick in den Abgrund meines Herzens, meiner Sünde, und zugleich den Blick in Gottes Herz der Liebe und Barmherzigkeit, den Blick auf den Gekreuzigten, den ich „zerstochen" habe. Und dieser Blick entzündete bei mir eine Liebe, die bei jedem neuen Kreuz noch stärker wurde, bis sich mir das Geheimnis der Heiligen Dreieinigkeit zu enthüllen begann.

Konnte die Marienschwesternschaft darum später einen anderen Weg gehen? Entsprechend dem, wie wir beide, die wir die Schwesternschaft gründen sollten, von Gott geführt wurden, musste das Kreuz zu unserem geistlichen Fundament gehören.

Nach dem ersten traurigen Jahr – Herbst 1935 bis Herbst 1936 – kam nun ein dringender Hilferuf aus dem Bibelhaus Malche, wo meine hochverehrte Lehrerin Jeanne Wasserzug todkrank daniederlag und mich bat, ich möchte doch für sie einspringen und ihre Lehrstunden übernehmen. Da ich in Darmstadt noch keinen bestimmten Dienst während dieser Zeit hatte und Erika Madauss den Mädchenbibelkreis und die Frauenbibelkreise gut übernehmen konnte, entschlossen wir uns, der Bitte für ein Vierteljahr nachzukommen. Als meine liebe Lehrerin in diesem Vierteljahr verstarb, bat man mich, wegen der augenblicklichen Notlage noch zu bleiben. So führte ich die Kursstunden bis zum Sommer durch.

Erika Madauss blieb allein in dem für sie fremden Darmstadt, wo sie so gut wie keinen Menschen kannte. Sie war ohne Geld, da wir uns von vornherein klar waren, von unseren Eltern keine Unterstützung anzunehmen, solange wir uns dieses Rufes

Gottes gewiss blieben. Sie hat sich dann, ohne dass es jemand ahnte, mit einigen Nachhilfestunden sozusagen über Wasser gehalten und dabei wohl in wirklicher Armut gelebt, wenn auch das Allernötigste da war.

Es war „Sterbenszeit" und darum Zeit der Gnade zur Buße, zum Fruchtbringen. Wie hätten wir auch das Werk des Herrn beginnen können, so hoch und ungebrochen, wie wir von Hamburg kamen? Der Herr aber brachte uns durch Züchtigungen und Leiden auf die Wege, die Er uns nachher in unserer Marienschwesternschaft in der Freiwilligkeit der Liebe zu Ihm gehen ließ: den Weg des Glaubens, der Armut, den „Lammesweg". Wir mussten erst alle diese Wege selbst durchlitten und durchlebt haben, ehe wir Marienschwestern rufen konnten, diese Wege auch zu gehen.

So war das erste und zweite Jahr vergangen. Wir ahnten jetzt, was Glauben heißt, ahnten, was Armut bedeutet. In dem Winter, als ich im Bibelhaus Malche aushalf, besaß ich an Kleidung kaum mehr als einen Rock und einen Pullover. Ja, wir waren wie arme Leute auf getragene Sachen von anderen angewiesen. Wir hatten in den Jahren vorher das Geld, das wir sonst für Kleidung ausgegeben hätten, für unseren späteren selbstständigen Dienst vorsorglich gespart. Wohl bot mein Vater uns freundlich an, uns die Miete zu erlassen und uns auch sonst zu helfen. Doch weil Gott uns durch Seinen Auftrag gerade auf diesen Kreuzesweg führte, damit wir lernten, Ihm nachzufolgen und im Glauben durchzuhalten, lehnten wir die angebotene Hilfe ab. Nur so bekam Gott zum Schluss die Ehre, dass Er uns durchgebracht und recht geführt hatte. Und zugleich war die Armut für unseren Hochmut eine heilsame Kur.

Doch eines wuchs in dieser dunklen Zeit, nämlich der kleine Mädchenbibelkreis, der sich bald zu mehreren Kreisen erweiterte. Aber diese Mädchenbibelkreise waren ja nicht das, was wir als den uns gegebenen Auftrag ansahen. So blieb uns die Frage, nachdem der Kurs im Bibelhaus Malche, bei dem ich aushalf, im Juli 1937 zu Ende geführt war, wie der Weg nun weitergehen würde. Es schien, als solle unser Weg nun von Darmstadt wegführen und damit der Auftrag Gottes auf dem Steinberg endgültig hinfällig werden. Das Bibelhaus bat nämlich im Sommer 1937, dass Erika Madauss auch als Lehrkraft ganz dorthin käme. Wir hatten der Leitung schon zugesagt, weil wir meinten, Gott wolle uns diesen Umweg führen und erst später nach Darmstadt zurückkehren lassen – denn dass letztlich dort der eigentliche Auftrag für uns lag, blieb mir unerschütterliche Gewissheit. Doch dann kam ein entscheidender Brief des Bibelhauses an mich, der mir deutlich zeigte, dass unser Weg nicht dorthin gehen konnte. Daraufhin zog ich unsere Zusage zurück, wenn auch erst nach schwerem Kampf, bis ich erkannte, was Gottes Wille sei.

So blieben wir in Darmstadt ohne unseren eigentlichen Auftrag und ohne irgendeine Einnahme. Wir hatten in dieser Zeit oft buchstäblich keine 5 Mark als gemeinsamen Besitz. Wohl waren die Mädchenbibelkreise, die wir ehrenamtlich führten, weiter angewachsen. Doch nur für die wöchentlichen Frauenbibelstunden in Darmstadt und für gelegentliche auswärtige Dienste – etwa Vorträge in Kreisen der Frauenhilfe, um die ich gebeten wurde – bekamen wir ein kleines Entgelt. Es war demütigend für mich, auf gelegentliche Aufforderungen zu Diensten warten zu müssen. Ich hatte aber immer das Empfinden, gerade das sei sehr gut. Die Hauptsache war, alles in Liebe zu Jesus zu tragen.

Nach dem ersten Dreivierteljahr schrieb ich in unser Arbeitstagebuch:

Möge uns die Zukunft im Blick auf unsere Arbeit bringen, was Gott auch will – die Arbeit wird werden, das wissen wir. Doch durch welche Umwege und welch ein Zerschlagenwerden! Aber Christus ist in jeder Lage zu verherrlichen! Dazu helfe uns Gott!

29.6.1936

Im Sommer 1938 kamen dann einige Pfarrbräute zu einem Bibelkurs zu uns – dem ersten und letzten Bibelkurs! Es waren nur drei Schülerinnen, die bei uns wohnten, und eine Tagesschülerin. Davon ging eine noch vor Abschluss des Kurses fort wegen vorverlegter Heirat. So wurde dieser Bibelkurs doch nichts Rechtes.

Als er beendet war, fiel alle Hoffnung hin – ein zweiter Kurs kam nicht mehr zustande. Gottes Hand lag auch weiter züchtigend auf uns, uns mehr und tiefer demütigend auf Wegen der Armut und Not. Wir spürten Seine heilige Hand über uns, die aus Liebe schlug und uns lange Jahre durch die Wüste führte. Wir beugten uns unter sie und erkannten mehr und mehr unser Rechthaben und Aufbegehren gegen Menschen. Dabei erkannten wir dann in all den Züchtigungen dieser dunklen Wege erst recht Seine große Liebe. Das ließ unseren Glauben wachsen. Davon sagen unsere Aufzeichnungen in den Jahren 1937 bis 1938. Erika Madauss schrieb am 21.10.1937:

Wenn es auch ein wirkliches Tappen im Glauben ist, so steht darüber Seine Liebe. Sie ist es, die uns mit dieser Arbeit durch das dunkle Tal führt. Und hell hinein scheint da doch das große Geschenk: Gott hat Seinen Auftrag nicht von uns genommen. Wenn's auch nicht zu schauen ist, so hat Er es doch im Glauben ganz deutlich gezeigt.

Ich schrieb darunter:

Er wird's tun, „Sein Wort ist wahr und trüget nicht".

Kurz darauf drohte wieder das Ende des Auftrags. In Anbetracht dessen, dass wir nach außen gesehen keinen vollen Dienst hatten, bekam Erika Madauss eine Aufforderung, in den Reisedienst der Leipziger Missionsgesellschaft zu treten. Am 16.11.1937 schrieb ich:

Herr, erbarme Dich all des Dunkels unseres Weges. Ich glaube Deiner Verheißung Habakuk 2,3 mit unserer Arbeit für Ostern.

Am 21.1.1938:

Menschlich gesehen ist alles finstere Nacht. Doch warum zieht denn Gott unsere Arbeit immer weiter hin? Das muss doch zu einem Ziel hin sein. Ach, ich muss es einfach glauben. Erlöse uns von unserer Sünde des Rechtens und der Bitterkeit gegen X, dass unsere Sünde Deinem Werk nicht entgegensteht. Du weißt, das ist das eine Anliegen von uns beiden geworden, die große Bitte.

Am 2.4.1938, als nur drei Anmeldungen zu dem Pfarrbräutekurs zusammengekommen waren:

Wir stehen wieder vor einer Arbeit, in die alle Kraft und alles Geld hineingesteckt wird und die doch nicht leben und nicht sterben kann. Wir haben eigentlich keine rechte Aufgabe und sind schwer gedemütigt, besonders ich, da ich nicht die große Jugendarbeit habe wie Erika. Doch es ist Gottes Hand, und wir spüren und können dafür danken: „Wenn du mich demütigst, machst du mich groß!" [Ps. 18,36 L12]

So hatte der Herr uns die ersten drei Jahre von 1935 bis 1938 mit großer Weisheit geführt – welche Gnade! Wir durften – ohne dass wir uns damals dessen bewusst waren – in den Fußspuren Jesu gehen: Wege der Armut, der Demütigung und Niedrigkeit, des Glaubens in dunkler Ausweglosigkeit. Er selbst hatte uns in Seiner Liebe auf diese Wege geführt. Wir gingen Ihm zittern- den Herzens nach, doch dankbar, weil wir wussten, Seine Liebe führt uns, und uns hochmütigen Sündern tun Demutswege gut. Auf diesen Wegen kam Jesus uns nahe, und sie wurden uns als Seine Wege kostbar. Es wurden dann später die Wege, die unsere Marienschwesternschaft kennzeichneten.

Im September 1938 waren wir an einem Tiefpunkt angelangt. Nach dem ziemlich verunglückten Pfarrbräutekurs im Sommer kamen keine neuen Anmeldungen mehr. Wir standen nun von Neuem und endgültig vor dem Nichts und dem Abbau unserer Zelte in Darmstadt. Die Miete für die Mansarde war zu bezahlen, nirgends ein Lichtblick; wir waren im Oktober 1938 buchstäblich ohne jegliche Barmittel.

In diesen Tagen war die Leipziger Missionsgesellschaft noch einmal an Erika Madauss herangetreten mit der Aufforderung, dort Reisedienste zu übernehmen. In der gegenwärtigen aus- sichtslosen Lage fragten wir uns, ob hier nicht Gottes Führung vorliege, denn in nichts schien Er unseren gemeinsamen Auftrag in Darmstadt noch zu bestätigen. Damit aber sahen wir dessen Ende vor uns. Denn wenn Erika nach Leipzig ginge, würden wir beide getrennt und damit der gemeinsame Auftrag endgültig zunichtegemacht. Doch Gott hatte die Marienschwesternschaft im Auge, und darum ließ Er uns unseren Auftrag, die Darmstädter Arbeit, nur geistlicherweise opfern wie Abraham seinen Isaak, hielt aber tatsächlich die Hand darüber.

Es war eigentümlich: Als Gott das von uns forderte, legte Er zugleich den Glauben in unser Herz, dass der „Isaak" wieder von den Toten auferstehe, das heißt, dass die Arbeit in Darmstadt dennoch werden würde. Gottes Geist schenkte uns, dass wir beide uns felsenfest auf das Wort stellten, das während all der Jahre die Waffe für unseren Glaubenskampf gewesen war:

Die Weissagung wird ja noch erfüllt werden zu seiner Zeit und endlich frei an den Tag kommen und nicht ausbleiben. Ob sie aber verzieht, so harre ihrer: sie wird gewiss kommen und nicht verziehen. Hab. 2,3 L12

Als wir dann in der Stadt zur Ausrüstung für den Leipziger Dienst für alle Fälle schon den Koffer besorgten und damit Gott unser gemeinsames Leben für den Auftrag bereits geopfert hatten, fanden wir, zurückgekehrt, ein Blatt im Briefkasten liegen. Nur einige Worte standen darauf: „Nicht von Darmstadt weggehen, Freundeskreis trägt die Jugendarbeit."

Für uns war das ein Eingreifen Gottes, denn welche Tatsachen standen hinter diesen kurzen Worten: Der leitende Pfarrer des hiesigen Diakonissenhauses, der immer ein Herz für Jugendarbeit hatte, nahm in diesen Jahren sehr Anteil an dem Wachsen der Mädchenbibelkreise. Als nun bekannt wurde, dass Erika Madauss erneut von der Leipziger Missionsgesellschaft angefordert worden war, veranlasste er in Verbindung mit Pfarrer Wolf von der Paulusgemeinde, in deren Bereich die meisten unserer Mädchen wohnten, dass schnell gehandelt wurde. Ein Freundeskreis der Paulusgemeinde verpflichtete sich, fortan jeden Monat einen kleinen, aber festen Betrag für die Mädchenbibelkreis-Arbeit zusammenzulegen, nachdem die Arbeit um der Zeitlage willen bereits 1937 formell der Gemeinde angeschlossen worden war. So band uns Gott von Neuem an Darmstadt.

Die 1936 von mir mit 6 Mädchen begonnene Arbeit war unter Erikas Führung bis zu dieser Zeit (1938) auf 100 Oberschülerinnen angewachsen. Zu dieser Arbeit hatte der Herr Sein Ja gegeben und sie trotz der ungünstigen Bedingungen unter dem national-sozialistischen Regime mit seinem Kampf gegen alle christliche Jugendarbeit aufblühen lassen. Als uns damals jemand sagte, dass vielleicht aus dem Stamm der Mädchenbibelkreise die uns als Auftrag gewiesene Arbeit im Steinberghaus werden würde, schien uns das jedoch ganz unvorstellbar. Aber der Plan Gottes war viel wunderbarer, als wir es gedacht hatten: Er ließ die Mäd-chenbibelkreise werden, auf dass aus ihnen später die Marien-schwesternschaft entstehe. Doch noch sollten wir nichts davon erkennen, denn die vorbereitenden Wege Gottes für unseren späteren Auftrag waren noch nicht durchlaufen.

Erika Madauss hatte mit der Jugendarbeit nun einen Auftrag von Gott bekommen. Doch obgleich ich diese Arbeit begon-nen hatte und solch ein Dienst an der Jugend seit Jahren mei-nes Herzens Wunsch, weil meine Freude war, stand ich unter dem klaren inneren Muss, dass es nicht mein Auftrag sei, diese Jugendkreise mitzuführen. Ich wusste, als ich nach Beendigung unseres ersten und letzten Bibelkurses im Herbst 1938 arbeits-los dastand, aber die Mädchenbibelkreis-Arbeit immer mehr wuchs: Sie ist jetzt allein Erikas Auftrag. Das schien eine selt-same Auffassung; doch dabei blieb ich, obwohl meine Mit-arbeiterin darüber bekümmert war. Ein Jahr später zeigte sich, welch ein Plan hinter diesem inneren Muss stand. Doch vor-erst hatte ich kein Aufgabengebiet. Weiter musste ich warten, wo ich zu einem Vortrag, einer Bibelwoche oder zu sonstigen Aushilfsdiensten gerufen wurde.

Mein Geburtstag im Herbst 1938 war voller Demütigungen und Tränen. Morgens gingen Erika und ich bei strahlendem

Herbstwetter zu Fuß in die Villenkolonie Eberstadt, um einen mich recht demütigenden Besuch wegen eines Gelegenheitsdienstes zu machen. Es war wieder einmal ein Nein. So setzten wir uns nach dieser Enttäuschung hinterher auf eine Bank – wir ahnten nicht, dass wir von dort gerade auf den Platz sahen, wo heute unser Mutterhaus steht. Ich aber weinte bitterlich, denn vor meinen Augen war noch verborgen, welche Frucht einst aus dieser Tränensaat aufgehen sollte. Nachmittags kam zum Geburtstag Verwandtenbesuch, der mir sagte, dass alle meine Wege seit der Jugendarbeit in Darmstadt eigene, selbstsüchtige Wege gewesen seien. Gottes angeblicher Ruf, die Bibelkurse anzufangen, und überhaupt mein Reden von „Führungen", das sei nichts als ein Gott-Versuchen. Ob ich nun nicht endlich – da ich vor den Trümmern aller meiner Wege stehe – daraus gelernt habe und Buße tun wolle?

Die nächsten Wochen führten weiter in tiefe Demütigungen, und als ich rückblickend vom letzten Halbjahr berichtete, schrieb ich in unser Arbeitstagebuch:

Gott, Du weißt, dass ich Dir nur gehorsam sein wollte, nur nach Deinem Willen fragte bei allen Entscheidungen, das Ja zu jedem Weg hatte. Darum wirst Du noch vor aller Welt erzeigen, dass wir Deine Wege gegangen sind.　　　　2.3.1939

Doch nachdem ich meine verschiedenen Studien und Berufsausbildungen vollendet und in mancherlei leitender Arbeit gestanden hatte, blieb mir – inzwischen Mitte dreißig – in der damaligen Lage nichts anderes übrig, als mich gegen Stundenlohn für Haus- und Gartenarbeit anzubieten. So schrieb ich:

Fühle mich sehr verachtet und lahmgelegt – doch ganz in Deiner Gnade und Schule, und das ist größer als alles Wirken und Glücklichsein.　　　　2.3.1939

Der Herr musste eben meine Seelentriebe, die so sehr zum Gestalten und Wirken und in den Dienst drängten, beschneiden, und zwar viele Jahre lang. Seit meiner Darmstädter Jugendarbeit –

119

damals war ich zweiundzwanzig Jahre – hatte Er mein Sehnen nach ähnlichem Wirken nicht erfüllt. Weil ich es so nötig hatte, nahm Er mich bis zur Gründung der Marienschwesternschaft fast zwanzig Jahre unter Seine züchtigende Hand. Er reinigte die Triebe meiner Seele, damit mein Wirken und Gestalten am Werk Gottes, der Marienschwesternschaft, dann aus Liebe zu Ihm geschehe, nicht zur Befriedigung meines Ichs im frommen Gewand.

Auf Drängen meines Vaters, dem ich mit meinem seltsamen Weg zu meinem eigenen großen Schmerz viel Not bereitete, sollte ich mich im Rahmen meiner akademischen Ausbildung bei entsprechenden Stellen um Arbeit bewerben. Einen Brief schrieb ich dann diesbezüglich, doch brachte ich es nicht fertig, ihn abzuschicken. Es geschah wieder aus einem inneren Muss, denn ich wusste: Gott werde, wenn Seine Stunde gekommen, selbst eingreifen – und so lange sollte ich in Darmstadt bleiben.

Tatsächlich kam in dieser größten Not ganz plötzlich, nur einige Wochen später, die Anfrage der Mohammedaner-Mission Wiesbaden, ihren Reisedienst zu übernehmen. Ich fuhr bangen Herzens zu dieser Besprechung. So sehr dankbar ich war, nun einen Auftrag zu bekommen, so stand zugleich wieder – wie vor eineinhalb Jahren – das Gespenst vor mir, dass damit der mir von Gott seit 1935 innerlich gezeigte Auftrag im Steinberghaus hinfällig werde.

Doch wie wunderbar Gottes Gedanken und Pläne sind, erfuhr ich bei dieser Besprechung: Die Mohammedaner-Mission, die sonst den Grundsatz hatte, jeder ihrer Mitarbeiter müsse unbedingt im Missionshaus wohnen, wurde vom Herrn diesmal anders gelenkt. Der Vorstand meinte, Gott habe durch das Zusammenarbeiten mit Erika Madauss doch allerlei in unserm Haus begonnen, und da könne man mich wohl aus diesem Auftrag nicht gleich ganz herauslösen. So könne ich erst einmal in Darmstadt wohnen bleiben und von dort aus den Reisedienst tun. An Ostern 1939 begann ich dann mit diesem Dienst, der insgesamt sieben Jahre dauern sollte und den ich die ganze Zeit von Darmstadt aus tun konnte.

FÄDEN WERDEN GESPONNEN

REISEDIENST FÜR DIE
MOHAMMEDANER-MISSION
1939–1946

Was war bis zum Beginn dieses neuen Abschnitts geschehen? Die geplanten und nicht zustande gekommenen Pfarrbräute-Bibelkurse hatten sich scheinbar endgültig verwandelt in die Arbeit der Mädchenbibelkreise von Erika Madauss und in meinen Reisedienst für die Mohammedaner-Mission. Doch aus diesen beiden Wurzeln wuchs dann der Baum der Marienschwestern-schaft heraus. Wie wunderbar sind Gottes Führungen! Als ich innerlich gehindert war, die MBK-Arbeit mit Erika Madauss zusammen zu übernehmen, wusste ich noch nichts von Gottes Plan, mich für den Dienst in Wiesbaden auszusparen. Die Annahme dieses Dienstes aber führte dann letztlich zum Ziel der Gründung der Marienschwesternschaft. Doch damals war der Sinn dieser Führung noch nicht sichtbar, denn mit der Anstellung bei der Mohammedaner-Mission und dadurch, dass Erika durch die MBK-Arbeit in Beschlag genommen war, schien keine Aussicht mehr auf unseren eigentlichen Auftrag zu bleiben. So schrieb ich im Glauben am Tag meiner Anstellung in unser Arbeitstagebuch:

„Meine Gedanken sind nicht eure Gedanken" [Jes. 55,8] *– aber höher und wunderbarer – und „er führt es herrlich hinaus"* [Jes. 28,29].

Während meiner Reisedienste hatte ich Missionsvorträge und vor allem Bibelkurse in den Freundeskreisen der Missionsgesell-schaft, in Gemeinden und Gemeinschaften zu halten. Das Reisen fiel mir wegen meiner geringen körperlichen Kraft und der durch den Krieg erschwerten Umstände nicht leicht. Ich sehe es jetzt noch vor mir, wie ich in den beiden kalten Wintern 1940 und 1941 mit ihrem großen Kohlenmangel bei 30 bis 40 Grad Kälte vier Wochen in Ostpreußen reiste, Tag und Nacht zitterte vor Kälte und nicht schlafen konnte. Oft irrte ich in den verdunkelten Städten nachts allein herum und war doch von Natur ängstlich. Ungezählte Male dröhnten die feindlichen Flugzeuge über uns, während ich, beinahe erdrückt in überfüllten D-Zügen, lange Strecken wie zwischen Hamburg und München, Basel-Lörrach und dem Rheinland oder Westfalen fuhr. In Briefen an Erika Madauss heißt es darüber:

23.5.1943

Nachdem ich eineinhalb Stunden geschlafen hatte, kam Alarm. Die Flak schoss heftig, und wir zogen in den Keller. Sie waren in einer andern Stadt, jedoch die Türen klapperten jedes Mal von den Einschlägen. Als wir um 3 Uhr raufgingen, konnte ich einfach nicht wieder einschlafen – ich hatte Angst vor dem, was die Menschen nun bei dem Angriff durchmachen. So hab ich mir die ganze Nacht um die Ohren geschlagen.

18.6.1944

Nun bin ich hier, wunderbar behütet von den Engeln, in Jesus selbst in Friede und Freude gebettet. Als ich aus Bielefeld heute Morgen herausfuhr: Vollalarm – überfüllter Zug! Du glaubst nicht, wie geborgen ich mich jetzt immer auf meinen Reisen fühle, richtig glücklich als Sein Kind. Ich spüre direkt die Liebe Jesu, der mir das Schwere des Reisens für Ihn versüßt, und mein Herz ist voll Dank.

Ein Wort machte mir in dieser schweren Zeit alles leicht: „Für Dich!" Ich durfte bei diesem Dienst von der Kraft des Blutes Jesu, von Seinem Sieg, von Seiner Wiederkunft und Herrlichkeit sagen, ihn in Liebe zu Jesus tun und damit in ganz anderer Haltung als die Jahre vorher den Reisedienst in der DCSB.

Meine Hauptthemen waren: *Vom Heilsplan Gottes* – und zwar sprach ich dabei über die Wiederkunft Jesu, über den Heilsweg Gottes mit Israel und über die Gottesstadt – oder *Himmel und Hölle, Segen des Leidens, Wie werde ich zu einem Überwinder?* Was ich jetzt verkündigen konnte, war etwas anderes als das mit zweiundzwanzig Jahren Gesagte in meiner ersten Darmstädter Jugendarbeit. Damals stand ich – selber noch jung – im Dienst an der Jugend und war noch in nichts bewährt. Und was ich verkündigte, war letztlich nicht durchgekämpft, nicht ausgereift, konnte darum nicht echt bezeugt werden. Jetzt konnte ich für meine Überzeugung einstehen, denn sie war auf Züchtigungswegen bewährt. Ja, gerade der Ruf, in Liebe zu Jesus den Lammesweg zu gehen, wurde in diesen Jahren durch Gottes Arbeit an mir ständig erprobt.

So waren die Jahre von 1939 bis 1944, nämlich bis zur Erweckung in den Jugendkreisen, eine Zeit, in welcher der Herr uns einerseits von der Frucht der letzten vier schweren Jahre schon austeilen ließ. Andererseits aber brachten sie weitere Bereitung für die große Stunde der Erweckung und der Geburt der Marienschwesternschaft. Dazu halfen mir in den Jahren 1936 bis 1940 Gommels LEBENDIGES WASSER und Bonhoeffers NACHFOLGE. Beide Bücher – an sich so verschieden – gaben mir neuen Anstoß in schweren Kämpfen, in denen Erika Madauss und ich damals standen. Es ging für uns darum, bei Anklagen und ungerechten Forderungen tatsächlich zu lernen, den Lammesweg zu gehen, das heißt den Weg der Bergpredigt ganz ernst zu nehmen: „Wenn jemand mit dir rechten will und dir deinen Rock nehmen, dem lass auch den Mantel" (Matth. 5,40).

„Liebt eure Feinde; tut wohl denen, die euch hassen." (Luk. 6,27) Zur Zeit meiner ersten Darmstädter Jugendarbeit 1926 bis 1928 war mir mein rechtendes Wesen, das Ungerechtigkeiten gegen sich und andere schlecht ertragen konnte, schon eine große Not gewesen. Der Schrei nach Erlösung durch das Opfer Jesu war gerade deshalb in meinem Herzen aufgebrochen. So hatte ich damals geschrieben:

Ach, ich könnte X hassen, die mich so quält und zerreibt.
Herr Jesus, um Deinetwillen will ich mich vor X demütigen.

30.9.1928

Mir wird es so schwer, das Recht unter die Liebe zu beugen – ich
kann's nur, indem ich mir ein Wort sage, dann schmilzt etwas
in meinem Herzen: „Jesus!" – und dann hilft mir das Wort:
„Überwinde das Böse mit Gutem" [Röm. 12,21]. 7.10.1928

Ja, ich spürte, wie schwer ich lieben konnte, wo mir offensichtlich Unrecht getan wurde, und dies quälte mich sehr. Doch war
es größte Gnade, dass Gott mir schon damals einen Menschen
in den Weg stellte, den zu ertragen mir eine schwere Last war,
sodass mir die Bitte um Liebe zu der Bitte meines Lebens wurde.
Es war die Gebetsbitte des zweiten Darmstädter Jahres – 1927/28 –
gewesen:

Gib mir Liebe, Liebe, die sich nicht erbittern lässt, die alles trägt,
hofft, glaubt, duldet. 21.10.1927

Doch nun, zehn Jahre später, nahm mich der Herr – und zwar
diesmal zusammen mit Erika Madauss – noch einmal auf besondere Weise in Seine Schule. Ich hatte Gott in all den Jahren immer wieder um das eine gebeten, dass Er mir wirklich
Seine Liebe schenke. Das war aber bei meiner Natur ein langer
Weg. Darum trafen mich jahrelang Hammerschläge von einer
bestimmten Seite her, sodass mein Herz unter vielen erlittenen
Ungerechtigkeiten aufschrie. Doch Gott hielt nicht inne. Er hatte
sich offenbar erdacht, ständig Pfeile auf diese harte Stelle meines
Herzens zufliegen zu lassen, so lange, bis diese Stelle sozusagen
durchlöchert wäre. Dann würden Reue und Buße über das Nicht-
vergeben- und Nicht-lieben-Können in mir Raum finden und Er
mir Seine Liebe schenken.

Der „alte Mensch" wand sich. Doch das Blut des Lammes,
das ich viel anrufen lernte, bewies seine Kraft, löste mehr und
mehr die Härte und ließ langsam Erbarmen mit denen, die an
mir schuldig wurden, in mein Herz einziehen. Auf diese Weise

lehrte Gott mich, den Lammesweg zu gehen, das heißt: mich nicht mehr zu rechtfertigen, sondern zu dulden, zu tragen und ungerechte Vorwürfe auf mir sitzenzulassen. Ich erfuhr, dass das allein der Weg Jesu ist.

Auch hierin war Gottes weise Führung verborgen. Später sollte ich gerade die Botschaft der völligen Liebe in meinen Schriften bringen. Wie sollte ich aber davon schreiben, wenn Gott mich nicht gelehrt hätte, in Züchtigungen und Leiden diese Liebe zu erglauben um Seines Wortes willen: „Lebt in der Liebe, wie auch Christus uns geliebt hat" (Eph. 5,2). Sein Wort hatte mir immer neu das eine deutlich gemacht, dass wir da, wo wir der Forderung der Feindesliebe in unserem Leben gegenübergestellt werden, mit unserer menschlichen Liebe einfach ans Ende unserer Möglichkeiten kommen. Doch Gott gab Gnade, nach einer Schule vieler Jahre erleben und bezeugen zu dürfen: Auf dem Weg, täglich tiefer zunichtegemacht zu werden in unserer Selbstgerechtigkeit, tut Er uns die Tore der Gerechtigkeit auf. Wir gehen ein „in Christus" und „Er in uns"; so erfüllt sich tatsächlich Jesu Wort aus Johannes 17,26: „Ich habe ihnen deinen Namen kundgetan und werde ihn kundtun, damit die Liebe, mit der du mich liebst, in ihnen sei und ich in ihnen".

Aus diesem Glaubenskampf um die rechte Liebe und dem Kampf gegen meine sonstigen Sünden entstanden die biblischen Vorträge: *Wie werde ich zu einem Überwinder?* Weil sie aus der Praxis entstanden waren, sprachen sie zu den Herzen derer, die gleiche Nöte und Anfechtungen hatten. Diese Vorträge wurden auf Veranlassung eines Pfarrers mitstenographiert, vervielfältigt und anfangs ohne mein Wissen in Hunderten von Exemplaren weitergegeben. Ich war voll Dank, dass der Herr Seiner Botschaft die Türen öffnete. Doch ahnte ich damals noch nicht, dass hier der allererste Anfang meines späteren Schreibens lag, das noch ein Hauptauftrag für mich werden sollte.

Briefe aus dieser Zeit geben Zeugnis davon, dass mir meine Lauheit im Kampf gegen die Sünde zum großen Schmerz geworden war und es mich darum drängte, das Überwinden in meinem

Leben zur Wirklichkeit werden zu lassen, gerade in den Punkten, wo ein Sieg fast aussichtslos schien.

Aus Karlsruhe, wo ich im März 1942 einen Vortragsdienst hatte, schrieb ich in einem Brief:

PAROLEN FÜR STUNDEN DER ANFECHTUNG BEI SCHEINBAR AUSSICHTSLOSEM KAMPF GEGEN DIE SÜNDE
Was ich mir sagen will in Stunden der Anfechtung, wenn all mein Kampf umsonst war:

1. *Ich habe es selbst verschuldet, dass meine Ketten so fest, weil ich so lange Zeit nicht rechte Buße tat über meine Sünde und nicht den Kampf des Glaubens kämpfte, der zum Sieg führt. So wurde ich für diesmal noch mehr gefesselt und muss nun in Demut warten, bis Gott mich löst. Doch will ich kämpfen, bis der Sieg da ist, und dauere es noch so lang – ich gebe den Kampf nicht auf, bis ich frei bin.*

2. *Gott ist dabei, mich im Glauben zu üben, mich wie die Schwestern beim Tod des Lazarus glauben zu lehren. Darum verzieht Er mit Seiner Hilfe, damit ich lerne zu glauben, ehe ich schaue. Und wenn ich glauben lerne, werde ich die Herrlichkeit Gottes sehen. So war der Schluss bei der Erweckung des Lazarus, und so wird auch der Schluss der Geschichte meines Kampfes sein.*

3. *Dass Gott mit der Hilfe verzieht und mich dadurch meine Ketten und Ohnmacht fühlen lässt, tut Er, damit ich ganz demütig werde – und die Ehre zum Schluss Sein ist, ich Ihn allein dann preise. Darum will ich bei dieser Anfechtung Demut lernen – und wenn die Fesseln nicht weichen wollen, nicht aufbegehren oder verzagen, sondern demütig wie das kanaanäische Weib betteln und wieder betteln, obwohl mich Jesus scheinbar immer wieder abweist und nicht hilft. Wenn ich so durch diesen Kampf zu einer Demütigen und Geduldigen werde, dann hat mir die Anfechtung, und gerade wenn sie lange dauerte, ewige Frucht, Sieg, Verwandlung in Jesu Bild gebracht. Sie ist es dann vielleicht gewesen, die mich reif machte, bei der ersten*

Auferstehung dabei zu sein, bei der nur Überwinder, Demütig-Gewordene sind.

4. *Darum will ich danken für das Offenbarwerden meiner Sünde und die große Anfechtung, weil ich gerade an ihr den Sieg und die Herrlichkeit Jesu erleben werde, so wahr Er völlig frei macht. Ich will danken, dass mich diese Anfechtung reinigt von einer Reihe von Sünden, die dabei zutage kommen, und mich zu einem Überwinder macht, der einst die Krone ererbt, denn ohne Heiligung sieht niemand den Herrn* [Hebr. 12,14]. *Wer überwindet, der wird alles ererben* [Offb. 21,7].

Als nach Kriegsende, etwa ab 1946, wieder christliche Schriften gedruckt werden konnten, war die Nachfrage gerade nach den aus diesen Kämpfen entstandenen Vorträgen *Wie werde ich zu einem Überwinder?* so groß, dass wir sie drucken ließen. So sind Gottes Wege! Auf dem kleinen Platz, auf den Gott mich gestellt hatte, focht ich meine Kämpfe aus, im Glauben an die Kraft des Blutes Jesu, unter Leiden und Züchtigungen. Und Gott ließ mein Zeugnis – wie wir immer wieder aus Briefen und Gesprächen erfuhren – vielen Menschen in ihren Anfechtungen zur Hilfe werden. Das Entscheidende aber war, dass Gott mit diesen Wegen die spätere Marienschwesternschaft und ihren Auftrag im Auge hatte. Den Weg Jesu aus Liebe zu Ihm zu teilen und damit den Lammesweg zu gehen, den Weg der duldenden, tragenden Liebe, den Weg der Niedrigkeit, das sollte der Auftrag der Marienschwesternschaft werden.

Doch noch auf einem andern Gebiet griff die Hand Gottes in diesen Jahren mehr und mehr nach mir und gab meinem Alltag die entscheidende Kursrichtung. Ich spürte, Gott begann mein ganzes Leben anders als zuvor in Beschlag zu nehmen, sodass jede Stunde Ihm geweiht sei – jedes bisschen Geld allein Ihm zur Verfügung stehe. Es war mir, als bitte Jesus: *Nimm dir mehr Zeit zum Gebet, zum Lesen des Wortes Gottes – gib Mir mehr Raum in deinem Leben, mehr von deinen kleinen Gaben und Gütern!* Und mit dieser Aufforderung schenkte Er auch die Gabe einer starken Liebe zu Ihm. Liebe aber hat in ihrem Charakter immer etwas Ausschließliches: Sie will dem, den sie liebt, *alles* schenken. Doch wo diese Liebe im praktischen Leben umgesetzt wird, stoßen sich notgedrungen die Dinge im Raum – etwas muss weichen oder zurücktreten, dem wir vorher unsere Zeit, unser Geld, unser Interesse schenkten.

Als ich diese Konsequenzen für mein Leben zog, war es für Erika Madauss zuerst schwer, das zu verstehen. Grundsätzlich war sie eins mit mir, doch als dann dies und jenes im Alltag praktisch zu werden begann, erhob sie verstandesmäßige Einwendungen, ob dies nicht ein eigenes Wirken sei und damit dem Wirken der Gnade entgegenstehe. Erika war ihrer ganzen Art nach nie geneigt, sich auf einen Weg mitnehmen zu lassen, ohne selbst von seiner Richtigkeit überzeugt zu sein, und es gab manche Not.

Unser gemeinsamer Auftrag, den wir immer noch als von Gott gegeben im Herzen trugen, wurde wiederum infrage gestellt, denn so konnten wir nicht zusammen im Dienst Jesu stehen und eine gemeinsame Arbeit aufbauen und weiterführen. Ich wusste aber ganz klar: Hier musste ich Jesu Ruf in meinem Herzen und Gewissen gehorsam sein, selbst wenn wir uns trennen und den gemeinsamen Dienst unter Schmerzen opfern müssten. Wir rangen innerlich miteinander, wovon Briefe aus den Reisejahren 1942/43 Zeugnis geben. Damals schrieb ich Erika auf ihre Einwände:

Bad Oeynhausen, am 13.12.1942

Du schreibst so bedrückt, weil Du nicht mitkannst, wie ich denke. Doch es geht ja nicht darum, dass man nun nichts mehr anderes tun dürfe, als was den Dienst anbelangt, sondern dass man von innen so getrieben wird zum Gebet, zum Wort-Gottes-Lesen, Besuche-Machen bei den Menschen aus dem Rettersinn heraus, dass dann nur wenig Zeit für unsere Interessen übrig bleibt. Wenn eine Pfarrfrau etwa alle neuen christlichen Romane liest, so ist es ein Anzeichen, dass etwas innerlich nicht stimmt. Denn hätte sie Rettersinn, hätte sie beinahe Tag und Nacht in der Gemeinde zu tun. Wenn wir im Herzen zuerst nach dem Reich Gottes trachten und das andere nur nehmen, soweit es uns Gott nebenbei zufallen lässt, ist das nicht gesetzlich, sondern hier geht es um die Frage, ob die Liebe zu Jesus und den Seelen mich treibt.

Aus dieser Liebe zu den Seelen heraus fastete Johann Christoph Blumhardt im Gehorsam, weil Jesus den Weg angab. Das ist doch kein Gesetz – dann wäre die ganze Nachfolge Jesu Gesetz, wo ich im Gehorsam zu Ihm etwas lasse, absage – und Jesus sagt: „Wer nicht absagt allem, was er hat, kann nicht mein Jünger sein." Genauso ist das keine Gesetzlichkeit, wenn ich aus Liebe zu den Seelen der Trinker abstinent werde. Ja, es heißt bitten, dass uns die Liebe zu Jesus, zu Seinem Reich und den Seelen treibe, dann wird es sich von selbst regeln, was tun und was lassen.

Und zwei Tage später, am 15.12.1942:

Du meinst, mein Anliegen, das wirklich biblisch ist: alle Gebiete unseres Lebens völlig unter die Herrschaft Jesu zu stellen, sei übertrieben. Doch was Du als Gesetz empfindest, ist kein Gesetz, sondern wo ich Jesus liebe, habe ich das Bedürfnis, mich Ihm völlig hinzugeben, dass Er über alles verfüge. Ich möchte, dass alles, was ich bin und habe, Ihm dient, Ihm zur Verfügung steht.

Und spürst Du nicht, dass ich mit Recht über das Resultat unseres Zehnten traurig war? Dass wir zu wenig Geld für die Sache des Reiches Gottes gegeben haben, ist ein Anzeichen dafür, dass es irgendwie mit der Liebe zu Jesus und Seinem Reich nicht gestimmt haben muss, hier das Glühen fehlte, Ihm alles zu schenken. Es ist so, als ob man plötzlich feststellt, dass man einem Menschen, den man früher liebte und mit Geschenken überschüttete, lange nichts Schönes mehr geschenkt hat und sich nun sagen muss: Du liebst ihn wohl nicht mehr so sehr.

Alles, was Du als Gesetz empfindest, ist mir Angelegenheit der Hingabe und Liebe zu Jesus, die sich allerdings nur im Praktischen äußern kann. Man kann nicht sagen: Ich möchte

Jesus völlig angehören, losgelöst von der Welt werden – und wenn man nur einen Punkt nennt, zieht man sich zurück und findet es gesetzlich und fühlt sich auf einmal nicht mehr gebunden, sodass man es Jesus ausliefern müsste und loslassen und hingeben. Wie denkst Du Dir die völlige Hingabe an Jesus? Die gibt es nicht im luftleeren Raum, sondern nur, indem alle Gebiete unseres Lebens neu in ganzer Hingabe Ihm zur Verfügung und unter Seine Herrschaft gestellt werden, Er sie völlig in Seine Hand und unter Seine Leitung bekommt: unser Geld, unsere Zeit usw., auf dass wir Ihm allein in allem dienen. Das ist Liebe – diese völlige Hingabe, sich mit allem, was man hat, Jesus auszuliefern und nichts für sich zurückzuhalten.

Dagegen ist das Gesetz, wie Du vorrechnest, das und das brauchen wir alles nötig – das Kulturelle müsste doch auch gepflegt werden und brauchte Zeit. Das tut die Liebe nicht. Und wenn ich Jesus ganz liebe, zuerst nach Ihm und Seinem Reich trachte, wird mir an Kulturleben aus Gottes Hand schon genug zufallen – das überlässt die Liebe im Vertrauen ganz Jesus. Anders sind wir nicht auf dem rechten Weg und gehen an der völligen Hingabe der Liebe zu Jesus vorüber und machen uns vor, wir wollten nur nicht gesetzlich werden. Doch das ist ein Schlich des Satans, der uns nur von der völligen Hingabe an Jesus und damit einem Leben voll Frucht und Freude abhalten will. So lass uns in diesem Punkt um den Geist der Buße bitten, und Gott wird sie geben. Mir ist klar, ich kann nicht zurück oder ich wäre ungehorsam gegen Gott und was Er mir sagte. Ich muss gehorsam sein. So musst Du mir schon folgen, wenn wir hier nicht auseinanderkommen wollen – und ich wüsste nicht, warum Du das nicht könntest. Es geht doch um das Heil der Seele für alle Ewigkeit ...

Wir sprechen alles nach der Schrift durch, und sie wird uns überführen, wenn wir viel darüber beten und anfangen, unser Leben zu verlieren in den Punkten, wo es uns Gott zeigte. Wenn wir nicht praktisch anfingen, so wäre es ein bisschen billig, immer auf eine Erweckung und ein Treiben des Geistes zu warten, und da, wo Er schon treibt, in der Praxis gar nicht danach zu tun. An irgendeiner Stelle heißt es doch, anzufangen und bereit zu sein zu verlieren.

Was in diesen Briefen ausgesprochen wurde, war ein inneres Muss – wie schon manchmal vorher in meinem Leben. Und Gottes Geist ließ uns beide, die Er für einen gemeinsamen Auftrag bereiten wollte, auch darin langsam immer mehr eins werden – umso wunderbarer, weil es nicht auf der Basis des natürlichen Verstehens geschah, sondern durch Sein Wirken. Dieser Ruf Gottes zur ganzen Hingabe, der mir damals so entscheidend wurde, sollte später für das innere Leben der Marienschwesternschaft und im Besonderen für meinen Weg von größter Bedeutung werden.

Und noch ein Weiteres schien Gott in diesen Jahren für die Entstehung der Marienschwesternschaft wichtig zu sein, wozu Er mich wohl vor allem die Reisen machen ließ: Er brachte uns mit Menschen zusammen, die für die Gründung der Schwesternschaft von großer Bedeutung werden sollten. Dabei erhörte Gott unser tägliches heißes Gebet seit 1939, Er möge uns doch Menschen in den Weg stellen, die uns innerlich weiterführen können.

Außerdem führte mich mein Reisedienst während dieser sieben Jahre auch in unterschiedliche Gemeinden, Gruppen und Kreise, wobei der Herr wohl den späteren Auftrag der Marienschwesternschaft, für die Einheit der Gemeinde Jesu zu leben, im Auge hatte. So öffnete Er viele Türen, und es kam bald dahin, dass ich nicht allein zu den Freundeskreisen der Mohammedaner-Mission reiste, sondern von überall her zu Bibelkursen angefordert wurde. Das gab Veranlassung, dass ich auf diese Einladungen hin meinen Reiseplan selbst vorbereiten konnte, wozu die Missionsgesellschaft mir großzügig Freiheit ließ.

In der Begegnung mit diesen verschiedenartigen Kreisen sollte ich – das schien Gottes Plan zu sein – die Vielgestaltigkeit Seiner Gemeinde erleben und es lernen, alle in ihrer Art zu achten und zu lieben. Ich sollte lernen, Jesus in jeder Kirche, in jedem Kreis zu sehen – überall, wo an Ihn geglaubt und Er geliebt wird. Dabei sollte ich wohl auch etwas vom Leiden Jesu um Seine zertrennte Gemeinde in mein Herz fassen, wozu ich damals allerdings noch wenig vorbereitet war.

Auf einer dieser Dienstreisen nach Beerfelden, einem Städtchen im Odenwald, brachte mich die Pfarrfrau zu ihren „besten Betern" und Stützen der Gemeinde in einem Filialdorf. Dort lernte ich in einem Hausbibelkreis die Gnadengaben nach 1. Korinther 12 und 14 kennen, die in biblisch-nüchternem Sinn gebraucht wurden. Durch ihre kompromisslose Nachfolge segnete mich weiterhin die Leiterin einer Gemeinschaft in Kassel, die eine große Beterin und Seelsorgerin war.

Doch vor allem führte Gott mich während meiner Reisetätigkeit mit Paul Riedinger aus dem fränkischen Ansbach zusammen, dem späteren geistlichen Vater der Marienschwesternschaft, einem Superintendenten der Methodistenkirche. Und das kam so: Im Winter 1942/43 hatte ich in Hof/Saale in einer Gemeinde einen Bibelkurs über *Himmel und Hölle* zu halten. Unter den Zuhörern war ein Pfarrer, mit dem ich vor Abfahrt seines Zuges eine kurze, aber folgenschwere Begegnung hatte. Wir stellten fest, dass uns das Thema, über das ich abends gesprochen hatte, gemeinsam bewegte.

Dieser Pfarrer lud mich zu einem kleinen Kreis ein, der einige Monate später in einem bayerischen Pfarrhaus, in Egloffstein, zusammenkam, und ich fuhr mit Erika Madauss hin. Zu dem Kreis gehörten meist Pfarrer, die aus der Gruppenbewegung kamen und sich nicht scheuten, ihre Sünde konkret zu nennen und sich damit vor allen zu demütigen. Doch dabei waren sie nicht stehengeblieben. Es bewegte uns, als Superintendent Paul Riedinger, dem wir hier zum ersten Mal persönlich begegneten, niederkniete und begann, den Vater, den Sohn und den Heiligen Geist anzubeten. Wir waren zu Menschen gekommen, die in der Anbetung lebten. Gottes Geist war hier zu spüren und hatte aus diesem Kreis heraus neue Anbetungslieder geschenkt, die wir voll Freude miteinander sangen. Im Kreis wurde zum priesterlichen Weg aufgerufen, den zu gehen Gott uns ans Herz gelegt hatte –

den Weg in der Nachfolge des Lammes, wo man sich nicht gegen des Nächsten schwierige Art auflehnt, sondern sie im Geist der Buße über die eigene Sünde trägt und überwindet.

Ich wurde in verschiedenen Pfarreien dort zu Bibelkursen aufgefordert, sodass wir mit diesen Geschwistern in der Fränkischen Schweiz im folgenden Jahr noch enger verbunden wurden.

Erst recht geschah das bei dem erneuten Zusammensein des Kreises im Juli 1944. Wie könnten wir diese Tage vergessen! Früh um 6 Uhr wanderten wir täglich vom Pfarrhaus in Affalterthal zum Pfarrhaus in Egloffstein, voll Dank für die Begegnung mit diesen Menschen, waren wir doch voll Hunger nach der Gemeinschaft tieferen Lebens in Christus. Unter dem politischen Druck jener Jahre fanden diese Zusammenkünfte in einem Zimmer statt, das nicht zur Straße lag. Die Hinreise konnte nur unter großen Erschwernissen und unter der Gefahr der kaum aussetzenden Bombenangriffe gemacht werden. Mit Erschütterung hörten wir dann dort am 20. Juli 1944 abends die Radionachrichten von dem misslungenen Attentat auf Hitler. So war von der verzweifelten Notlage unseres Volkes nicht nur die Fürbitte, sondern auch die Anbetung durchzogen bis hin zu dem Blick auf die Not der Juden und ihren heilsgeschichtlichen Weg.

In dieser politisch so unheimlichen Zeit hielt Gott schützend Seine Hand über meinen Reise- und Vortragsdienst. In meinen Vorträgen waren nicht selten Spitzel, und ich hatte bei den Bibelkursen über den Heilsplan Gottes von der Erwählung der Juden zu sagen und ihrem führenden Auftrag unter allen Völkern im Tausendjährigen Reich. Als ich zweimal bei der Geheimen Staatspolizei angezeigt und stundenlang verhört worden war, hatte man mich lediglich wegen des Rufes in die Nachfolge Jesu zur Rechenschaft gezogen, da doch nur *ein* Führer maßgebend sei, und seltsamerweise nicht wegen meiner Vorträge über den Heilsweg der Juden. So ließ man mich dann wieder gehen.

Jeden der Bibelkurse, die ich auf meinen Reisen hielt, brachte ich auch in den Mädchenbibelkreisen in Darmstadt. Obwohl ich die Kreise nicht selbst führte, gehörte ihnen doch meine ganze Liebe. Und so hörte die Jugend durch diese Kurse den Ruf zum Lammesweg, zur Nachfolge aus Liebe zu Jesus, den Ruf zum Überwinden, zum Hassen und Lassen der Sünde, die Botschaft von der Wiederkunft Jesu und dem Heilsweg Israels. Diese Kurse waren jedes Mal nach meinen Reisen meine große Freude, da ich so noch mehr an der Bibelkreisarbeit teilhatte. Ich kannte jedes Mädchen, liebte es und wusste von seinem inneren Stand, als wäre diese Jugend mir persönlich anvertraut. Das sollte allerdings bei vielen später noch geschehen, da sie meine geistlichen Töchter in der Marienschwesternschaft wurden.

Während meiner Reisetätigkeit wuchs die MBK-Arbeit immer mehr. Es waren zu den Schülerinnenkreisen Kinderkreise – darunter ein Jungenbibelkreis – sowie ein Frauenkreis, ein Studentinnenkreis und ein Berufstätigenkreis hinzugekommen. Ungefähr 150 Menschen wurden in diesen Kreisen jede Woche von der Verkündigung erreicht. Welch eine Gnade, dass der Herr während der Zeit des Nationalsozialismus Seine Hand über diese Arbeit hielt. Denn Erika Madauss stand bei den politischen Stellen auf der schwarzen Liste, weil sie der Jugend nicht nur das Neue Testament brachte, sondern auch das Alte Testament, und sie lehrte, ihr Christsein offen zu bekennen. So gab es in den Kreisen auch manche Spannungen und Scheidungen. Doch der größte Teil der Mädchen verzichtete auf Ämter in dem politischen *Bund Deutscher Mädel* (BDM), weil sie ihre Zugehörigkeit zu den Mädchenbibelkreisen dafür nicht aufgeben wollten.

In diesen Reisejahren durfte ich schon etwas davon schmecken, welche Frucht die langen Wege der Züchtigungen gebracht hatten, bei denen mein eigentlicher Auftrag für Darmstadt scheinbar ständig weiter unter dem Nein Gottes stand. Das Sehnen nach seelsorgerlicher, mich befriedigender Arbeit in einem geschlossenen, steten Kreis war stille geworden. Auch meine Reisetätigkeit, die mir an sich nicht so lag, konnte ich als von Gott mir gegeben, in Seinem Willen ruhend, mit Freuden tun. In unbegreiflicher Liebe hatte Gott mich gelöst von dem Wunsch nach eigenen

Kindern wie auch menschlich-seelischer Liebe. So muss ich um der Ehre Seines Namens willen bekennen, dass ich nun lernte, wirklich volle Genüge in Jesus zu haben. Ich schrieb in dieser Zeit als Bekenntnis in meine Bibel:

> Gott ist das Größte, das Schönste, das Beste,
> Gott ist das Süßte und Allergewisste,
> aus allen Schätzen der edelste Hort.
>
> Paul Gerhardt

Die Liebe zu Jesus drängte mich nun, freiwillig mit Ihm die Armut zu erwählen, freiwillig auf Niedrigkeitswegen zu gehen und dunkle Glaubenswege zu beschreiten, damit Gott dadurch verherrlicht würde. Gott hatte meine Gebete in den dunkelsten Nachtstunden während meiner Bibelhauszeit im Jahre 1929 erhört: dass Er mich um jeden Preis in die Liebe zu Ihm führen möge. Und in dieser Liebe zu Ihm gehörte mir zugleich die ganze Welt, die Sein Eigentum ist.

Jetzt ging es mir anders als während der Hamburger Zeit. Aus der Liebe zu Jesus hatte ich den Weg gefunden, Güter und Gaben dieser Welt zu haben, als hätte ich nicht (1. Kor. 7,29–31). Damit waren zugleich falsche Skrupel, auf dieses oder jenes verzichten zu müssen, hinfällig geworden. Die Liebe zu Jesus trieb mich nun, etwa am Sonntag so viel wie nur irgend möglich die Stille zu suchen, Ihm in Seinem Wort zu begegnen, mit Jesus im Gebet zu reden, von Ihm zu singen.

Doch ebenso konnte ich dann, wenn Gott es so führte und in Seiner väterlichen Liebe schenkte, mich Seiner Gaben in Natur, Kunst und Kultur freuen. Jesus hatte eines meiner Lieblingsworte wahr gemacht: „So euch nun der Sohn frei macht, so seid ihr recht frei" (Joh. 8,36 L12). Er macht nicht nur von Gebundenheit der Sünde los, sondern Er macht innerlich für Ihn frei und damit froh, natürlich und kindlich, und zwar immer mehr. Die Frage von Freiheit oder Gesetzlichkeit, ganzer Hingabe oder Weltoffenheit, Natürlichkeit oder Einseitigkeit, die mir seit meinem zweiundzwanzigsten Lebensjahr so viel Not gemacht hatte, war mir nun beantwortet. Der Schlüssel zur Lösung war die Liebe zu Jesus, die ganz an Sein Herz band und in der Vereinigung mit Ihm lehrte, alles in der Welt recht zu gebrauchen.

GOTT KOMMT, WENN ALLES DUNKEL

LUFTANGRIFF AUF DARMSTADT –
ERWECKUNG IN DEN MÄDCHENBIBELKREISEN
UND GRÜNDUNG DER
MARIENSCHWESTERNSCHAFT: 1944–1947

Am 11./12.September 1944 kam die Nacht des Gerichts für Darmstadt, in der Gott auch über unsere Stadt Feuer regnen ließ und sie durch einen Fliegerangriff innerhalb von achtzehn Minuten beinahe ganz vernichtete. Die Stadt ging in Flammen auf, wurde ein Trümmerfeld, und nur die Randbezirke blieben stehen. Am nächsten Morgen waren viele Tausende unter den Trümmern begraben. Die Überlebenden, die meist völlig ausgebombt waren, wurden in der Umgebung auf dem Lande untergebracht – bis zu hundert Kilometern im Umkreis.

Ich hatte in diesen Tagen in Wiesbaden einen Bibelkurs zu halten und hörte, zutiefst beunruhigt, von dem Geschehen der Nacht. Doch konnte ich nicht gleich nach Darmstadt zurückfahren, weil ich mich verpflichtet fühlte, meinen Dienst zu Ende zu führen. So hatte Erika Madauss die Nacht allein in Darmstadt erlebt, und als sie am folgenden Morgen durch die zerstörte Stadt ging, um nach den Mädchen aus ihren Bibelkreisen zu sehen, starrte sie überall Todesgrauen an. In den Straßen lagen verkohlte Leichen, die Menschen waren wie fortgefegt und die Stadt wie ausgestorben. Waren auch wunderbarerweise die meisten Mädchen aus Todesgefahr errettet worden, so hatten sie, mit den Eltern aus den brennenden Häusern fliehend, die Stadt verlassen. Nur etwa fünf bis acht von ihnen waren zurückgeblieben, und die ganze Mädchenbibelkreis-Arbeit schien in Trümmern zu liegen.

Doch zu unserer Verwunderung kam fünf Tage nach dem Angriff, am ersten Sonntag nach der Schreckensnacht, nachmittags eine ganze Schar unserer Mädchen zu uns. Sie waren zumeist von weither, vom Odenwald und der Bergstraße, mit dem Rad gekommen und hatten die sich mehrenden Tieffliegerangriffe nicht gescheut. In der Folgezeit tauchte nun jeden Tag ein anderes Gesicht in unserem Hause auf. Die Mädchen kamen nacheinander, um zu sehen, ob wir noch lebten, und drängten danach, in vielerlei Nöten mit Erika Madauss zu beten. Nie hätte diese Jugend in den Jahren vorher solche Opfer gebracht, um zum Bibelkreis oder zum gemeinsamen Gebet kommen zu können, nie hätte sie den kostbaren freien Sonntag dafür hingegeben. Die Todesnacht barg in sich eine Geburtsstunde, der Tod hatte das Leben gebracht. Der Same des jahrelang ausgestreuten Wortes Gottes ging auf, und unsere Bibelkreise bekamen eine ganz neue Prägung. Nun war unser Zusammensein das einer Familie geworden, die eine innige Gemeinschaft der Liebe in Christus verband.

Dafür hatte Gott in Seiner Gnade das Steinberghaus im Hölderlinweg 26, wenn auch stark beschädigt, stehen gelassen, während die nächsten Häuser zum Teil dem Erdboden gleichgemacht waren. Da der Zugverkehr streckenweise unterbrochen war und die Zerstörung der Städte immer weiter um sich griff, musste ich meinen Vortragsdienst vorübergehend einstellen. So blieb ich meist zu Hause, was darum bedeutsam war, weil ich dadurch während der anbrechenden Erweckungszeit unter der Jugend in Darmstadt lebte.

Nun wurde wirklich die Erweckung geschenkt, um die wir jahrelang gebetet hatten, denn die Gerichtsnacht war vielen Mädchen unserer Kreise zu einer Nacht der Gnade geworden. Im Angesicht des Todes und im Erschrecken vor dem ewigen Gericht Gottes war ihnen diese Nacht zur Stunde des Heils geworden, in der fromme und selbstgerechte junge Mädchen über ihre Sünde weinen konnten und Buße taten. Wie viele kamen daraufhin zum ersten Mal zur Beichte! So brach in unseren Bibelstunden unter der Vergebung Jesu das Jubellied der Erlösten auf. „Welch Glück ist's, erlöst zu sein, Herr, durch Dein Blut!", klang es immer neu unter uns. Ein Geist großer Glückseligkeit erfasste die Jugend, obwohl nach außen hin wenig Grund dazu vorhanden war.

Durch neue Luftangriffe gab es weiter brennende Städte mit Tausenden von Toten, und das Grauen nahm ein Ausmaß ohnegleichen an. Jeder stand damals in ständiger Todesgefahr, abgesehen davon, dass die meisten unserer Mädchen ihr Elternhaus mit allem, was ihr Leben schön und reich gemacht hatte, verloren hatten, ja manchmal auch von ihrer Familie getrennt untergebracht waren.

Ein Name war der Grund ihrer Freude, der wie noch nie unter ihnen aufstrahlte: der Name Jesus. Hatten sie ihn vorher nicht gekannt? Doch, sehr gut. Manche hatten sogar während der Zeit des Nationalsozialismus um dieses Namens willen ihre Berufsausbildung riskiert und auf Ehre und Ämter verzichtet. Aber der Name Jesus hatte ihre Herzen bisher nicht zum Klingen bringen können, weil sie sich noch nicht als Sünder erkannt hatten, noch nicht in Reue über ihre Schuld geweint und Buße getan hatten, wie es jetzt geschah. Denn wenn sogar im Himmel Freude ist über einen Sünder, der Buße tut, wie sollte diese Freude nicht auch hier auf Erden aufbrechen! Wie oft hatten Erika Madauss und ich in den Jahren vorher bei den blühenden und in den Augen der Menschen gesegneten, großen Kreisen traurig gedacht: Sie haben den Namen, dass sie leben, und sind tot (Offb. 3,1).

Doch nun war das Leben mit dem Geist der Reue und der Freude, mit dem Geist der Liebe untereinander und dem Geist des Gebetes angebrochen. Diese Reue entzündete sich nicht nur an der persönlichen Schuld der Einzelnen, sondern vor allem auch an der großen Schuld, die wir als Christen gegenüber unserem Volk hatten. Immer schmerzlicher wurde uns deutlich, dass wir völlig versagt hatten in der Stunde der Bewährung. Denn wir hatten uns nicht – gebeugt vor Gottes Heiligkeit – Ihm in Gebet und Flehen hingegeben, als Sein Gericht über unser Volk erging. Wir waren nicht für unsere Brüder und Schwestern eingetreten, die zu Tausenden Nacht für Nacht in die Ewigkeit hinübergingen. Wir waren selten oder nie zur Stelle, um den Juden, die doch Gottes Augapfel sind (Sach. 2,12), beizustehen und ihnen das an Gutem zu tun, was in unseren Möglichkeiten lag, wenn sie entrechtet, verfolgt und deportiert wurden.

Und nach außen hin waren wir so fromm gewesen! Jede Woche waren wir zum Bibelkreis gegangen, hatten jeden Morgen in unserer Bibel gelesen, ja hatten jede Woche am Kriegsfürbittekreis teilgenommen. Nun fiel es uns wie Schuppen von den Augen, und wir konnten unsere Blindheit kaum verstehen. Jetzt erkannten wir unsere große Schuld und waren von dem Gedanken getrieben, wiedergutzumachen, nämlich fortan für unser Volk in den Riss zu treten (Hes. 22,30 M) und im Gebet einzustehen.

Es war im Februar 1945 an einem Sonntag, als wir im Steinberghaus im sogenannten „blauen Zimmer" zum Jugendbibelkreis zusammen waren. Hier regnete es von dem beschädigten Dach her nicht so schnell durch wie in den oberen Räumen. Ich sprach zu den Mädchen über unseren priesterlichen Auftrag des Gebets und der Anbetung sowie über unsere Schuld, diesen Auftrag nicht erkannt, geschweige denn ausgeführt zu haben. Ich sagte ihnen, dass ein heidnisches Volk in Ninive auf das angedrohte Gericht Gottes hin in Sack und Asche Buße getan hatte (Jona 3); wir dagegen hatten, obwohl wir Christen waren, in all den Jahren dennoch nicht Buße getan, sondern waren sicher und unbeweglich geblieben unter dem Gericht Gottes, das doch am Haus Gottes anfangen sollte.

Da kam plötzlich – mitten in dieser Stunde – auf alle gemeinsam ein Gnadenregen der Reue hernieder, der sich auch darin äußerte, dass Mädchen, die bisher noch nie frei gebetet hatten, nun spontan anfingen, es zu tun. Es brach ein wirkliches Weinen an über alles Versäumte, über alle unsere Schuld. Nach dem Vorangegangenen, dass Einzelne vor allem über persönliche Sünde zur Buße kamen, war nunmehr eine Erweckung für die Gesamtjugend angebrochen. Und zwar stand im Mittelpunkt dieser Buße der Schmerz über unsere Lauheit, unseren inneren Tod, unser Versagen im priesterlichen Gebetsdienst für die Schuld und Not unseres Volkes. Aus dieser Buße heraus wurde neues Leben des Gebets geschenkt in Fürbitte und Anbetung des dreieinigen Gottes.

Erika Madauss und ich durften jetzt bei unserer Jugend erleben, was uns beiden in den Jahren zuvor geschenkt worden war: Wo der Herr zur Erkenntnis der Sünde geführt und zur Buße gebracht hat, bricht neues Leben auf. Wir waren überglücklich! Unsere Gebete von all den vorherigen Jahren, dass der Herr in den Jugendkreisen eine Erweckung geben möchte, waren wunderbar erhört.

Nun war es unsere ganze Bitte, dass Gott uns mit unseren Jugendkreisen in der Gnade der Buße bewahren möge. Und Gott führte es so, dass durch heilsames Gericht die Reue und damit die Liebe zu Jesus unter uns nicht aufhörten. Von der damaligen Zeit an bis zum heutigen Tag gehen wir in unserer Marienschwesternschaft durch mancherlei Züchtigungen Gottes. Dadurch bewahrte Er uns auf dem Weg der täglichen Reue und Buße und ließ das damalige Jubellied über Seine Erlösung bis heute nicht verstummen. Im Gegenteil, die Liebe zu Ihm ist größer geworden, weil Gott uns aus Gnaden – weit tiefer als damals – im Alltag erkennen ließ, dass wir mit all unserm Sein der Sünde verfallen sind und Lieblosigkeit und Eigenwille, Ehrgeiz, Ungehorsam und Begierde tief in unserem Herzen eingewurzelt sind. Für dieses Erkennen der Sünde schenkte Er uns auch den schwesterlichen Dienst des gegenseitigen Ermahnens in unseren „Lichtgemeinschaften". Das hilft, uns konkreter unter unsere Sünde zu beugen, sie Gott zu bekennen, und, wo es nötig ist, bei Menschen um Vergebung zu bitten.

Im März 1945 fuhren wir mit einigen Mädchen zu längst geplanten Rüsttagen nach Falken-Gesäß im Odenwald. Diese Tage hatte uns der himmlische Vater in Seiner Liebe bereitet. Er hatte uns einen Tisch gedeckt im Angesicht unserer Feinde (Ps. 23,5). Die Tieffliegergefahr verstärkte sich zu dieser Zeit wie nie zuvor, sodass man es kaum wagen konnte, sich auf den Straßen sehen zu lassen. Die amerikanischen Truppen standen vor den Toren Darmstadts, und man rechnete täglich damit, dass sie die Stadt einnehmen würden. Menschen, die politisch belastet waren, strömten als Flüchtlinge aus den Städten. Alles war in Hochspannung, mit Recht nur noch eingenommen von dem furchtbaren Geschehen der Stunde.

Doch wir waren – obwohl uns das Geschehen direkt betraf und unser Leben bedroht war – wie Kinder, die still und froh in des Vaters Herzen ruhen, erfüllt von der großen Liebe Jesu und dem, was sie uns in diesen Monaten in unserem Jugendkreis geschenkt hatte.

So gab es der Herr Erika Madauss und mir ins Herz, trotz dieser bedrohlichen Lage mit fünfzehn Mädchen die Fahrt nach Falken-Gesäß zu stillen Tagen der Bereitung für unseren priesterlichen Auftrag des Gebets zu wagen. Dort hatten wir die Möglichkeit, verborgen im kleinen Haus von Bekannten, bei dem noch herrschenden politischen Druck unauffällig zusammen zu sein.

Ich war schon vorausgefahren, da ich in der nahe gelegenen Kirchgemeinde Beerfelden noch in diesen Tagen einen Bibelkurs zu halten hatte. Erika Madauss war es darum allein auferlegt, bis zur letzten Minute immer neu zu entscheiden, ob diese Fahrt überhaupt sein könne oder nicht. Sie hätte wohl nicht gewagt, mit den Mädchen in diesen Tagen höchster Bedrohung und größter Gefahren zu verreisen, wenn der Herr ihr nicht im Gebet überaus deutlich verheißen hätte, dass sie unter Engelschutz fahren und die Mädchen wieder zu ihren Familien bringen werde, ehe die Amerikaner einziehen.

Gerade das war ihr so wichtig in der Befürchtung, dass während ihres Fortseins zwischen Darmstadt und dem Odenwald die Demarkationslinie festgelegt werde und sie dann die Mädchen nicht mehr zu ihren Familien zurückbringen könne. Die Fahrt als Auftrag Gottes zu nehmen, war vom Verstand her nicht zu begreifen. Es war wirklich ein Handeln nach dem inneren Muss, wie so oft in unserem Leben, wenn es Gott um Entscheidendes ging.

Tatsächlich sollte in diesen Tagen Entscheidendes für unsere spätere Marienschwesternschaft geschehen, und zwar die Fortsetzung der denkwürdigen Erweckungsstunde im „blauen Zimmer" des Steinberghauses. Darum führte der Herr die kleine Schar der Jugend unter solch unmöglichen Umständen in die Stille. Ihr Zug wurde zwischen Erbach und Hetzbach tatsächlich beschossen – doch der Engelschutz erwies sich als Wirklichkeit. Die schreienden und jammernden Mitreisenden stürzten aus dem Zug, während das angreifende Flugzeug weiter über allen kreiste und Davonlaufende niedergeschossen wurden. Die Mädchen aber spürten eine große Geborgenheit im Augenblick größten Entsetzens und Todesgrauens und blieben alle bewahrt. So hatte sich Erikas Gewissheit wunderbar bestätigt.

In Beerfelden hatte ich das starke Schießen gehört und wusste, dass es diesem Zug galt. Ich ging unserer Schar eine Stunde weit entgegen, mehr am Boden kriechend als gehend, da immer noch Tiefflieger über diesem Gebiet kreisten. Dann traf ich Erika Madauss und die Mädchen tatsächlich wohlbehalten an, und nach sehr gefahrvollem Weg saßen wir endlich doch mit dankerfülltem Herzen bei der Familie in Falken-Gesäß zusammen, die uns so gastlich aufgenommen hatte.

Über uns dröhnten Tag und Nacht die Flugzeuge – doch im Angesicht solcher Bedrohung baute Gott verborgen weiter am Fundament für die spätere Marienschwesternschaft. Wir sprachen über unseren priesterlichen Dienst unter dem Wort 1. Petrus 2,9 (L12): „Ihr aber seid das auserwählte Geschlecht, das königliche Priestertum" – und suchten es durch Hinweise auf das Vorbild des alttestamentlichen Priestertums zu verdeutlichen: Ehe die Priester ihren Dienst im Heiligtum begannen, mussten sie ihre Kleider waschen, denn nichts Unreines durfte an ihnen sein. Nun aber wollten wir uns in diesen Tagen neu zum priesterlichen Dienst des Gebetes und der Anbetung zurüsten lassen. Also musste auch bei uns eine Reinigung vorangehen, sollte unser Beten nicht äußerlich und kraftlos werden. Diese Bitte brannte den Mädchen im Herzen.

Als wir dann nachmittags wieder beieinander waren, führte es Gottes Geist von selbst so, dass eine nach der anderen, von innen her getrieben, niederkniete und Sünde bekannte, soweit sie nicht in die Einzelbeichte gehörte. Diese Stunde – in der spürbar Gottes Geist als der Geist der Wahrheit, der das Verborgene ans Licht bringt, über uns lagerte – trug Samen für die spätere Zeit in sich. Denn dies war sozusagen die erste „Lichtgemeinschaft" unserer noch nicht bestehenden Marienschwesternschaft.

Größer und stärker als die Gefahr durch die Flugzeuge über uns, größer als die Furcht, die manche Mädchen davor hatten, war das, was Gott durch Seinen Geist und durch Sein Wort in unseren Herzen entzündet hatte: Reue, Liebe und Anbetung. Nun durfte unsere Jugend noch mehr von der inneren Freude erleben, die in den letzten Monaten schon geschenkt worden war, nämlich von der Liebe zu Jesus, die begnadigten Sündern zuteilwird. Jesus war gleichsam als Bräutigam unter uns und warb um unsere persönliche bräutliche Liebe. Damals ahnten wir noch nichts davon, dass je eine Marienschwesternschaft werden würde, in der als Zeichen der bräutlichen Liebe ein Ring getragen wird.

Bevor ich zu meinem Dienst in Beerfelden aufgebrochen war, hatte mir ein Soldat den Brief eines uns nahestehenden Pfarrers überbracht. Denn damals gab es keine Postverbindung mehr. Dieser Brief enthielt, da Passionszeit war, eine Passionsbetrachtung, die mich innerlich bewegte. So brannte es mir im Herzen, Jesus, den Schmerzensmann, der verlassen und einsam auf Seiner Leidensstraße ist und auf unser liebendes Mitgehen wartet, der Jugend nahezubringen. Ja, es war mir, als ob Jesus, der Bräutigam, sich mit der Frage und herzbezwingenden Bitte vor uns stelle: *Wer will den Weg mit Mir teilen, den Weg der Niedrigkeit, der Armut, des Gehorsams, der Verachtung?* Und viele von uns gaben Ihm in dieser Stunde das stille Ja ihrer Liebe: „Wo Du hingehst, da will ich auch hingehen!" (siehe Ruth 1,16). Erneut gaben manche der Mädchen Jesus dieses Ja an dem Tag, an dem sie in die Marienschwesternschaft eintraten, wollten sie damit doch nichts anderes, als Jesu Weg aus Liebe zu Ihm teilen, Ihm in Wahrheit nachfolgen.

Am letzten Tag in Falken-Gesäß hielt ich den Mädchen noch eine Bibelstunde über die Gottesstadt. Der Geist Gottes erfüllte uns mit übergroßer Freude auf den Tag, an dem wir im himmlischen Jerusalem einziehen dürfen und Sein Angesicht schauen werden. Das Aufleuchten der Gottesstadt schenkte das große Verlangen, dass Jesus uns um jeden Preis für das Ziel der Herrlichkeit bereiten möge, nämlich für die Hochzeit des Lammes.

Als wir nach vier Tagen wieder heimwärtsziehen mussten, hatten wir etwas von der Herrlichkeit des Himmels schmecken dürfen, und das konnte uns auch das Grauen des Krieges nicht nehmen. Bei der Ankunft auf dem Bahnhof in Hetzbach hieß es: Züge verkehren seit vier Tagen nicht mehr! Wir waren mit dem letzten Zug, der diese Strecke fuhr, herausgekommen. Somit blieb nichts anderes für uns, als zu Fuß zu gehen. Dabei fühlten wir uns nach allem Erleben der letzten Tage wie getragen.

Nach siebenstündigem Marsch dann doch ermüdet, wurden wir von einem Lastwagen mitgenommen. Aufgelöste Truppen und Flüchtlinge strömten uns entgegen, die uns auf unsere Fragen zuriefen: „Nach Darmstadt kommen Sie nicht mehr hinein, das ist längst von den Amerikanern besetzt!"

Doch wir ließen uns dadurch nicht beunruhigen und sangen auf dieser Rückfahrt einen Choral nach dem anderen durch die Nacht, um die Soldaten und Flüchtlinge mit der Liebe Gottes zu grüßen. Und als wir dann morgens gegen 2 Uhr die noch von amerikanischen Truppen freie Stadt vor uns sahen, konnten Erika Madauss und ich tatsächlich, wie es ihr vor der Fahrt im Gebet zur inneren Gewissheit geworden war, die Mädchen ihren Familien wieder übergeben. Am selben Nachmittag rückten die Amerikaner ein. Ein deutscher General hatte sie mit seinen Truppen noch einmal für einen Tag aufgehalten, sonst wären wir nicht mehr nach Hause gekommen.

Das nationalsozialistische Regime war zu Ende gekommen. Allen christlichen Werken war wieder Raum zur Entfaltung gegeben, und so konnten sich auch die Mädchenbibelkreise, aus denen bald die Marienschwesternschaft wurde, frei entfalten und die angebrochene Erweckung weitere Auswirkung finden.

Als Erstes richteten Erika Madauss und ich im Steinberghaus in unserer Mansarde, die wir die Jahre vorher allein bewohnten, eine durch den Angriff eingefallene Wand auf. Jahrelang hatte diese Wohnung umsonst auf Bibelschülerinnen gewartet.

Nun wurde es in dem großen Doppelraum plötzlich von vieler Jugend lebendig. Es waren nicht nur einige Bibelschülerinnen, sondern vierzig bis fünfzig Oberschülerinnen und Studentinnen. Wegen der damaligen Ausgangssperre durch die amerikanischen Besatzungstruppen verbrachten sie hier einen ganzen Tag in der Woche, wobei sie die morgendliche Ausgangsstunde zum Hinweg und die abendliche zum Rückweg benutzten.

Singen, Danken und Anbeten erklang nun durch diese Räume als Antwort auf Jesu liebende Vergebung bei jeder neuen ans Licht gebrachten Sünde. Alles, was wir jetzt erleben durften, war nach langen Jahren des dunklen Glaubens, Leidens und Betens um unseres ursprünglichen, sich scheinbar nicht erfüllenden Auftrags willen ein Wunder der Gnade Gottes. Die Mansarde war nun Heimat für die ganze Jugendschar geworden. Es bildete sich damals schon ein Stück Lebensgemeinschaft unter uns – wie später in der Marienschwesternschaft in umfassenderer Weise.

Ausbildungsstätten und Schulen waren in diesem Jahr noch geschlossen; so konnten wir ohne Weiteres einmal wöchentlich an einem Werktag den ganzen Tag über zusammen sein. Die Jugendlichen kamen dazu meist von weit her – oft fünfzig Kilometer entfernt – mit den Rädern gefahren, blieben zum Teil über Nacht und während der Mahlzeiten bei uns; das Wenige, das wir in der Hungerzeit hatten, wurde miteinander geteilt. Wenn die Mittagessenspause an diesem Tag länger als zehn Minuten dauerte, war unsere Jugend damals fast ungehalten über die Zeitverschwendung, so sehr war sie von der Wortverkündigung, besonders über das Wesen des priesterlichen Dienstes, vom gemeinsamen Singen, Anbeten und Fürbittegebet erfasst. Keine Minute durfte verloren gehen.

Die größte Freude war es uns, dass unser Herr Jesus Christus uns den Geist der Anbetung geschenkt hatte. Gerade darum hatten wir für unsere Jugendkreise seit der Begegnung mit Superintendent Paul Riedinger und den Brüdern vom Egloffsteiner Kreis so viel gebetet. Seit dem letzten Kriegssommer meinten wir immer, einer von ihnen sollte einmal in unsere Mädchenbibelkreise kommen und uns in die Anbetung einführen. Dieser Plan wurde durch die Kriegswirren gewiss deshalb vereitelt, weil Gott wollte, dass zuerst durch Buße der rechte Grund gelegt werde, auf dem allein Er uns die Anbetung auch später immer neu schenkte. Das Gericht über unsere Stadt lehrte uns den Weg täglicher Buße, die in uns die Liebe zu Jesus geboren werden lässt, aus der dann die Anbetung von selbst quillt.

Der Herr hatte uns reich beschenkt, wie der Apostel Paulus schreibt: „... sodass ihr keinen Mangel habt an irgendeiner Gabe" (1. Kor. 1,7 L12). Nicht nur die Anbetung, auch andere Gnadengaben aus der Reihe derer, die 1. Korinther 14 nennt, wie die Gabe der Weissagung, die Gabe des Sprachengebets, die Gabe der Krankenheilung schenkte der Herr. So dankbar wir für sie waren, weil sie zum allgemeinen Nutzen sind (1. Kor. 12,7), waren sie doch nie für unser geistliches Leben entscheidend. Die Quelle unseres geistlichen Lebens liegt in der Liebe zu Jesus, die aus der Reue geboren wird – das hatten wir nach langen Kämpfen zutiefst erfahren.

Außerdem war es eine freundliche Fügung Gottes, dass Er uns einige Jahre vorher in erweckten Kreisen mit Gnadengaben bekannt gemacht hatte und uns die biblische Einstellung dazu einnehmen ließ. Bei aller Freude und anfänglich etwas starkem Bewerten der Gnadengaben durch unsere Jugend war es uns wichtig, ihr die Gnadengaben in der biblischen Einordnung zu zeigen. Gott bewahrte uns dabei, dass unser Fundament für neues inneres Leben nicht die sogenannte Geistestaufe wurde, von der bei uns nie die Rede war, sondern immer die Liebe zu Jesus mit kompromissloser Nachfolge, die aus der Reue fließt.

Im Mittelpunkt unseres Zusammenseins stand neben der Wortverkündigung vor allem das Gebet. Die Fürbittestunden wollten kein Ende nehmen, denn die Liebe zu Jesus trieb zum Gebet für unser Volk, das damals in so schwerer Not war, und für einzelne Menschen. Nun war es nicht mehr pflichtgemäße Fürbitte wie früher in unseren Gebetsstunden während unserer Mädchenbibelkreiszeit. Wir lernten jetzt, in ein wirkliches Gebetsringen für die brennenden Anliegen einzutreten: für die Flüchtlinge, für die Frauen, die unter den Besatzungstruppen oft sehr schwer die Schuld unseres Volkes auszuleiden hatten, für die verfolgten Juden, die Verschleppten und Gefangenen und die vielen Hungernden, für die durch den politischen Umsturz völlig Entwurzelten, wie für die gefangenen hauptverantwortlichen Nationalsozialisten in Nürnberg, die mit ihrer schweren Schuld so nah vor dem Eingang in die Ewigkeit standen.

Doch diese Fürbitte konnte der Feind nicht ertragen, denn dadurch geschah Einbruch in sein Reich. Darum musste er das aufbrechende neue Leben sehr hassen und machte nun alle Kräfte mobil, uns zu verfolgen; er trachtete uns fast nach dem Leben. Dabei nahm er Menschen zu seinen Werkzeugen, die falsche Gerüchte ausstreuten. Ja, „Pilatus und Herodes wurden Freunde" (Luk. 23,12), um gegen uns vorzugehen. Gottes Weisheit ließ hier etwas von dem in Erfüllung gehen, was ich als Zwanzigjährige betend in mein Tagebuch eingetragen hatte:

Herr Jesus Christus, könnte ich Dir doch meine übergroße Dankbarkeit bezeugen. O lass mich leiden, verachtet werden, wenn es gut für Dich ist und ich Dich so mehr verherrlichen kann… Ich weiß ja nicht, ob ich's schon ertragen kann, doch möchte ich um Deinetwillen leiden. Lass doch Deine Liebe mir so tief im Herzen verwahrt sein, dass sie in Leiden standhält. Ach, wenn ich nur Dich habe, muss ich ja alles gern ertragen. 1.5.1925

Die Angehörigen der Mädchen waren zum Teil außer sich über das Geschehen unter uns, weil die Jugendlichen zu fromm geworden waren und nun andere Wege gingen, als sie es wünschten. So überfiel man Erika Madauss und mich geradezu mit Anklagen. Wir bekamen von allen Seiten Briefe, Warnungen, Drohungen, und unser beider Namen, die in den mit uns bekannten christlichen Kreisen bis dahin gewisse Geltung hatten, wurden schmachbedeckt. Man rückte von uns ab als von Schwärmern, Sektierern, Katholischen, Pfingstlern, Unnüchternen, als von solchen, die ständig von der Bußbank redeten.

Jeder setzte mit seiner Kritik an einer anderen Stelle ein, und die Wogen der Verachtung, ja des Hasses gingen nur so über uns hin. Schließlich erhoben sich Wellen von überall her in Deutschland, ja aus all den Kreisen unserer Kirche und der Gemeinschaftsbewegung, in denen ich Reisedienst getan hatte. Denn wie ein Lauffeuer hatte der Feind die Kunde von unserer Erweckung durch die Lande getragen, selbst als noch keine Post ging. Auch das Bibelhaus rückte zu meinem Schmerz von mir ab und verbot eine Zeit lang seinen Schwestern, weiter mit mir in Briefwechsel zu stehen.

Doch weil die Erweckung uns große Gnade gebracht hatte – denn unsere Jugend war zum Leben gekommen und zur Liebe zu Jesus –, hieß es nun auch, den Preis dafür zu bezahlen. Erika Madauss wurde als Leiterin der Mädchenbibelkreise, die der Paulusgemeinde angeschlossen waren, ohne Weiteres aus ihrem Dienst entlassen. Sie wurde in einem sehr notvollen Gespräch mit dem ersten Pfarrer der Paulusgemeinde vor Bedingungen gestellt, die anzunehmen ihr gewissensmäßig nicht möglich war. Nie werde ich den Abend vergessen, an dem sie mir voll Schmerz berichtete über den entstandenen Riss im Verhältnis zur Paulusgemeinde, in deren Auftrag sie die Mädchenbibelkreise im besten Einvernehmen mit dem Pfarrer jahrelang geführt und wo auch ich gewirkt hatte. Als wir uns an diesem Abend im Gebet eine Losung für alle Not der Schmähung erbaten, erhielten wir das Wort: „Denn du führst mein Recht und meine Sache, du sitzest auf dem Thron, ein rechter Richter" (Ps. 9,5).

Einige Monate später wurden auch mir von meiner Missionsgesellschaft bestimmte Bedingungen gestellt, etwa dass ich über dies und jenes nicht mehr sprechen solle in meinen Vorträgen. Doch ich konnte dazu gewissensmäßig nicht Ja sagen, und so schied auch ich aus meinem Dienst. Es war deutlich Gottes Hand, die das tat. Denn nun brauchte Er mich voll und ganz zum Aufbau der Marienschwesternschaft, die sich in Bälde anbahnen sollte. Wenn wir damit auch keinerlei geldliche Einnahmen mehr hatten, so machte uns das keine Not, da wir schon durch viele Unsicherheiten gegangen waren und Gott immer zur rechten Stunde eingegriffen hatte.

In manchen Elternhäusern wurden unsere Mädchen in ähnliche Nöte mit hineingenommen. Gott stellte sie gleich in die Bewährung. Wir hatten uns hingegeben, mit unserem Herrn Jesus Seinen Weg zu gehen, der unter vielerlei Leiden ein Weg der Schmach war. Dieses Kennzeichen des Weges Jesu hatte uns bis dahin noch gefehlt. Wir hatten wohl persönlich viele Demütigungen auf unserem Weg erlebt, doch Verachtung und Verfolgung um Seines Namens willen noch nicht. Das hatte uns eigentlich schon immer beunruhigt. Und darum wollten wir nun nichts anderes als diesen Weg, den Gott uns führte.

„Freut euch, dass ihr mit Christus leidet!" (1. Petr. 4,13) Dieses Wort erhielt ich oft als Losung in jener Zeit. Das erfüllte sich besonders, als ich noch meine letzten Reisen im Dienst der Missionsgesellschaft machte. Hatte ich bis zur Erweckung auf meinen Reisen viel Anerkennung und Ehrung erlebt, da so viele Gemeinden meinen Dienst erbaten und die Menschen in großer Zahl zu meinen Vorträgen kamen, so standen jetzt meine Reisen unter dem Zeichen der Schmach.

Das Gerücht von unserer Erweckung war mir vorausgegangen, und ich galt nun als eine, die auf Irrwege geraten war und eine Irrlehre verbreitete. Versammlungen, die schon angesetzt waren, wurden wieder abgesagt mit recht demütigenden Begründungen. Ein Brief an Erika Madauss aus jener Zeit (4.7.1946) sagt davon:

Hier in M. ging es durch ein Läuterungsfeuer, und es erfüllte sich das Wort, das ich für diese Zeit zog: „Freuet euch, dass ihr mit Christus leidet, auf dass ihr auch zur Zeit der Offenbarung seiner Herrlichkeit Freude und Wonne haben möget" [1. Petr. 4,13 L12].

So wurde ich in allem Schmerz überreich getröstet von meinem Herrn und kann nur danken. Der ganze tragende Kreis der Jugend, auch der Arbeiterinnen in der Inneren Mission, der eigentliche Gebetskreis, war ein einziger Aufruhr gegen mich, und sie redeten überall gegen meine Verkündigung. Sie kamen vorher nicht in die Gebetsstunden, kamen kaum in die Stunden, und wenn, dann mit solchem Gegengeist, dass ich kaum sprechen konnte vor lauter dicker Luft. So kamen immer weniger Leute zu den Abenden, was ich vorher noch nie erlebt hatte. Ich bin eine Verfemte.

Eine der Getreuen stritt wohl für meine Botschaft, doch macht ihr das alles viel Anfechtungen, da die anderen doch Gläubige sind und meine Botschaft ablehnen. So war es mir auch mit ihr sehr schwer. Gerichts- und Bußworte fand sie unevangelisch etc. Die Bibelschule in ... hat viel Schuld, dass die, die vor zwei Jahren nach dieser Botschaft hungerten, weil sie ihnen half, und die die Nachschriften meiner Vorträge als Kostbarkeiten verbreiteten, nun so hasserfüllt gegen mich kämpfen.

Mit meinen Reisen ist es so gut wie aus, mein Ruf ist überall dahin. Die Pfarrer hier haben alle die Meinung verbreitet, ich gehöre zur Pfingstbewegung oder einer Art Hochkirche.

So ist es wahr geworden, wie der Herr es mir ins Herz sagte: Du wirst verlassen und einsam dastehen außerhalb des Lagers, von allen verachtet, verhöhnt, verspottet. Du wirst keine Bleibe, keinen Auftrag haben. – Doch das ist meine Glückseligkeit: mit Jesus ganz eins zu sein in Seiner Schmach, Seinen Schmerzen.

Je weniger Menschen abends kamen, mit umso größerer Freudigkeit brachte ich die Botschaft, sah Jesus und sonst nichts und verkündete Seine Herrlichkeit. In der Sprechstunde merkte ich, dass einige Seelen getroffen wurden und ernst machten.

Morgen früh wollen noch zwei oder drei der Bibelschülerinnen kommen und mir ihre Bedenken sagen. Da brauche ich viel Demut und Liebe ... Hauptsache, dass ich nicht müde werde, wenn oft zu Hause oder überall jetzt Gegner sind, und das ist erst der Anfang. Doch wollen wir ja die Dornen Jesu.

In Darmstadt selbst wurde damals von so vielen Seiten gegen uns gearbeitet, dass es schien, als ob die Jugend nicht mehr weiter bei uns zusammenkommen könne. Wunderbarerweise schickte der Herr uns aber in allergrößter Not wieder Freunde ins Haus, die uns stärkten und auch für uns eintraten. Dies war vor allem Superintendent Riedinger mit seinem liebevollen, teilnehmenden Herzen, das ganz hinter dem inneren Weg stand, den wir jetzt geführt wurden. Da wir ihn schon seit unserem Besuch in Egloffstein 1943 kannten, war es eine besondere Führung Gottes, dass er nun gerade in dieser Zeit zu uns kam.

Das geschah so: Erika Madauss und ich fuhren im August 1945 – da es für weite Strecken noch keine Personenbeförderung gab – auf einem Kohlenwagen nach Nürnberg. Wir hatten vor, einen Pfarrer in der Fränkischen Schweiz aufzusuchen, mit dem ich seit der Begegnung in Hof und Egloffstein in Verbindung war. Mit ihm wollten wir alles, was uns von der Erweckung her bewegte, durchsprechen und seinen Rat einholen. Doch amerikanische Soldaten holten uns auf der Landstraße kurz vor dem Ziel von dem Lastwagen herunter, der uns in Nürnberg mitgenommen hatte, und brachten uns, weil sie irgend etwas an unseren Papieren bemängelten, mit mehreren Leuten in Erlangen ins Gefängnis.

Es war wohl Gott, der uns in den Amerikanern „Engel mit einem feurigen Schwert" in den Weg gestellt hatte. Rückblickend erkannten wir, dass wir auf dieser Reise zu unserem späteren geistlichen Vater, Superintendent Paul Riedinger, geführt werden sollten. Nach einem Tag wurden wir wieder aus dem Gefängnis entlassen, doch mussten wir auf direktem Weg nach Darmstadt zurück. Da gab uns Gott den Gedanken ins Herz, zu versuchen, Superintendent Riedinger in Ansbach – ungefähr auf der Strecke nach Darmstadt – zu erreichen. Es gelang, und wir blieben eine Woche dort. Gott knüpfte ein inniges Band des Verstehens in Christus. Auch über unseren Weg und alle damit verbundenen Nöte und Fragen konnten wir mit ihm sprechen und schieden von ihm mit einem reichen Segen.

Anfang November 1945 besuchte uns Superintendent Riedinger und kam damit zum ersten Mal nach Darmstadt. Es war, als hätte er mit unserer Jugend schon immer zusammengehört. Vom ersten Augenblick an machte sie ihm und seiner Botschaft in großem Verlangen der Liebe weit die Herzen auf. Er brachte uns den ganzen Reichtum dessen, was er zu verkündigen hatte: von der Berufung zum priesterlichen Dienst und der Liebe zu den Gliedern des Leibes Christi in allen Konfessionen, von der bräutlichen Liebe zu Jesus, von der himmlischen Welt. Keiner konnte wie er von der Gottesstadt reden, vom priesterlichen Dienst der Anbetung im Heiligtum Gottes mit seinen heiligen Gesetzen. Von da an kam Superintendent Riedinger öfter zu uns und wurde sehr bald *unser Vater Riedinger*, wie wir ihn dann nannten. Seine Besuche waren Festtage, und während seiner Verkündigung schien uns die Gegenwart Gottes im Zimmer zu lagern.

Bei seinem ersten Besuch erwähnte er in einer Bibelstunde ganz beiläufig, dass es zu allen Zeiten Bruderschaften vom gemeinsamen Leben gegeben habe. Als er das aussprach, war es uns, als sage er uns etwas, was wir längst wussten. Zu solch einem Leben, bei dem wir ganz im Geist der Armut, des Gebets und der bräutlichen Liebe zu Jesus zusammenleben könnten, trieb es uns all die Monate. Den Mädchen war es bisher auch innerlich verwehrt, in Diakonissenhäuser einzutreten oder auf Bibelschulen zu gehen, obwohl sich manche, die sich zum Dienst Jesu berufen wussten, Prospekte besorgt hatten. Hier war auch wieder etwas von dem inneren Muss; die Mädchen warteten, ohne dass es ihnen bewusst war, auf die Marienschwesternschaft, die Gott in Seinem Herzen schon für sie erdacht hatte.

Als Vater Riedinger, Erika Madauss und ich zum ersten Mal über den Gedanken und Plan sprachen, solch ein gemeinsames Leben zu beginnen, gab der Herr die Losung: „Sein Rat ist wunderbar, und er führt es herrlich hinaus" (Jes. 28,29). Wir beteten viel darüber, was nun im Einzelnen Gottes Wille sei, und es wurde mir dabei ganz klar, wie der Herr den inneren Aufbau und Auftrag unserer Schwesternschaft haben wollte.

Aus der Mädchenbibelkreis-Arbeit sollte die Marienschwesternschaft erwachsen – das hatte schon vor meinem Reisedienst begonnen, sich keimhaft als Gottes Auftrag zu verwirklichen. Es konnte also die Schöpfung der Marienschwesternschaft nur von den geistlichen Gesetzen bestimmt werden, die der Herr in den langen Jahren vorher für Erika Madauss und mich aufgezeigt hatte.

Mir stand für die werdende Marienschwesternschaft vor Augen: ein gemeinsames Leben in täglicher Reue und Buße im Lichte Gottes – eine Liebesgemeinschaft, verwurzelt in der bräutlichen Liebe zu Jesus – eine Nachfolge Jesu in Abhängigkeit von Gott auf Glaubenswegen – ein Leben des Gebets, der Anbetung und des Opferns.

Es war der Weg, den der Herr mir für mein Leben gezeigt und den Er mich durch lange Jahre in Kämpfen und Nöten zu gehen gelehrt hatte. So rangen wir im Winter 1946/47 um die rechte Gestaltung und den Auftrag der Marienschwesternschaft, wie Gott ihn uns gezeigt hatte und wofür wir uns verantwortlich wussten.

Doch war nun auch der äußere Weg zur Gründung frei zu machen. Wir rannten gegen Mauern – eine neue Schwesternschaft musste damals lizenziert werden. So fuhr ich in der zweiten Januarhälfte 1947 zu den Regierungsstellen nach Wiesbaden, wo ich einen völlig abschlägigen Bescheid erhielt. Als ich am Abend nach Hause kam, erlebten Erika Madauss und ich Stunden wie so oft in den vergangenen Jahren: Alle unsere Hoffnungen lagen in Trümmern. Wieder mussten wir den „Isaak", die Verheißung, dass Gott uns einen Auftrag in Darmstadt gegeben habe, begraben. Es wurde Nacht in unserer Seele. Beim Beten bekamen wir an diesem Abend das Losungswort: „Kämpfe den guten Kampf des Glaubens" (1. Tim. 6,12). Das machte uns wieder lebendig und stärkte uns, im Glaubensgebet anzuhalten, selbst wenn nichts mehr zu hoffen war.

Am nächsten Morgen gab mir Gott plötzlich den Gedanken ins Herz, zu einer hiesigen amerikanischen Dienststelle zu gehen und dort nach einem anderen Weg zur Lizenzierung zu fragen –

eigentlich ein völlig nutzloses Unterfangen, war ich doch von der Stelle, die allein berechtigt war, Lizenzen zu geben, abgewiesen worden.

Doch ich rechnete damit: Wir haben einen Gott, der Wunder tut! So ging ich ins Amerikahaus, und die Dame, mit der ich sprach, verwies mich an den Jugendausschuss der Stadt. Dort hatte ich noch am gleichen Tag ein Gespräch mit dem zuständigen Amtmann. Dabei stellte sich heraus, dass er meinen Vater kannte, ja sein Sohn bei ihm studiert hatte und er ihm sehr dankbar war für Hilfe in einer Sache. So war sein Herz gelenkt, uns Wege zu zeigen, und er verwies mich auf die unerwartete Möglichkeit, unsere Marienschwesternschaft im Rahmen einer Jugendvereins-gründung lizenzieren zu lassen. Ich erfuhr dabei, dass die jedes Vierteljahr stattfindende Sitzung, die unsere Sache bearbeiten würde, gerade in der nächsten Woche sei! Diese wunderbare Führung Gottes konnte ich kaum fassen und eilte ganz glücklich heim, die Nachricht Erika Madauss zu sagen. So reichten wir die nötigen Papiere umgehend ein.

Und dann war es am 4. Februar 1947, dass jemand aus unserem Jugendkreis zu uns kam und strahlend eine Zeitung schwenkte. Was stand darin? Am vergangenen Freitag tagte im Stadthaus der Stadt-Jugendausschuss, der sich vor allen Dingen mit der Geneh-migung oder Ablehnung von Vereinsanträgen befasste. Es erhiel-ten die Lizenz: Jugendgruppe „Sonnenring", Verein „Schlaraffia Tarimundus", ... der „Kultur- und Paddelklub Arheilgen", ... die ökumenische Vereinigung „Marienschwesternschaft"...

Gott wählt oft seltsame Wege, wenn Er Seinen Rat hinaus-führen will: Jahre später erfuhren wir nebenbei, dass diese Ge-nehmigung gar keine Gültigkeit habe. Doch da war die Schwes-ternschaft bereits so groß geworden, dass man nicht anders konnte, als ihr noch nachträglich die eigentliche Lizenz zu geben. Der Herr hatte mir im Angesicht all der bergeshohen Mauern und Schwierigkeiten, die der Gründung der Marien-schwesternschaft im Wege standen, die Losung gegeben: „Berge zerschmelzen wie Wachs vor dem Herrn, vor dem Herrscher des ganzen Erdbodens" (Ps. 97,5 L12), und so hatte Er diesen hohen Berg schmelzen lassen. Doch auch die anderen Berge schmolzen, vor allem dass Eltern ihren Töchtern den Eintritt in die neu gegründete und auf scheinbar völlig unsicherer Basis stehende Schwesternschaft verwehren wollten.

Eine weitere Schwierigkeit, die zuerst unüberwindlich schien, war die in der Nachkriegszeit sehr streng geforderte Zuzugsgenehmigung wie auch die Freigabe eines Zimmers durch das Wohnungsamt, das zu dieser Zeit der Wohnungsnot für Sonderzwecke keine Bewilligung gab. Wo sollten die sieben Schwestern, die kommen wollten, schlafen? Erika Madauss hatte schon ihr Schlaf- und Arbeitszimmer zum allgemeinen Ess-, Empfangs- und Unterrichtsraum hergegeben, und ich mein Zimmer. Dort kamen drei Schwestern unter, während ich eine kleine Abstellkammer bezog.

Doch noch fehlte der Raum für die vier anderen Schwestern. Wir beteten und glaubten, dass der Herr bis in einer Woche, wenn die Schwestern einziehen sollten, eingreifen würde. Da kam einige Tage später eine Nachbarin und fragte, ob es uns recht sei, wenn der Student, der bei meinen Eltern ein Zimmer hatte, das nächste Semester – zum gemeinsamen Lernen fürs Examen mit ihrem Studenten – ganz bei ihr wohne und in dieser Zeit bei uns keine Miete bezahle. Wir könnten das Zimmer so lange auch anderweitig gebrauchen. Unser Herz jauchzte über diese plötzliche Hilfe, die Gott sich erdacht hatte, um den Beginn unseres gemeinsamen Lebens zu ermöglichen.

So konnte am 30. März 1947 unsere Gründungsfeier sein, zu der Superintendent Riedinger, unser geistlicher Vater, kam. Ihm war von Gott der Name unserer Schwesternschaft gegeben worden: *Marienschwesternschaft* – nach der Mutter Jesu, als ein Hinweis für den Weg des Glaubens und der liebenden Hingabe an den Willen Gottes, wie ihn Maria als erste Jüngerin Jesu ging.

Für diesen Gründungstag unserer Schwesternschaft war es uns bedeutsam, dass bei der Feier etwas an Liebeseinheit dargestellt wurde: Der Pfarrer unserer Kirchengemeinde – es war der Nachfolger des Pfarrers, der Erika Madauss entlassen hatte – hielt die Ansprache, der damalige Jugendsozialpfarrer von Darmstadt, der methodistische Pfarrer Darmstadts und der katholische Pfarrer der Nachbargemeinde brachten Grußworte. Meine Eltern, die uns als junge Schwesternschaft liebevoll in ihr Haus aufgenommen hatten, waren auch voll Freude an diesem Tag dabei.

Und wo fand die Gründungsfeier statt? In denselben Räumen, die jahrelang für die erwarteten Schülerinnen der Bibelkurse Steinberg leer gestanden hatten und in denen uns die leeren Betten stets das Umsonst aller unserer Wege vor Augen gestellt hatten. Nun war der Raum gefüllt, nicht nur von den sieben Schwestern, die damals noch in weißen Vorprobekleidern dasaßen – denn erst ein Jahr später bekamen wir die eigentliche Tracht –, sondern auch von dem großen Kreis der erweckten Jugend, aus dem noch viele den Ruf in die Marienschwesternschaft spürten.

Das Ziel der *Bibelkurse Steinberg*, das wir uns im Jahre 1935 vorgestellt hatten, war Gott viel zu gering gewesen. Er wollte Größeres! Er wollte eine Schar heranbilden, die mit ihrem ganzen Leben auf Wege des Glaubens, wie Er sie uns gelehrt hatte, mitgenommen werden sollte, auf dass Seinem Namen große Ehre werde. Er wollte uns geistliche Töchter geben, die Jesus auf Seinem Kreuzesweg der Liebe, der von Armut, Verachtung, Niedrigkeit und Gehorsam gekennzeichnet war, begleiten – aus Liebe zu Ihm allein. Anbetend standen wir an diesem Tag vor dem, was geschehen war.

Nun war nach zwölf Jahren Wartezeit unser Glaube zum Schauen geworden, nun waren all die langen, dunklen Wege zu einem wunderbaren Ziel geführt: Wir durften die Marienschwesternschaft gründen als ein Werk zu Seiner Verherrlichung. Tief gebeugt konnten wir nur sagen: „Das ist vom Herrn geschehen und ist ein Wunder vor unsern Augen" (Ps. 118,23). – Wir sind nicht wert all Seiner Barmherzigkeit und Treue!

II. TEIL: ... UND FÜHRT ZUM ZIEL

PFLASTERSTEINE AUF JESU WEG: ANFECHTUNG – SCHMACH – ARMUT – SCHWACHHEIT – DEMÜTIGUNG 1947–1951

MUTTER DER MARIENSCHWESTERNSCHAFT – WER?

Es war an einem Abend im Jahr 1947, als ich mit unseren jungen Schwestern zusammensaß und mich mit ihnen über unser gemeinsames Leben austauschte. Da kam von einer der Schwestern impulsiv die Bitte: „Ach, dürfen wir Sie nicht mit *Mutter* anreden, Sie sind doch unsere geistliche Mutter!" Alle stimmten ein. Mutter der Marienschwesternschaft – darauf hatte der Herr mein Leben durch Leiden und Enttäuschungen zwölf Jahre lang ausgerichtet. Das sollte nun in meinem zweiten Lebensabschnitt der mir von Gott gegebene Auftrag sein, mit seinen Freuden, aber auch mit seiner Verantwortung und Last. Doch es schien sich nicht zu verwirklichen.

Einige Monate vorher – noch vor der Gründung der Marienschwesternschaft – hatte nämlich an demselben Platz, an dem jetzt diese Bitte geäußert wurde, ein Pfarrer gesessen, der uns seit einigen Jahren innerlich verbunden war.

Er teilte mir damals mit, dass der Herr ihm gezeigt habe, wie die werdende Schwesternschaft geführt werden solle: Eine Mutter werde zwar die Leitung haben, aber das sei jemand anderes. Mein Amt solle das einer Vikarin sein, verbunden mit Reisediensten in erweckten Kreisen. Mit der Schwesternschaft solle eine ökumenische Bibelschule in meinem Elternhaus auf dem Steinberg – für alle Kreise zugänglich – erstehen, an der ich unterrichten werde. Die Schwesternschaft müsse sich einem anderen Werk anschließen.

Als ich das hörte, fuhr es wie ein Schwert durch mein Herz, denn dies hatte schwerwiegende und schmerzliche Konsequenzen für mich. Damit war mir das Mutteramt, die Führung und Gestaltung der Marienschwesternschaft genommen. Aber war sie nicht aus den von Erika Madauss und mir geführten Mädchenbibelkreisen herausgewachsen, die 1944 eine Erweckung erlebt hatten? Und hatte der Herr mir nicht bereits einen klaren inneren Eindruck über den Weg der Marienschwesternschaft ins Herz gegeben, für den ich mich schon Monate vorher bei diesem Pfarrer und seinen Freunden eingesetzt hatte? Trotz mancherlei Anfechtungen hatte Gott mir – entgegen ihrer inneren Weisung – immer deutlicher gezeigt, dass es Ihm nicht um eine ökumenische Bibelschule geht, nicht um eine Angliederung an ein anderes Werk. Er wolle ein neues Reis am Baum Seiner Gemeinde mit einem eigenen Auftrag nach Seinem schöpferischen Plan: die Marienschwesternschaft.

Wenn ich auch noch keine Einzelheiten unseres Auftrags wusste, so war mir doch klar, dass der Quell, aus dem alles fließen würde, ein gemeinsames Leben im Licht Gottes und damit in immer neuer Reue sein sollte. Vor meinen Augen stand ein Leben in der Liebe zu Jesus, die dazu führt, einander zu vergeben, zu lieben und Seinen Weg zu teilen, den Weg der Armut, des Kreuzes, der Niedrigkeit. Ich wusste, allein von solcher gelebten Liebe her konnte Vollmacht kommen für jeden Auftrag, den uns Gott später zeigen würde. In diesem inneren Eindruck lag schon der Auftrag Kanaans verborgen: Königreich der Liebe darzustellen, Anbruch des Himmelreichs. Ich spürte, dass die Marienschwesternschaft ein Schöpfungsgedanke Gottes war – nicht aus menschlichen Gegebenheiten und Notwendigkeiten entstanden.

Doch die Freunde verstanden mein Anliegen nicht. Das war Gottes Führung mit mir, damit das entsprechende Maß an Anfechtung und Willenshingabe ins Fundament der Marienschwesternschaft gelegt würde. Auf den Glaubenswegen, die Gott mich führte, habe ich erfahren, dass es nicht das Schwerste war, gegen Berge von Unmöglichkeiten anzuglauben, wenn ich mir eines Auftrags von Gott felsenfest gewiss war. Die eigentlichen Leiden waren für mich nie die scheinbar unüberwindlichen Schwierigkeiten, sondern die Anfechtungen, die nun begannen.

In dieser Zeit kamen immer neue Briefe von Freunden über das, was Gott ihnen gezeigt habe im Zusammenhang mit unserem entstehenden Werk. So hieß es einmal, die Schwestern sollten nicht in der Geborgenheit eines eigenen Mutterhauses erzogen werden, sondern hineingehen in andere Mutterhäuser – hineinsterben in die Diakonie – unsere Gemeinschaft solle nichts Neues werden, was noch nicht da gewesen ist, sondern... Doch dies alles widersprach grundlegend dem, was der Herr mir innerlich klargemacht hatte.

Die Briefe gingen hin und her, dazwischen kam es zu persönlichen Gesprächen und zu solchen in größerem Kreis. Dabei wurde das Dickicht immer undurchdringlicher. Ich wollte um Jesu willen bewusst meiner Meinung, meinen Ansichten und allem, was mir wichtig zu sein schien, sterben. Aber andererseits durfte und konnte ich nicht aufgeben, was der Herr mir aufgetragen hatte. Ich hatte mich dem „Lammesweg" in der Nachfolge Jesu verpflichtet – aber schloss der wahre Lammesweg in sich, diesen von Gott empfangenen Auftrag aufzugeben, dessen ich mir so gewiss war?

Würde auf diesem Weg nicht alles, was Gott nach langen Jahren des Wartens und Glaubens wie einen erwachenden Zweig hatte aufbrechen lassen, wieder vernichtet werden? Galt es hier festzuhalten oder loszulassen, zu kämpfen oder mich den Weisungen der andern unterzuordnen?

Es wollte mir fast das Herz brechen, dass die Marienschwesternschaft nicht so geführt werden sollte, wie Gott es mir klar gezeigt hatte. Denn wenn ich als Reisevikarin auswärtige Dienste hätte und die Schwesternschaft auf einen anderen inneren Weg geführt würde, dann würde sie ihren gottgewollten Auftrag verlieren. Hatte Gott mich aber nicht zwölf Jahre auf sinnlosen Wegen warten lassen, bis sich Seine Verheißung erfülle – dass nämlich im Haus auf dem Steinberg ein Werk Gottes entstehen werde, dem ich geistliche Mutter sein sollte?

In mir wogte ein Kampf. Sollte ich nicht darauf bestehen: Dies ist unser Werk, das Erika und mir 1935 aufgetragen wurde, das aus unseren Mädchenbibelkreisen gewachsen war und für das Gott mir die innere Eingebung geschenkt hatte! Die Erweckung war ja nicht durch die Verkündigung der Brüder aufgebrochen, wie wir es erwartet hatten, sondern kurz vor der verabredeten Evangelisation durch den Bombenangriff auf unsere Stadt ausgelöst worden. Das neue Leben brach gerade dann unter unserer Jugend auf, als alle Verbindungen zu den Brüdern abgeschnitten waren. Es wuchs im ersten Jahr allein unter unseren Händen.

Sicherlich hätte ich mich in dieser Weise den Brüdern gegenüber äußern können. Doch das war mir von Gott verwehrt. Das Mutteramt konnte ich nur dann recht ausüben, wenn Gott mir – auch durch die Brüder, die uns nahestanden – bestätigte: Er selbst hat mich als Mutter der Marienschwesternschaft eingesetzt. Ich rang mich durch zu dem Glauben: Wenn es der Herr ist, der mir Seinen schöpferischen Gedanken für die Marienschwesternschaft ins Herz gegeben hat, wird Er auch für mein Amt streiten. Also übergab ich alles Ihm und legte das, was Gott mir gegeben hatte, in Seine Hände zurück:

> Ich folg Ihm auf all Seinen Wegen
> und gehe Ihm nach Schritt für Schritt.
> Was Er nicht gibt, will ich nicht haben;
> ich folge allein Seinem Tritt.
>
> Dich will ich besingen,
Lieder der Liebe zu Jesus Nr. 32

So zu handeln, war mir damals ein schmerzliches Opfer. Doch rückschauend sehe ich: Der Feuerbrand einer Erweckung kann nicht Fundament sein für ein Werk von weitreichender Bedeutung, denn im Reich Gottes entsprechen dem Bau, den Er plant, die Fundamente, die Er dafür legt. Nur so tief Gott vorher durch

Anfechtungen gegraben hat und so viel ins Fundament hinein-
gelitten und -gestorben worden ist, so fest steht das Werk. Alle
leidvollen Hingaben, zu denen Gott im Leben von Gründern
führt, sind mitbestimmend für die späteren Generationen und
die weitere Entwicklung eines Werks und Auftrags. Deshalb sind
Gründungszeiten zumeist überaus leidvoll. So brachte Gott auch
bei uns Stein um Stein für die Fundamente herbei.

Als Er mir zeigte, dass ich mich bei der Gründung unserer
Marienschwesternschaft von den Brüdern zum Amt der Vikarin
und nicht zum Mutteramt einsegnen lassen sollte, war mir dies
bitterer als alle Enttäuschungen in den zwölf Jahren vergeblichen
Wartens. Denn Gott hatte durch die Gründung der Schwesternschaft einen Hoffnungsstern aufleuchten lassen, dass die Stunde
der Erfüllung Seiner Verheißung gekommen sei. Diese Hoffnung
war nun wieder zerbrochen. Doch war es Gottes Gnade, dass
mein Herz nach den zwölf Wartejahren gefügiger geworden war,
sich Gottes Willen hinzugeben, ohne daran zu zerbrechen oder
bei dieser schweren Führung auszuschlagen.

So hatte der Herr mir 1947 bei der Gründung der Marienschwesternschaft die Leitung nur vorläufig in die Hand gegeben,
nämlich solange die von anderer Seite als Mutter vorgesehene
Persönlichkeit wegen eigener Aufgaben noch nicht frei war.
Zusammen mit Erika Madauss, die als Probemeisterin eingesegnet wurde, sollte ich in diesem ersten Jahr die Schwestern
führen.

Wohl sechs bis acht Monate blieb ich in dieser Ungewissheit.
Ich war Leiterin und damit geistliche Mutter der ersten Schwes-
tern, die 1947 zu uns ins Steinberghaus gekommen waren, und
war es doch nicht. Im Geist gab ich Gott – mit einem ganzen Ja –
die Führung als Mutter jeden Tag zurück, opferte Ihm meinen
Herzenswunsch immer neu. Damals ahnte ich nicht, dass der
Herr dies so führte, damit ich lernte, Liebstes zu lassen, und so
Raum in meinem Herzen würde, Ihn, den liebsten Herrn, anders
als zuvor aufzunehmen und zu lieben, auf dass Er die eine große
Liebe meines Herzens werde. Es ist das Geheimnis der Liebe Jesu,

dass Er uns etwas nimmt, worauf wir unser Leben lang zugelebt
hatten, um uns Größeres und Beglückenderes zu schenken: sich
selbst. Denn allein Seine Liebe macht uns glückselig – das sollte
ich später noch erfahren.

Endlich griff Gott ein. Die Pläne der Brüder zerschlugen sich,
und von der für die Führung der Schwesternschaft vorgesehenen
Persönlichkeit war nie mehr die Rede. Gott gab mir mein Opfer
zurück. Er selbst bestätigte die Berufung zu meinem Mutteramt,
indem die Brüder mich wie selbstverständlich als Mutter der
Marienschwesternschaft anerkannten. Die Schwestern ahnten
von all dem nichts, und nach dem ersten Jahr unter meiner geistlichen Leitung war es für sie einfach eine natürliche Gegebenheit,
mich als ihre geistliche Mutter zu sehen. So wurde ich im März
1948, als Erika Madauss und ich zusammen mit den ersten sieben Schwestern unsere Schwesternkleider erhielten, von Vater
Riedinger als Mutter der Marienschwesternschaft eingesegnet.
Dabei gab er Erika den Namen *Mutter Martyria* und mir den
Namen *Mutter Basilea* – ohne dass es noch einmal ein grund-
sätzliches Gespräch über diese Frage gab.

Ich nahm diesen Namen kindlich an als ein Gottesgeschenk
in der Freude, die ich oft im Singen des Kinderlieds ausgedrückt
hatte: „Bin ein königlich Kind, bin ein königlich Kind, in Jesus,
meinem Heiland, ein königlich Kind ..." Dahinter stand die Verheißung des Herrn, dass wir zu Königen und Priestern erlöst sind
durch Sein Blut (Offb. 1,5–6; 1. Petr. 2,9). Unsere Schwesternnamen
sollten ja unsere Berufung ausdrücken, uns damit Wegweisung
und immer neues Glaubensziel sein. Und eine biblische Berufung war mir stets groß, heilig und kostbar, insbesondere diese
Berufung zum königlichen Priestertum, die nur auf dem Weg
der Niedrigkeit und Entäußerung in den Fußtapfen Jesu zu verwirklichen ist. Das war mir immer bewusst. Damals ahnte ich
nicht, wie viele Schmerzen, Schmach und Anfeindungen mir
dieser Name einbringen sollte – dass man mir vorwerfen würde,
ich nenne mich Königin und wolle in meinem Hochmut Ihm die
Ehre nehmen.

1947, in dem Jahr, als Gott immer neu das Ja-Vater der Ganzhingabe meines Willens gefordert hatte, war ich eine Woche lang in einem Bibelheim. Während jener Tage kam Jesus mit Seiner Liebe übermächtig und beseligend zu mir. Ich verstand zum ersten Mal, dass Menschen in tiefstem Leid bezeugten, sie seien ganz erfasst und erquickt worden von dieser übermächtigen Liebe Jesu. Das Psalmwort hatte sich erfüllt: „Du tränkst sie mit Wonne wie mit einem Strom" (Ps. 36,9). So konnte ich in meiner notvollen Lage die Glückseligkeit Seiner Liebe kaum fassen. Ich hatte erfahren: Wer sein Leben und was ihm sein Leben ausmacht, verliert, freiwillig hergibt – wie ich Ihm meinen Herzenswunsch geschenkt und meinen Anspruch nicht geltend gemacht hatte –, der wird das Leben finden, das Jesus selber ist, Seine Liebe schmecken und damit glückseligmachende Freude.

Jesus wollte mich aber Sein Herz noch tiefer erfassen lassen, wollte mich näher in Seine Gemeinschaft ziehen. Wir sollen wachsen in der Erkenntnis Gottes, die Liebe soll völliger werden. Wenn wir Jesus als unseren Erlöser und Bräutigam gefunden haben, sind wir wie in ein wunderbares neues Land eingetreten, in dem man immer größere Schönheiten und Schätze entdeckt, je tiefer man eindringt. Keiner kann aussagen, wer Jesus ist. In Ihm ist die Fülle der Gottheit. Er fasst die Schönheit des Himmels und der Erde in sich. Er ist der König aller Könige, groß an Macht und Herrlichkeit, dem das All zu Füßen liegt. Er ist die Krone der Schöpfung und zugleich das Lamm Gottes, das der Welt Sünde trägt. Sein göttliches Herz und zugleich das Herz Gott Vaters sollte sich mir im Lauf der Jahre immer mehr öffnen und mir damit ein Schatz größten Glückes werden.

Doch auf welchem Weg? Nach Seinem Wort nur auf Jesu Weg – denn Er ist nirgends zu finden als dort. Wer Seine Gebote hält, dem wird Er sich offenbaren (Joh. 14,21). Und was ist Sein Wort, Sein Gebot? Ihm nachzufolgen auf Seinem Weg der Armut, der Anfechtung, der Willenshingabe, des Kreuzes, der Schmach und der Niedrigkeit. Dahin rief mich der Herr, dort fand ich Ihn, wie Er ist.

AUF JESU WEG DER SCHMACH

„Auf Deinen Kreuzespfaden erschließest Du Dein Herz ..." – so sangen wir später oft. Doch Seine Kreuzesstraße hat vielerlei verschiedene Pflastersteine. Ich sollte jetzt mehr und mehr Steine der Schmach betreten, auf denen sich meine Füße wund rieben. Fast zwei Jahrzehnte (1926 bis 1945) des Dienstes im Reich Gottes lagen hinter mir: Leiterin der Jugendarbeit einer Stadtmission, Lehrerin in einem Bibelhaus, Leiterin der DCSB, Reisedienste durchs ganze Land im Auftrag einer Missionsgesellschaft mit Bibelkursen in vielen Gemeinden und Gemeinschaften. Immer war ich in den gläubigen Kreisen anerkannt und gewissermaßen geehrt worden. Es gehörte zu meinem Leben und war mir selbstverständlich.

Was nach der Erweckung unserer Jugendkreise 1944/45 an Anfeindungen begonnen hatte, nahm seit Gründung der Marienschwesternschaft sehr zu: Ich erfuhr, was es bedeutet, mehr und mehr eine umstrittene, fragwürdige Persönlichkeit zu sein, deren Name beschattet ist, mit Schmähungen überhäuft. So von Widersachern umgeben zu sein, wurde mein ständiges Leid. Der Herr legte meine Ehre in den Staub, damit ich Seiner Ehre nicht im Wege stand. Er machte mich verächtlich vor den Menschen, damit ich mein Herz nicht an sie hänge, sondern meine erste Liebe Ihm gehöre. Er nahm meine Hingabe an, Ihm nachzufolgen auf Seinem Weg mit den Pflastersteinen der Schmach und Demütigung.

Davon war mein Leben nun tatsächlich geprägt. Oft saß ich, die Post lesend, in meiner kleinen Kammer, der früheren Abstellkammer unseres Steinberghauses. Bei manchen Briefen war es mir, als ob ein Schwert durch mein Herz stoße. Ein führender Mann der Gemeinschaftsbewegung zum Beispiel wollte mir nachweisen, dass bei uns alles dämonisch sei, weil wir Geistesgaben hätten. Es hielt mich nicht auf meinem Stuhl, ich kniete an meinem Bett nieder und breitete den Brief unter Tränen und Gebet vor Gott aus. Dann war es der Brief eines führenden Theologen, in dem ich heftig angeklagt wurde, dass wir unsere evangelische Kirche verunehrten, denn wir hätten vor, zur katholischen Kirche überzutreten; unser Weg werde sich als Kirchenspaltung auswirken. Dabei hatten wir das niemals vor; unser Ziel war ja gerade die Versöhnung zwischen den Konfessionen.

Frühere Freunde wandten sich aufgrund der Gerüchte von uns ab und schlugen sich auf die Seite der Gegner. Bereits mit mir vereinbarte Verkündigungsdienste wurden abgesagt, weil man inzwischen vor uns gewarnt worden war. Aber keiner von denen, die vor uns warnten, war je gekommen, um seine Behauptungen an Ort und Stelle zu prüfen. Eine Schülerin meiner früheren Bibelschule berichtete mir, dass bei einer Konferenz dort viel über mich gesprochen worden sei. Ich sei ein Schandfleck für das Werk, denn wir hätten die Geistesgaben bekommen. Man solle sich von mir zurückziehen.

Bei einer großen Gemeinschaftskonferenz warnte der Redner vor uns und behauptete, auf dem Steinberg wälze man sich auf dem Boden und schreie laut. Als mein bei dieser Konferenz anwesender Vater den Redner fragte, wie er zu diesen unwahren Behauptungen komme, stellte sich heraus, dass sich solches in einem ganz anderen Kreis, in anderer Gegend und ohne Beziehung zu uns, zugetragen habe. Da nahm der Redner seine Aussage zwar meinem Vater gegenüber zurück, doch für die vielen Konferenzteilnehmer, die dieses falsche Gerücht gehört hatten, blieb es als Tatsache bestehen. Sie nahmen es mit in ihre Gemeinden und Kreise und warnten überall vor uns. Später wurden, wie man uns schrieb, Gläubige aufgefordert, meine Bücher zu verbrennen. Ich hätte den Teufel und alles, was ich geschrieben habe, sei dämonisch. Es wurde auch davor gewarnt, unser Grundstück zu betreten.

Ein früherer Prediger, der bereits eine Anklageschrift mit 40 Punkten gegen uns verbreitet hatte, unterzog mich bei einem von anderer Seite veranlassten Gespräch einem regelrechten Verhör. Zwar war es ihm spürbar peinlich, dass ich ihm grobe sachliche Unwahrheiten nachweisen konnte, doch verbreitete er nachher seine Schmähschrift wie zuvor. Selbst von einer Pfarrfrauentagung in Hessen kam ein Glied unseres Frauenkreises erregt zurück: Sie hatte zu spüren bekommen, dass sie zu uns gehörte, die wir doch aus der Kirche ausgetreten seien, wie es dort hieß. Tatsächlich aber arbeiteten unsere jungen Schwestern als Gemeindehelferinnen im Kindergottesdienst mit und in kirchlichen Jugendkreisen.

So wurde meine Kammer ein Ort der Tränen. Doch das Losungswort, das der Herr beim Einzug in diesen Raum gegeben hatte, erfüllte sich: „Ich, ich bin euer Tröster!" (Jes. 51,12) – welch gütiger Zuspruch Gottes in unserer Lage! Denn wie viel Misstrauen erfuhren wir, ja direkte Gegnerschaft von allen Seiten, nicht nur wegen der Geistesgaben, sondern auch aus Angst, die Ausstrahlung einer erweckten Jugend könnte im Alltagsleben Beunruhigungen bringen. Anklagen, teilweise sogar Drohbriefe, kamen von Eltern, die sich gegen eine entschiedene Nachfolge ihrer Kinder wehrten: Man erregte sich, dass die Töchter, statt zu heiraten, einem Ruf Jesu folgten und in eine neue, ungesicherte Schwesternschaft eintraten. Zudem zeigten Werke, die gehofft hatten, unsere Jugend werde bei ihnen dienen, ein abweisendes Verhalten gegen uns, bedingt durch ihre Enttäuschung.

Was war der Grund dieser Ablehnung, ja Gegnerschaft? Sofern es die Gnadengaben nach 1. Korinther 14 betraf, war es besonders unverständlich, weil sie bei uns nicht – wie teilweise bei anderen Bewegungen – im Mittelpunkt standen. Der Heilige Geist hatte bei der Erweckung in den Mädchenbibelkreisen und damit als Fundament der Marienschwesternschaft etwas anderes geschenkt: nämlich ein neues Verhältnis der Liebe zu unserem Herrn durch immer tiefere Reue und Buße als Ausgangspunkt allen geistlichen Lebens in Ihm, wie Martin Luther sagt, dass das Leben eines Christen eine tägliche Reue und Buße sein soll. Davon waren die Jugendkreise und wurde später die Marienschwesternschaft geprägt.

Ein anderer Grund der vielfachen Ablehnung bezog sich darauf, dass wir ökumenisch eingestellt waren in dem Sinn, dass wir mit Brüdern und Schwestern in Christus aus anderen christlichen Kreisen und Konfessionen in der Liebe Jesu Verbindung pflegten gemäß Seiner letzten Bitte: „... auf dass sie alle eins seien" (Joh. 17,21 L12). Es waren vor allem Gemeinschaftskreise mit ihrer antikatholischen Haltung, die uns das als Schuld anrechneten. Dabei ging es uns in keiner Weise um eine Angleichung an den Katholizismus. Es war vielmehr aus Liebe zu Jesus mein Bekenntnis geworden: Je näher wir dem liebenden Herzen Gottes sind, desto näher sind wir uns untereinander. Die Liebe Gottes, das Kreuz Jesu war für uns der Mittelpunkt, in dem sich Brüder und Schwestern finden konnten. Wie sollten wir aber diese Irrtümer klären, wenn trotz unserer Bitten um ein brüderliches Gespräch weiterhin alle Türen zur Verständigung mit solchen, die gegen uns standen, geschlossen blieben?

Gott ging es offenbar darum, mich auf Jesu Weg des Unrechtleidens, des Duldens und der Schmach zu führen. Er war es, der hier handelte, die Menschen waren Seine Werkzeuge. Es war Gnade, dass der Herr mich so führte, denn der Knecht ist nicht größer als der Herr – der Kreuzesweg Jesu wurde zur Wirklichkeit in meinem Leben. Ich erinnerte mich manchmal an meine Studentinnenzeit, als ich einmal eine Bibelstunde über das Wort hielt: „Alle, die gottselig leben wollen in Christo Jesu, müssen Verfolgung leiden" (2. Tim. 3,12 L12). Damals war ich ratlos: Was sollte ich darüber sagen? Ehrlicherweise hätte ich nur bekennen können: Ich gehöre nicht zu denen, die gottselig leben, deren Seligkeit allein in Gott besteht, denn ich weiß nichts von Verfolgung, von Schmach oder Gemiedensein. Nun aber hatte es mir der Herr geschenkt – und zwar in Fülle –, auch von Menschen, die mir die Nächsten gewesen waren; das war mir am schmerzlichsten.

171

Schmach ist demütigend, aber nur durch Demütigungen können wir demütiger werden und in Wahrheit lernen, dem Lamm
nachzugehen, das nicht schalt, als es gescholten wurde, sondern
vergab und liebte. Die duldende, vergebende, die Feinde segnende
Liebe sollte ich lernen – das erreichte der Herr durch diese Wege.
Er schenkte mir mehr Liebe und machte mich niedriger, auf dass
ich Seinem Herzen näherkomme. Denn für den Auftrag, den Gott
mir später anvertraute, musste mein altes Ich ausgelöscht werden.
Mit diesem Weg hatte Er letztlich meine Lebensbitte erhört:

*Dass Dein Name voller Herrlichkeit erstrahlen möchte, dafür
möge mein Leben allein gelebt werden und sich verzehren. So
lösche mich völlig aus, dass Du mächtig erstrahlest.*

Noch ein Geschenk brachte mir der Weg auf den Pflastersteinen der Schmach. Da ich Anerkennung, Ehre und Ansehen bei
Menschen verlor, gewann ich etwas Größeres: Ihn mehr zu erkennen und die Gemeinschaft Seiner Leiden (Phil. 3,10). Es erfüllte
sich, was manche Väter in Christus bezeugt haben: Nur wer selbst
durch Leiden geht, hat Zugang zum Leiden Jesu.

1948 begann sich mir auf dem Weg der Leiden eine Schatzkammer aufzutun, zu der ich bisher keinen Zutritt hatte: das Leiden
Jesu. Ich lernte Jesus, den Schmerzensmann, tiefer erkennen und
lieben. So schrieb ich in dieser Zeit:

*O Jesus, Deiner Passion gedenken ist Seligkeit, denn wir betrach-
ten darin das größte Wunder Gottes. Größer als die Allmacht
Gottes, die alle Welten erschuf, größer als die Weisheit Seiner
Gedanken und Pläne bis in alle Ewigkeiten, größer als Sein Verstand, der unausforschlich ist, ist dies eine Geschehen: Gott geht
ein in einen Menschenleib, Gott liefert sich aus in die Hände
Seiner Geschöpfe, der Sünder. Gott lässt sich als Schlachtopfer
zerreißen und zerfleischen wie ein Tier – Gott geht in Jesus in
den Tod.*

*Ist jeder Gedanke, jedes Wort Gottes, jede Schöpfung aus
Seiner Hand heilig, so ist der Gang Gottes in Christus hinein*

in die Passion allerheiligstes Geschehen. Hier offenbart sich das Wesen Gottes ganz. Hier ist Sein Herz zu erblicken, das Liebe heißt: „O Liebe, Liebe, du bist stark, du streckest den in Grab und Sarg, vor dem die Felsen springen!" [Paul Gerhardt]

Es heißt weiter in meinen Aufzeichnungen:

Du hast mir eine ganz andere Liebe zu Dir, meinem Bräutigam, dem Schmerzensmann, gegeben. Deine Leiden um die Welt und um die Seelen fangen endlich an, mein steinernes Herz zu bewegen und zu entzünden. Du hast mein kaltes Herz voll heißem Sehnen gemacht, an Deinem Leiden teilhaben zu dürfen.

10.1.1948

So erlebte ich bei allem Schmerz auf diesem Weg: Jesu Wort ist Ja und Amen. „Selig seid ihr, wenn euch die Menschen um meinetwillen schmähen...; es wird euch im Himmel wohl belohnt werden" (Matth. 5,11–12 L12). Das aber geschieht nicht erst dort, sondern schon hier. Jesu Liebe ist zu groß, sie kann nicht auf den Himmel warten, um jene zu beschenken, die mit Ihm Seinen Kreuzesweg gehen und um Seines Namens willen leiden. Denen, die verlieren und verlassen, gibt Er schon hier hundertfältig wieder. Das erfuhr ich. Hundertfältig gab Er in meinem Leben für Brüder und Schwestern, die mich verließen, neue Brüder und Schwestern, sodass ich jetzt die, mit denen wir in den folgenden Jahren über der ganzen Erde eins in Christus wurden, gar nicht mehr zählen könnte. Er gab die große Freude in Ihm und Liebe zu Ihm; Er gab Leben und volle Genüge, Erkenntnis Seiner selbst, und schenkte die Gemeinschaft Seiner Leiden.

Doch Seine Liebe tat noch etwas anderes. Sie wachte königlich darüber, dass Schmähbriefe und Verleumdungen, deren Ziel es war, unser Werk zunichtezumachen, letztlich nichts ausrichten konnten. So geschahen seltsame Dinge: Herren, die mit dieser Absicht zu einer Sitzung zusammenkamen, wurden uneins oder während der Sitzung unerklärlicherweise anderen Sinnes. Jesus schien als liebender Beschützer, der über Seinem

Werk wachte, negative Beschlüsse, die gefasst werden sollten, gleichsam außer Kraft zu setzen. So erfuhr ich auch hier Jesu Wort: „Wer sein Leben verliert um meinetwillen, der wird's finden" (Matth. 10,39). Leben aber bedeutete für mich in diesem Fall, mit einem unbescholtenen Namen dazustehen und nicht ständig diffamierenden Angriffen ausgesetzt zu sein.

Schon in meiner Jugend konnte ich mich ereifern, wenn jemandem Unrecht geschah. Wo immer ich auf Unwahrheiten stieß, ging ich ihnen auf den Grund, auch auf Kosten meiner Beliebtheit. Später sagte Mutter Martyria oft im Scherz, an mir sei ein Rechtsanwalt verloren gegangen. Darum bedeutete Unrechtleiden für mich, meiner Natur gemäß, in gewisser Weise mein Leben zu verlieren. Nun aber erhielt ich ungezählte Male Gelegenheit, mein Recht und damit meine Ehre aufzugeben. Das war die Absicht des Herrn, der „nicht widerschmähte, als er geschmäht wurde, nicht drohte, als er litt, er stellte es aber dem anheim, der gerecht richtet" (1. Petr. 2,23). Auf diesem Weg machte Er in meinem Herzen Raum für sich selbst, damit Er einziehen könne mit Seinem göttlichen Leben.

Wie sehr hatte ich dieses göttliche Leben, dieses innigere Verhältnis zu Jesus, das allein wahres, erfülltes Leben ist, früher gesucht, aber den Weg nicht gefunden, der dahin führt. Nun fand ich diese Glückseligkeit auf dem Kreuzesweg, dessen harte Pflastersteine zu jener Zeit für mich vor allem in der Schmach bestanden.

DEN SCHATZ IM KREUZ DER
KRANKHEIT ENTDECKT

Im Winter 1947/48 war als Folge des Krieges noch Hungerzeit. Damals zog ich mir eine Magenerkrankung zu, sodass ich mich in großem Elendsein durch den Tag schleppte und mich oft kaum aufrecht halten konnte. Das war ein neuer Pflasterstein auf dem Weg Jesu. Weh tat dabei auch, dass ich immer wieder wegen meines schlechten Aussehens angesprochen wurde, noch dazu von Menschen außerhalb unserer Schwesternfamilie. Kaum fähig, einen Gedanken zu fassen, geschweige denn die Lehrstunden richtig zu halten, war es mir demütigend, dadurch meinem Dienst nicht so nachkommen zu können, wie ich wollte. Aber am schwersten war mir, dass ich in diesem Zustand kaum noch beten konnte. Die Krankheit wollte nicht weichen und damit auch nicht meine innere Not, dass mich dieses Kreuz so niederdrückte.

Da erinnerte mich der Herr an den Schatz, der in jedem Kreuz verborgen liegt, und zeigte mir den Schlüssel dazu: „Ja, Vater". Doch ich erfuhr, dass wir dies nur dann von ganzem Herzen sprechen können, wenn wir fest glauben, Gottes Liebe hält im Kreuz etwas Kostbares für uns bereit. Es geht nicht darum, das Wort „Gott ist Liebe" wie eine leere Glaubensformel zu gebrauchen. An Gottes Liebe glauben heißt vielmehr, fest erwarten: Nimmt Gott uns etwas – es sei Gesundheit oder Kraft –, dann wird Er uns in Seiner väterlichen Güte Größeres und Beglückenderes geben. Das ist Art und Weise der Liebe. Es wurde mir klar: Gibt Gott mir dieses kleine und doch schmerzhafte Kreuz, dann gilt es fest damit zu rechnen, dass Er darin ein Geschenk für mich verborgen hat. Denn Liebe muss schenken und andere glücklich machen. Und Gott ist Liebe!

Nun wollte ich lernen, mich im Glauben fest an Sein Versprechen der Liebe zu halten. So fing ich an, in dieser Not voll Vertrauen das Ja-Vater zu sagen und damit den Glauben an Sein schöpferisches Wirken zu betätigen. Da geschah Verwandlung. Mir wurden zwei große Schätze zuteil.

Der Herr gab mir als Erstes eine gewisse Unabhängigkeit von Krank- und Elendsein, was für mein späteres Leben von großer Bedeutung war. Zum ersten Mal schenkte Er mir als ein Wunder Seiner Gnade die Erfahrung, dass der Geist über das Fleisch triumphiert, über Müdigkeit und Elendsein. Ich erlebte voll Staunen, dass ich in diesem Zustand mehr leisten konnte als mit einem gesunden Körper, weil Gottes Kraft in der Schwachheit mächtig ist. Nun, nachdem ich das Ja-Vater im Glauben an Seine helfende Liebe gesprochen hatte, konnte ich trotz meiner Schwachheit abends länger beten und tagsüber meinen Dienst tun.

Diese Schwachheit schien Gott lieb zu sein, denn Er machte Krankheit und Kraftlosigkeit fortan mehr oder weniger zu Begleitern in meinem Leben. In solcher Schwachheit und Erschöpfung ist der größte Teil meiner Schriften entstanden. Was ich in innerem Gehorsam jeweils niederschrieb, oft nachts und übermüdet, ohne einen rechten Gedanken fassen zu können, konnte meinem Empfinden nach nichts Rechtes geworden sein. Doch wenn ich später nachlas, stellte ich mit Dank und Verwunderung fest, dass dabei Gottes Geist am Werk gewesen sein musste.

Das Gleiche galt für meine Reisen, Vortragsdienste, viele Stunden des Zusammenseins mit unseren Töchtern und all mein Tagewerk. Gott erfüllte meine heiße Bitte, dass keiner mir anmerken möchte, wie schwach ich war, ja, ich wurde als besonders frisch und lebendig eingeschätzt. Oft bekam ich erst im letzten Moment, während ich schon angefangen hatte zu sprechen, von Ihm neue Kraft, manchmal auch nicht. So konnte ich, wenn Leute mir nach einem Vortrag herzlich dankten und sagten, wie viel ihnen diese Botschaft bedeutet habe, in meinem Herzen nur anbeten, dass Er wirkte, während ich es selbst ganz anders empfunden hatte.

Ja, ich habe seither vom frühen Morgen an beten können, obwohl es abends oft spät wurde. Immer wieder staunte ich, was der Herr vermag – dass wir in körperlicher Schwachheit durch Einwirken himmlischer Kräfte stark werden und mehr leisten können, als wenn wir voll natürlicher Kraft und Gesundheit sind. Wohl sehe ich Ärzte als Gabe Gottes an und verdanke besonders unserem Hausarzt vielerlei Hilfe. Doch erlebte ich auch, wenn ich bei dieser oder jener Krankheit trotz ärztlicher Behandlung und Medikamenten nicht geheilt wurde, dass mich der Herr zu Seiner Stunde plötzlich anrührte und die Krankheit wegnahm. Und wieder andere Leiden nahm Er lebenslang nicht weg, um Seine Kraft darin zu erweisen.

Noch einen zweiten Schatz fand ich im Kreuz der Krankheit verborgen: Wenn ich in der Frühe gegen 4 Uhr wach wurde, trieb es mich, aufzustehen und zu beten. Ohne dass ich etwas sah, war mein inneres Auge von Jesu Angesicht so erfasst, dass ich ein Lied nach dem andern schreiben musste. An Seinem Angesicht voll heiliger Schönheit konnte ich mich nicht sattsehen. Später fragten mich meine geistlichen Töchter, wann ich Jesus geschaut hätte, weil in meinen Liedern und Schriften so viel von Seiner Schönheit und Seinem Angesicht vorkomme. Ich konnte nur antworten, dass ich Ihn in den Liedern so besingen müsse, weil es ein Schauen des Herzens gibt, wo man sieht, obgleich man nicht sieht.

An dem Tag, als ich dies zum ersten Mal erlebte, fand ich morgens einen Notizzettel unter meiner Tür durchgeschoben. Darauf stand, einer Schwester sei im Gebet gezeigt worden, dass ein Engel mir einen Pinsel in die Hand gegeben habe, damit ich etwas von der höchsten Schönheit des Angesichts Jesu im Bild wiedergeben könne. An demselben Morgen stellte mir eine andere Schwester ein Bibelwort, in Kunstschrift geschrieben, auf meinen Schreibtisch: „Ich will satt werden, wenn ich erwache, an deinem Bilde" (Ps. 17,15 L12). Beide Schwestern wussten nicht, was in der Morgenfrühe geschehen war.

Auf dem Kreuzesweg, der von den Pflastersteinen der Krankheit gekennzeichnet war, hatte mir der Herr das Vertrauen auf meine eigenen Kräfte und Fähigkeiten genommen. Er hatte damit

Raum geschaffen, Seine Kraft und Schönheit aufstrahlen zu lassen. Er hatte mich schwach und gering gemacht, um sich mir zu offenbaren. Ich konnte das Glück nicht fassen, dass Jesus mir so nahekam und mich etwas von Seiner Liebe, Herrlichkeit und Schönheit erfahren ließ – einen Vorgeschmack des Himmels. Dieses Glück hatte mir das Krankheitsleid gebracht. Wie sollte ich da mein Kreuz nicht rühmen?

KAPELLENBAU UND BEREITUNGSZEIT

Nie werde ich den 4. Mai 1949 vergessen! Ich war in meiner Kammer und betete. Plötzlich hatte ich wie durch einen Einbruch des Himmels die Gewissheit, dass ich unserem Herrn Jesus eine Kapelle bauen solle, damit Ihm mehr Anbetung werde. Das löste einen Brand der Liebe in mir aus: Ja, alles will ich dafür tun, dass der Herr ein Haus bekommt, in dem Ihm aus liebeglühenden Herzen Anbetung gebracht wird und Chöre zum Himmel steigen, die in von Ihm geschenkten Weisen vor der sichtbaren und unsichtbaren Welt künden, wer Gott ist: das Lamm auf höchstem Thron – der König aller Glorie, Macht und Majestät – der Vater, der Allmächtige, Heilige und Allgewaltige. Unzählige sollten dadurch in die Gegenwart und vor die Heiligkeit Gottes gestellt und in Liebe zu Ihm entzündet werden, Ihn anzubeten.

Doch trotz der großen Glut und Freude, dass Jesus eine Anbetungskapelle gebaut werden solle, tauchte in mir die bange Frage auf: *Wie kann das geschehen? Wie soll ich dem Herrn eine Kapelle bauen?* Wir hatten weder Geld noch Land dafür. Der Herr aber stärkte mich für diesen Auftrag in großer Güte, als ich einige Monate später während stiller Tage lange darüber betete.

Er ermutigte mich durch Losungsworte, die mir ein Gruß von Ihm waren, da sie mir nach meinem Gebet aus etwa tausend Kärtchen mit Bibelstellen gegeben wurden:

So siehe nun zu; denn der HERR hat dich erwählt, dass du sein Haus baust zum Heiligtum. Sei getrost und mache es!

1. Chron. 28,10 L12

Und sie sollen mir ein Heiligtum machen, dass ich unter ihnen wohne.

2. Mose 25,8 L12

Solche Stärkung hatte ich sehr nötig. Wenn auch Mutter Martyria darin ganz mit mir einigging, musste ich doch bald erleben, dass der Auftrag, Gott eine Kapelle zu bauen und damit durch Anbetung einen „Dienst an Gott selbst" zu tun, von Freunden, ja selbst von einzelnen unserer Schwestern nicht verstanden wurde. Bis in den engsten Freundeskreis hinein erwartete man von uns zumeist, dass wir ausschließlich diakonische Arbeit täten. Bei dem für mich selbst so neuen Auftrag des Kapellenbaus musste ich zum ersten Mal schmerzlich erfahren, was später bei weiteren von Gott gegebenen Aufträgen mein ständiges Erleben war: Die Gläubigen stimmen zu, wenn Krankenhäuser oder Altenheime gebaut und dafür Schwestern eingesetzt werden sollen. Dieser Dienst ist nötig, und wir übten ihn auf Kanaan später auch in kleinem Rahmen aus. Wenn es aber um Anbetung Gottes ging oder um Dienste in Verkündigung und Seelsorge, die uns neben dem Gebetsdienst immer häufiger aufgetragen wurden, hatte man wenig Verständnis dafür.

Die natürliche Folge war, dass nur wenige Freunde mit Gaben und Opfern hinter diesen Aufträgen standen. Auf irgendeine Weise um Spenden und Unterstützung zu bitten, war mir innerlich verwehrt. Dennoch konnten wir alles hinausführen nach dem geistlichen Gesetz, dass Gott für Seine Aufträge alles Nötige gibt. Er tut es oftmals auf dunklen Wegen des Glaubens, auf denen wir keinerlei menschliche Möglichkeiten mehr in der Hand haben, sondern ganz und gar abhängig sind von Seiner Hilfe. Darauf mussten wir oft lange warten, damit der Herr Sein Ziel erreichte und alles als *Sein* Werk dastand. Wir wurden gedemütigt – Er allein bekam den Ruhm.

Während unsere Mutterhauskapelle gebaut wurde – unsere Kasse enthielt beim Beginn etwa 30 Mark – erlebte ich im Besonderen, was es bedeutete, dass Gott die Verantwortung für unser Werk vor allem auf mich gelegt hatte. Wohl war es mir selbstverständlich, dass jeder Auftrag, den Gott gibt, jede Erleuchtung von einem anderen bestätigt sein muss. Darin stand mir Mutter Martyria treu zur Seite. Ich unternahm nie einen Schritt, ohne ihr Ja eingeholt zu haben, sodass wir dann den Weg zu zweit gehen konnten. Dennoch lag die letzte Verantwortung auf mir, weil Gott mir die Inspiration dafür gegeben und unserem geistlichen Vater, Superintendent Paul Riedinger, der kurz vorher (1949) heimgerufen worden war, gezeigt hatte, dass wir nach ihm keinen geistlichen Vater mehr bekommen würden.

Was es in sich schloss, nun ohne männlichen Beistand den Auftrag der Marienschwesternschaft auszuführen, hatte ich in den nächsten zwei Jahren Bauzeit schmerzlich zu praktizieren. Letztlich hatte ich alles allein zu verantworten: eine Kapelle für den Herrn und ein Mutterhaus zu bauen, ohne die nötigen Geldmittel zu haben noch sie von irgendeiner Seite erbitten oder erwarten zu können. Dieser Auftrag ging gegen jede Vernunft.

Bei der Gratwanderung dieses Glaubenswegs taten sich rechts und links immer neue Abgründe auf. Später rieten uns sogar unsere Freunde, den Bau einzustellen, weil die Weiterführung ihrer Meinung nach ein Gott-Versuchen sei. Diese Anfechtungen waren für mich eine große Last, und ich schrie oft zum Vater im Himmel: „Du bist doch der Vater der Witwen und Waisen, wie ich eine bin ..." Gott aber stritt für Seinen Auftrag, indem Er mir bei jeder Klippe zeigte, wohin wir unseren Fuß zu setzen hätten. Er stärkte mich, indem wir am Anfang der Bauzeit (1950) beim Rohbau viele Wunder und Gebetserhörungen erlebten.[1]

---

[1] Siehe M. Basilea Schlink: REALITÄTEN – GOTTES WIRKEN HEUTE ERLEBT.

Im Sommer 1951 begann der Innenausbau. Plötzlich verschloss sich der Himmel! Wir erlebten so gut wie keine Gebetserhörungen mehr. In dieser Zeit lag ich infolge eines Unfalls mit schwerer Gehirnerschütterung auswärts und betete oft:

Alle Deine Wasser gehen über mich. Meine Tränen sind meine Speise Tag und Nacht, und meine Seele schreit: Wo ist nun mein Gott? (vgl. Ps. 42,8.4)

Damals bat ich den Herrn, bei den sich häufenden Rechnungen doch um Seines Namens willen aus Gnaden zu helfen, ja ich bedrängte Ihn wie die bittende Witwe (Luk. 18,1–8). Und doch – Gott antwortete nicht, Er schwieg.

Wenn Gott aber plötzlich schwieg, obwohl Er Seine Verheißungen für den Bau bis dahin wunderbar eingelöst hatte; wenn Er keine Antwort auf meine Gebete gab, keine Hilfe kam, dann – das war meine innerste Gewissheit – lag die Ursache nicht bei Ihm. Er schweigt nur deswegen, weil erst aus dem Weg geräumt werden muss, was Ihn hindert, uns das Gute, das Er schenken will, geben zu können. Ich spürte in dieser Lage, dass es Seine Liebe war, die um mich und die Marienschwesternschaft eiferte, auf dass herausgeläutert würde, was Seinem Bild bei mir und uns nicht entsprach. Darum brachte Er mich in den Tiegel dieser Leiden, in die Presse der Geldnot.

Gottes Geist stellte dabei Sünden ins Licht vor Sein Angesicht, die ich bisher noch nicht entsprechend bereut hatte. Wie ein Film lief mein Leben, Reden und Tun der vier Jahre in der Marienschwesternschaft vor meinem inneren Auge ab. Vor mir stand diese oder jene Schwester, der ich lieblos begegnet war, worüber ich nun von Herzen Leid trug. Es drängte mich, Einzelne um Vergebung zu bitten. Gott legte Seinen Finger außerdem darauf, wo mein Tun und Arbeiten geschäftig und losgelöst von Ihm geschehen und darum ohne Wirkung geblieben war. Der Herr führte immer tiefer hinab in die Dunkelheit der Anfechtung. Denn die Geldnot wurde von Woche zu Woche größer. Es kam keine Hilfe.

Wegen meiner Gehirnerschütterung war ich abgeschlossen von Menschen und musste ohne Ablenkung das Furchtbare unserer Lage, das Nein Gottes zu mir und zu uns, bis zum Letzten ausleiden. In der Stille sollte ich mich dem Gericht des Herrn stellen, der mich bis auf den Grund meiner Seele traf, sodass ich zerbrochenen Herzens vor Ihm lag. Damals schrieb ich:

Die ganze Woche ging wieder so gut wie kein Geld ein. Es ist finstere Nacht. Die Tausende, die zu bezahlen sind, werden immer mehr. Täglich gehen viele Schriftenpakete hinaus – doch keine Geldeingänge kommen, nur Rechnungen, Rechnungen, Rechnungen für das Baumaterial. Und der Herr schweigt ...

5.5.1951

Diesmal tat Gott gründliche Arbeit – über Monate hin zeigte sich keine Aussicht auf Hilfe. Einziger Trost in dieser Lage war, dass Mutter Martyria und ich zwei Mal das Losungswort bekamen: „Keiner wird zu Schanden, der dein harret" (Ps. 25,3 L12). Doch die Not hielt an, und ich konnte Gott nur eine Antwort darauf geben: Ich bin's. Ich bin schuld. Denn so sagt Sein Wort: „Des HERRN Hand ist nicht zu kurz, dass er nicht helfen könne, und seine Ohren sind nicht hart geworden, dass er nicht höre; sondern eure Untugenden scheiden euch und euren Gott voneinander" (Jes. 59,1–2 L12).

Ich wusste: Wenn Gott unsere Marienschwesternschaft so strafte, dass Er unsere Gebete nicht mehr erhörte, dann traf es vor allem mich als den Hirten, den Gott verantwortlich macht für seine Herde. Es war mir ein unendlicher Schmerz, dass ich es war, wie mir der Herr unausweichlich klar ins Herz gab, die unsere Marienschwesternschaft in diese Notlage geführt hatte. So schrieb ich meinen Töchtern einen Brief, in dem ich mich beugte unter alles, wo ich ihnen in Härte und Schärfe begegnet war und meinen Dienst nicht in der rechten Demut und Liebe getan hatte.

In diesen Wochen habe ich viel geweint im Gedanken an das, was mir das Furchtbarste war: Wenn wir tatsächlich in

Schulden kämen, dann würde Gottes Ehre in den Staub gelegt werden. Viele, die durch unseren Glaubensweg wieder Glauben schöpfen sollten, dass Gott auch heute Gebete erhört und Wunder tut, würden enttäuscht werden und könnten erst recht nicht mehr auf Ihn vertrauen. Und das alles wäre mit verursacht durch meine Schuld.

So zerbrach der Herr durch Sein Schweigen mein hartes Herz. Die Rechnungen und damit die Gefahr, dass wir eines Tages Schulden machen müssten, wuchsen von Monat zu Monat. Und doch konnte ich für die Gnade Seines Lichts unter Tränen danken: Du stürzt mich hinab – wohin? In den Schoß Deiner Liebe. Die Heiligkeit Gottes war in mein Leben getreten wie selten zuvor. In mir lebte nur noch ein Flehen, der Herr möge mich nach diesen Monaten nicht so, wie ich vorher war, sondern mit einem zerbrochenen Herzen zu meinen geistlichen Töchtern heimkehren lassen.

Aber Gott ist die Liebe: Er lässt nicht versuchen über Vermögen. Als Angeld, dass diese schwere Zeit besondere Gnadenerweise Gottes bringen werde, neigte sich in diesen Tränenwochen plötzlich für einige Tage der dreieinige Gott mit Seiner unbegreiflichen Liebe gnadenvoll zu mir herab, und alles Herzeleid versank in großer Glückseligkeit. Ich durfte erfahren, dass Er kam, um bei mir Wohnung zu nehmen (Joh. 14,23) und mich mit Seiner Liebe zu beseligen. Darum hatte Er vorher meine Herzenswohnung ausgeräumt und gesäubert.

Als die Kassennot auf den Höhepunkt gestiegen war, kam endlich die erlösende Stunde. Gott wandte uns Sein Angesicht wieder zu. Ein Freund unseres Werkes, ein christlicher Großkaufmann, zeigte uns Unkundigen den Ausweg aus unserer verzweifelten Lage. Die später allgemein übliche Ratenzahlung bei größeren Anschaffungen war damals noch nicht so verbreitet; doch machte er uns deutlich, dass dies für Bauten eine Selbstverständlichkeit sei. Und sogleich war er bereit, mit einer Schwester zu den Firmen zu gehen, die ohne Weiteres entsprechende Vereinbarungen mit uns trafen. Damit war diese große Last von uns genommen. Der

Herr gab Gnade, dass wir nicht ein einziges Mal eine fällige Rate oder Rechnung schuldig bleiben mussten.

Trotz dieser für uns so gnadenreichen Wende stand Gott weiterhin gegen uns, bis wir am Ende des Sommers vor Ihm und Menschen gedemütigt am Boden lagen. Denn im September konnte die Einweihung der Kapelle nicht stattfinden, wie wir ein halbes Jahr vorher unseren Freunden mitgeteilt hatten – obwohl der Innenausbau fast fertig war. Es drängte mich, in einem Freundesbrief, den Mutter Martyria in meinem Namen herausgab, zu meiner Demütigung zum Ausdruck zu bringen, dass die Zurückstellung der Einweihung Gottes Gericht über uns sei. Als Leitwort stand über diesem Brief:

Ich danke dir, dass du mich demütigst und hilfst mir.

Ps. 118,21 L12

Bald darauf zog ich in unser neu erbautes Mutterhaus ein und ging – körperlich noch sehr schwach – als elender Sünder mit der Bitte um Vergebung die Reihen meiner Töchter entlang. Am 23. September 1951, dem Tag, an dem die Einweihung hätte sein sollen, versammelte sich eine Schwesternschar um mein Bett. Wie oft hatten wir von diesem Augenblick gesprochen, wenn zum ersten Mal die Glocke der nun vollendeten Mutterhauskapelle läuten würde. Sie sollte die Gäste zur Einweihung herbeirufen, dass sie Gott Preis und Ehre gäben, der diesen Bau auf Wunderwegen Seiner Güte ohne Schulden vollendet hatte. Und nun läutete die Glocke tatsächlich, die Kapelle war erbaut – doch keine Gäste konnten an diesem Tag kommen. Die Einweihung konnte nicht sein, weil wir noch unter Gottes Gericht standen.

Wohl nie ist mir ein Glockenläuten so tief ins Herz gegangen. Es war mir wie ein Totengeläute. Die Stimmen, die Ihm an diesem Tag Lob und Preis geben sollten, konnten nicht ertönen. Ein herzzerbrechendes Weinen begann unter uns. Um unserer Sünde willen hatte Gott alles so geführt. In dieser Stunde, als Er im Läuten der Glocke selbst zu uns redete, brach auch bei den Schwestern tiefe Reue aus.

184

Doch war es nicht nur eine heilige Stunde des Gerichts, sondern letztlich eine Stunde der Gnade – unter der Vergebung Jesu Christi brach etwas Neues in der Schwesternschaft auf. Einige Monate später zeigte sich, welch eine Gnadensonne mir nach diesem Sommerhalbjahr, das mich unter dem Nein Gottes in solches Leid geführt und mir tiefe Reue und Umkehr gebracht hatte, noch aufgehen sollte.

GOTTES GROSSER EINBRUCH IN MEIN LEBEN: RUF IN DIE STILLE 1952

VOM HERRN IN BESCHLAG GENOMMEN

Die Schwalbe hat ihr Nest gefunden! (Ps. 84,4) Im September 1951 waren wir alle in das neue Mutterhaus eingezogen, in dem vorher nur die Bauschwestern provisorisch gewohnt hatten. Nun war die Schwesternfamilie wieder vereint. Das obere Stockwerk wurde zwar noch ausgebaut, und mancherlei Arbeiten waren zu Ende zu bringen. Doch von nun an ging es in unserem gemeinsamen Leben um den eigentlichen Auftrag unserer Marienschwesternschaft, Gebets- und Ruferdienst zu üben. Nie hätte ich mir ausmalen können, was der Herr sich als Fundament dieses später weltweiten Auftrags erdacht hatte und wozu Er mich jetzt rief.

Als Mutter der Marienschwesternschaft nahm Gott mich aus dem Wirken heraus, aus der Betätigung in den uns aufgetragenen Diensten. Er hatte einen anderen Weg für mich erdacht: Er führte mich nun in die Abgeschlossenheit der Klausur, in Stille und Einsamkeit. Gottes Ruf und Liebesanspruch war zu allen Zeiten so mächtig, dass er Menschen bereit machte, Wege zu gehen, die sie nach ihrer Veranlagung und ihren menschlichen Wünschen nie gegangen wären.

Das traf auch bei Seinem Ruf an mich zu. Der Herr rief ausgerechnet mich in die Stille, die ich eine typisch gesellige, wirkende, gestaltende Natur war! Während meiner Ausbildung an der Sozialen Frauenschule hatte ich es in meinem Einzelzimmer kaum ein bis zwei Stunden allein ausgehalten, weil mein Lebens-element war, unter Menschen zu sein. So hätte mich nichts und niemand auf der Welt auf einen Weg der Zurückgezogenheit bringen können – nur Jesus selbst.

Auf einem Weg gegen meine Natur führte Gottes Ruf mich in die Stille. Sie sollte Fundament sein für unsere späteren Aufträge. Immer wieder hatte ich von der Tatsache gehört, dass alles Große im Reich Gottes aus der Stille geboren wird. Biblische Vorbilder zeigen uns, dass Einsamkeit oft die Geburtsstätte neuen gött-lichen Lebens, fruchtbaren Wirkens für Gott ist.

So wusste ich: Wenn wir uns – sofern der Herr uns dazu ruft – für längere Zeit zurückziehen, um ganz bei Ihm zu sein, auf Ihn zu hören, mit Ihm zu reden, dann wird unser Tun für das Reich Gottes besondere Ausstrahlungskraft haben. Doch diese Erkennt-nis war mehr theoretisch geblieben. Auch wenn ich mich schon immer zu Stunden des Gebets zurückgezogen hatte, blieb dies am Rande meines Lebens, denn zu viele Vernunftgründe sagten mir, ich sei unentbehrlich in meinem Amt, es sei der Marien-schwesternschaft gegenüber unverantwortlich, mich für längere Zeit zurückzuziehen – und vieles mehr.

So bedurfte es eines machtvollen Eingreifens des Herrn selbst. Schon in den Jahren zuvor hatte Jesus vorgearbeitet, mir Gnadenstunden der Begegnung mit Ihm geschenkt. Nun aber nahte Er sich tatsächlich in der Macht Seiner Liebe, die über alles Verstehen geht. Es war, als ob Er mich lockend zu sich rief, weil Er mich ganz für sich wollte, mir nahe sein wie nie zuvor. Daraufhin – Anfang Januar 1952 – gab ich mich zum ersten Mal zu einigen Wochen in der Stille hin.

Noch stand ich unter den Nachwehen der schweren Zeit im Sommer 1951, voll Trauer, dass ich Jesus und Menschen so viel betrübt hatte. Da brach an einem Abend, als ich im Gebet war, wiederum die Heiligkeit Gottes über mich herein – doch dies-mal nicht im Gericht, sondern in machtvoller, heiliger Liebe, die mich ganz in Beschlag nahm. Der Herr kam in der Gewalt Seines heiligen Feuers – ich wurde wie ausgebrannt von einer übermächtigen göttlichen Glut. Was sollte das bedeuten? War es ein Erfülltwerden mit dem Heiligen Geist? Nein, das Kommen des Heiligen Geistes mit Seinen Gnadengaben hatte ich anders erlebt. Hier war Jesus, der Schmerzensmann, mir genaht – Er, von dem es heißt, dass Er mit dem Heiligen Geist und mit Feuer taufen wird (Matth. 3,11). Hier war etwas von der übergroßen Macht Seiner Liebe und Seiner Leiden in mein Leben getreten.

Eine Folge dieses Geschehens war, dass ich von einer Liebe zu Jesus erfüllt wurde, die wie ein Feuer in meinem Herzen brannte und mich zum Leiden für Ihn trieb. Wie sehr hatte ich mir in den Jahren zuvor etwas von dieser glühenden Jesusliebe erbeten; ich spürte, dass sie mir fehlte. Diese heilige Stunde hatte mir nun einen Anbruch davon geschenkt. Jetzt war ein Durst in mir, für Jesus opfern und leiden zu dürfen. Eine weitere Folge war, dass ich von einer Leidenschaft erfüllt wurde, Seelen zu retten.

Seit dieser Zeit war mein Leben vom Wirken der göttlichen Glut gekennzeichnet. Um mich als Braut des Lammes zu bereiten, füllte der Herr mein Herz mit Liebesglut zu Ihm, wie Sein Wort sagt: „Liebe ist stark wie der Tod, und ihr Eifer ist fest wie die Hölle. Ihre Glut ist feurig und eine Flamme des HERRN, dass auch viele Wasser nicht mögen die Liebe auslöschen noch die Ströme sie ertränken" (Hld. 8,6–7 L12). In den ersten Jahren meiner Klausur wirkte sich das so aus, dass ich viele Stunden – auch in der Nacht – anbeten und flehen musste. Die Flamme des Gebets wich auch dann nicht aus meinem Herzen, wenn ich noch so intensiv geistig zu arbeiten hatte.

Wir wissen aus der Heilgen Schrift, dass solch eine unmittelbare Begegnung mit Gott eine Wirklichkeit ist. Das innere Leben erfährt durch die göttliche Berührung eine gewaltige Wende, weil ein machtvoller Einbruch Gottes erfolgt ist, oft verbunden mit einem Auftrag. Auch mich erreichte einige Zeit nach dieser Gottesbegegnung ein Ruf, der für die Sendung der Marienschwesternschaft von besonderer Bedeutung werden sollte.

Zuerst aber hieß es, dem Ruf in die Stille und Abgeschlossenheit zu folgen. Es war, als ob Jesus mich bitte: *Gib dich Mir ganz.*

Diese Bitte war von größter Tragweite für mich: Bisher ging es in meinem Leben hauptsächlich darum, für Jesus zu wirken, wobei der Dienst für Ihn mich erfüllte – und nicht Er selbst. Nun sollte es allein um Jesus gehen. Der Dienst für Ihn stand nicht mehr an erster Stelle, obwohl er immer eine Folge der Klausurzeiten blieb. Jetzt ging es um den Dienst an Ihm selbst – darum, Ihm in ganz anderem Maß als zuvor Zeit zu geben. Ich erkannte, dass ich den Liebesanspruch dessen, der so sehr nach unserer Liebe verlangt, weil Er uns so unaussprechlich liebt, vernachlässigt hatte. Und es war, als ob der Herr mich in Sein Herz hineinschauen lasse, das voll Schmerz ist, weil Er so wenig geliebt wird.

Jesus zeigte mir Sein Leid darüber, dass wir Menschen füreinander da sind, aber so wenig für Ihn. Ja, es war wie eine Klage: *Wer ist für Mich da?* (siehe Luk. 10,41–42). Immer wieder sind uns Menschen, Dinge oder der Dienst für Ihn wichtiger als Er selbst. Und doch ist kein Herz so voller Liebe zu uns wie das unseres Herrn – darum wartet Er auf unsere Gegenliebe. So schrieb ich später an meine Töchter:

Hört die Bitte eures Bräutigams an euch: „Ich warte auf dich." Worauf wartet Er? Bei den wenigsten auf einen Weg in die Abgeschlossenheit, doch eindeutig bittet Er euch, dass alle eure Liebe Sein werde …

Das Allergrößte, Glückseligmachendste im Himmel und hier auf Erden, Ihn und Seine Liebe, bekommt nur, wer Liebstes lässt. Keinem fällt diese Liebe von ungefähr in den Schoß. Doch jedem fällt sie in den Schoß, der alles Jesus schenkt … Darum haltet keine seelische Liebe fest.

Nährt sie nicht! Sie bringt euch den Tod der Brautliebe oder lässt sie nicht erblühen. Jesus teilt Seine Liebe nicht. Lasst es euch etwas kosten, diese allgewaltige, beseligende Liebe Jesu zu euch zu erfahren.

Sein Bitten und liebendes Werben wurde im Lauf des Jahres 1952 immer stärker, wie ich später einmal niederschrieb:

Wem darf Ich alles sein?
Wer ist es, der Mich suchet, Mich nur ganz allein?
Ich frag dich: Bin Ich dir allein genug,
lässt alles du allein für Mich ohn Trug,
für Mich allein?

Jesu Bitte war herzbezwingend – Seine Liebesoffenbarung, die
Er mir in den folgenden Monaten schenkte, so übermächtig und
beseligend, dass ich nicht anders konnte, als Ihm mein Ja zu geben.

Wie sollt ich Dir, mein Jesus, widerstehn?
Hier hast Du mich – ich will nun mit Dir gehn.
Für Dich ich lasse alles ganz zurück...

Seinem Liebeswerben zu folgen, bedeutete für mich, einen
völlig neuen Weg einzuschlagen. Es hieß, jeweils im Winter die
meisten Wochen in der Stille zu sein und nicht mehr unter den
Schwestern, während im Sommer die Klausur durch die mir aufgetragenen Reisen gelockert war. So begann für mich ein anderes
Leben als bisher – ein Leben zumeist in der Einsamkeit, allein
mit Jesus.

Als ich 1952 den Schnitt vollzog, tat ich es mit blutendem Herzen, bedeutete es doch für mich, die Marienschwesternschaft so
bald, nachdem sie mir vom Herrn anvertraut worden war, wieder
herzugeben. Sie war das Geschenk Seiner Verheißung, auf deren Erfüllung ich seit 1935 mit Mutter Martyria gewartet hatte.
Es bedeutete für mich, viele Monate nicht mehr unter meinen
geliebten geistlichen Töchtern sein zu können, worauf ich mich
nach der langen Trennungszeit gefreut hatte.

Auch die Schwestern mussten ihr Opfer bringen. Sie sagten
später: „Wie oft hatten wir uns während der zweijährigen Bauzeit
vertröstet: Wenn Kapelle und Mutterhaus fertig sind, dann ..."
Dann wollten sie alles nachholen. Sie freuten sich auf geistliches Feiern, auf die Tischgemeinschaft, die dann nicht mehr auf
Trümmersteinen oder zwischen Sandbergen auf dem Bauplatz
sein würde. Sie freuten sich auf viele gemeinsame Abende, bei
denen ich sie tiefer hineinführen würde in die Gedanken der

Liebe Gottes und in unseren Auftrag. Ja, alles sollte nachgeholt werden, worauf sie während der Bauzeit verzichtet hatten. Und nun mussten sie diese Wünsche opfern.

Weil Jesus uns liebt, sucht Er nach Erweisen unserer Liebe, und das sind Opfer. Darum ruft Er uns auf: „Wer ... verlässt um meines Namens willen" (Matth. 19,29) – also für Ihn. Es geht Ihm um Liebesopfer in unserem Leben. Diese wertet Jesus hoch als Zeichen unserer Liebe. Das sehen wir daran, mit welchem Dank und Vergelten Er sie beantwortet: Hundertfältig sollen Seine Nachfolger hier auf Erden das, was sie um Seinetwillen hergaben, wiedererhalten und dazu das ewige, göttliche Leben. Wie wenig solcher Zeichen meiner Liebe, wie wenig Opfer hatte ich meinem Herrn Jesus bisher gebracht! Dass Er dennoch darum bat, um Seinetwillen zu verlassen, was mir lieb war, was mir Leben bedeutete – es Ihm zu schenken, ja mich selbst Ihm aus Liebe ganz zu schenken – das war mir unfassbar.

So kam der 21. Oktober 1952, an dem ich dieses Verlassen konkret vollziehen sollte. Schon Wochen zuvor hatte ich während stiller Tage in einem kleinen oberbayerischen Ort meine Hingabe zu diesem Weg versiegelt. Damals schrieb ich meinen geistlichen Töchtern einen Abschiedsbrief, um sie auf diesen Tag vorzubereiten. An jenem 21. Oktober kamen wir noch einmal in kleinen Gruppen zusammen, sangen Lieder der Hingabe und der Liebe zu Jesus, und ich segnete sie. Dann schloss sich die Tür hinter mir. Dies brachte Erschütterung, Schmerzen und Tränen. Das musste so sein, denn ein Opfer für Jesus ist so viel wert, so viel es uns gekostet hat.

Die äußere Führung unserer Marienschwesternschaft hatte ich damit aus der Hand gegeben. Doch die innere Führung konnte ich auf diesem Weg weiter wahrnehmen durch brieflichen Verkehr oder in besonderen Fällen in Besprechungen mit Mutter Martyria. Auch kam ich – zwar nur selten –, wenn ich ein geistliches Anliegen auszurichten hatte, zum abendlichen Zusammensein. Doch für viele Wochen waren nun Einsamkeit und Abgeschlossenheit mein Teil – in meinem Zimmer mit Jesus allein.

Einsamkeit gehört zu den Leiden, die Menschen zu allen Zeiten gequält haben. Dass Einsamkeit schwer zu ertragen ist, sollte ich jetzt zu schmecken bekommen. Es begann ein Sterbensweg, Freudenlichter wurden ausgelöscht. Statt der fröhlichen Mahlzeiten im Schwesternkreis mit Erzählen und Austauschen über das, was uns für Jesu Anliegen bewegte, saß ich in meinem kleinen Zimmer und hatte meine Mahlzeiten allein. Und wenn ich abends aus unserem Zionssaal das fröhliche Singen hörte, zuckte mein Herz zusammen, weil es mich in die Gemeinschaft zog. Oder ich hörte, dass nebenan in Mutter Martyrias Zimmer Dienstbesprechungen waren. Sicher wurde ich bei wichtigen Entscheidungen schriftlich gefragt. Doch da ich an allem interessiert war, was in unserem Haus vorging, hätte ich manchmal gern mehr darüber gewusst. Nun aber stand ich draußen – der Herr hatte mich weitgehend aus den Beratungen und Besprechungen ausgeschaltet.

Da ich oft wochenlang kaum einen Menschen sah oder sprach, wurde mir mein Zimmer an manchen Tagen zum Gefängnis – aber zu einem Gefängnis Seiner Liebe. Wir wissen, dass uns manchmal ein stiller Tag des Gebets – wenn Jesus uns nicht nahekommt, wir ohne Gebetsgeist sind – mit seiner Leere, Einsamkeit und Öde schier verschlingen will. Dann sind wir in Versuchung, aus diesem „Käfig" auszubrechen, verlieren damit allerdings Kleinodien für unser inneres Leben, die uns in der Einsamkeit mit Jesus geschenkt werden sollen. Erst nach einem Weg durch die Wüste wurde Mose die Gottesbegegnung auf dem Sinai zuteil.

Ich erinnere mich, dass Mutter Martyria am Anfang meiner Klausurzeit von einem auswärtigen Vortrag heimkam. Da zog es mich, gleich etwas von ihr zu hören und mich mit ihr auszutauschen. Ein Schritt durch die Tür, und ich wäre bei ihr gewesen. Jetzt erlebte ich ganz praktisch, wie es ist, wenn Jesus das erste Anrecht auf uns hat. Er war nun gleich einem Hausherrn, der den Schlüssel meines Zimmers in Seiner Hand hielt. Dabei erfasste ich mehr und mehr Jesu Schmerz, dass wir, die Seinen, so wenig für Ihn da sind. Es ist uns selbstverständlich, alles liegen zu lassen, wenn Besuch zu uns kommt, auch dann, wenn wir bei wichtigen Arbeiten oder im fröhlichen Austausch in der Familie sind. Wenn aber Jesus zu uns kommt, uns besuchen will, wenn wir für Ihn da sein sollten, weisen wir Ihn zurück. Es ist uns dann gar keine Frage, uns weiter unseren Aufgaben zu widmen oder für Menschen da zu sein, weil unser Herz sich mehr zu ihnen hingezogen fühlt als zu Ihm. So wird Jesus zum Bettler um Liebe, der anklopft und wartet, wer Ihn aufnimmt.

> Jesus in Liebe sucht Herzen,
> die flammend brennen Ihm,
> Ihm alles schenken, opfern
> aus reiner Gottesminn.
>
> So geht die ewige Liebe
> von Herzenstür zu -tür
> und wartet immer wieder,
> bis einer sie erkür.
>
> FREUDENQUELL JESUS Nr. 244

Als ich dies zu erkennen begann, machte sich der Feind auf, mich von einer anderen Seite anzufechten. Er höhnte mich, auf welch sinnlosen Weg ich gekommen sei – wie verantwortungslos ich Mutter Martyria gegenüber handle. Diese Anfechtung kam, obwohl sie mir meinen Weg leicht machte und mir mit beispielhafter Opferhingabe immer wieder sagte: „Wenn Jesus ruft, musst du Ihm folgen. Ich bin dankbar, wenn Ihm dadurch Liebe geschenkt wird." Und doch war es mir schwer, alle äußere Führung allein auf sie zu legen. Würde ich dadurch nicht schuldig, auch an unseren geistlichen Töchtern, da ich ihnen nicht mehr diente, wie ich es bisher getan hatte? Sollte tatsächlich durch mein Abgeschlossensein der Auftrag unserer Schwesternschaft ausgeführt werden? Brachte ich ihr durch die Möglichkeit, dass mein außergewöhnliches Verhalten missverstanden würde, nicht vielmehr großen Schaden?

In meinem Unverständnis hatte ich mir den Auftrag als Mutter der Marienschwesternschaft bis dahin ganz anders vorgestellt. Unvergesslich ist mir die Stunde, als Vater Riedinger – ein Mann voll göttlicher Liebe, Demut und prophetischen Geistes – Mutter Martyria und mich im Dezember 1949 an sein Sterbebett rief. In seinem prophetischen Segen hieß es, dass ich von Gott bestimmt sei, auch seinen Auftrag, den er als geistlicher Vater unserer Schwesternschaft gehabt hatte, mit zu übernehmen.

Wie selbstverständlich hatte ich damals angenommen, dass dies im *Wirken* geschehe – das wäre mir bei allen Kämpfen und Schwierigkeiten dennoch Freude gewesen. Nun aber ging es um einen ganz anderen Weg, auf dem ich gerade das Wirken zu opfern hatte.

Unter diesen Anfechtungen starrten mich meine vier Wände manchmal trostlos an. Unwillkürlich drängte sich dann der Vergleich mit Menschen auf, die mit mir studiert hatten und nun auch auf der Höhe ihres Lebens waren. Sie standen in verantwortlichem Wirken, waren mitten in der Brandung des Lebens, wurden gehört, wurden gebraucht. Wenn dagegen ich zu einem Dienst aufgefordert wurde oder Besucher kamen, die mich sprechen wollten, musste Mutter Martyria mich immer neu entschuldigen oder vertreten. Dazu kam, dass ich auch körperlich litt, weil ich von schwerem Rheuma geplagt war. Vor allem aber wollte mich innere Nacht und Einsamkeit in dunklen Stunden schier verschlingen. Denn wenn wir uns von Jesus ganz konkret auf Seinen Weg rufen lassen – gerade auch auf einen Weg gegen die Vernunft –, ist der Versucher zur Stelle, um uns von diesem Weg abzubringen. Er weiß: Sterben bringt Frucht und damit Einbruch in sein Reich.

Wohl prägte ich mir diese Wahrheit ständig neu ein. Dennoch stieg dann und wann das Bangen in mir auf: Könnte ich diese Wüste auch dann durchstehen, wenn der Herr mich nicht nur für Jahre, sondern für mein ganzes Leben zu solch langen Klausurwochen rufen würde? Musste nicht meine Natur, der dieser Weg so entgegengesetzt war, dadurch Schaden leiden, etwas in mir zerbrechen? Nein, dies könnte nur bei selbst erwählter Askese geschehen, nicht aber auf einem Weg, den wir auf einen Ruf Jesu hin und aus Liebe zu Ihm gehen. Denn dadurch sind wir angeschlossen an den, der das Leben selber ist. Dann kann uns solch ein Weg nur größere Lebensfülle und neue Gnadenkräfte bringen, statt uns im negativen Sinn zu zerbrechen und seelischen Schaden in uns anzurichten.

Auch Mutter Martyria und die Schwestern, die meine Gegenwart und Hilfe opfern mussten, erfuhren, dass sie dadurch gesegnet wurden. Sie sagten später immer wieder, dass ihnen durch meinen Weg der Klausur Jesus in Seiner Liebe viel nähergekommen sei, weil Sein Wort auch ihnen galt: „Wer verlässt, der empfängt". Jesu Liebe und Leiden sei für sie wie nie zuvor zur Wirklichkeit geworden, sodass ihnen ihre eigene bräutliche Berufung neu lebendig wurde. Auch Gott Vater in Seiner Heiligkeit, Allmacht und Güte, in Seinem tiefen Leiden um uns, Seine Kinder, und die Schöpferkraft des Heiligen Geistes sei ihnen zu einer ganz anderen Realität geworden. In den kurzen Zeiten, in denen ich hin und wieder unter den Schwestern war – so bezeugten sie –, empfingen sie vieles, was ich ihnen vorher nicht hatte vermitteln können. Für eine Sendung in letzter Zeit, für einen vielseitigen und großen Auftrag hatte der Herr die Marienschwesternschaft ins Leben gerufen, und nun machte Er uns alle auf diesem Weg zum Einsatz bereit.

Zwar konnte ich damals noch nichts davon erkennen, doch leuchtete mir in Stunden der Anfechtung, wenn mir mein Weg sinnlos vorkommen wollte, ein kleiner Verheißungsstern auf, eine Weissagung von anderer Seite: „Je mehr du in die Enge gehst, desto weiter wird der Ruf einst erschallen; weltweit wird der Auftrag der Marienschwesternschaft sein." Und doch konnte ich dem kaum Glauben schenken. So hieß es für mich, vorerst im Gehorsam Tag für Tag auf dem Weg der Klausur durchzuhalten. Die in dieser Zeit geschenkte Gebetsglut sollte sich später von selbst einen Kanal suchen für die speziellen Aufträge Gottes.

MIT JESUS ALLEIN

Mein Ruf in die Stille schloss aber nicht nur die Leiden der Anfechtung, der Einsamkeit und andere innere Leiden mit Jesus in
sich. Ich erfuhr immer mehr, welches Vorrecht solch ein Leben ist,
abgesondert von den Menschen Stunde um Stunde in innigster
Gemeinschaft mit Jesus sein zu dürfen – Ihm ganz hingegeben,
Ihm allein. Was bedeutet es, wie uns das Johannesevangelium
bezeugt, gleichsam am Herzen Jesu zu ruhen und aufzunehmen,
was Ihn bewegt an Liebe und Leiden! Was gibt es Kostbareres,
als dem Herzen Jesu nahezukommen, aus dem eine Liebe strömt,
die unfassbar ist – einst wie heute! Wie verwundbar ist Sein Herz
durch die Sünden der Menschen und doch so erbarmend! Aus
den Wunden, die Ihm unsere Sünden geschlagen haben, strömt
nur Heil, Vergebung und Liebe zu uns. Wer kann das Herz Jesu
ergründen, das so unendlich zart und innig ist in der Liebe zu den
Seinen, die Ihn lieben! „Ich liebe, die mich lieben" (Spr. 8,17), sagt
Gottes Wort.

Ewigkeitsstille lagerte oft in meinem Zimmer, wenn ich im
Gebet war. Die Gegenwart Gottes in Seiner Heiligkeit, in Seiner
Liebe war fast greifbar. Und wenn Er sich nahte, sich zu dem
Herzen eines sündigen Menschenkindes herniederneigte, war es,
als spüre man Gottes Atem. Sein Friede war wie ein Strom, Seine
zarte Liebe hüllte mich ein – war dann aber auch wieder wie eine
lodernde Flamme, die mich in brennender Liebe zu Ihm entfachte.

Sollte der, der uns so sehr liebt, uns nicht besuchen? „Wir wer-
den zu ihm kommen und Wohnung bei ihm nehmen" (Joh. 14,23).
Jesus, die ewige Liebe, erfüllt diese Verheißung bei den Seelen,
die zu Seiner Braut geworden sind. Er klopft an und bittet: „Stehe
auf, meine Freundin, meine Schöne, und komm her!" (Hld. 2,10 L12).
Warum ist Er gekommen mitten in der Nacht, als Schatten die
Seele umlagerten und sie wie im dunklen Tal weilte? Es ist Seine
Sehnsucht, die Ihn treibt, da, wo Er geliebt wird, zu trösten und

197

zu erquicken, Seine Liebe zu schenken. Schon ein irdischer Bräutigam würde das tun, wie viel mehr Jesus, die ewige Liebe selbst.

Ja, Jesus kommt! Er kann nicht anders als kommen, Er ist der Kommende – heute, morgen und einst, wenn Er als der wiederkommende König und Bräutigam von Seiner Gemeinde erwartet und empfangen wird. Er kommt mit Seiner allerbeglückendsten Liebe, die mit keiner noch so großen menschlichen Liebe zu vergleichen ist, mit der wir geliebt werden könnten. Welche Liebe sollte zarter und reiner sein als die göttliche! Welche Liebe sollte brennender sein als die der ewigen, göttlichen Glut! Wer kann beschreiben, wie stark und mächtig Seine Liebe ist, wenn sie geladen mit unendlicher Kraft Gottes zu einer armen, sündigen Menschenseele kommt und sie erfasst! Welche Liebe sollte wärmer, mitleidender, erbarmender sein als Seine Liebe! Menschliche Liebe mit ihren Fähigkeiten und Möglichkeiten ist begrenzt. Jesu Liebe aber, die von oben kommt, ist ohne Schranken. Sie strömt aus Seinem Herzen als ein Liebesfeuer ohne Anfang und Ende.

Wenn Seine Liebe schon hier ein Herz mit Wonnen erfüllt, wie es im Hohenlied heißt: „Du Liebe voller Wonne" (Hld. 7,7), wie muss es dann erst droben sein! Hier schon schmecken wir etwas von himmlischem Frieden, wenn Jesus uns nahekommt und sich mit uns vereint (Joh. 17,23). Aller Schmerz kommt zur Ruhe, alle Unruhe des Herzens weicht, denn Jesus ist da. Wir dürfen an Seinem Herzen ruhen, und Zeit wird wie Ewigkeit. Ein übergroßes Sehnen erfasst uns: Wann werden wir ganz bei dem sein, den unsere Seele liebt – auf ewig mit Ihm vereint?

Unter allen Gnaden und Aufträgen, die solche Zeiten der Stille mit sich brachten, war nichts dem gleich, was das Entscheidende ausmachte: nahe am Herzen Jesu zu leben, das die Fülle der Liebe, aber auch der Leiden in sich trägt. Nichts war dem gleich, Ihn zu lieben und nach Jesu Verheißung und Zusage Sein Kommen, Seine Liebe zu erfahren. Aus diesem Einssein mit Ihm floss alles, was unsere Sendung und das innere Leben der Marienschwesternschaft in sich schließt. Das In-Ihm-Bleiben, wie Jesus in Johannes 15 sagt, ist der Quellgrund für alles Wirken, für alles Wachsen im Reich Gottes. Es hat Ewigkeitswert, weil es mit Gott vereint, der das ewige Leben ist und aus dem göttliches Leben strömt.

O KIND VOLL GROSSER SCHÖNHEIT

Die langen Klausurwochen vor Weihnachten 1952 waren sehr dunkel. Doch ging ab und zu ein helles Gnadenlicht auf. Denn plötzlich leuchtete das selige Geheimnis der Weihnacht ganz neu auf: Gott ward Mensch! Das Jesuskind kam mir lebendig nah. Eine tiefere und innige Beziehung zu Ihm war auf einmal da. Immer wieder wurde ich nachts geweckt, und Gottes Geist trieb mich, trotz Müdigkeit Lieder vom Kind in der Krippe zu schreiben. Warum? Weil das Weihnachtsgeheimnis bisher für die meisten unter uns noch sehr begrifflich war: ein Gedanke, ein Wissen, eine Tradition – aber kein Geschehnis von göttlich schöpferischem Leben. Ich spürte, Gott wollte uns ein Weihnachten bereiten, durch das etwas ganz Neues bei uns aufbrechen, an uns geschehen sollte. Diese Lieder sollten mithelfen, eine tiefere Liebe zu Jesus, dem Kind in der Krippe, zu erwecken und die Anbetung neu lebendig zu machen.

Trotz dieser inneren Bereitungszeit war ich voll Bangen: Würde es wieder ein Weihnachten werden, das eine große Enttäuschung bringt wie zwei Jahre zuvor? Damals (1950) hatten wir mit dem Bau der Kapelle begonnen. Da brannte mein Herz in großer Liebe für das eine Anliegen: Gott muss Anbetung werden! Für das damalige Weihnachtsfest hatte der Heilige Geist mir Anbetungstexte gegeben, und ich hatte versucht, den Schwestern mit leuchtenden Farben zu malen, dass das Jesuskind uns an Weihnachten in Liebe und großer Freude über Sein Kommen in Bann nehmen, uns zur Anbetung entzünden möchte.

Doch dann konnte ich es kaum fassen: An jenem Weihnachten brannte kein Feuer in den Herzen der Schwestern. Die Lieder waren nicht geübt, das Singen war tot, das Feiern gelangweilt. Das war für mich ein großer Schmerz. Wie sollten wir eine Kapelle bauen, wenn die Liebe zu Jesus nicht in den Herzen brannte, kein Geist der Anbetung da war? Hatte der Herr mir nicht gezeigt, dass ein Anbetungschor entstehen solle, dessen Singen vom Heiligen Geist durchwirkt sei? Durch diesen Chor sollte etwas vom Himmel zu uns herniederkommen und noch viele zur Anbetung entzündet werden. Doch davon war am Weihnachtsfest 1950 nichts zu spüren.

In der Weihnachtszeit des nächsten Jahres musste ich unseren Chor sogar für einige Zeit auflösen, weil das Singen ohne Geist, ohne göttliches Leben war, ja mich wie eine Beleidigung Gottes anmutete. So hatten wir dann monatelang keinen Chor. Damals flehten wir zum Herrn, dass Sein Geist das Singen und Anbeten lebendig machen und alles hinwegräumen möchte, was Ihm im Weg stand. Würde es nun im Jahr 1952 anders sein?

In großer Erwartung und voll Liebe zum Jesuskind kam ich aus der Klausur zum weihnachtlichen Feiern. Am Heiligen Abend und am ersten Weihnachtstag breitete sich jedoch wieder eine lähmende Müdigkeit und Schwere aus. In mir brannte aber das Verlangen: Diesmal muss dem Jesuskind wahre Anbetung werden, diesmal muss der Himmel bei uns hereinbrechen! Am zweiten Weihnachtstag geschah tatsächlich das schöpferische Wunder des Heiligen Geistes. Unser Zionssaal war nun kein Raum mehr, wo eine Ansprache über das Weihnachtsgeheimnis gehalten wurde, die Schwestern still zuhörten und einige Weihnachtslieder sangen. Nein, der Saal war nun wie in einen himmlischen Festsaal verwandelt. In der Mitte stand die Krippe, und wie einst die Hirten hineilten, um niederzuknien und anzubeten, so tat es einmal diese, einmal jene Schwesterngruppe, in inniger Liebe dem Jesuskind singend. Halbe Nächte lang wurden die alten Weihnachtslieder gesungen und die neuen, die Gottes Geist mir in der Stille geschenkt hatte.

O Kind voll großer Schönheit,
das Engel benedein,
umstrahlt vom Himmelsglanze,
von Gottes Licht und Schein.
O Kind, Du reines Abbild
der Gottheit mild und schön,
das Sünder hoch besingen,
Engel anbetend sehn.

Ein Strahl vom Paradiese
hat uns in Dir gegrüßt.
Des Vaters ewge Liebe
hat uns in Dir geküsst.
Nun kann die Welt genesen,
der Himmel sie betaut;
das Angesicht der Gottheit
hat sie in Dir geschaut.

FREUDENQUELL JESUS Nr. 28

Auch in freien Versen wurde besungen, wer unser Jesuskind ist und was Es uns bringt: Sündenvergebung und Seligkeit, die Liebe untereinander und damit etwas vom Himmelreich. Dann war es wieder ein Reigen um die Krippe, ein immer neues Anbeten, dass Gott Mensch, ein kleines Kind für uns geworden ist.

So wurde das Jesuskind unter uns lebendig – das Geschehen in Bethlehem wurde zu einem Heute. Wir feierten Weihnachten, das Fest der Lobgesänge, wie noch nie. Ein Glanz des Himmels lag über allem. Darum war es uns auch viel zu wenig, nur die Weihnachtstage selbst zum Singen und Anbeten zu nehmen – bis zum Epiphaniasfest setzte sich das Feiern an den Abenden fort, meist bis tief in die Nacht hinein.

Diese zwei Weihnachtswochen, die ich außerhalb der Klausur mit den Schwestern verlebte, waren wirklich ein Vorgeschmack des Himmels. Wir waren so glücklich zusammen, dass die Zeit der Trennung reichlich aufgewogen wurde. Das Kind Jesus hatte uns zu Kindern gemacht, die fröhlich, nicht reflektierend, sondern selbstvergessen liebten. Der Herr hatte begonnen, uns von unserem verstandesmäßig geprägten Erwachsensein zu lösen. Ein Anfang wahrer Anbetung war geschenkt worden, einer Anbetung, die man nicht als Große bringen kann, sondern nur als Kleine, als ein Kind an der Krippe.

Das Jesuskind, die fleischgewordene ewige Liebe, hatte uns zur wahren Liebe untereinander gerufen, deren Merkmal die Versöhnung ist. Doch dabei sollte es nicht bleiben. Liebe entzündet Leben. Ein weitreichender Auftrag wurde aus diesem göttlichen Geschenk an Weihnachten 1952 geboren. Am nächsten Weihnachtsfest luden wir unsere Freunde und Nachbarn ein, mit uns anzubeten. In der Stille hatte der Herr mir ein schlichtes Weihnachtsspiel gegeben, das wir 1953 in unserer Mutterhauskapelle aufführten. Wir hatten keinerlei Erfahrung in geistlichen Laienspielen. Aber dieses Weihnachtsspiel war aus der Liebe zum Jesuskind geboren und unter dem Flehen, dass Ihm dadurch Liebe, Dank und Anbetung gebracht würde, indem Menschen anfangen möchten, einander zu lieben und sich zu versöhnen.

Gegen Ende des Weihnachtsspiels knieten und standen Schwestern singend und anbetend um die Krippe im Chorraum der Kapelle. Da kam einer aus der Gemeinde nach vorne, um seine Kerze zu entzünden, andere folgten. Doch was geschah, als eine ganze Schar begann, dem Jesuskind Anbetungslieder zu singen? Zwei verfeindete Familien gingen aufeinander zu und versöhnten sich an der Krippe. Welch ein Sieg des Jesuskindes, der ewigen Liebe, die auf diese Erde gekommen war, damit die Liebe siege! Jesus erwies sich als der Lebendige, der heute lebt und an Menschen etwas geschehen lässt: sie zum Lieben befähigt. Ja, wo Jesus geliebt und angebetet wird, geschieht etwas.

Dieses neu offenbarte Weihnachtsgeheimnis zog immer weitere Kreise. Das Jesuskind hatte Seinen Siegeszug angetreten, wie es mir vor Weihnachten 1952 in der Stille gewiss geworden war.

Jahre später setzte sich dieses Weihnachtserleben fort bis nach Bethlehem. Ich hatte unseren Schwestern beim Beginn ihres Dienstes auf dem Ölberg in Jerusalem gesagt, welch ein Schmerz es mir sei, dass seit Jahren gerade während der Heiligen Nacht – wo eigentlich Versöhnung und Liebe siegen sollten – in der Geburtsgrotte die Nöte des Gegeneinanderstehens der verschiedenen Konfessionen aufbrechen. Es schmerzte mich auch für das Jesuskind, dass an Seinem Geburtsort selbst in dieser Nacht die meisten Touristen die Grotte nur durcheilten.

Die Schwestern hatten dieses Anliegen aufgenommen, und ihr Gebets- und Glaubensziel war: Von jetzt an müssen in der Geburtsgrotte jedes Jahr an Weihnachten viele von der Liebe zum Jesuskind erfasst werden, Ihm Dank und Ehre bringen.

Was menschlich gesehen unmöglich war, das geschah: Scharen von Besuchern, die wie sonst üblich in Touristenart einige Minuten die Grotte ansahen und fotografierten, wurden beim Singen und Anbeten unserer Schwestern von der Gegenwart des Jesuskindes eingenommen. Die Grotte war bald in einen heiligen Anbetungsraum verwandelt, wo stundenlang die Lobgesänge aus andächtigen Herzen erklangen. Menschen aus vielen Nationen, Jugendliche und sogar dem Glauben Fernstehende feierten mit. Ja, es geschah, dass selbst der diensthabende Muslim sein Wächteramt vergaß. Nachdem er zwei Stunden dabeigestanden hatte, flüsterte er den Schwestern zu, ob sie auch wüssten, dass das, was sie hier tun, sonst nie erlaubt worden sei.

Dennoch konnte sich dieses Feiern in der Heiligen Nacht in Bethlehem lange Zeit Jahr um Jahr wiederholen. Und es blieb nicht nur beim Feiern in der Grotte, sondern unsere Schwestern konnten etwas davon hinaustragen in die Straßen Bethlehems. Dort fanden sie Scharen von Pilgern und Touristen, darunter innerlich ausgebrannte Hippies – oder sogar vom Weihnachtsgeheimnis angezogene Juden. Wenn unsere Weihnachtsgrüße verteilt wurden, legte sich oft gerade auf die Gesichter der Jugendlichen ein Glanz der Freude.

Vielerorts griff ein Erwachen um sich über dem Geheimnis: Gott ward Mensch, Er ward zum Kind. So wie Sonnenstrahlen in dunkle Winkel und entlegene Plätze huschen, machte sich das Künden und Singen vom Jesuskind, das Feiern und Anbeten Bahn – nicht nur in Bethlehem. Inmitten unserer Stadt im Einkaufsgewühle vor einem großen Kaufhaus, wo Schwestern die Krippe mit dem Jesuskind aufgestellt hatten und Ihm sangen, kamen Kinder herbei, blieben von Sünde gezeichnete Jugendliche sehnsüchtig stehen, sangen Erwachsene mit. In einer Berliner Markthalle mitten zwischen dem Warenangebot des Weihnachtsmarkts begannen Menschen mit unseren Kanaanfreunden zu singen, als ihr Blick von all den Festreklamen weggezogen und zur Krippe gelenkt wurde.

So zog dies anbetende Feiern seine Kreise: Das Jesuskind eroberte Herzen im Verkehrszentrum der englischen Stadt Coventry – in den Häusern der Ärmsten an unserem Stadtrand – in griechisch-orthodoxen Kreisen von Thessaloniki – in Klöstern in Italien und Jerusalem – in Weihnachtsgottesdiensten in Arizona – durch den Militärsender für amerikanische Soldaten. Das Jesuskind machte sich Bahn durch Ruferkästen in Geschäften und Wartezimmern – durch unsere Weihnachtslieder und Weihnachtsbriefe ...

Ja, es machte Traurige fröhlich und weise, große Leute wieder zu Kindern, sodass zum Beispiel ein Bischof, ein Elektronenforscher und einige Schauspieler dem Jesuskind sangen und viele unserer Gäste im Haus *Jesu Freude* an der Krippe anbetendes Feiern lernten.

Doch damit war der Segen jener Weihnachtserfahrung noch nicht beendet: Unser armseliges Weihnachtsspiel 1953 wurde auch zur Geburtsstunde der *Ruferspiele*. Damit konnten wir im Lauf der Jahre Tausende erreichen und sie zur Liebe zu Jesus, in Seine Nachfolge und zum Vertrauen auf den Vater rufen.

Wer von meinen Töchtern hätte gedacht, als ich 1952 von ihnen getrennt in meinem Zimmer in der Abgeschlossenheit war, wie buchstäblich sich erfüllen würde, dass Gemeinschaft mit Jesus in der Einsamkeit weltweite Auswirkungen hat.

GEMEINSCHAFT SEINER LEIDEN

Was brachte Paulus dazu, seine Existenz als Pharisäer, seine Vorteile als Hebräer, seinen Ruhm unter seinen Volksgenossen für Schaden, ja für Dreck zu erachten? Wofür wollte er alles eintauschen, was ihm bisher Gewinn war? Paulus wollte Christus gewinnen, in Ihm gefunden werden und damit die Gemeinschaft Seiner Leiden erlangen, Seinem Tode gleichgestaltet werden (Phil. 3,7–10). Es war ihm höchstes Sehnen, kostbarstes Geschenk, teilzuhaben an den Leiden Jesu. Wie oft hatte ich das schon gelesen, aber in Wirklichkeit eigentlich überlesen.

Doch nicht nur der Apostel Paulus, sondern die meisten der ersten Christen waren davon gekennzeichnet, dass es sie für Jesus ins Leiden trieb. So lesen wir es von den Märtyrern aus jener Zeit. Und dieser Impuls beseelte Menschen zu allen Zeiten und in allen Kirchen, wie es etwa von dem großen Beter und Missionar John Hyde heißt: „Je näher wir Seinem Herzen kommen, desto mehr werden wir an Seinem Leiden Anteil haben."

Von daher ist zu verstehen, dass Franz von Assisi, der ebenso wie Paulus kein Theoretiker war, betete, Christus möge ihn an Leib und Seele die Schmerzen fühlen lassen, die Er in Seinem bitteren Leiden ausgestanden hatte. Er bat dies aus der Sehnsucht des Liebenden, teilzuhaben am Schicksal dessen, den er liebte – und Gott führte ihn in die Gemeinschaft Seiner Leiden. So heißt es von ihm, dass sein schmerzensreiches Leben in der erschütternden Gleichgestaltung mit dem Schmerzensmann gipfelte.

Als meine Liebe zu Jesus wuchs, brach zuerst leise und dann immer stärker dieses Sehnen auch in mir auf. Und seit 1952, als Jesus mir mit der Macht Seiner Liebe so nahe war, ist die Gemeinschaft Seiner Leiden eine Realität in meinem Leben. Ich spürte, dass Leiden und am meisten Gemeinschaft Seiner Leiden große Frucht wirken. So bezeugt Paulus: „Wir tragen allezeit das Sterben Jesu an unserm Leibe, damit auch das Leben Jesu an unserm Leibe offenbar werde" (2. Kor. 4,10). Paulus wusste von Leiden, die Gemeinschaft der Leiden mit Jesus waren. Welch eine Kostbarkeit ihm diese waren, geht aus vielen Stellen seiner Briefe hervor, besonders deutlich, wenn er – wie in 2. Korinther 11 – all die Stationen seines Leidenswegs aufzählt.

Führt Jesus eine Seele in die Gemeinschaft Seiner Leiden, so mag es zum Beispiel sein, dass Er ihr Anteil gibt an Seinem Gethsemane-Leiden. Sie erfährt nun etwas vom Leiden Jesu heute – Leiden, die sie nie zuvor gekannt hat und die größer und von ganz anderer Art sind, als was man sonst an menschlichen Schmerzen und Leiden durchgeht. Denn was ist größer als das Leid Gottes? Auf diesen Wegen können ganz verborgene Qualen durchlitten werden, wie man sie im durchschnittlichen Christenleben niemals erfährt. Das hat auch nichts damit zu tun, was eine Seele sonst an Lasten beschwert.

Wenn sich die Macht des Todes naht, überfällt die Seele etwas von der Todesangst Jesu in Gethsemane. Sie spürt etwas von Seiner Gottverlassenheit. Eine furchtbare Einsamkeit kann gleichsam ihr Maul aufsperren und sie schier verschlingen. Ja, über einen Menschen, der bereits tiefe und innige Gemeinschaft mit Jesus geschmeckt hat, bricht dann ein solcher Todeszustand herein, dass er an nichts Göttlichem, Geistlichem auch nur ein wenig Trost findet und sich vorkommt, als habe er noch nie eine Verbindung mit Jesus gehabt. Es ist, als presse die Hand des Todes das Herz zusammen, sodass man kaum noch fühlen und denken kann, nur noch Qual durchlebt. Die Seele bleibt dabei aber letztlich im Frieden und kann nach außen in allen Bedrängnissen und Schwierigkeiten des Alltags fröhlich sein. Auch wirken sich diese inneren Leiden nicht hindernd oder abträglich auf die tägliche Arbeit aus.

Führt Jesus in die Gemeinschaft Seiner Leiden, so wird Er uns oft auch mit hineinnehmen in das Leiden der Schmach. Und Petrus erinnert uns eigens daran, uns nicht darüber zu verwundern, als widerfahre uns etwas Seltsames (1. Petr. 4,12). So könnte man alle Leidensstationen Jesu durchgehen, denn es gibt keine, die Er nicht mit einzelnen Seiner Jünger, die sich danach ausgestreckt haben, im Maß ihres Leidensvermögens geteilt hätte.

Selbst Seine Wunden verlangte es Jesus mit manchem der Seinen zu teilen. Paulus schreibt: „Hinfort mache mir niemand weiter Mühe; denn ich trage die Malzeichen Jesu an meinem Leibe" (Gal. 6,17). Es ist anzunehmen, dass hinter dieser Aussage eine Gottesberührung steht, bei der ihm der Herr Wunden und dadurch erst recht Vollmacht verliehen hat.

Schon im Alten Testament lesen wir von schmerzhaften Gottesberührungen und ihren Folgen: Jakob hinkte an seiner Hüfte, nachdem er mit Gott gekämpft und Ihn von Angesicht gesehen hatte (1. Mose 32,31–32). Er hinkte zum Zeichen dafür, dass er nicht mehr derselbe war wie vorher. Großes richten derartige Gottesberührungen aus.

Solche Erfahrungen machen Glieder des Leibes Jesu, die gewürdigt werden, in das Leben und Leiden des Hauptes, Jesus, mit hineingenommen zu werden als Teil von Ihm, wie geschrieben steht: „Wir sind Glieder seines Leibes" (Eph. 5,30).

Eine Gottesberührung bringt in Verbindung mit dem, der das Leben selbst ist, und führt darum auch nicht in einen Zustand unfruchtbarer Passivität, Bedrückung oder geistlicher Überheblichkeit. Wenn Gott aus Gnade in die Gemeinschaft Seiner Leiden führt, wird die Auswirkung vielmehr demütige Hingabe sein und verzehrende Glut für Seine Aufträge. Die Seele eifert dann mit ihrem ganzen Sein, das Werk Jesu zu treiben, auch im hingebungsvollen Dienst des Gebets. Ihr gilt das Wort: „Die Liebe Christi drängt uns" (2. Kor. 5,14), sie drängt zum Einsatz – und darin erweist sich ihre Echtheit.

Für mich war es nichts als Gnade, dass Jesus mir das Geheimnis der Gemeinschaft Seiner Leiden nicht nur erkenntnismäßig erschloss, sondern auch begann, mir Anteil zu geben an Seinem Leiden, Seinem Weg. Ich hatte in den Monaten zuvor immer wieder gesungen:

Jesus, Jesus, meine Liebe,
hochverehrtes Gotteslamm,
der Du gingst aus freiem Triebe
Deinen Weg zum Kreuzesstamm,
lass mein Lieben Dich begleiten,
nimm mich mit auf jedem Schritt
Deines bittren Seelenleidens,
lass mich spüren jeden Tritt.

Solches brach nun in mein Leben ein, und Jesus nahm mich während vieler Klausurzeiten ein wenig in Sein Leiden mit hinein.

So waren die Monate, ehe ich in die Stille ging und mich zu dem scheinbar sinnlosen Weg der Abgeschlossenheit in der Klausur hingab, gleichsam eine Gethsemane-Zeit, in der ich etwas von den Angriffen und Dunkelheiten Gethsemanes erfuhr. Was bedeutete für mich nun das Ja-Vater Jesu! Meine ständige Bitte war:

Lass mich tapfer bei Dir stehen,
wenn die Nacht des Trauerns groß,
und Gethsemane bestehen,
wenn ich fern von Deinem Schoß
Anfechtungen preisgegeben
und dem Heer der Finsternis –
dann lass mich am Boden liegen,
hingegeben Gottes Willn.

Und dann ging es darum, sich wirklich auszuliefern, sich binden zu lassen an Seinen Willen, an einen Weg ohne Möglichkeiten zu wirken und zu gestalten – eine Gefangene für Ihn zu sein. Das konnte nur geschehen, weil der gefangene Jesus, der sich aus reiner Liebe zu uns binden ließ, übermächtig in mein Leben getreten und mir in Seinem Leiden nahegekommen war. Die Heiligkeit Gottes, der ich mich gestellt hatte, ließ mich auch zur Angeklagten und Verurteilten werden: Angesichts des unschuldigen Lammes Gottes, das sich für uns viermal vor Gericht schleppen ließ, richtete mich der Geist Gottes um meiner Sünden willen in einem bisher nicht gekannten Ausmaß.

Auf diesem Weg schenkte mir der Herr eine Erschütterung über Sein Passionsleiden, die mir ins Mark ging und die einzig wahre Antwort entlockte, ein Weinen, Trauern, Lieben und Anbeten aus einem im Innersten ergriffenen Herzen. Was 1952 begonnen hatte, wurde in der Passionszeit 1953 noch ganz anders zur Wirklichkeit in meinem Leben. Der Heilige Geist wirkte als erste Frucht dieses inneren Erlebens, dass mir meine Sünde zum tiefen Schmerz wurde. Auch die Klausurzeiten der weiteren Jahre waren von immer neuer Reue geprägt. Er gab mir den großen Schmerz ins Herz, dass meine Sünde die Ursache Seiner Leiden war. So wurde mein Herz voll Tränen im Mitleiden der Leiden Jesu. Er erhörte meine Bitte, die ich Ihm im Jahr zuvor gebracht hatte:

> Jesus, lass mich mit Dir weinen
> in der Nacht der Leiden Dein.

Doch trieb mich dieses Erleben dann, alles zu tun, Jesu Herz zu erquicken und zu trösten – durch Hingabe zum Leiden, durch ein Eifern, dass Menschen aus Sünden und Satans Macht gerettet werden und in anderen die Liebe zum dreieinigen Gott neu erweckt wird. Aus dieser Wurzel der mich immer stärker antreibenden Liebe zu Jesus sind meine Schriften und die meisten meiner Lieder herausgewachsen.

Auch in den Jahren zuvor hatte ich den Schwestern Passionsstunden gehalten; doch wie anders war es nun in der Passionszeit 1953, als ich aus der völligen Stille für einzelne Abende zu ihnen kam! Diesmal brachte ich ihnen keine Passionsbetrachtungen, sondern was vom Leiden Jesu in meinem Herzen lebte. Ein leidenschaftlicher Wunsch erfüllte mich für mich selbst und für sie: dem Herrn, der aus Liebe zu uns Sündern so qualvoll gelitten hat, um uns Satan und der Hölle zu entreißen, nun immer neu Liebe zu erweisen. Und ich erfuhr die große Gnade, dass Jesus, der Schmerzensmann, in dieser Passionszeit tatsächlich bei den Schwestern Eingang fand.

Durch Seine große, sich zu uns herabneigende Liebe durften wir Seinem Herzen näherkommen. Denn Leiden, die ein anderer im Herzen trägt, sind etwas Heiliges, woran er nur Liebende teilhaben lässt. Wir spürten: Es war eine Gnadenstunde, als Jesus uns das Heiligste, Sein Leiden, erschloss. Viele waren voll Tränen über ihre Sünde, die Jesus solche Leiden verursacht hat; sie waren so erfüllt von Seinen Leiden, dass große Liebe zu Ihm entfacht wurde. So hatten wir nur *ein* Verlangen: Ihm zu danken für das, was Er für uns getan hat. Und Jesus, der Schmerzensmann, wurde innig angebetet.

Angesichts Seiner Leiden brannte in mir die sehnliche Bitte:

> Liebe, Liebe soll Dir werden,
> wie noch nie ein Mensch auf Erden
> Trost und Lieb um Lieb empfing.
>
> FREUDENQUELL JESUS Nr. 93

Ich betrachtete es als großes Vorrecht, vom Leiden Jesu weitersagen und andere in Liebe zu Ihm entzünden zu dürfen; demgegenüber fielen die Leiden der Abgeschlossenheit in der Klausur nicht ins Gewicht.

SCHREIBE!

Ich erinnere mich noch gut daran, dass ich während meiner Reisedienste 1939 bis 1946 von vielen Seiten gefragt wurde: „Können wir Ihren Vortrag nicht schriftlich bekommen?" Da hatte ich erwidert: „Die Gabe des Schreibens habe ich nicht, schriftlich Niedergelegtes gibt es von mir nicht." Doch Gott führte es anders. Meine Vorträge aus jenen Jahren waren mitstenografiert, klischiert und verbreitet worden. Das merkten Mutter Martyria und ich erst an den Nachbestellungen, die bei uns einliefen, ohne dass wir diese Nachschriften besaßen. Auf solche Bitten hin vervielfältigten wir den uns zugesandten Text.

Nach Kriegsende, als das Drucken grundsätzlich wieder möglich war, suchten wir Wege dafür, denn mit unseren primitiven Methoden war den Bestellungen nicht nachzukommen. Wir beteten damals lange darüber, ob wir dieses Risiko eingehen sollten. Die Druckkosten, um die Schriften im Selbstverlag herausgeben zu können, schienen unerschwinglich hoch. Unsere Armut hatte den bis dahin tiefsten Punkt erreicht – es war 1948, kurz nach der Währungsreform, und keiner hatte mehr als sein Kopfgeld. Dennoch ließen wir die ersten drei Hefte drucken: DEM ÜBERWINDER DIE KRONE, DAS KÖNIGLICHE PRIESTERTUM und GEWISSENSSPIEGEL.

Die Nachfrage war über alles Erwarten groß, die Erstauflagen bald vergriffen. Neue Auflagen brachten uns neue, große Rechnungen, während wir für die weitergegebenen Schriften keine Rechnungen ausstellten. Da kam Schwester Martina mit dem Vorschlag, wir müssten unbedingt versuchen, zu einer kleinen Offset-Druckmaschine zu kommen, dann könnten wir in einfachem Verfahren selber drucken. Und Gott erhörte unser Gebet – bald darauf wurde uns eine solche Maschine geschenkt. So konnte

211

im Dachgeschoss des Mutterhauses vieles nachgedruckt werden. Inzwischen waren noch die Schriften MACHT DES GEBETS und HAST DU MICH LIEB? entstanden, doch dachte ich nicht daran, Weiteres zu schreiben.

Dann aber, nachdem ich seit Herbst 1952 in der Stille gewesen war, kam in jenem ersten Winter meiner Klausurzeit der Auftrag Gottes, Ihn durch Schriften zu bezeugen. Ausgerechnet mich traf dieser Auftrag, die ich nie viel Sinn für schriftstellerisches Arbeiten gehabt hatte; das war nach meiner Ansicht Männerarbeit. Auch war mir sehr bewusst, dass ich keine Gabe dafür hatte. Deshalb konnte ich nur dann schreiben, wenn Gottes Geist mich dazu trieb. Das geschah nun öfter nach Zeiten innerer Leiden mit Jesus in meiner Klausur.

Manchmal drängte es mich so sehr zum Schreiben, dass all mein bisheriges Denken und Meinen darüber hinfällig wurde. Mein Herz und Geist waren von solcher Glut erfasst, dass ich nicht anders konnte als – dem Wirken des Geistes gehorsam – viele Stunden ohne Pause zu schreiben, oft halbe Nächte, ohne dass ich müde wurde. Aus dem Jahr 1955 erinnere ich mich, dass ich von morgens früh bis nach Mitternacht an einem Buch schrieb, weil ich so stark dazu getrieben wurde.

Wohl war es der Heilige Geist, der mich zum Schreiben drängte; dennoch bedeutete das nicht, ein willenloses Werkzeug zu sein. Wenn ich etwas Neues zu schreiben hatte, musste alles vorher durchlebt sein und wurde erst danach zur Frucht im schriftlichen Zeugnis. Während einzelne Bücher und Schriften entstanden, hatten meine Augen in diesen Zeiten der Stille sehr wenige äußere Eindrücke. Dafür stand vor meiner Seele immer leuchtender Jesus, das Lamm Gottes, der wiederkommende König und Bräutigam. Ihn durfte ich in Schriften und Liedern den Menschen vor Augen malen.

Zwar wollte meine Vernunft immer wieder streiken, und ich sagte mir: Du hast nun genug geschrieben. Es war mir peinlich, so viel geschrieben zu haben, und die Kritik, die deswegen von manchen Seiten geübt wurde, blieb mir nicht verborgen. Doch zur großen Hilfe wurde mir dann der Gehorsam gegenüber Gottes Willen und Auftrag. Ich wusste, wenn es zu Seinem Plan gehört, ist es richtig und nichts als Gnade, dass ich schreiben darf. Ich erfuhr auch immer neu, dass es ein großes Geschenk ist, von den Wesenszügen des Vaters, des Sohnes und des Heiligen Geistes künden zu dürfen, von Seiner Heiligkeit und Gerechtigkeit, aber noch mehr von Seiner großen Güte, Liebe und Barmherzigkeit. Letztlich war es ein Vorrecht, den Ruf weiterzugeben, Jesus über alle Dinge zu lieben, Seine Erlösermacht zu rühmen und sich auf Sein Kommen zu bereiten.

Bei diesem Auftrag war das Durchhalten im Glaubensgehorsam noch einer besonderen Prüfung ausgesetzt. Denn um einen Leserkreis zu erreichen, der über den eigenen Freundeskreis hinausgeht, muss man im Inland Zugang zum Buchhandel und im Ausland zu Verlagen haben. Und das waren für uns Jahre hindurch verschlossene Türen. Verleumdungswellen brachten mit sich, dass sich kaum eine Buchhandlung für mein Schrifttum öffnete, von Verlagen nicht zu reden. Ich kann nicht sagen, wie oft mir der Feind in der Stille vorhielt, es sei unsinnig, dennoch immer weiter zu schreiben. Und ich kann es nur dem göttlichen Feuer und dem Drängen des Heiligen Geistes danken, dass ich angesichts dieser Sinnlosigkeit den Schreibauftrag nicht aufgab. Unvergesslich ist mir ein Verheißungswort, mit dem der Herr uns stärkte angesichts der verschlossenen Verlage in der englischsprachigen Welt: „Ich weiß wohl, was ich für Gedanken über euch habe, spricht der HERR ... dass ich euch gebe das Ende, des ihr wartet" (Jer. 29,11).

Doch so ist unser Gott: Als die Zeit erfüllt war, öffnete sich tatsächlich der Buchhandel. Und der Leserkreis vergrößerte sich so, dass unsere Verlagsschwestern oft Berge von Bestellungen zu bewältigen hatten. In unserer 1952 so klein begonnenen Druckerei liefen inzwischen vier Druckmaschinen, und doch konnten die Schwestern den Anfragen kaum nachkommen. Ein amerikanischer Verleger schrieb, welch ein Vorrecht es für ihn sei, unsere Bücher zu verbreiten. Andere ausländische Verlage öffneten sich.

Als sich 1952 die Tür der Klausur hinter mir schloss, wusste ich nicht, was der Herr sich für diese Zeit schon erdacht hatte: dass sie zur Quelle einer Fülle von Schriften werden würde. Einen Verlag mit weltweitem Auftrag hatte der Herr im Auge, Auflagenhöhen, mit denen niemand von uns gerechnet hätte, über hundert Schriften und Übersetzungen in viele Sprachen. Ja, 1952 war mir völlig verborgen, dass später einmal so viele Menschen durch das Gelesene zur Reue und Buße kommen und damit zur ersten Liebe zu Jesus finden würden, sich zur Kreuznachfolge hingeben oder neu die Heiligkeit und Unantastbarkeit der göttlichen Gebote erfassen.

Damals war nicht abzusehen, dass nach eineinhalb Jahrzehnten eine Zeit kommen würde, in der die Gemeinde Jesu mehr denn je Hilfe, Stärkung und Wegweisung brauchte, die abseits von allen Diskussionen aus dem Erleben der Nähe Gottes in der Stille gewachsen war.

Auch um dieses Schreibauftrags willen rief mich Jesus damals in die Abgeschlossenheit, die mir in Anfechtungsstunden immer wieder so sinnlos erschien. Doch Gottes Gedanken sind höher als unsere Gedanken – und was unserem gefallenen menschlichen Verstand ohne Sinn erscheint, hat bei Gott oft den größten Sinn und Auswirkungen, die wir nicht ahnen.

CHRISTUS IN UNS

Schon Jahre vor der Gründung der Marienschwesternschaft hatte mich ein Wort aus der Heiligen Schrift ganz besonders angesprochen und mein Herz bewegt:

Denn der HERR hat Zion erwählt und hat Lust, daselbst zu wohnen. „Dies ist meine Ruhe ewiglich, hier will ich wohnen; denn es gefällt mir wohl." Ps. 132,13–14 L12

Die Erfüllung dieser Verheißung, die ich in den ersten Monaten der Klausur als beglückendes Geschenk erfuhr, war noch viel umfassender als das liebende Nahekommen Jesu. Doch wenn ich erfahren sollte, was es in sich schließt, dass Jesus nach Seiner Zusage in Johannes 14,23 wirklich bei uns Wohnung nimmt, dann konnte dies nicht über Nacht geschehen.

Innewohnung Jesu! Wie lange war es mein größtes Sehnen gewesen, dass der Herr dies in meinem Leben erfüllen könnte. Ich spürte aber, wie weit ich davon entfernt war, denn Jesus sagte, dass Er in den Herzen derer, die Ihn lieben, Wohnung nehmen will. Und wiederum heißt es in Seinem Wort: Das Zeichen der Liebe zu Ihm ist, dass wir Seine Gebote halten (1. Joh. 5,3). Gerade das aber hatte ich jahrelang nicht absolut genommen und damit die erste Voraussetzung übergangen, Sein Wort in der Kraft des Opfers Jesu befolgen zu können.

Durch Gottes Eingreifen kam ich mit etwa 30 Jahren zur Reue darüber, dass mir die kompromisslose Nachfolge Jesu fehlte; und damit geschah eine Wandlung in meinem Leben. Nun nahm ich Jesu Gebote für mich verpflichtend. Es war die Zeit, als mir die erste Liebe zu Jesus wiedergeschenkt wurde. Diese Liebe trieb mich nun, Sein Wort anders ernst zu nehmen als zuvor; Sein Wort, Seine Wünsche und Forderungen an uns wurden mir heilig und wertvoll, lieb und verpflichtend. Damit brach das große Sehnen auf: Ach, dass der Herr doch Wohnung in mir nehmen möchte! Ich spürte, dass ich immer wieder von vielerlei anderen Dingen und Ereignissen, von Menschen, Sorgen, meiner Arbeit, von Leiden und Schwierigkeiten eingenommen war – meine Herzenswohnung davon besetzt war. Wohl glaubte ich an Jesus, doch Er hatte noch zu wenig Raum in mir. Nun aber drängte mich der Heilige Geist, mit ganzer Entschlossenheit den Dingen und Menschen, denen ich so viel Raum in meiner Seele gegeben hatte, abzusagen.

So erinnere ich mich noch genau an die Tage eines Umzugs innerhalb unserer Wohnung auf dem Steinberg in den Jahren vor der Marienschwesternschaft. Dabei war es nötig, Handwerker im Haus zu haben, alle Schränke auszuräumen und vieles zu sortieren, was den ganzen Tag Unruhe und Umtrieb mit sich brachte. Lebendig ist mir meine Sorge im Gedächtnis geblieben, dass dieser viele Umtrieb mich ganz einnehmen könnte, sodass ich nicht mehr in der Gegenwart Jesu bleiben würde. Darum flehte ich Ihn an, dass Er mich durch Seinen Geist doch immer bei Ihm bleiben lasse. So tat ich in diesen Tagen ganz bewusst alles betend vor Seinen Augen mit dem einen Sehnen, meinen Herrn Jesus den Tag über bei all dieser Räumerei nicht zu verlieren. Ich weiß noch, wie dankbar ich war, dass Er es schenkte.

Durch die Sehnsucht, dass Jesus Wohnung in mir nehmen möge, gab ich seitdem ganz scharf auf das acht, was mich sonst noch in Beschlag nehmen könnte, etwa die Arbeit. Weil ich gern viel und schnell arbeitete, hatte ich mir bis dahin schon morgens aufgeschrieben, was alles an diesem Tag fertig werden musste. Dann hatte ich mich meist in die Arbeit gestürzt, „fieberhaft gearbeitet", weil ich um jeden Preis den Tagesplan durchführen wollte. Nun aber vollzog ich eine Absage, damit diesbezüglich ein anderes Leben beginnen könnte. Darum breitete ich morgens die Arbeitspunkte betend vor Gott aus, legte sie dann aber ganz weg und sah sie nicht mehr an.

Statt mich mit den Gedanken zu beschäftigen, was ich alles vorhatte, bat ich immer wieder den Heiligen Geist, dass Er mich führen und mir zeigen möge, ob ich jetzt dies oder jenes tun, hier oder da hingehen, an einer Arbeit bleiben oder länger beten solle – wenn es nicht etwas war, was auf Termin fertig werden musste oder mich durch die Gegebenheiten selbstverständlich forderte. Meine ständige Bitte war, dass nichts in mein Herz eindringe, was es in falsche Erregung versetzen und ganz einnehmen könnte. Und Gott erhörte mein Gebet um lebendige Reaktionen der Liebe, des Mitleidens und Mittragens mit meinem Nächsten, wobei ich dennoch im Frieden in Jesus bleiben konnte.

Gott hatte zugleich die Liebe zu Jesus neu in mir erweckt, die Ihn viel besingen und anbeten muss. Mein Herz war erfüllt von Ihm, meinem Bräutigam und Herrn, von Seiner unendlichen Liebe und Schönheit – von Ihm, dem Lamm, das Wunden trägt und dessen Liebe sich sogar über Seine Lästerer ergoss – von Ihm, dem König in Seiner Glorie und Majestät, der wiederkommen wird in Herrlichkeit.

Diese Liebe war es auch, die mich getrieben hatte, Ihm mein Ja zum Weg der Abgeschlossenheit zu geben, zur Loslösung von den Geschöpfen, von eigenem Wünschen, Wollen und Wirken. In dieser Klausurzeit konnte nun alles zur Vollendung kommen, was Er vorbereitend gewirkt hatte, um Wohnung in mir nehmen zu können.

So kam ein Tag, den ich nie vergessen werde. Mein Zimmer war von der Gegenwart Gottes erfüllt. Es war eine heilige Stunde, Jesus war greifbar nahe und schenkte mir Seine Innewohnung in besonderem Maß.

Nun verstand ich, warum Er mich ein Jahr vorher durch eine Zeit tiefer Demütigung und Erniedrigung geführt hatte. Denn der Herr sagt, dass Er, der Hohe und Erhabene, bei solchen wohnt, die zerbrochenen und demütigen Geistes sind (Jes. 57,15). Hatte ich Ihn nicht jahrelang gebeten, dass Er Wohnung bei mir nehmen möchte? Darum hatte Er mich gedemütigt und erniedrigt und tat es später immer und immer wieder – anders sind wir nicht dafür bereit, dass Er bei uns wohnt.

Aus dieser Gnadenstunde der Innewohnung ergoss sich ein großer Segen in mein Leben. Wenn später meine Töchter sich wunderten, dass ich bei großen Schwierigkeiten und Nöten, die mir bei der Leitung unseres Werkes begegneten, still bleiben konnte, mich nicht zu erregen brauchte, so war es die Gnade der Innewohnung Jesu. Es war mir ein besonderes Geschenk, dass der Herr mein Innerstes wie einen stillen See machte, wenn auch äußerlich die Wellen manchmal hochgingen. Im Herzensgrund wohnte ja Jesus, Er war und ist mein Friede, mein Helfer, Er hatte in Seinem Ratschluss schon alles gelöst. Er nahm meinen Willen in den Seinen hinein. Und wenn unser Wille mit dem Seinen vereint ist, bleibt er Gott auch dann hingegeben, wenn Sein Wille für uns Durchquerungen, Widerstände, Nöte und Leiden in sich schließt.

Die Innewohnung Jesu brachte mir noch etwas anderes, wofür ich bis heute immer neu danke. Wenn ich Entscheidungen zu treffen hatte, wusste ich früher oft nicht, was Sein Wille sei. Obwohl damals noch nicht die Last so großer Verantwortung auf mir lag, konnte ich mich dennoch fast zerreiben an der Frage: Wie sollst du in diesem oder jenem Fall entscheiden, was ist jetzt Gottes Wille, welchen Weg sollst du gehen? Ich kam oft zu keiner Klarheit. Und wenn ich schließlich entschieden hatte, quälte ich mich mit der Frage, ob die Entscheidung wirklich richtig war. Ungelöst blieb für mich: Wie soll man Gottes Willen erkennen?

Damals wusste ich noch nicht, dass wir Gottes Willen erst dann erkennen können, wenn wir tatsächlich anfangen, ihn ernst zu nehmen: Wir müssen unseren Willen und den Wunsch, uns selbst zu führen, aus der Hand gelegt haben – dann erst können wir Seinen Willen erkennen – dann erst wird Er uns führen. Das ist ein Prozess, eine Übung, aber sie beginnt mit einem Entschluss. Doch es lohnt, alles aufzugeben, zu verlieren in unserem Leben, damit wahr wird, dass wir Ihn über alle Dinge lieben. Es lohnt, dem eigenen Willen, Meinen, Wünschen abzusagen und sich hinzugeben, dass nur noch Sein Wille für uns verpflichtend ist. Dann kommt Er selbst und wohnt in uns – Er, in dem wir alles haben, was wir uns ersehnen an Liebe, an Hilfe, an Lösung, an Führung.

Das war es, was ich seit jener besonderen Gnadenstunde erfuhr. Allerdings musste ich Gott jedes Mal neu bitten, mich jetzt recht zu lenken, weil ich mich unsicher und unfähig fühlte, in der jeweiligen Lage das Rechte zu erkennen. Doch dann wurde ich wie an die Hand genommen und von Jesus sicher geführt. Bei vielen schwierigen Entscheidungen bestätigte sich Seine klare Wegweisung.

So lenkte Er mich auch in den kleineren, alltäglichen Dingen – zum Beispiel hie und da eine Arbeit zurückzustellen und etwas anderes zu tun – und ich erlebte oft hinterher voll Dank, dass die Arbeit dann tatsächlich hinfällig wurde. Oder ich wurde geführt, ein Gespräch mit diesem oder jenem nicht zu haben, und dann erübrigte es sich auch. Umgekehrt trieb es mich, diese oder jene meiner Töchter zu rufen, die gerade den Herrn darum gebeten hatte, weil sie jetzt ein Gespräch brauchte.

Jesus in uns, wie Er verheißen hat – wenn das Wirklichkeit ist, dann führt Er, dann entscheidet und sorgt Er. Aber wie sehr gilt es, auf der Hut zu sein und nicht dem eigenen Willen und Denken nachzugeben. Denn wenn wir nicht gleich in Reue umkehren, treiben wir Jesus aus unserem Herzen hinaus. Nur wenn wir Sein Wort halten, nach Seinem Willen tun, bleibt Er in uns. Und wenn wir in Reue, mit gedemütigtem Herzen den Weg der immer neuen Willenshingabe gehen, dann bringt uns Seine Innewohnung etwas vom Himmel – Freude, Frieden und Glückseligkeit. Davon durfte ich in der Stille meiner Klausur reichlich schmecken.

Rückschauend kann ich den Herrn nur anbeten, dass Er mich nach Seinem wunderbaren Plan den Weg der Klausur führte und mir dabei das Kostbarste schenkte, Seine Innewohnung.

EINHEITS- UND VERSÖHNUNGSREISEN: MEIN WEG IN DIE STILLE WIRKT SICH AUS 1953–1955

BITTGÄNGE WIDER DIE NATUR

Hingaben, die wir Gott in der Stille bringen, verleiblichen sich und werden eines Tages sichtbar, sie haben ihre Wirkungen nach außen. Das wurde mir nun zu einer tröstlichen Gewissheit bei allen Anfechtungen in der Klausur: Wenn die Erfahrungen, die wir mit Gott machen durften, real waren, sind auch ihre Auswirkungen real. So trieb mich die Liebe zu Jesus, dem Schmerzensmann, um Seiner Leiden willen mein Kreuz anders als zuvor liebend zu umfangen. Ich wollte Ihn durch meine Leidenshingabe erfreuen, ich wollte Wege gehen, die Jesu Herz erquicken. Liebe wird immer konkret, und bald zeigte mir der Herr den nächsten Schritt.

In der Passionszeit 1953 wurde mein Herz neu von Jesu gegenwärtigem Leiden erfasst, besonders von Seinem Leiden unter der Zerrissenheit Seines Leibes. Eingeleitet wurde dies durch eine Erfahrung im Jahr zuvor. Ich hatte die Vorbereitung einer Zeltevangelisation miterlebt. Zu dieser Evangelisation war viel eingeladen worden – doch von der vorbereitenden Gebetsgemeinschaft hatte man eine Gruppe gläubiger Christen ausgeschlossen. Richtgeist hatte zu schmerzlicher Uneinigkeit unter den Verantwortlichen geführt. Die Versammlungen waren dann schlecht besucht, die Botschaft hatte keine Durchschlagskraft. Das erschütterte mich sehr, zumal ich viel für diese Evangelisation gebetet hatte. Menschen konnten nicht gerettet werden, weil Uneinigkeit unter den Seinen herrschte. Dieses Erleben war zu einer

Weichenstellung für mich geworden. Ich erbat mir, dafür leben zu dürfen, dass Wunden Seines zerrissenen Leibes geheilt werden.

Jetzt, nach dem ersten Winter in der Stille, redete der Herr mit mir über diesen Schmerz, dass Seine letzte Bitte (Joh. 17,11) nicht erfüllt wurde. Und Er stellte vor mein inneres Auge solche Brüder und Schwestern, die in Spannung oder gar Gegnerschaft zu uns lebten. So folgten als praktische Auswirkung meiner Hingabe an Jesus, den Versöhner, im Sommer 1953 verschiedene „Versöhnungsreisen". Er gab mir ins Herz, alles dafür zu tun, dass Risse in Seiner Gemeinde geheilt würden. Das bedeutete für mich, zu denen zu fahren, die eine Gegeneinstellung zu unserem Werk hatten, um zu versuchen auszuräumen, was trennend zwischen uns stand. Denn was während der Erweckung in den Jugendkreisen und zu Beginn der Marienschwesternschaft an falschen und zum Teil bösen Gerüchten aufgekommen war, hatte manche Persönlichkeiten und Werke, mit denen wir an und für sich hätten verbunden sein müssen, in eine gewisse Distanz oder sogar Gegnerschaft zu uns gebracht.

In solch einer Lage wird Einheit in der Gemeinde nicht vor allem durch theoretische Besprechungen und dogmatische Abhandlungen gewirkt, so nötig sie auch sind, sondern hier gilt das Wort des Herrn: „Ich habe unter ihnen nach einem Manne gesucht, der ... für das Land in den Riss treten möchte" (Hes. 22,30 M). Was konnte ich da tun? Ich hatte meinen Rechtsanspruch aufzugeben, wo mir Unrecht getan worden war. Das bedeutete, zu den verschiedenen Werken oder Persönlichkeiten zu gehen, um zu bitten, dass sie mir die Hand zur Versöhnung reichten. Jesus zeigte mir, wie sehr mir die demütige Liebe noch fehlte – sonst wäre mir das nicht so schwergefallen. Doch dann schenkte Er eine drängende Liebe, diese Canossagänge um Seiner Leiden und um Seiner letzten Bitte willen anzutreten.

So begab ich mich auf die Reise. Ich fuhr nach Norden und Süden, nach Osten und Westen, um christliche Kreise oder Werke zu besuchen. Die Reisen – alle ohne Auto – waren anstrengend. Und das Geld für diese Fahrten aufzubringen, war angesichts unserer Kassenlage nicht selbstverständlich. Denn wir waren an jedem neuen Tag darauf angewiesen, dass Gott uns auf dem Weg des Gebets und Glaubens das Notwendigste für unseren Unterhalt und unsere Dienste gab. Doch das war das Wenigste. Viel größer waren die Enttäuschungen und Demütigungen, die diese Reisen mit sich brachten.

Da kam ich zum Beispiel zu einem großen christlichen Werk. Eine Schwester holte mich freundlich, aber mit deutlicher Distanz vom Bahnhof ab. Im Haus erwarteten mich die leitenden Persönlichkeiten – doch ich fand keine „Brüder". Ich war wie zu einer Gerichtsverhandlung gekommen. Auf dem Tisch lagen von mir verfasste Kleinschriften, unter anderem die GEBETSWAFFE. Es wurden mir einzelne Worte daraus vorgelesen, wie: *Beten heißt, bereit sein, um der Seelen willen, für die wir beten, in die Gemeinschaft Seiner Leiden einzugehen.* Die Herren erklärten mir, dass solch ein Wort das Opfer Jesu schmälere und ich durch meine „unbiblischen" Aussagen Irrlehren verbreite. Mein Hinweis auf Aussagen im Neuen Testament wurde nicht angenommen, obgleich dort von der „Gemeinschaft Seiner Leiden" geschrieben steht (Phil. 3,10) und: „Darum dulde ich alles um der Auserwählten willen, damit auch sie die Seligkeit erlangen in Christus Jesus mit ewiger Herrlichkeit" (2. Tim. 2,10).

Diese Art negativer Beurteilung erlebte ich immer wieder. Man griff Einzelformulierungen heraus, ohne den Gesamtzusammenhang meiner Verkündigung zu berücksichtigen. Es war mir nicht möglich, zum Ausdruck zu bringen, dass ich die ganze biblische Botschaft im Herzen hatte. Schmerzlich enttäuscht verließ ich dieses Werk, weil das Gegenteil von dem geschehen war, was ich ersehnt hatte: in unserem Herrn Jesus Gemeinschaft zu haben.

Als ich zu einem anderen Werk kam, war dort gerade ein Treffen aller dazugehörigen Glieder. Hier wartete ich besonders darauf, dass wir zur Liebeseinheit fänden. Doch die Brüder wollten davon nur unter der Voraussetzung wissen, dass wir in ihre Tradition eingingen, ja Glieder ihres Verbandes würden. Ich konnte dem aber nicht zustimmen, denn sie hatten eine andere innere

Führung, einen anderen Auftrag, als er uns gegeben war. Statt Liebesgemeinschaft gab es einen großen Missklang. Bei einem weiteren christlichen Werk wurde ich gar nicht empfangen.

Aber es geschahen auch Wunder Gottes an Versöhnung und Liebeseinheit, denn mit einzelnen Brüdern, die zeitweise von uns Abstand genommen hatten, wurden neue Bande der Liebe Jesu geknüpft, sodass wir in den folgenden Jahren gemeinsame Anbetungsfeste im Mutterhaus feiern konnten.

Mit dem Sommer 1953 waren die Versöhnungsreisen noch nicht zu ihrem Ende gekommen. Die anschließende Klausur im Winter war geprägt von der Gegenwart Jesu, dem dorngekrönten Herrn. Es ging mir zutiefst ins Herz, wie Er, das Lamm Gottes, in Seiner Erniedrigung die Lästerer mit erbarmender Liebe anschaut: Jesus, der Herr, dem alle Engel dienen und durch den das Weltall geschaffen ist, der König aller Könige, lässt sich ohne Aufhören von Gestalten höhnend umgeben, die Ihn schmähen und verspotten. Vom Schmerz darüber war mein Beten in den ersten Winterwochen 1953/54 bestimmt.

Nach dieser Zeit strenger Klausur ließ der Herr jenes innere Geschehen auch äußerlich konkret werden durch weitere Versöhnungsreisen im Sommer 1954. Sie standen erneut unter dem Zeichen der Schmach. Sollte der Weg Seiner Jünger ein anderer sein als der ihres Herrn? Wurde Er verleumdet und geschmäht, so werden es Seine Jünger auch erleben.

Ehe ich diese Reisen antrat, war eine neue Schmähschrift über unsere Marienschwesternschaft und damit über mich veröffentlicht worden, herausgegeben durch einen Verbandsleiter von Gemeinschaftskreisen. Diese Schrift kursierte nun in vielen Kreisen unter Menschen, die sich zu den Gläubigen zählten. Der Herr fügte es so, dass die Schrift gerade dort im Umlauf war, wohin ich im Sommer reiste. Wohl war ich in dieser Gegend zu einigen Diensten gerufen worden; doch lag mir vor allem am Herzen, dass es erneut eine Versöhnungsreise werde. So ging ich wieder zu verschiedenen christlichen Werken, die zu uns eine Gegeneinstellung hatten, sodass Risse in der Gemeinde Jesu entstanden waren. Doch durch die Schmähschrift, die auch in Gemeinschaftsbuchhandlungen geführt wurde, erlebte ich, was ich dann in mein Tagebuch schrieb:

> *Es ist, als ob ich gegen eine Welt zu stehen hätte. In jeder Versammlung ist die Mehrzahl der Hörer voll Voreingenommenheit, Kritiksucht, ja Verachtung. Die Ursache dafür ist die Schrift, die eine sogenannte Erklärung über uns abgibt und die zumeist die Gemeinschaftskreise, auch über unser Land hinaus, gegen uns einnahm – gegen uns als Schwesternschaft, die „von unten" sei.*

Dennoch musste diese Reise durchgestanden werden, obwohl ich jedes Mal jenen Wall von Vorurteilen in den Herzen der Zuhörer zu durchstoßen hatte. Die letzte Station war der Besuch in einer Bibelschule, mit der ich früher sehr verbunden war und die ich liebte. Mein Herz krampfte sich zusammen bei dem eisigen Empfang dort. Als ich aufgefordert wurde, kurz etwas zu sagen, spürte ich, wie sehr mich von den Mitarbeiterinnen und denen, die zur Ausbildung dort waren, schneidende Ablehnung traf. Ehe ich meinen Bericht zu Ende bringen konnte, wurde mir vor der ganzen Versammlung geboten, abzubrechen.

Beim Gespräch mit der Leitung dieses Werkes wurde ich in schmerzlicher Weise wegen vielem, was dort an falschen Gerüchten über die Marienschwesternschaft kursierte, zur Rechenschaft gezogen. Man glaubte mir nicht. Voll tiefem Schmerz reiste ich ab. Einige Jahre später erfuhr ich durch eine der damals Anwesenden, der nun das Gewissen schlug, dass sich die Schülerinnen vor meinem Besuch zusammengetan hatten, um mich zu demütigen und mit Verachtung zu strafen.

Die erwähnte Schmähschrift wurde mir gegenüber etwa zehn Jahre später von einigen leitenden Brüdern offiziell zurückgenommen. Aber weil dies nicht von denen geschah, die sie verfasst hatten, und nicht entsprechend veröffentlicht wurde, fußte die Ablehnung vieler Kreise weiterhin darauf.

Bei dieser Schmach- und Demütigungsreise ging es für mich darum, dass die Liebe Jesu in mir siege gegenüber all denen, die unser Werk und mich verleumdeten und damit unseren Aufträgen im Reich Gottes viel Schaden zufügten. In der Klausur war mir das Leiden Jesu bei der Dornenkrönung erschütternd nahegekommen, und mir hatte vor Augen gestanden, dass der Grund für Sein wahres Königreich gelegt wurde, während man Ihn als „König" verhöhnte. Unter dem Hohn und Spott Seiner Hasser offenbarte sich Jesu Liebe wie nie zuvor, und gerade da wurde Sein Königreich der Liebe gebaut.

Auf dem Weg Jesu, des Dorngekrönten, Verachteten, wird bis heute das Reich Gottes erbaut. Der Blick auf dieses göttliche Gesetz half mir, alles leidvolle Abgelehntwerden in der Kraft der Liebe Jesu zu tragen. Es gehört zu den Aufträgen unserer Marienschwesternschaft, Liebeseinheit bauen zu helfen. Und so schmerzlich die Erlebnisse auf dieser Reise waren, blieb mir doch letztlich die Gewissheit, dass unter den Schmähungen im Verborgenen Liebeseinheit gewirkt wird. Dass dies bei der erwähnten Bibelschule auch weitgehend geschah, durfte ich später erfahren.

„Tut Buße, denn das Himmelreich ist nahe herbeigekommen" (Matth. 3,2) – dieses Wort sollte kurze Zeit später als Losung über unserem Leben auf Kanaan stehen, dem Land, das der Herr für unseren Auftrag geben wollte, Königreich Jesu, einen Anbruch des Himmelreichs vorzuschatten. Sein Reich, das Königreich der Himmel, ist das Reich der Liebe. Wie sollten wir es darstellen, ohne lieben gelernt zu haben? Die Liebe kann – im Bild gesprochen – nur unter Dornen, unter Leiden, Demütigungen und Schmähungen recht erblühen. Denn wahre Liebe ist nur da, wo wir auch unsere Feinde lieben. Das aber musste auf dieser Reise und später immer wieder neu gelernt werden.

Ein weiteres Übungsfeld – und vielleicht das schwerste – war dort, wo man uns nicht ablehnte, sondern uns bedrängte, uns offiziell einem anderen Werk anzuschließen. Eine Begegnung ist mir unvergesslich, weil sie so schmerzlich war: Leitende Brüder besuchten uns im Dezember 1953 in unserem Mutterhaus und legten Mutter Martyria und mir eindringlich nah, uns im Gehorsam gegen Gott und um der Liebeseinheit willen ihrem

Werk organisatorisch anzuschließen. Wir würden uns nach den Aussagen der Heiligen Schrift schuldig machen, wenn wir als Frauen allein – ohne Anschluss an ein Werk mit männlicher Leitung – unseren Auftrag ausführen wollten. Aber um des Auftrags Gottes willen konnten wir nicht anders, als bei unserem Nein zu bleiben. Deshalb wurde mir, der Initiatorin unserer Marienschwesternschaft, vorgeworfen, ich würde mich aus Hochmut nicht unterordnen, weil ich meinen Auftrag nicht opfern wolle. Ich sei nicht bereit, in das Ganze der Gemeinde hineinzusterben. So aber werde Gottes Zorn über uns kommen. Aus ihrer Sicht war es den Brüdern unmöglich, meine Entscheidung zu verstehen.

Doch ich wusste damals ganz klar: Den von mir erwarteten Schritt durfte ich nicht tun, weil sonst die Entwicklung unserer Marienschwesternschaft und die Entfaltung ihrer Aufträge, wie Gott sie mir gezeigt hatte, nicht geschehen könnte. Mein Herz war voll Schmerz, weil ich spürte, welch ein Riss durch mein Nein hervorgerufen wurde. Gott stärkte mich aber immer neu durch die biblische Wahrheit: Es gefällt Ihm, Sein Werk durch Schwache und Armselige, wie wir es als Frauen waren, auszuführen. Ich wusste, dass ich hier Gott mehr zu gehorchen hatte als den Menschen. Zudem hatte Vater Riedinger mir auf seinem Sterbebett den Segen zur Leitung unserer Schwesternschaft gegeben.

Mit tiefer Bewegung habe ich später im Rückblick die ganze Tragweite der Versuchung überschaut, die in jenen Stunden zu überwinden war. Denn für ein junges Werk, dem Erfahrung fehlt, könnte das Abgeben von Verantwortung an ein Komitee und an männliche Vorstände im Augenblick eine große Erleichterung sein – ebenso der Anschluss an eine Tradition sowie finanzielle Sicherung. Aber wo Gott eine klare Berufung gegeben hat, wo ein klarer Auftrag Gottes vorliegt, kann er nur durch Gehorsam erfüllt werden. Da darf kein Anschluss an ein Werk sein, das zu einem anderen Weg und Auftrag berufen ist. Der Herr hat diese schmerzlichen Stunden, als ich jenem Werk unseren Anschluss verweigern musste, reichlich vergolten; denn in den folgenden Jahren durften wir uns in jeder Hinsicht nach Gottes Führung ganz unabhängig entwickeln, und Kanaan konnte zu seinem jetzigen Auftrag kommen.

„WILL DAS DER HEILAND WIRKLICH?"

Mitten in die Versöhnungsreisen im evangelischen Raum fiel meine Reise nach Rom.

Schon im August 1952 bekam ich den völlig unerwarteten aber klaren Auftrag von Gott, auch bei Papst Pius XII. um Liebeseinheit zwischen Brüdern und Schwestern der großen Konfessionen zu bitten. In mir war ein Wehren bis aufs Blut, denn seit jeher ging mir nichts so sehr gegen die Natur, als aufdringlich zu sein. Während meiner früheren Tätigkeit als Reichsleiterin der DCSB war ich oft erstaunt, wie selbstverständlich andere mit führenden Persönlichkeiten Kontakte knüpften und Wünsche äußerten. Dazu hätte mich niemand bewegen können. Und nun sollte ich, damals im katholischen Raum völlig unbekannt, wegen meines inneren Anliegens um eine Papstaudienz bitten?

Das schien in der Zeit vor dem Zweiten Vatikanischen Konzil gänzlich unangebracht. Man war damals in der christlichen Welt nicht, wie heute zumeist, zur Begegnung bereit. Noch waren hohe Trennmauern zwischen Evangelischen und Katholischen. So erinnere ich mich daran, dass katholische Schwestern aus unserer Nachbarschaft nach der Regel ihrer Gemeinschaft unser Grundstück nicht betreten durften. Ja, noch in späteren Jahren wagten italienische Katholiken bei einem Besuch auf Kanaan nicht, unsere Kapelle zu betreten. Viele gläubige evangelische Kreise standen der katholischen Kirche mit starken Vorbehalten gegenüber, und manche Katholiken – so hörten wir es mit eigenen Ohren – nannten die Evangelischen in einem Atemzug mit Muslimen und Kommunisten.

Gab es wohl in dieser Zeit einen sinnloseren Weg als den zum Papst? Gab es einen Auftrag, der uns mehr Gegner einbringen würde? Kaum! Abgesehen davon war für mich dieser Weg fast ungangbar. Als evangelische Schwester dem Haupt der katholischen Kirche in Jesu Namen etwas von der Bitte Jesu um Liebeseinheit zu sagen, das kam mir wie eine unverzeihliche Vermessenheit vor. Ich wusste ja, dass es vonseiten der katholischen Kirche damals nur eine Antwort gab, nämlich, dass die Einheit der Christen in der „allein seligmachenden Kirche" zu suchen und zu finden sei. Wie sollte ich meine andere Erkenntnis klarmachen können? Man riet mir ab – ja, es kamen aus meiner Verwandtschaft Alarmsignale, die mir große innere Not brachten. Um des lieben Friedens willen hätte ich am liebsten alles fahren lassen.

Ich sah auch keine Möglichkeit, wie dieser Auftrag zu verwirklichen sei. Bei einer Gruppenaudienz hätte ich den Papst kaum persönlich sprechen können. Wie aber sollte ich zu einer Privataudienz gelangen, die nur für profilierte Persönlichkeiten infrage kam? Und gerade um eine Privataudienz ging es für mich. Nur wenn Gott selbst das Unmögliche möglich machen würde, sollte mir das ein Zeichen sein, dass der Auftrag für ein Gespräch mit Papst Pius XII. tatsächlich von Ihm kam.

Mehr als die äußeren Unmöglichkeiten waren es aber innere Leiden, die mich quälten. Mir war, als ob sich meine Vernunft an den Gitterstäben eines Gefängnisses wund reibe, aus dem ich keinen Ausweg finden konnte. Dabei führte der Herr mich in große Gottverlassenheit. Das hielt Monate an, denn unsere gefallene Vernunft braucht viele harte Stöße, um zu sterben. Dazu kam, dass ich meine innere Armut bitter zu schmecken bekam, besonders wenn ich meinen geistlichen Töchtern eine biblische Auslegung gab. Einmal schrieb ich hinterher in mein Tagebuch:

Du könntest besser einen Stein geschickt haben, der schreit, denn mir fehlt das Leben, die Vollmacht. Wie kann ich meinen Mund auftun – was ich sage, geht in kein Herz! Ich bin wie ein Staubkörnlein, ein armseliges Nichts!

Und so arm sollte ich dem Papst eine Botschaft ausrichten, die sein Herz erreichen könnte? In mir war nur ein Schrei: Ich kann es nicht! Immer wieder sagte mir meine Vernunft, welch ein Hohn es sei, dass gerade ich nach Rom sollte, wo nichts in meinem Herzen dafür brannte, ich keinen Glauben und keine Liebe für diesen Auftrag hatte. Eine Tagebuchnotiz aus dieser Zeit heißt:

Jesus überlässt mich völlig der Anfechtung. So wandle ich nur noch im Gehorsam und Vertrauen auf Seine Liebe und Treue, die, wenn mein Weg falsch wäre, mir Einhalt gebieten würde und mich nicht in die Irre gehen ließe.

Das schwere Anfechtungsleiden war dadurch zu erklären, dass die Anstrengungen des Feindes immer der inneren Bedeutung eines Auftrags entsprechen. So war dem Feind viel daran gelegen, diesen Gehorsamsweg zu verhindern; immer neu kam er in den einsamen Wochen der Stille mit seinen Einflüsterungen. Ob er wohl wusste, dass ein Jahrzehnt später, wenn der Abfall von Gott und Seinen Geboten sich ausbreiten würde, Jesu Liebesgemeinde in der Endzeit sich mehr und mehr zusammenfinden sollte? Und ebenso, dass durch die Leiden im Zusammenhang mit der Papstreise unsichtbar mit Bahn gemacht würde für die Liebeseinheit unter den Seinen?

Leiden für die Liebeseinheit – leiden *für* etwas – ist das biblisch? Ja, denn die Heilige Schrift sagt uns durch den Apostel Paulus wie selbstverständlich: „Nun freue ich mich in den Leiden, die ich für euch leide, und erstatte an meinem Fleisch, was an den Leiden Christi noch fehlt" – „Ich aber will gern hingeben und hingegeben werden für eure Seelen" – „Deshalb sage ich, Paulus, der Gefangene Christi Jesu für euch Heiden …" – „… dass ihr nicht müde werdet wegen der Bedrängnisse, die ich für euch erleide" (Kol. 1,24; 2. Kor. 12,15; Eph. 3,1.13).

Warum waren bei diesem Auftrag für die Liebeseinheit Seiner Gemeinde so schwere Anfechtungen nötig? Weil die Wurzel alles Gegeneinanderseins im Geist des Menschen liegt. Jeder hält eigenwillig seine Beurteilungen und Ansichten fest. Der Geist des Menschen ist die Brutstätte allen Streitens und Richtens, aller Überhebung und Zertrennung. Der von Sünde, von Ichsucht vergiftete Geist des Menschen muss sterben, damit der göttliche Geist der Liebe und der Versöhnung zum Auferstehen und Leben kommt.

So gehörten gerade Leiden des Geistes zu diesem Auftrag: Meine vorgefasste Meinung, dass die Audienz sinnlos und gegen alle Vernunft sei, musste erst ins Sterben kommen, ehe ich andere aufrufen konnte, ihre Vorurteile und eigenen Meinungen Gott auszuliefern. Nur durch Sterben der gefallenen Vernunft konnte die Liebe auferstehen und zum Sieg kommen. Mein gefallener menschlicher Geist wurde wie im Feuer geläutert und durch die Anfechtungen „getötet". Dadurch aber wurde dem Geist Gottes, dem Geist der Liebe mehr Raum gemacht, um die wahre Liebesgemeinde mit aufzuerbauen. Das schien Gottes Absicht für mich zu sein.

Meine Töchter hatten inzwischen das Wort, das ich für dieses Sommerhalbjahr als Losung bekommen hatte, auf eine kleine Fahne geschrieben: „Vor allen Dingen aber ergreifet den Schild des Glaubens, mit welchem ihr auslöschen könnt alle feurigen Pfeile des Bösewichtes" (Eph. 6,16 L12). Sie gaben mir diese Fahne eines Tages zur Glaubensstärkung, als ich für kurze Zeit aus der Klausur zu ihnen kam. „Auf, zum Glaubenssingen!", rief ich ihnen zu. Alle stimmten ein, und wir zogen voll Glaubensgeist durch unseren Innenhof, gemäß der Bibellese dieses Tages „siebenmal um Jericho". Das war der Anfang der „Glaubensschlachten" auf Kanaan, die später so viele Menschen lieben lernten.

Auf meine Bitte um drei bestimmte Zeichen, wenn die Audienz wirklich sein sollte, hat der Herr unmissverständlich geantwortet: Erstens bekam ich die außergewöhnliche Zusage für eine Privataudienz beim Papst, zweitens wurde mir das Reisegeld auf wunderbare Weise geschenkt, und drittens erhielt ich eine Einladung aus Rom, wo ich niemand kannte, als Gast in einem Haus dort zu wohnen. Gerade um diese drei menschlich nie zu erwartenden Bestätigungen hatte ich Gott gebetet.

Rom, und insbesondere die Vatikanstadt, wurde nun im Mai 1953 wirklich das Ziel meiner Reise. Wie verloren in den Menschenmassen, die zum Petersdom strömten, saß ich mit Schwester Eulalia auf einer Steinbank gegenüber dem Vatikan. Wir sangen laut Glaubens- und Siegeslieder hinüber. Sie gingen in dem Lärm der Menge unter, und doch stiegen sie auf zu dem, der Gebete erhört.

Der Morgen der Audienz kam. Mein Herz war schwer und voll Furcht. Doch als wir in den Vorräumen des Vatikans saßen, fiel alle Schwere, alle Angst von mir ab. Ich wurde unbeschwert wie ein Kind – so konnte ich eine halbe Stunde später Papst Pius XII. unbefangen mein Anliegen bringen: Im Namen unseres Herrn Jesus Christus bat ich, dass Seiner letzten Bitte Raum gegeben werde und sich diejenigen, die an Ihn glauben und Ihn lieben, über die Mauern der Konfessionen hinweg die Hand reichen. Papst Pius XII. gab zur Antwort, dass die Einheit der Gläubigen in der Institution der katholischen Kirche gegeben sei. Ich aber brachte noch einmal meine dringliche Bitte vor und legte ihm erneut mein Anliegen ans Herz, dass wir einander lieben sollten, weil Jesu Liebe nicht warten könne, bis wir alle eins seien in einer Kirche. Still hörte der Papst zu und sagte dann: „Will das der Heiland wirklich?"

Dass es Jesus wirklich um diese Liebeseinheit geht, hat sich nun vor aller Augen gezeigt. Der Zeitpunkt ist gekommen, dass sich Jesusliebende aus allen Konfessionen sammeln – alle, die Ihm treu bleiben und Seine Gebote halten. Denn heute beginnen sowohl in der evangelischen als auch in der katholischen Kirche die Fundamente zusammenzubrechen, weil man das Wort Gottes und Seine Gebote nicht mehr achtet – heute beginnt bereits eine Auflösung biblischer Werte selbst in gläubigen Kreisen.

Es geht nicht mehr um eine Scheidung zwischen den Konfessionen. Nein, die innere Scheidung verläuft quer durch Kirchen und Gemeinden. So finden sich die wahren Gläubigen aus verschiedenen Konfessionen in der Liebe Jesu, stärken einander und werden im Geist eins als Gemeinde Jesu, die sich auf Sein

Kommen bereitet, auf die Hochzeit des Lammes. Das wird sich in der kommenden Verfolgungszeit unter Leiden noch konkreter vollziehen.

Hatte sich dieser Gang nach Rom, der mich so viel kostete, gelohnt? Der Same eines verborgenen Gehorsams- und Leidensweges geht erst hinterher auf – oft Jahre später. Doch er geht immer auf. Bei Gott gibt es kein Umsonst. Er hat verheißen, dass Leiden Frucht bringt. Zuerst schien es allerdings so, als wäre alles umsonst gewesen. Mein Gang zum Papst wurde bekannt – ein Sturm der Entrüstung brach in Kreisen der evangelischen Gläubigen gegen mich auf mit der Behauptung, wir Marienschwestern wollten katholisch werden. Doch das war niemals meine Absicht. Es ging mir immer nur um die geistliche Einheit in der Liebe zu Jesus, wobei jeder seinem Kreis oder seiner Konfession weiterhin verantwortlich dient.

Die Gegnerschaft, die Zerrissenheit in Seiner Gemeinde wurde größer als zuvor. Aber danach, als Gottes Stunde da war, öffneten sich quer durch alle Länder und Konfessionen neue Wege für den Auftrag, die Ihn Liebenden zu stärken und zu sammeln – nämlich die Braut des Lammes, deren Heimat Jesu Herz ist. Der Herr gab mir im Lauf der Zeit immer wieder die Gnade, Schriften und Lieder zu schreiben, die zur Liebe zu Ihm entfachen und zur Versöhnung und Liebe untereinander aufrufen. Neben evangelischen taten sich nun auch katholische Buchhandlungen für die Schriften auf – in vielen Klöstern wurden und werden sie gelesen. So begannen Kontakte zwischen Jesusliebenden aus aller Welt.

Und das nicht allein. Wer kann verstehen, dass die Zweigstationen unserer Marienschwesternschaft gerade in den Zentren der großen Konfessionen liegen: inmitten der anglikanischen, der orthodoxen und der katholischen Kirche – in England, Griechenland und Italien – dazu im lutherischen Skandinavien und im konfessionell so vielfältigen Amerika? Wenn nun unsere Schwestern von ihren Diensten schreiben, ist es bei allen gleich: Ihre Häuser sind Treffpunkte für Gläubige aus allen Kreisen und Konfessionen. So heißt es etwa in einem Bericht aus unserem

Haus auf dem Ölberg: „In den letzten Tagen kamen Gruppen sowie Einzelbesucher aus der Schweiz, aus Finnland, Dänemark und Holland, aus Japan und Neuseeland – Judenchristen, Glieder der Heilsarmee, arabische Baptisten, katholische Ordensleute und anglikanische Geistliche ... Oft waren wir eine bunt gemischte Gemeinde, die sich bis spät am Abend im gemeinsamen Feiern und Anbeten Jesu einte."

Und wenn unsere Schwestern abends vom Dienst in unserem Rüstzeitenhaus ins Mutterhaus kommen und berichten, dann ist es jedes Mal das gleiche Wunder: Liebeseinheit unter den Gästen schon nach kurzer Zeit trotz größter Verschiedenheit! Es gibt Rüstzeiten, bei denen im Kreis der Teilnehmer kaum eine der bekannten Freikirchen, ja auch der großen christlichen Konfessionen fehlt. Unter ihnen, die mit ihren sehr verschiedenen Meinungen, Auffassungen und Gepflogenheiten aus allen Himmelsrichtungen herbeigekommen sind, wirkt der Heilige Geist eine wundersame Einheit beim gemeinsamen Beten, Anbeten, Feiern und bei der Tischgemeinschaft, denn alle sammeln sich um Jesus. Unsere Gäste sagen immer wieder, dass sie dabei einen Vorgeschmack des Himmels, ein Ahnen von der Hochzeit des Lammes erfahren, wo alle in Liebe vereint am Tisch des Herrn sitzen werden. Ich wurde dabei oft an meine Romreise erinnert mit allem, was sie in sich schloss – und mein Herz staunt, zu welch wunderbarem Ziel Gott alles hinausführte.

Nach Abschluss der Versöhnungsreisen im Sommer 1953 erlebte ich etwas von Gottes gnädigem Vergelten. Als Geburtstagsüberraschung hatten mir die Schwestern neben meinem Zimmer einen kleinen Gebetsraum hergerichtet. Wir nennen ihn Dreieinigkeitskapelle, denn das Glasfenster, von Schwester Angelika gearbeitet, zeigt das Bild der Heiligen Dreieinigkeit – und der dreieinige Gott war es, der sich hier in meiner Stille zu mir herniederneigte. Ich schrieb in mein Tagebuch:

Ewigkeitsstille lagerte in der Kapelle. Die Heiligkeit Gottes nahm den Raum ein und war schier mit Händen zu greifen.

Während bisher meine Liebe vornehmlich auf Jesus ausgerichtet war, erfüllte mich nun die Liebe zur Heiligen Dreifaltigkeit, zu Gott Vater, Sohn und Heiligem Geist.

Damals schrieb ich eine Reihe Anbetungslieder, gebeugt vor Gottes Heiligkeit:

> Vater und Sohn auf höchstem Thron,
> heiliges Dunkel um sie wohnt,
> schwebend inmitten die Taube.
> Heiliges Schweigen lagert im Raum,
> Cherub anbetend küssen den Saum
> von den drei heilgen Gestalten.
>
> FREUDENQUELL JESUS Nr. 138

Eine unaussprechliche Liebe lag darin, dass mir der dreieinige Gott – Ursprung und Ziel aller Liebeseinheit – nach diesen Reisen, die ich für die Liebeseinheit der Seinen unternommen hatte, so nahekam.

ES GEHT UM ISRAEL

Auch der Plan zu einer anderen Reise war in meiner Klausur herangereift. Sie galt nicht unseren christlichen Brüdern und Schwestern – diese Reise galt unserem älteren Bruder Israel. Die Vorgeschichte begann im Sommer 1954. Damals hatten wir noch keinen Gebetsgarten, auch noch kein Kanaan, aber nördlich unseres Mutterhauses an der Stelle, wo heute unser *Haus Gottesgüte* steht, hatten wir ein kleines Stück Kiefernwald gepachtet, wohin wir uns zum Gebet zurückziehen konnten. Dort überraschten mich die Schwestern eines Tages zu meiner großen Freude mit einer kleinen selbst erbauten Hütte, sodass ich für meinen Gebetsdienst im Sommer eine stille Bleibe hatte.

Am ersten Tag in dieser Hütte kam mir – ganz entgegen dem Kirchenjahr – das Wunder *Gott ist Mensch geworden* in neuer Weise nahe. Jesus, von Geburt an unter dem Kreuzesschatten, ein Kind des Leidens und der Schmerzen, bewegte mein Herz. Ohne zu überlegen, schrieb ich eine Reihe von Weihnachtsliedern über das Jesuskind, das Kind der Schmerzen.

Dieser innere Eindruck ließ mich nicht mehr los: Jesus schon als Kind unter dem Kreuz, verfolgt, gehasst, den Strömungen des Bösen ausgesetzt – dieses Kind sollte bis Weihnachten unsere besondere Liebe werden. Es sollte uns, die wir von Natur jeder Last, jedem Kreuz zu entfliehen suchen, tiefer in die Reue bringen.

In dieses innere Erleben hinein wurde mir kurz vor Weihnachten plötzlich vom Heiligen Geist das Leiden Gottes um Sein auserwähltes Volk nahegebracht. Israel ist das Volk Seiner besonderen Liebe – das war es einst, das ist es noch heute. Denn mit Blick auf Israel steht geschrieben: „Gottes Gaben und Berufung können ihn nicht gereuen" (Röm. 11,29). Von dieser Erwählung zeugen Israels schwere Leidenswege; denn solche Leidenswege führt Gott nur Seine Auserwählten, die Er sich bereiten will im Ofen des Elends. Und doch hat sich Israel als Volk noch nicht Gottes Liebe zugewandt; denn Israel ist noch nicht zu seinem Messias Jesus gekommen, obwohl Er zu ihm gekommen ist und Sein Leben für Sein Volk hingegeben hat.

Wer Jesus liebt, kann nicht mit ansehen, dass Er bis zur Stunde noch umsonst auf die Liebe Seines Volkes wartet. Das gehört zu Seinem Leiden heute. So trieb es mich für diese Not ins Gebet. Zu Weihnachten, dem Fest der schenkenden Liebe Gottes, pflegen wir immer unsere besonderen Bitten für das kommende Jahr aufzuschreiben. Als dringlichste Weihnachtsbitte im Gedenken an Jesus, das Kind der Schmerzen, hatte mir der Geist Gottes diesmal ins Herz gegeben: *Einige Brautseelen aus Israel Dir zur Freude – und bitte eine Reise nach Israel.*

Meine erste Bitte war Ausdruck dessen, was sich mir in den Monaten der Stille ins Herz gebrannt hatte. Es war das Leiden Gottes, dass nicht nur vor zweitausend Jahren das kreuzgezeichnete Kind in Seinem Volk keine Aufnahme fand, sondern dass Israel bis heute noch nicht zu seinem Messias Jesus heimgefunden hat. Doch die zweite Bitte kam aus dem Wissen, dass wir Christen mit schuld daran sind, wenn Sein Volk die Liebe Jesu nicht fassen kann – besonders wir Christen in Deutschland. Unfassbar Grauenvolles haben wir Seinem Volk angetan, statt ihm, dem auserwählten Volk Gottes, zu dem er sagt: „Wer euch antastet, der tastet meinen Augapfel an" (Sach. 2,12), besondere Liebe und Ehre zu erweisen. Nicht nur Schmach und Verachtung, sondern Unmenschliches ist ihm in den Konzentrationslagern zugefügt worden, frevelhafter Mord an Millionen geschehen. Niemand vermag zu ermessen, welche Schuld unser Volk damit auf sich geladen hat.

In meinem Herzen brach ein tiefer Reueschmerz auf, dass ich mich in der Stunde der größten Not Seines Volkes zu wenig bemüht hatte, Wege zu finden, meinen jüdischen Brüdern und Schwestern Liebes zu tun. Dieser Schmerz wurde zu einem leidenschaftlichen Schrei: Wie können wir Wunden, die wir geschlagen haben, wieder heilen? Wie können wir – soweit das überhaupt möglich ist – noch etwas gutmachen?

In einer Gebets- und Fastenwoche brachte mich der Herr zu starkem Flehen für Israel. Sein schöpferischer Geist, der das ruft, was nicht in uns ist, dass es sei, erweckte eine große Liebe zu Israel in meinem Herzen. Wohl hatte mich der Heilsplan Gottes mit Seinem auserwählten Volk immer beschäftigt, sodass ich selbst in der Zeit von 1935 bis 1944 öffentliche Vorträge darüber gehalten und dabei alles gewagt hatte. Nun aber war Liebe entzündet worden.

Gottes Geist hatte mir mit diesem inneren Geschehen einen Auftrag gegeben, in den die ganze Schwesternschaft mit hineingenommen wurde: den Auftrag für und an Israel. Durch die Stunden, die ich im Februar 1955 darüber meinen Töchtern hielt, brach Reue unter ihnen an. Sie hatten ja als Kinder oder Jugendliche noch das *Dritte Reich* miterlebt. So hatten wir in den darauffolgenden fünfzehn Jahren, solange wir nur deutsche Schwestern waren, als kleines Zeichen werktags unser Frühstück stehend – in Erinnerung an die Stehappelle in den Lagern – mit stillem Segensgebet für Israel.

Durch die unter uns geschenkte Reue umgingen wir nun nicht mehr scheu die Häuser in unserer Stadt, wo Juden wohnten. Wir versuchten, sie zu besuchen, wobei uns anfangs – was nicht anders zu erwarten war – spürbare Zurückhaltung entgegenkam. Es war uns ein Zeichen für Gottes Vergebung, dass man uns nicht nur die Häuser öffnete, sondern wir von da an laufend jüdische Gäste aus allen Ländern empfangen durften bis zum heutigen Tag. Die ganze Schwesternschaft wurde mit Liebe zu Seinem Volk beschenkt – wir leben nun mit und für Israel.

Was sich während der Klausurzeit bei mir innerlich vollzogen hatte, sollte nun realisiert werden und seine Wirkung nach außen haben. Gott erhörte meine Bitte: *Eine Reise nach Israel.* Eines Tages wurde ein Brief unter der Tür meines Zimmers durchgeschoben. Ich traute meinen Augen kaum – er kam aus Israel!

Es war eine Einladung in dieses Land, wie sie damals für Deutsche notwendig war, um ein Visum beantragen zu können. Das Visum zu erhalten, war selbst mit solch einer Einladung noch nicht selbstverständlich. Wenige Deutsche hatten bis dahin die Möglichkeit eines Besuchs in Israel gehabt. Doch Mutter Martyria und ich erhielten ohne Weiteres die Papiere – uns eine Bestätigung für die Reise. Völlig unerwartet bekamen wir auch das nötige Geld geschenkt. Alle Wege schienen geebnet, im Herbst 1955 nach Israel zu fahren.

Aber acht Wochen vor der geplanten Abreise wurde ich schwer krank, mein Leben war in Gefahr. Das war Bereitungszeit für meinen Auftrag. Die Reise sollte weitreichende Bedeutung haben, darum musste sie mit Leiden untermauert sein. Doch dann kam ich wieder so weit zu Kräften, dass wir die Fahrt wagen konnten. Und wir erfuhren auf Schritt und Tritt, dass der Herr selbst alles geplant und vorbereitet hatte.

Ich kann nicht sagen, wie sehr es mich bewegte, als ich meinen Fuß zum ersten Mal auf den Boden des Heiligen Landes setzen durfte – auf die Erde, die Jesus, der Sohn Gottes, mit Seinen Füßen betreten hatte. Und nun sollte ich Sein Volk, heimgekehrt aus den Nationen, in seinem Leben dort kennenlernen – Sein Volk, das meine Liebe geworden war. Als ich körperlich noch sehr elend in Israel ankam, stürzte ich am zweiten Tag und war durch eine Fußverletzung fortan am Gehen gehindert. Sollte der Herr mich nach Israel geführt haben, damit ich die Wochen dort an ein Krankenzimmer gefesselt wäre?

Nein, im Gegenteil! Gott hatte gerade mit diesem Unfall geplant, mich in kurzen Wochen durch ganz Israel zu bringen. Mutter Martyria lernte bei einer Einladung eine Dame kennen, die eine Israel-Kennerin war. Als sie von meinem Unfall hörte, bot sie sich an, mich in ihrem Wagen, in dem ich liegen konnte, ungefähr eine Woche lang zu allen wichtigen Orten Israels und zu den heiligen Stätten zu fahren. So hatten wir durch meine Fußverletzung nicht nur eine sehr gute Reiseführerin, sondern kamen an Orte und Stätten, die wir ohne Auto nie erreicht hätten.

Durch diese Führung Gottes ergaben sich Kontakte mit Israelis auf Straßen und Plätzen, wo das Auto hielt. Weil unsere Reiseführerin verschiedene Sprachen, auch Iwrith, beherrschte, hörten wir in Gesprächen mit Israelis von ihren Leiden, Hoffnungen und Freuden. Zutiefst war unser Herz immer neu bewegt: Durch unser Volk war unermessliches Leid über die Juden gekommen; ihr Untergang war geplant. Doch Gottes Eingreifen machte dies zunichte. Die schweren Leiden wurden zum Anlass, dass Sein Volk sich aufmachte, in sein Land heimzukehren, wie es in der Heiligen Schrift für die letzte Zeit prophezeit ist (Hes. 38,8).

Für diese Zeit der Heimkehr hatte der Herr verheißen, dass selbst die Wüste aufblühen werde. Seit der Zerstreuung Seines Volkes hatte dieses Land fast zweitausend Jahre verlassen und wüst dagelegen. Nun aber fuhren wir durch Israel, das Land, das erneut Seinem Volk gehörte, und sahen überall fruchtbare Obstplantagen und Felder. Wir durften Zeugen sein, dass Gottes Verheißungen sich erfüllten. Das blühende Land sagte davon: Der wiederkommende König ist nicht mehr fern! „Und sie werden mich ansehen, den sie durchbohrt haben, und sie werden um ihn klagen, wie man klagt um ein einziges Kind, und werden sich um ihn betrüben, wie man sich betrübt um den Erstgeborenen" (Sach. 12,10).

Sollte uns das nicht zutiefst bewegen? Unsere Liebe zu Gottes Volk und Land wurde immer brennender. Wir verstanden besser, dass Gott dieses Volk sehr liebt, und waren voll Dank, dass Er uns etwas von Seiner Liebe zu Seinem Volk ins Herz gegeben hatte. Voll Dank waren wir auch, dass wir führenden Persönlichkeiten begegneten und uns vor ihnen mit weinenden Herzen unter die Schuld unseres Volkes beugen konnten.

Ständig spürte ich, dass Gott bei allen Begegnungen die Regie führte, ging es doch um einen neuen Auftrag, den Er gegeben hatte. Einmal hielt unser Auto auf einer Straße in Haifa. Da trat ein kleiner Junge ans Wagenfenster, erzählte uns fröhlich, dass er *Gideon* heiße, und fragte freimütig: „Wer seid ihr? Woher kommt ihr?" Plötzlich sagte er: „Ihr müsst zu uns nach Israel kommen und uns helfen; wir können euch gut brauchen!" Dabei war es uns eigenartig zumute. Rief Gott uns durch dieses Kind zu Seinem Volk in Sein Land Israel? Hatte Er hier einen Auftrag für uns, die wir kaum zu sagen wagten, dass wir zu dem Volk ihres Grauens gehören? Doch wie Gott dem Jungen ein offenes Herz für uns Deutsche gegeben hatte, sollten wir es auch bei anderen Israelis finden – immer dann, wenn wir voll Schmerz und Reue kamen und Vergebung suchten.

Nach Hause zurückgekehrt, erhielten wir – nicht mehr aus Kindermund, sondern von einflussreicher Seite – einen Ruf aus Israel: „Kommt zu uns, helft uns!" Gott wartete auf eine Tat als Frucht der Buße. Und so sandten wir zwei Schwestern nach Israel. Nachdem sie Iwrith gelernt hatten, konnten sie als Pflegerinnen in einem israelischen Krankenhaus Dienst tun. Auch wenn sie ihren Dienst ohne Entgelt taten, war es nur von Gottes Plan und Auftrag her zu verstehen, dass man sie als deutsche Schwestern überhaupt aufnahm.

Bei aller Liebe zu Israel riss dennoch die Trennung von den Schwestern an meinem Herzen. Denn es bedeutete, dass zum ersten Mal zwei Glieder aus unserer kleinen Schwesternfamilie herausgelöst wurden, um in ein fernes, schon damals kriegsbedrohtes Land zu gehen; beide waren durch die Bibelkreise von Kindheit an mit uns verbunden. Und doch war es mir ein großes Gnadengeschenk Gottes, als wir im März 1957 endlich die beiden Schwestern nach Israel aussenden konnten. Der Herr hatte meine Weihnachtsbitte von 1954 bestätigt – einer unserer Aufträge durfte fortan sein, für Israel zu leben und aus Reue und Liebe unserem Herrn Jesus Christus ein Anliegen Seines Herzens zu erfüllen.

Nach der Heimkehr von dieser ersten Israelreise brannte das Feuer *Israel* weiter in mir und trieb mich zum Schreiben – zuerst eine kleine Schrift, ISRAEL – GOTTES FRAGE AN UNS, und später das Buch ISRAEL, MEIN VOLK, das dann in verschiedene Sprachen übersetzt wurde. Es drängte mich, durch diese Schriften dazu aufzurufen, uns der schweren Schuld an Gottes auserwähltem Volk zu stellen, gerade auch als Christen. Zugleich lag mir am Herzen, Juden von ihrer Erwählung zu sagen, von Gottes wunderbarem Ratschluss, von Seinen Verheißungen für Israel und der sich jetzt anbahnenden Erfüllung. Und Gott gab Gnade, dass dieses Buch bei uns in den Gemeinden großen Eingang fand – und auch bei Juden, die dadurch zurückfanden zum Glauben ihrer Väter.

Doch mein Herz kam nicht zur Ruhe. Liebe sucht – besonders wenn sie von Reue gespeist wird – nach immer neuen Wegen. Schon vor der Reise nach Israel hatte mich der Heilige Geist gedrängt, ein Israelspiel zu schreiben. Es war das erste Ruferspiel, das wir auf einem Evangelischen Kirchentag brachten, und zwar 1956 in Frankfurt. Obwohl das Spiel nicht modern war, schlug es doch sehr ein, Tausende wollten es sehen. Die Kirche fasste – obgleich wir täglich spielten – den Strom der Besucher oft nicht, sodass ein zusätzliches Ruferspiel abends um 10 Uhr angesetzt werden musste. Das Israelspiel wurde noch auf weiteren Kirchentagen und in vielen Städten unseres Landes gebracht und durfte dazu beitragen – wie uns von mehreren Pfarrern gesagt wurde –, vielerorts in den Gemeinden das Klima gegenüber Israel zu wandeln.

Tausende hörten im Lauf der Jahre bei unseren Rüstzeiten von Israels heilsgeschichtlicher Bedeutung und erkannten die große Schuld unseres Volkes. Sie nahmen an unserem Israelgebet am Freitagabend teil, und es geschah viel Umkehr.

Aber damit war der Israelauftrag nicht erschöpft. Gott zeigte mir 1959, dass in Jerusalem ein „Abrahamhaus" entstehen solle, das uns auf dem Weg des Gebets und Glaubens gegeben werde. Für Sein geliebtes Volk solle es eine Stätte sein, wo Wunden geheilt und Herzen wieder mit Vertrauen auf Gott erfüllt würden. Durch den Dienst im Abrahamhaus sollten Juden bereitet werden auf die Stunde des Messias. Trotz großer Schwierigkeiten, ja Unmöglichkeiten gab der Herr uns dieses Haus im folgenden Jahr auf wunderbare Weise.

Es war Gottes Regie, dass die Einweihung genau in die ersten Tage des Eichmann-Prozesses 1961 fiel. Ganz Israel war zutiefst aufgewühlt, die furchtbaren Wunden der Jahre 1933–1945 brachen in aller Öffentlichkeit neu auf. Israels Jugend erfasste zum Teil erst damals das Ausmaß unserer Schuld, weil viele Eltern es ihren Kindern verschwiegen hatten, um sie zu schonen. Ich war zuerst wie verstört über die anscheinend so unglücklich zusammentreffenden Termine. Wir fürchteten, dass kaum Israelis zur Einweihung kämen. Wer würde das Haus von Deutschen, noch dazu Christen, in dieser Situation betreten? Doch dann kamen über hundert israelische Gäste, und Gott gab Gnade, dass ihre von Schmerz zerrissenen Herzen gerade durch dieses Zusammensein etwas getröstet wurden. Sie spürten unsere Liebe zu ihnen – das half, ihre Ablehnung und ihren Schmerz zu lindern.

Als Gast an diesem Einweihungstag weilte Daniel Auster, ein früherer Bürgermeister von Jerusalem, unter uns. Bei seiner Ansprache verstand ich, warum die weise Liebe Gottes es so gefügt hatte, dass dieses Fest mit dem Beginn des Eichmann-Prozesses zusammenfiel: „Abraham stand und bediente seine Gäste selbst. Sie saßen, und er stand... Das Gleiche sehe ich hier bei Ihnen. Ich verstehe diese Geschichte sehr gut, gerade jetzt in diesen Tagen, in denen der schreckliche Prozess geführt wird. Dieser Gegensatz zwischen diesem Mann, dessen Namen ich überhaupt nicht nennen will, speziell hier – und dieser Liebe, die ich da finde. Ich habe Ihre Gründe gehört. Ich habe den Ursprung, die Quelle auch verstanden. Der Ursprung ist Reue – Sühne – Buße – nicht um der Taten willen, die Sie, sondern die andere getan haben. Der Zweck ist Liebe, die Mittel Glaube, Zuversicht, Vertrauen, Hoffnung. Das hat Sie zum Bau dieses Hauses gebracht."

Und Schalom Ben-Chorin, ein jüdischer Schriftsteller, sagte: „Wenn wir Juden in diesen Tagen in der Gefahr stehen, Hass mit Hass zu vergelten, dann haben Sie geholfen, diese Anfechtung zu überwinden. Es gibt nur eine Waffe gegen den Hass, das ist die Liebe. Wir danken Ihnen, dass Sie uns in dieser Stunde der Anfechtung vor dem Hass, dem Kollektivhass, bewahrt haben."

Wie viel ist aus dieser Stunde des Geistes erwachsen, in der Gott uns Marienschwestern mit Israel verbunden hat! So steht heute unser Abrahamhaus in Jerusalem als eine Stätte, in der Juden eine Zeit der Erquickung an Leib und Seele erleben können, besonders solche, die im Konzentrationslager gelitten haben. Zudem ist *Beth Abraham* eine Stätte des Gebets, ein kleines Lichtzentrum.

Israel ist ein Stück unseres Lebens geworden, seine Freuden und Leiden wurden die unseren. Wenn wir von neu aufbrechendem Antisemitismus hörten oder wenn Krieg über Israel hereinbrach, dann trieb es uns in besonderem Maß zum Gebet für Sein Volk – so beim Sechstagekrieg 1967 und im Herbst 1973. Es drängte uns, ermutigende Grüße an jüdische Gemeinden zu senden und an den großen Kreis von Juden, die wir im Lauf der Jahre in Israel und hier kennenlernten.

Immer wieder wurde ich nach Israel gerufen. Türen taten sich auf, ich durfte in Seinem Land Vorträge halten. Man wollte „die seltsame, unwahrscheinliche Geschichte unserer Entstehung" erfahren. Erstaunt und beschämt erlebte ich bei solch einem Vortrag, dass Juden, manche alt und krank, zum Teil von weit her herbeiströmten trotz schlechten Wetters. Über die Hälfte war durch „Mundfunk" gekommen. Ich erzählte ihnen von Wundern Gottes, die auf unserem kleinen Kanaan geschahen, und sie folgten meinem Vortrag mit konzentrierter Aufmerksamkeit und spürbarer Wärme.

Überströmend war ihr Dank. Sie sagten, Funken seien auf sie übergegangen, ich hätte in ihr biblisches Land etwas von dem biblischen Geist zurückgebracht und manchen von ihnen den zerrütteten Glaubensmut wieder aufgerichtet. Obwohl ich bei säkularen Veranstaltungen sprach, empfand ich: So kann nur das von Gott zu Seinem Eigentum erwählte Volk reagieren! Am Tag nach solch einem Vortrag in Haifa stand als Quintessenz in der Zeitung, dass man solche Wege des Glaubens an den lebendigen Gott in den Ministerien einschlagen müsse – dann stünde es besser im Land.

Auch in Kanada und den USA waren es jüdische Kreise, die mich baten, zu ihnen zu sprechen in Synagogen, bei Rabbiner- und Studententreffen, ja sogar die Predigt in ihrem Sabbatgottesdienst zu halten. Der Bußruf, ausgehend von Schuldbekenntnis und eigener Reue, erreichte die Herzen.

Doch weil das Leiden Gottes um Sein Volk so sehr in meinem Herzen brannte, war es mir schwer, dass alles, was ich für und über Israel schrieb, dort lange Zeit nur Einzelne erreichte und im Ganzen gesehen keinen Eingang fand. Meine Schriften konnten nicht in Iwrith erscheinen, nach den englischen und deutschen Büchern wurde in den Buchhandlungen kaum gefragt. Es war auch gefährlich, sich dafür zu interessieren – bei einer Buchmesse in Jerusalem wurde unser Stand polizeilich bewacht. Ganz gleich, über welches Thema ich schrieb – alles war wie ein Ruf mit wenig Widerhall. Das war auch den Schwestern in Jerusalem eine schwere Last; immer neu musste der Glaubensfunke in ihnen angefacht werden.

Darüber vergingen Jahre. Um keine Niederlassung habe ich so viel Leid getragen wie um *Beth Abraham*. Wohl wollten wir Sühnedienst tun und konnten um der Schuld unseres Volkes und der Schuld der Christenheit willen keinen Missionsauftrag im üblichen Sinn haben. Unser Auftrag war und ist, mitzuhelfen, dass Wunden Seines Volks geheilt werden. Und doch sind wir als an Jesus Christus Glaubende und Ihn Liebende dort. Darum können wir – auch ohne Worte – nur mit unserem Leben bezeugen, wem wir gehören und was Er uns bedeutet.

Aber es ist auch schon etwas vom Anbruch einer neuen Zeit spürbar: Es zeigen sich Vorboten der Stunde, auf die Gott seit 2000 Jahren wartet. Nie werde ich vergessen, was in meinem Herzen vorging, als ein namhafter Jude mit uns in unserem Zionssaal zusammen war. Er saß unserem großen Kruzifix gegenüber. Wir sangen und feierten – und als ich ihn fragte, ob er sich noch ein Lied wünsche, bat er um den Vers:

> O Jesu, höchste Schönheit,
> Dich liebe ich allein,
> Du fasst in Deinem Wesen
> die Liebe göttlich rein.

Wer Dich einmal gesehen,
der ist verfallen Dir,
er muss allein Dich lieben,
Du allerschönste Zier!

DICH WILL ICH BESINGEN Nr. 2

Ihm gegenüber, der in leitender Stellung in einem wichtigen Institut Israels arbeitete, waren mir damals Tränen der Reue geschenkt worden, als ich ihn als Glied unseres Volkes um Vergebung bat. Manche einschneidenden Begegnungen folgten. Nun durfte ich Tränen der Freude weinen im Miterleben, wie ein – durch uns Deutsche leidzerquälter – Sohn Israels kurz vor seinem Tod zu Jesus fand. Doch das Neue, das langsam anbrach, war so verborgen, dass nur die wartende Liebe es schon wahrnehmen konnte.

Während des Sechstagekriegs im Juni 1967 und danach griff man auf einmal nach meiner Schrift, die ich schon Jahre vorher in Israel geschrieben hatte: DIE STUNDE DES MESSIAS. Textauszüge auf Tonband wurden vielen zugänglich gemacht und dankbar aufgenommen. Mein Buch SINAI HEUTE fand großes Interesse, denn nun war der Sinai für alle Israelis von höchster Aktualität. Ein Buch, das ich nach dem Sechstagekrieg besonders für Israel schrieb, UM JERUSALEMS WILLEN, erreichte viele Herzen.

Übersetzer für Iwrith stellten sich ein – und nicht nur das: Ein Jude war es, der REALITÄTEN – GOTTES WIRKEN HEUTE ERLEBT und den ersten Teil meiner Autobiografie in seiner Sprache veröffentlichte. Der Bußruf WENDEPUNKT, den ich wegen der Besetzung der Tschechoslowakei für unsere europäischen Länder geschrieben hatte, fand durch holländische Freunde plötzlich Eingang in der israelischen Presse. Neun israelische Tageszeitungen brachten den Text in sechs verschiedenen Sprachen. Ein im öffentlichen Leben führender Jude erzählte mir einige Monate später: „Von den Orthodoxen bis hin zu moderner Kibbuzjugend nahm man Ihre Worte auf, manche trugen das Zeitungsblatt mit sich herum. Damit haben Sie Herzen in Israel erreicht."

So lag ein tiefer Sinn darin, dass Gott mich im Sommer 1954 wieder in die Stille rief, statt dass ich in der Schwesternschaft wirken konnte. Auf diesem Weg legte Er den Samen der Liebe zu Israel in mein Herz. Und was ist alles daraus aufgewachsen! Darüber kann ich Gott nur anbeten: Welch eine Tiefe und Weite der Allmacht und Güte umschließt doch Sein Herz! Gering sind die Leiden im Vergleich zur Frucht, die Er gibt.

KANAAN – ANBRECHENDE KÖNIGSHERRSCHAFT JESU CHRISTI 1955–1957

4. MAI 1955 – EINE GOTTESSTUNDE

Schon einmal war in der Geschichte unserer Marienschwesternschaft an einem 4. Mai ein bedeutungsvoller Einschnitt geschehen – nämlich im Jahr 1949. Damals hatte Gott mir ins Herz gegeben, Ihm eine Kapelle zu erbauen, ein kleines Heiligtum, wo Ihm viel Dank und Anbetung zuteilwerden sollte. Damit hatte Er meine Füße endgültig auf den Glaubensweg gestellt, zu dem ich mich mit Mutter Martyria ein Jahr zuvor hingegeben hatte.

Es gibt Leiden, die man, wenn sie einen guten Ausgang nahmen, später vergisst. Aber die Härte der Wirklichkeit und die Tiefe der Anfechtung in diesen ersten Jahren auf dem Glaubensweg blieben mir lebenslang unauslöschlich gegenwärtig. Die Verantwortung für die Finanzierung des Baus lastete damals auf mir, ließ Gott uns doch ständig wie am Abgrundsrand stehen. Immer neu schrie ich zum Vater um Hilfe, die dann meist erst in allerletzter Stunde eintraf. Der Vater schien darauf hingezielt zu haben, das Letzte an Vertrauen aus meinem Herzen herauszuholen.

Sehr schwer waren mir diese Glaubenswege auch deshalb, weil für mich von jeher in Geldsachen alles klar geregelt sein und seine Richtigkeit haben musste. Darum waren Schulden für mich undenkbar. Aber dies waren nur vordergründige Leiden. Was mich am meisten beschwerte, war, dass auf diesem Weg Gottes Ehre ständig auf dem Spiel stand. Behörden, Handwerker, Firmen, Presse, Geistlichkeit, Eltern unserer Schwestern, Freunde wie Gegner – viele Augen waren auf unseren Bauplatz gerichtet, der Gott verherrlichen und Seinen Namen vor ihnen allen groß machen sollte.

Viele würden an Gottes Wundertun glauben oder zweifeln, ja vielleicht spotten – je nachdem, wie es mit unserem Bau weiterging. Wenn alles in Schulden und Bankrott zur Verunehrung Gottes geendet hätte, wäre es meine Schuld gewesen, denn mir war der Auftrag Gottes gegeben worden.

Wie oft hatte ich während der Bauzeit nur ausrufen können: „Ich glaube, hilf meinem Unglauben!" (Mark. 9,24). Und manchmal seufzte ich: Ach, wenn ich doch erst droben wäre, wo es eines nicht mehr für mich gibt: glauben zu müssen – da darf ich nur noch schauen. Viele Male findet sich in meinem Tagebuch aus jenen Jahren der Niederschlag heißen Flehens:

Kein Geld, alles ist wie aus, und wir stehen mitten im Bauen. Tränen sind meine Begleiter: Doch Du trägst durch, lässt Deine Ehre nicht in den Staub gezogen werden. Es kommt kaum Geld seit Wochen, doch ich will die Leiden durchgehen, es geht ja um Deine Ehre, einmal hat dieser Weg ein Ende.

Und wirklich: Dieser Weg war inzwischen zu einem Ende gekommen, zu Seiner Verherrlichung. Denn seit 1952 standen tatsächlich Mutterhaus und Kapelle und seit 1954 auch *Jesu Werkhaus* vollendet und ohne Schulden da. Damals dachte ich, dass der Glaubensweg in dieser Weise beendet sei und ich keine Berge von Rechnungen mehr durch den Glauben ins Meer versenken müsse.

Dann aber 1955 – wieder an einem 4. Mai – gab mir der Herr in den frühen Morgenstunden plötzlich den Auftrag für unser späteres Land Kanaan ins Herz. Welch ein großer, fast unglaublicher Auftrag! Ich lag gerade krank, als Mutter Martyria kam, um mir das Frühstück zu bringen. Da sagte ich ihr, was mir der Herr als Erleuchtung gegeben habe, und malte ihr etwas von dem zukünftigen Kanaan vor Augen. Mutter Martyria erzählte Jahre danach, dass ihr vor Schreck beinahe das Tablett aus den

Händen gefallen sei. Denn damit war ein Glaubensweg eröffnet von unvorstellbar größerem Ausmaß als der, den wir hinter uns hatten! Doch spürte ich, dass dieser 4. Mai eine Stunde Gottes war, eine Gnadenstunde, in der mir Gott nicht nur den großen neuen Auftrag ins Herz gab, sondern auch den Glauben und die Hingabe – ich selbst war zu solchem nicht fähig.

Die innere Bereitung für diese neue Wegstrecke war in den vorangegangenen Klausurwochen geschehen. In der Passionszeit 1955 war ich darauf eingestellt gewesen, dass Jesu Leiden mich wieder ganz einnehmen werde. Doch sie verlief ganz anders.

Eines Nachts wachte ich auf, und der himmlische Vater war mir plötzlich so nahe, dass in meinem Herzen immer nur zwei Worte in großer Liebe klangen: „Mein Vater, mein Vater!" Ich schmeckte etwas von der Seligkeit, Kind des Vaters im Himmel sein zu dürfen. Schon lange hatte ich eine kindliche Liebe zu Ihm als meinem Vater gehabt. Doch nun brach eine Liebe auf, wie ich sie vorher nicht gekannt hatte, ein ungleich stärkeres Verhältnis der innigen Liebe des Kindes zum Vater wurde mir geschenkt. So verklärte der Vater sich mir durch Seinen Geist. Er brach nun mächtig und bestimmend in das Leben unserer Marienschwesternschaft ein: Alle unsere Töchter sollten viel mehr zu „Kindern" werden mit einer persönlichen Beziehung der Liebe zum himmlischen Vater. Und mit Kanaan sollte für Ungezählte ein aufgerichtetes Zeichen gesetzt werden, dass Gott lebt, Gebet erhört, Wunder tut. Dieses Zeichen sollte unübersehbar dastehen in der Brandung einer weitgehend von Gott gelösten Welt und inmitten einer Kirche, die dem theologischen Zeitgeist entsprechend meinte, die Bibel „entmythologisieren" zu müssen.

An einem strahlenden Augusttag gingen Mutter Martyria und ich mit allen Schwestern den eineinhalbstündigen Waldweg hinauf zur Burgruine Frankenstein, um von dort aus das uns verheißene Land Kanaan zu sehen. Wir setzten uns an einen Wiesenabhang und sangen unser erstes Kanaanlied, das ich einige Tage zuvor geschrieben hatte:

> Kanaan, du schönstes Land,
> das Gott, der Vater, hat genannt
> das Land Seiner Erwählung.
> Auf diesem Land Sein Auge ruht,
> und Seine Hand stets Großes tut,
> es ist Sein Land, Seine Liebe.

Als wir dann die Burg bestiegen hatten, sahen wir tief unter uns, eingebettet zwischen Wäldern und den Ausläufern von Eberstadt ein Gelände mit Äckern und Wiesen, das in jeder Hinsicht uneinnehmbar war. Aber der Herr schenkte mir in dieser Stunde die Gnade, den Blick völlig von den Gegebenheiten zu lösen und allein auf Ihn zu heften. Darum konnte ich der ganzen Schwesternschar die Wege und Pläne, die wunderbare Zielsetzung für Kanaan aus Gottes Herzen so aufzeigen, als läge dieses Land schon vollendet vor mir mit seinen Bewohnern, Häusern, Anlagen und Aufträgen:

Das biblische Kanaan ist das Land der Verheißung, das gelobte Land, ein Land der Wunder Gottes. Wir werden unser Kanaan auch nur durch die Verheißungen Gottes, die wir im Glauben festhalten, bekommen. Es ist ein Land, das nicht auf den üblichen menschlichen Wegen, sondern durch des Vaters persönliches Eingreifen erworben wird.

Das biblische Kanaan sollte ein Land der Freude und der Festgesänge sein. Die Heilige Schrift sagt: „Sie werden kommen und auf der Höhe des Zion jauchzen... Alsdann werden die Jungfrauen fröhlich beim Reigen sein" [Jer. 31,12–13].

Mit Pauken und Trompeten feierte man in Israel oft viele Tage lang. So müssen auch alle Menschen, die später einmal zu uns kommen als Einzelgäste oder als ganze Gruppen, mit hineingenommen werden in das Feiern, die Freude und die Festgesänge – keiner darf weggehen, er habe denn etwas davon erlebt.

Wir können sicher sein, Gott freut sich am meisten, wenn Er uns glücklich sieht. Was muss das für Sein Herz bedeuten, wenn der himmlische Vater dann herniederschauen kann auf

*ein kleines Land der Feste und Feiern! Das Land, das der Vater
Seinem Volk ausgesucht hatte, war ein Land, in dem Milch und
Honig floss. So wird auch unser Kanaan ein Land mit Kühen
und Bienen sein – ein Land voll Fruchtbarkeit unter dem Segen
des Herrn – ein „kleines Paradies" – ein schönes und gutes Land.
Auch eine Quelle muss noch gefunden werden.*

*Das biblische Kanaan war bestimmt zum Mittelpunkt des
Segens für alle Völker – und unser Kanaan wird auch ein kleines
Strahlungszentrum sein für Jesu Liebesgemeinde aus aller Welt.
Doch in dem Maß, in dem Kanaan zur viel besuchten Stadt
wird, muss auch für die Stille gesorgt werden zum verborgenen
Gebetsumgang mit Gott. Innenhof und Gebetsgarten des Mut-
terhauses sollen dann nicht mehr für Führungen und all die
Besucher offenstehen, denn wenn wir unsere Aufträge wirklich
ausführen wollen, muss die Verbindung des Herzens mit dem
Herrn in der Stille gewährleistet sein.*

*Das biblische Kanaan bedeutet auch heiliges Land. Darum
soll sich in unserem Kanaan nichts Unheiliges halten können;
jede Sünde soll von Gottes Licht aufgedeckt und unter das Blut
des Lammes gebracht werden. Die Lichtgemeinschaften müssen
heiliggehalten werden, damit Kanaan und seine Bewohner mehr
und mehr ein Zeugnis des Wesens Gottes werden und alle Arbeit
den Adel trägt, dass sie für Ihn getan wird.*

Jedes Mal, wenn ich den Schwestern wieder einiges mehr von
Gottes Kanaan-Plan vor Augen gemalt hatte, sangen wir darüber
Glaubensverse, und die Freude brach sich Bahn. So musste ich
immer fortfahren, und die Stunden vergingen wie im Flug.

*Das biblische Kanaan ist ein Land, für das der Herr selbst Sorge
trägt und dessen Schutzherr Er allein ist. So wird Er auch bei
unserem Kanaan dafür sorgen, dass die Häuser gebaut werden können und die großen Geldsummen dafür herbeikommen,
auch dass unser Tisch täglich gedeckt sein wird – denn dieses Land hat Er uns zum Erbe gegeben. Wir müssen das Land
richtig durchdringen mit Gebet, sodass der Herr nach Seiner*

*Verheißung den Segen herabschüttet. Und wenn wir einmal
einziehen und unser Kanaan bebaut ist, müssen sich die Verheißungen Gottes erfüllen als lauter Realitäten.*

*Kanaan ist das Land, wo sich Jesu Auferstehung und Himmel-
fahrt ereignet hat. Darum singen wir so viel vom Sieg, und die
Menschen, die dann kommen, werden mit uns die Siegesfahne
schwingen. Aber sie werden auch mit Jesus leiden lernen, denn
Kanaan ist zugleich das Land, wo die Passion Jesu sich ereignet
hat. Darum wird auf unserem kleinen Kanaan Jesus in Seiner
Passion uns wieder nahekommen und durch Passionsspiele
Menschenherzen erreichen.*

Lange weilten wir oben auf dem Frankenstein. Glückselig über
diesen Ausblick, was der Herr mit Kanaan vorhat, sangen wir
und nahmen das Land im Glauben ein. Es war wie eine „Tabor-
stunde". Ganz gleich, wie viel oder wenig die einzelnen Schwestern von diesem Gottesauftrag jetzt schon fassen und aufnehmen
konnten – das spürten alle an diesem Tag, dass es eine besondere
Stunde für uns war, die uns neu ausrichten und die kommenden
Jahre bestimmen sollte.

Seit ich gläubig geworden war, hatte ich dafür leben wollen,
dass etwas vom Reich Gottes, vom Himmelreich aufleuchte,
die Königsherrschaft Jesu Christi anbreche schon jetzt und hier.
Dafür muss Gottes Herz schon vor Anbeginn der Welt geschlagen haben – bis heute. Darauf hatten alle Seine Wege mit Israel
gezielt.

Mit dem Ruf: „Tut Buße, denn das Himmelreich ist nahe herbeigekommen!" (Matth. 3,2), hatte Johannes der Täufer Jesus angekündigt, und für Jesus wurde es dann der Ruf, den Er ausrichtete
und später Seinen Jüngern zu verkündigen auftrug. „Dein Reich
komme" (Matth. 6,10), hat Er sie zu beten gelehrt. Über das Reich
Gottes sprach Er mit ihnen in den vierzig Tagen nach Seiner
Auferstehung. „Es sind die Reiche der Welt unseres Herrn und
seines Christus geworden" (Offb. 11,15), das ist der Schlussakkord
der ganzen Heiligen Schrift am Ende der Zeit.

Kann es einen schöneren Lebensinhalt geben, als dafür gelebt zu haben, dass ein Anbruch der Königsherrschaft Jesu Christi entstehe in dem Bereich, den Gott uns anvertraut hat? Dies innere Ziel meines Lebens sollte sich nun manifestieren – von Gott sichtbar gemacht in einem kleinen Land mit Gebäuden und Anlagen, mit einem kleinen Volk, das sich von Ihm regieren lässt und nach Seinen Geboten lebt.

Doch dann hieß es von unserem „Tabor", der Burgruine Frankenstein, nicht nur mit unseren Füßen den Weg hinunter nach Darmstadt-Eberstadt zu gehen, sondern auch – was den Weg der Einnahme Kanaans betraf – hinabzusteigen in die Wüste der Wirklichkeit mit vielen Schwierigkeiten. Es galt jetzt, den Glaubenskampf aufzunehmen und die dunklen Wege zu durchgehen, deren Ziel mir Gott gezeigt hatte.

Dabei häuften sich so viele Hindernisse an, dass es allein Gottes Gnade war, die mich an der Einnahme Kanaans durch alle kommenden Jahre festhalten ließ. Die Tore Kanaans schienen nicht nur durch das eiserne Nein der Behörden fest verschlossen zu sein, sondern das Gelände war auch in den Händen von über 20 Privateigentümern mit ihren Erbengemeinschaften. In einer von Inflation bedrohten Zeit wollte natürlich niemand solche Werte veräußern. Weitere Eigentümer der Grundstücke waren die Stadt Darmstadt, die Kirche und das Land Hessen, für deren Entscheidungen lange Amtswege zu durchlaufen und Sitzungstermine abzuwarten waren. Und es erwies sich so gut wie aussichtslos, den Besitzern die Notwendigkeit eines Kanaan klarzulegen. Denn Kanaan wurde von Gott in einer Zeit ins Leben gerufen, in der fast ausschließlich der sozialpolitische Maßstab für die Beurteilung der Notwendigkeit eines Werkes angelegt wurde. Wie sollte jemand Kanaans soziale Bedeutung hinsichtlich der inneren Erneuerung der Menschen verstehen, anerkennen und befürworten?

Selbst wenn dies wunderbarerweise geschehen sollte, obgleich es menschlich gesehen eine hundertprozentige Unmöglichkeit war, was würde es uns nützen? Angenommen, Gott öffnete die

Tore Kanaans, die Ländereien würden als Bauland freigegeben, sämtliche Grundstücksbesitzer wären bereit zu verkaufen – woher sollten wir das Geld nehmen?

War der Glaubensweg mit Kanaan nicht ein Gott-Versuchen, und musste mich nicht Furcht befallen, das nun noch unvergleichlich größere Maß der Verantwortung dieser Glaubenswege zu tragen? Es war aber Gott selbst, der mir den Auftrag gegeben und das Anliegen als einen Brand ins Herz gelegt hatte: Gott muss verherrlicht werden!

Der Vater, der dreieinige Gott sollte in Kanaan aufstrahlen, damit viele Ihm Ehre und Liebe geben. Darum war ich gedrängt und konnte nicht anders, als auf das Glaubenswagnis einzugehen, Kanaan zu erwerben und zu bebauen – sollte es mich auch viel mehr Leiden kosten als der bisherige Glaubensweg.

ZÜCHTIGUNG, MEIN BESTES BROT

In der Stille der kleinen Dreieinigkeitskapelle hatte ich vor Beginn des Kanaanauftrags erfahren dürfen, was es bedeutet, Kind unseres himmlischen Vaters zu sein. Bei der Einnahme Kanaans sollte ich es als Realität erleben in der Auseinandersetzung mit den Behörden unserer Stadt. In Not- und Mangelsituationen und auf Seinen Erziehungswegen lernt man den Vater kennen wie nirgends sonst. „Denn wen der Herr lieb hat, den züchtigt er" (Hebr. 12,6). Das Ja zu Seinen Züchtigungen wirkt wie ein Schlüssel, der das Vaterherz mit all Seinen Segnungen und Wohltaten aufschließt. Und hinterher wird Er uns umso mehr mit allem Guten überschütten. Weil der Vater das im Sinn hatte, konnte auch unser Weg nach Kanaan nicht ohne Züchtigungen sein. Gott, der doch den Auftrag gegeben hatte, stritt nun scheinbar gar nicht dafür, denn Seine Wunder wurden selten. Ich sollte lernen, dass Gott, wenn Er scheinbar gegen uns steht, in Wirklichkeit für uns streitet.

So waren die folgenden Jahre reich an Tränen und trieben mich in die Arme des Vaters, wo ich zuletzt Seine Güte erleben sollte. Ein schwaches, weinendes Kind gehört in des Vaters Arme.

Die erste Glaubensprobe ergab sich durch die Planung einer großen Umgehungsstraße durch unser Gelände Kanaan. Mit dieser Straße stand und fiel alles für uns. Da gab es nur ein Entweder-Oder: entweder Kanaan oder Umgehungsstraße. Die Lage wurde immer aussichtsloser. Wie oft bei Glaubenswegen schien der Sieg einige Male ganz nah, ja sogar da zu sein. An einem Tag ließen wir im Dank dafür, dass Gott unsere Gebete erhört hatte, sogar zehn Minuten lang unsere Glocke läuten; dann aber traf uns die Nachricht wie ein Schlag, dass die Straße doch gebaut werden solle. Es hieß, sie sei strategisch wichtig, und die höchste Regierungsstelle in Bonn habe unseren Antrag endgültig abgelehnt. Ich schrieb:

Ich weiß, das kann mein Vater nicht, uns, Seine kleine Herde, den Widersachern preisgeben – erst alle Verheißungen geben, den Magistrat überwinden, Tausende ihre Blicke auf Sein Tun richten lassen – und dann alles zurücknehmen, uns sozusagen täuschen, in allen Nöten in die Irre führen trotz unseres Flehens. Das kannst Du nicht, denn Du bist Liebe und Treue. Ich bin fest überzeugt, dass Du uns Kanaan gibst und niemandem sonst. Du musst erst Widerstände erwecken, weil wir es so nötig haben, bereitet zu werden. Je mehr Leiden, desto größere Frucht von Kanaan.

Beim Ankauf der Grundstücke waren die Schwierigkeiten nicht zu zählen. Der eine Eigentümer wollte auf seinem Acker eine Tankstelle errichten, das wäre eine gute Lage an der späteren Umgehungsstraße. Der andere hatte seine Verwandten in Amerika, weshalb er meinte, weder verkaufen noch tauschen zu können. Ein dritter war durch Erbstreitigkeiten blockiert, darum war es unmöglich für ihn, auch noch Land zu verkaufen – und so ging es fort. Dabei handelte es sich um ungefähr zwanzig Äcker und noch zwanzig Tauschgrundstücke!

Was die Stellung des Magistrats zur Frage der städtischen Besitzungen im Kanaangelände anbelangte, so verliefen fast alle unsere Besuche ergebnislos. Nachdem endlich ein Sitzungstermin der Stadtverwaltung anberaumt worden war und wir für diese Sitzung im Glauben viel gebetet hatten, bekamen wir als Resultat vom Oberbürgermeister, Bürgermeister und Magistrat einen Plan zugeschickt, in dem Kanaan fast auf die Hälfte verkleinert eingezeichnet war. Dies sei ihr endgültiger Beschluss.

Ich breitete unter Tränen diesen Plan vor dem Herrn aus und strich die Grenze mit einem dicken Stift durch. Im Glauben klammerte ich mich an Gottes Auftrag und Seine Zusage, dass Er dennoch ein Amen daraus machen werde.

Zwei Drittel der Grundstücke waren staatlich, und von der Landesregierung bekamen wir ein eisernes Nein, sei es für Kauf oder Tausch. Ein großer Trost in diesen Jahren waren biblische Losungen, die der Herr mir von Zeit zu Zeit während meiner vielen Gebetskämpfe um Kanaan als Glaubensstärkung gab. Später ließ ich aus Dankbarkeit und zum Lobe Gottes Denksteine am Eingang Kanaans aufrichten, auf denen diese Worte eingegraben sind, zum Beispiel:

Fürchte dich nicht, du Würmlein Jakob, ihr armer Haufe Israel. Ich helfe dir, spricht der Herr. Jes. 41,14 L12

Getreu ist er, der euch ruft; er wird's auch tun. 1. Thess. 5,24 L12

Siehe da, ich habe euch das Land, das da vor euch liegt, gegeben; gehet hinein und nehmet es ein. 5. Mose 1,8 L12

Keiner wird zu Schanden, der dein harret. Ps. 25,3 L12

Dass ich während all dieser schweren Wege Glauben halten konnte, ist mir rückblickend ein großes Wunder. Ich spürte: Das war nicht mehr ich, Gott selbst hatte mich gehalten inmitten der quälendsten Stunden, in denen mir tatsächlich niemand mehr beistehen konnte. So gut gemeint die Stimmen von Nächsten und Freunden oft schienen, waren sie doch die Hand, die der

Versucher zur Erleichterung bot: aufgeben – nachgeben – nicht mehr glauben und kämpfen müssen!

Wie oft schrie ich innerlich zum Herrn: „Was steht Dir bei mir, bei unserer Marienschwesternschaft im Wege, dass Dein Arm nicht mehr hilft?" Und doch verließ mich die Gewissheit, diesen Weg gehen zu müssen, nie ganz. Im tiefsten Grund meines Herzens wollte ich auch keinen anderen Weg gehen. Es war mein Weg, auf dem ich den himmlischen Vater verherrlichen durfte. So schrieb ich:

> Ich will mich Dir verschreiben,
> durch Dein Blut treu zu bleiben
> Dir und dem Glaubensweg voll Nacht.
> Ich will jetzt bei Dir stehen
> und einst Dein Antlitz sehen,
> dann schauen, was ich hier geglaubt.

Einige Male während dieser Jahre unterbrach der Vater Seinen Züchtigungsweg. Wie schwarze Wolken für einen Augenblick die Sonne durchbrechen lassen, so ließ Er ganz plötzlich Sein Antlitz strahlen und uns Sein Herz wieder erkennen in Seiner Güte und Barmherzigkeit.

Für solche Augenblicke hatte Gott sich auch manchmal besondere Daten vorgenommen. Einmal war es der zehnte Geburtstag der Marienschwesternschaft. Drei bittere Nein waren vorausgegangen, abschlägige Bescheide von höchsten Instanzen unserer Stadt und des Staates. Die Schwestern waren ganz verstört, doch spürte ich, dass wir jetzt erst recht dem Vater ein Dankfest bereiten sollten. Da schickte Er uns mitten hinein, nämlich zu Beginn der Nachmittagsfeier, die Nachricht, dass die Stadtverwaltung uns das Gelände als Interessengebiet zuerkannte und ihre Bebauungspläne zurückzog. Oberbaudirektor Professor Peter Grund überbrachte diese Nachricht sogar persönlich, und sie konnte der ganzen Festversammlung verkündet werden, die mit uns tief bewegt war. Viele trugen dann das Zeugnis weiter, wie Gott sich als Vater erzeigt hatte.

Andere Lichtblicke und Tröstungen gab der Vater uns, indem Er uns für besondere Notsituationen plötzlich einen namhaften Helfer und Mitstreiter erweckte, die wir doch keinerlei Macht und Einfluss hatten. Streckenweise war dies Fritz Dächert, der damalige Bezirksverwalter von Eberstadt – dann Professor Paul Luchtenberg, einer meiner früheren Hochschullehrer, der inzwischen Kultusminister von Nordrhein-Westfalen war – zwei einflussreiche Vertreter unserer Kirche – und vor allem Oberbaudirektor Professor Grund. Die schönste und größte Tröstung jedoch sparte der Vater für unseren zwölften Geburtstag auf. Aber davon später.

Wenn uns wieder ein Streifen Land oder ein Gebiet zugesprochen wurde, hieß es zu bezahlen. Die Geldnot auf diesem Glaubensweg war fast ununterbrochen gleich groß. Und so betete ich:

Mein Vater, Du wirst uns nicht verlassen, wir sind doch Deine Kinder, wenn auch Sünder. Wir sind Deine besonders bedürftigen Kinder, wirkliche Waisen, haben auf Erden keinen Menschen oder Kreis, keine Kirche oder Institution hinter uns ... Wir sind nur auf Dich, Deine Güte angewiesen und setzen all unsere Hoffnung auf Dich. Solltest Du uns enttäuschen und zuschanden werden lassen?

Vater, wir leben doch..., um Dich und Deinen Namen groß zu machen, Dein Lieben und Leiden zu künden. Solltest Du uns da nicht aus der Fülle Deines Reichtums geben, wessen wir zum Leben bedürfen – wie es ein irdischer Vater bei seinem Kind tut...? Du kannst nicht anders, Du bist lauter väterliche Güte.

11.6.1955

„Wie steht die Kasse?" Das war jeden Tag für mich *die* Frage. Obwohl ich nicht viel von Kassensachen verstand, wunderten sich die Schwestern immer wieder, dass ich so genau Bescheid wusste – denn dieser Glaubensweg kostete mich Herzblut. So konnte es geschehen, dass unsere Kassenschwester verstummte, wenn sie bei Tisch plötzlich einen Überblick über die Kassenlage geben sollte, weil das aus dem Stegreif schwierig war, ich aber dann für sie eintrat. Jahrelang hatte ich die Liste aller für einen Monat fälligen Rechnungen in meinem Zimmer hängen. Jeden Tag flehte ich aus tiefstem Herzen zum Vater um die ausstehenden Summen, denn immer wieder war kein Geld da. Wenn es dann kam, strich ich jede bezahlte Rechnung durch und schrieb daneben meinen Dank an den Vater.

Aber in diesem Punkt musste Gott noch tiefer schürfen. So heißt es in meinem Tagebuch:

Es ist mir wie ein Schwert im Herzen. Wir gehen diesen Glaubensweg, der so dunkel ist, damit Dir Ehre werde. Doch das Umgekehrte erleben wir: Nicht nur hier in Darmstadt, sondern überall im Land geht das Gerücht um, wir hätten große ausländische Geldspender und wüssten nicht, wohin mit unserem Geld! Sieh an meine Tränen, sieh an, dass alle Bauten nur für Dich – zu Deiner Ehre – gebaut werden sollen.

Später, als Kanaan angelegt und bebaut wurde und wir wieder in größter Geldnot waren, kam die Nachricht, öffentliche Institutionen bezahlten wegen Landpreiserhöhung benachbarten Landverkäufern den Aufpreis nach. Das hieß für uns, wenn wir auch rechtlich nicht dazu verpflichtet waren, in der Nachfolge Jesu und gemäß der Bergpredigt ebenfalls Nachzahlungen zu geben. Bei etwa 20 Grundstücken war das eine sehr hohe Summe. Nie vergesse ich, wie ich in dieser ausweglosen Lage zu Gott schrie: „Mein Vater, wir versinken – erbarme Dich doch!"

Er erhörte mich auf wunderbare Weise, und doch wusste ich, dass diese Züchtigungswege für mich selbst nötig waren, damit ich im Vertrauen zum Vater bewährt werde. Solche Leiden sind aber nur ein kleiner Preis, den wir einbezahlen, um befreit zu werden von dem, was nicht in Sein Reich passt. Unvorstellbar ist, was Gott uns dafür ausbezahlt an Herrlichkeit für alle Ewigkeit.

Weiter waren diese Wege nötig, weil Kanaan ein Strahlungszentrum der väterlichen Liebe und Wundermacht Gottes werden sollte. Viele sollten später auf Kanaan lernen, sich dem Vater zu Züchtigungswegen hinzugeben und dabei Sein Herz finden.

Darum konnte nie zu viel an Hingabe in die Erde Kanaans gelegt werden.

Aber diese Wege waren noch aus einem anderen Grund nötig: Kanaan sollte erbaut werden in einer Zeit, als die westliche Welt gekennzeichnet war von Aufruhr und Revolten. Oft sah ich im Geist die vielen geballten Fäuste vor mir, die heute drohend gegen unseren Vater erhoben werden, und hörte unzählige lästerliche, anklagende Worte aus dem Mund vieler, auch gläubiger Christen, die Gott Vorwürfe machen. In mir war ein Schmerz über die Worte voll Bitterkeit – ob hinausgeschrien oder nur in Gedanken bewegt – wie: „Das soll ein Gott der Liebe sein? Wo ist nun Gott? Wie kann Er solches zulassen? Ich kann nicht mehr glauben …", oder Aufschreie der Empörung, die Ihn direkt höhnen und verlästern.

Weil dem Vater im Himmel solches angetan wird, sollte auf diesen Wüstenwegen, auf den Wegen des Glaubens, der Enttäuschungen und Leiden, der Liebe Gottes Vertrauen geschenkt werden, damit dann vor aller Welt offenbar werden konnte: Gott ist treu, Gott ist Liebe. Keiner kann mit solcher Herzensüberzeugung „Vater, mein Vater" sagen und von Ihm und Seiner Liebe Zeugnis ablegen wie der, der in tiefster Not dennoch vertraut und dann Seine Hilfe erfahren hat.

UNGEWÖHNLICHE ANFECHTUNGEN

Viel kann unsere Seele ertragen, wenn die innere Klarheit über die Richtigkeit eines Auftrags, eines Weges unangefochten bleibt. Darum sucht Satan durch seine wirksamste Waffe, die Anfechtung, diese Gewissheit infrage zu stellen. So erfuhr ich: Je aussichtsloser es wurde, Kanaan einzunehmen, desto stärker wurden die Angriffe des Feindes. Mir war im Winter 1956, als ob mein ganzes Lebenswerk dem Tod geweiht vor mir liege wie ein welkes Blatt. Hatte es überhaupt noch Sinn, für Kanaan zu glauben und zu kämpfen? So schrieb ich in mein Tagebuch:

Die Passionsspiele sind ohne Gehalt und Kraft – mit um ihretwillen haben wir ein Kanaan bauen wollen, und dafür kämpfen wir auf Leben und Tod. Aber in Wirklichkeit lebt Jesu Leiden kaum in unser aller Herzen. Hätte ich das vor einem Jahr erkannt, so hätte ich nicht ein Kanaan mit der Jesu-Ruf-Kapelle gewollt. Ich stehe vor lauter Trümmern... Unsere Passionsspiele waren in diesem Jahr schlechter besucht als das letzte Jahr. Unzählige bewusste Christen waren gewarnt worden, meine Schriften zu lesen, weil sie in gewissen Kreisen auf dem Index stehen, und werden damit auch zurückgehalten, zu unseren Ruferspielen zu kommen. Es ist mir, als gähne der Tod mich an und künde vom Untergang der mir von Jesus gegebenen Aufgabe. 8.2.1956

Ich fragte mich, ob es Größenwahn war, ein so großes Land und all die Häuser zu planen? Eine andere Stimme sagte mir: Wie lange wird es dauern, bis Kanaan angelegt ist und die Häuser stehen? Bis dahin mag schon ein Krieg ausgebrochen sein, und der Auftrag Kanaans kann gar nicht mehr ausgeführt werden.

Es kam ein Fragen in der Schwesternschaft auf, ob wir uns auf die Hälfte des Landes beschränken sollten – ob das Ziel nicht zu hoch gesteckt sei – ob wir lieber nicht groß werden, nicht so viele Häuser und Land haben sollten. Kanaan, alles Leben hier würde leicht einen betriebsmäßigen Charakter bekommen und damit nicht mehr anziehend sein. Auch Freunde sagten, ich solle den unnüchternen Plan des „großen Kanaan" fallenlassen, der würde unser ganzes Werk nur in ein Fiasko führen.

Hatte ich mich wirklich geirrt? Die Anfechtungen tobten in meiner Seele. Wenn es nicht der Herr gewesen war, der mir den Auftrag gegeben hatte, dann wollte ich sofort den Kampf um Kanaan fallenlassen. Jedoch im tiefsten Herzen hieß es: „Wehe, wenn du jetzt im Glauben nicht durchhältst und diesen Leidensweg nicht im Gehorsam zu Ende gehst! Es ist der Herr – es ist Sein Auftrag. Gott will Kanaan als einen Anbruch des Himmelreichs auf Erden." Zur Bestätigung gab Er mir die Losung: „Deine Ohren werden hinter dir das Wort hören: ‚Dies ist der Weg, den geht! Sonst weder zur Rechten noch zur Linken!'" (Jes. 30,21).

So wich ich nicht, sondern hielt mich im Glauben daran, dass die Anfechtungen mir gewiss dazu dienen sollten, tief gedemütigt und für den späteren Auftrag Kanaans bereitet zu werden.

Den Angriffswaffen des Feindes galt es die stärkeren Abwehrwaffen Gottes entgegenzusetzen und den Anfechtungen mit einem Dennoch des Glaubens zu begegnen. Darum gaben wir im Juni 1956 einen Freundesbrief heraus, in dem Kanaan, seine Anlagen und die geplanten Häuser beschrieben und sogar schon als Skizzen zu sehen waren. Alles, was der Herr mir für Kanaan klar gemacht hatte, legte ich in diesem Brief nieder.

Aber diese Kanaan-Proklamation in unserer Situation herauszugeben, war wie ein Wahn, und alles in mir sträubte sich dagegen. Mir war, als müsse ich damit über mich selbst hinwegspringen. Und auch Mutter Martyria meinte, dass es unmöglich sei, einen solchen Brief jetzt zu veröffentlichen, wo Kanaan uns endgültig verschlossen schien. Doch immer wieder ließ mich der Eindruck nicht los: Dem Vater soll später, wenn Kanaan einmal verwirklicht ist, Ehre und Anbetung werden, weil dieses Land nicht durch natürliche Gegebenheiten erworben und gestaltet wurde, sondern allein durch Sein Eingreifen und Seine Wunder. Diese Ehre aber kann dem Vater nur zuteilwerden, wenn wir jetzt, wo es menschlich völlig unmöglich erscheint, den Glaubensmut haben, vor allen Menschen durch den Freundesbrief zu bezeugen: Kanaan ist wohl noch verschlossen, doch Gottes Verheißung steht darüber; darum glauben wir, dass Kanaan dennoch wird. Proklamieren wir jetzt Kanaan nicht, wird später auch nicht Gottes Ehre kund werden.

Unter Schmerzen wurde der Brief verschickt, und die Anfechtungen blieben, obwohl Mutter Martyria und ich beim Beten über die entscheidende Frage, ob wir diesen Rundbrief veröffentlichen sollten, Losungsworte bekommen hatten, die meinen inneren Eindruck bestätigten: „Seid allezeit bereit zur Verantwortung vor jedermann, der von euch Rechenschaft fordert über die Hoffnung, die in euch ist" (1. Petr. 3,15), und: „Der in euch angefangen hat das gute Werk, der wird's auch vollenden" (Phil. 1,6).

Neue Anfechtungen kamen hinzu. Es war mir nicht mehr selbstverständlich, im Glauben daran festzuhalten, dass es Gottes Ratschluss sei, einen Anbruch des Himmelreichs, einen Vorgeschmack des Paradieses unter uns zu schaffen. Enttäuschungen an unseren Töchtern, die in dieser Zeit gerade auf einen Höhepunkt gekommen waren, ließen mir dieses Glaubensziel fast zusammenbrechen. Es kam solch eine innere Nacht über mich, dass ich nur noch weinte und klagte in meinem Herzen: Sie haben nicht gewollt! Es ist, als ob bei uns alles Erglaubte wie zerstört ist. So viel geistliche Trägheit, Ichbezogenheit, Selbstgerechtigkeit und Lieblosigkeit war unter ihnen, die Gottes Aufträge blockierten.

Ich musste an Franziskus von Assisi denken, als ihm durch das Verhalten seiner geistlichen Söhne sein ganzes Werk zusammenbrach und sein Leben in den folgenden Jahren nur noch voller Tränen war, weil er vor den Trümmern seines Lebenswerks stand. So war auch für mich die Enttäuschung, dass Gottes Auftrag durch das Verhalten der Schwestern zerbrochen schien, unsagbar groß.

Doch eine Reihe von ihnen wollte nicht den Weg der Reue und Buße gehen, obwohl Gott anhaltend und deutlich zu uns redete. Einzelne mussten wir bitten zu gehen, weil sie ein abgestorbenes Glied geworden waren, andere gingen von sich aus. Die Liebe zu Jesus war bei ihnen erloschen, und sie waren nicht bereit, umzukehren. Solche Lücken in unserer Schwesternfamilie schlugen Mutter Martyria und mir große Wunden.

In jenen Monaten tiefster Anfechtung wünschte ich, die Leitung der Marienschwesternschaft abgeben zu können. Aber das ließ Gott nicht zu. Er half mir, die Enttäuschungen zu überwinden, indem Er mir Seine unendliche Geduld zeigte, die Er auch mit mir hat. So schenkte Er mir aus Gnaden neue Hoffnung nach Seiner Verheißung: „Die Erde tue ihren Schoß auf, damit Heil erblühe, und sie lasse Gerechtigkeit sprossen zugleich! Ich, der HERR, habe selbst es geschaffen" (Jes. 45,8 M). Und Er stärkte mich, im Glauben durchzuhalten.

MORIJA – GOTT PRÜFT

Die tiefste Entscheidung im Leben eines Christen fällt nicht bei seiner Bekehrung, nicht bei schmerzlichen Verlusten oder Züchtigungen, sondern in einer „Morijastunde". Dafür ist uns Vater Abraham als Vorbild gegeben. Auf dem Berg Morija war das Entscheidende nicht das an sich schon unsagbar schwere Opfer eines Kindes – auch nicht dieses Kindes, auf das Abraham 25 Jahre gewartet hatte. Das größte Opfer, das er dort zu bringen hatte, war das Opfer der Verheißung Gottes. Der Herr hatte ihm seit so langer Zeit versprochen, dass durch seinen Sohn, den Er ihm im Greisenalter als ein Wunder noch geben werde, alle Geschlechter auf Erden gesegnet sein sollten. Abraham wurde geprüft, ob er an Gott irrewürde, wenn Gott anscheinend gegen Gott steht, weil Seine Verheißung und Seine Handlungsweise sich total widersprechen.

In solch einer Lage, wenn wir an Gott selbst enttäuscht werden, will etwas in uns zerbrechen. Wo diese Prüfung jedoch bestanden wird, geschieht letzte Willensvereinigung mit Gott, das Höchste, was Er uns schenken kann. Dem aber müssen unzählige Hingaben des Willens im Alltag und auf dunklen Wegen vorausgegangen sein, wo wir Gott und Sein Handeln nicht verstehen konnten. Solch einen Eckstein setzte der Herr in meinem Leben durch unsichtbare Kämpfe in den Jahren des nach außen hin sichtbaren Kampfes um Kanaan.

Gott hatte mir in jenen Jahren eine Verheißung gegeben, die für mich das Höchste und Seligste in sich schloss, was ein Mensch von Gott erlangen kann. Lange hatte ich mich innerlich darauf vorbereitet, all Sein Führen zielte darauf hin. Diese besondere Stunde Gottes schien sich in den Septembertagen 1956 zu erfüllen. Gottes Heiligkeit kam mir nahe, wie ich sie noch nie erlebt hatte – und dann erfuhr ich, was ein Morija-Erleben in sich schließt: die Verheißung begraben müssen. Es ist für mich mit die größte Gnade meines Lebens, dass ich an jenem 27. September 1956 bei dieser Enttäuschung nicht mein Vertrauen auf Gott verlor, an Ihm nicht irrewurde.

Gott schenkte es, dass ich in jener dunkelsten Stunde, die mich mehr kostete als alle anderen schweren Wege in meinem Leben, Ihm ein Ja geben konnte. Zeichenhaft dafür, dass ich dennoch an Seiner Liebe festhielt, legte ich die Worte JA AMEN aus kleinen Steinen an dem Platz, wo ich viel gebetet hatte, in die Erde. Und Er ließ mich, wenn auch mit blutendem Herzen, das Wort niederschreiben: „Mein Vater, ich verstehe Dich nicht, aber ich vertraue Dir." Auf dieses Wort sind später besonders viele dankbare Reaktionen aus aller Welt gekommen. Es brachte Ungezählten in dunklen Stunden Hilfe; denn so viel etwas gekostet hat, so viel wirkt es.

Weil Gott mir damals die tiefste Vereinigung mit Seinem mir gänzlich unverständlichen Willen schenkte, wurde mir der dunkelste Tag in meinem Leben zu meinem größten Gnadentag. Später erkannte ich, dass Gott Seine Verheißung doch erfüllt hatte – nur ganz anders, als ich es damals verstehen konnte. Vieles, was der Herr mir auf dem Weg der Einnahme des verheißenen Landes Kanaan als Erfüllung geschenkt hat, stand in Beziehung zu diesem Morija-Erleben.

Zunächst erlebte ich gerade in den Jahren 1956 bis 1959 immer wieder, dass Verheißungen für Kanaan nicht erfüllt wurden und wir statt eines Ja von höchster Stelle ein entschiedenes Nein bekamen. 1958 lag unser ganzes Werk vor meinen Augen wie begraben, besonders als ich dann im Krankenhaus dem Tod ins Auge sehen musste und alle unsere Aufträge dem Tod geweiht schienen. In dem allem half mir zum Durchhalten mein eigentliches und schwerstes Morija-Erleben 1956. Und mein Bekenntnis war immer neu, dass Gott Liebe ist und bleibt, wie ich es Ihm in dunkelsten Stunden so viele Male sagte:

> Ich preis den Segen, der kommt aus Wegen
> der Leiden und der tiefsten Nacht.

> Ich preis den Namen, der Ja und Amen,
> auch wenn mein Herz Ihn nicht versteht.

> Sein Wille ist Güte, Sein Herz nur Liebe,
> gut sind die Wege, die Er führt.

Seinen Willen zu preisen, half mir, diese Stunden durchzustehen. Doch dann erfuhr ich auch etwas davon, was Abraham nach bestandener Prüfung gesagt wurde: „Nun weiß ich, dass du Gott fürchtest" (1. Mose 22,12) – und wie unaussprechlich danach Gottes Herabneigen und Überschütten ist.

In der Nähe von Wüstenrot, wo ich dieses Morija-Erleben hatte, steht heute unser Morija-Denkmal mit der Inschrift:

> Morija heißt: Gott sieht dich, Mensch,
> in deiner Angst und Pein.

> Morija heißt: Gott prüft dich, Mensch,
> Gold wird im Feuer rein.

Morija – Gott liebt den,
der ganz zum Opfer ist bereit.

Morija – Gott gibt Seinen Sohn,
nimmt selbst auf sich dein Leid.

Weil ich weiß, was von einer Morijastunde abhängt und dass
der Feind alles daran setzt, in solchen Prüfungen zu erreichen,
was ihm bei allen anderen Versuchungen nicht gelungen ist,
schrieb ich darüber später an meine geistlichen Töchter:

*Kennt ihr in eurem Leben den für uns rätselhaften Gott? Kennt
ihr den Gott, dessen Tun nicht mehr zu verstehen ist, der anscheinend in die Irre führt und unseren Glauben zuschanden
werden lässt; der das Ende unserer Glaubenswege aus unserer
Sicht zu einer einzigen Enttäuschung macht?*

*Wer Gott als dem rätselhaften Gott in seinem Leben nicht
standgehalten hat, der hat noch nicht seinen Glauben an Ihn be-
wiesen. Glaubt mir, wer einstmals in des Himmels Herrlichkei-
ten eingehen will, muss durch größte Enttäuschung, die für uns
tiefe Nacht bedeutet, hindurchgehen. Solche Nacht ist wie ein
Irrgarten, weil wir fern von Gott sind und Ihn nicht fassen und
verstehen können; weil keine Antwort mehr von Gott kommt.*

*Wer einst für alle Ewigkeiten Himmel schmecken will, muss
bereit sein, hier auf Erden für kurze Zeit eine Wegstrecke tiefster Dunkelheiten zu durchgehen. Unser Herr Jesus Christus
durchlitt das für uns, als Er am Ende Seines Leidensweges am
Kreuz schrie: „Mein Gott, mein Gott, warum hast du mich
verlassen?" (Matth. 27,46). Er durchlitt dies grauenhafte Leiden
schuldlos. Wir, die wir zu Ihm gehören, müssen als Sünder auf
unserem Lebensweg nur einen Schatten solcher Nacht erfahren –
sind aber nie ganz verlassen. Denn Jesus ist bei uns in dieser
Not. In solchen Leiden gehören wir nahe zu unserem Herrn
Jesus Christus.*

*Die enttäuschenden Erfahrungen in unserem Leben sind der
Prüfstein, ob wir Gott in Wirklichkeit vertrauen, ob wir unseren*

Willen Ihm ganz und gar ausgeliefert haben. Hier zeigt sich, ob Gott mit uns machen kann, was Er will, indem wir Ihm dann dennoch weiter unseren Willen zu Füßen legen, Ihn, unseren Vater, lieben und im Vertrauen Seinen Weg, den Er uns führt, als gehorsame Kinder zu Ende gehen.

Dann werden wir erleben, dass Sein Herz wirklich Liebe ist und Er aus Nacht jedes Mal wieder zum Licht führt. Auf solche Wege tiefster Prüfung folgt ein unaussprechlicher Lohn.

GOTTES SCHMERZZORN ERFAHREN

So ist unser Gott! Das sollte später unser kleines Kanaan bezeugen. Diesen Titel sollte unsere Jubiläumsfestschrift nach 25 Jahren Marienschwesternschaft bekommen. So ist unser Gott sollte einst auch das Zeugnisdokument heißen, das als Film von Kanaan durch viele Länder ging.

Aber damit wir wirklich ausrufen könnten, wie unser Gott ist, hat Er während der grundlegenden Jahre, in denen Kanaan erbaut wurde, viele Züge Seines Wesens unter uns offenbar gemacht. Wir durften Ihn erleben in Seinem Erbarmen und Vergeben, Seinem Züchtigen, Führen und Erziehen – Seinem Wunderwirken und den Erweisen Seiner Allmacht – Seinem Reden und Schweigen – Seiner Vaterschaft, Geduld und Treue, ja dass Er durch und durch „Vater der Liebe" ist. Doch eine entscheidende Erfahrung Seiner Liebe stand noch aus.

1957 war ich wieder einmal zu stillen Tagen in Wüstenrot, wo uns Freunde von Zeit zu Zeit ihr kleines Ferienhaus zur Verfügung stellten. Weil ich dort schon Stunden erlebt hatte, in denen mir Gott sehr nahe war, hatte ich mich auch diesmal auf Seine Gegenwart und eine Zeit ungestörten Gebets eingestellt. Nun aber empfing mich in meinem Zimmer vom ersten Augenblick an eine völlig andere Atmosphäre. Gottes Nähe war zum Fürchten und Erzittern. Ich wagte kaum zu atmen. Mir war, als sei die Luft mit Gottes Zorn geladen. Eine Seite des Wesens Gottes, von der ich nur erkenntnismäßig gewusst hatte, ging mir nun existenziell auf: der zürnende Gott.

Ich wusste von Gottes großem Schmerz, dass wir, Seine Menschenkinder, uns oft nicht durch Sein Lieben, Sein Wohltun, Sein Mahnen von der Sünde abbringen lassen und zu Ihm heimkehren, sondern erst Sein Gericht, Sein Zorn auf uns herabfahren muss. Aber jetzt erfasste ich, dass Gottes Herz von Schmerzzorn wie geladen ist, gemäß dem, was die Heilige Schrift uns in der Offenbarung vom Zornzeitalter Gottes sagt. Auf einmal wurden meine Augen geöffnet für viele Bibelstellen des Alten und Neuen Testaments über den Zorn Gottes. Sie gelten zumeist für die letzte Zeit, in der sich Gottes Zorn wie ein Lavastrom über die Menschen ergießen wird (Offb. 16) und die Erde in Flammen aufgehen lässt (2. Petr. 3,10). Ich erfasste tiefer, dass die ganze Erde dann erzittern wird, dass Menschen sich nicht mehr an Jesus, ihren Heiland, wenden, sondern sich sogar vor dem Zorn des Lammes bergen wollen (Offb. 6,16). Sie werden bitten, dass die Berge über sie fallen, weil der sich entladende Zorn Gottes so schrecklich ist.

Ich spürte etwas davon, dass der Schmerz Gottes um Seine verlorenen Menschenkinder überstark ist, wie ein reißender Gebirgsstrom. Mir war, als ob in Gottes Herzen gleichsam ein Aufschrei sei, wie wir ihn aus Jesu Mund einmal hören: „Ihr habt nicht gewollt!" (Matth. 23,37). Sie wollen nicht – sie wollen nicht heimkehren, sie wollen nicht Kinder des Vaters sein – sie wollen sich nicht erlösen lassen durch das Opfer Seines Sohnes – sie wollen nicht das Licht, sondern die Sünde, die Finsternis. So kommen sie um in Sünde und im Grauen der Hölle.

Es war mir wie ein ahnungsweises Vorauserleben der Stunde, wenn der Schmerzzorn des Vaters die Erde erzittern lassen wird und Zornesblitze über sie dahinfahren aus dem Herzen Gottes. Denn heilig, dreimal heilig ist Gott in Seinem Schmerz und in Seinem Zorn, der erst beendet sein wird, wenn alle Welt vor Jesus die Knie beugt.

Dabei ergriff mich in ungekannter Stärke das Leiden Gottes um uns, Seine Menschenkinder, für die Er in unendlicher Liebe da ist – und doch wird Er von kaum einem Seiner Kinder entsprechend wiedergeliebt. Mein Herz war voll von diesem Gottesleid. Da brachen plötzlich Klagemelodien aus mir hervor, die ich nie vorher gekannt hatte. Meine Stimme, die von Natur schwach ist, wurde von einer übernatürlichen Kraft getragen, und ich konnte nicht anders, als – erfasst von diesem übergroßen Gottesschmerz – stundenlang Sein Leid in Melodien zu beklagen, wie der Heilige Geist sie mir eingab.

Doch folgten auf diese Tage des erfahrenen Gottesleids und Schmerzzorns über unsere Welt noch ganz andere Tage, die ich – auch in zeitlichem Abstand – nur als erschreckend bezeichnen kann. Denn Gott schüttete über mich selbst etwas von der Gewalt Seines Zornes aus, womit Er mich innerlich wie zu Boden schleuderte. Diese Gotteserfahrung war ganz anders als alles, was ich bisher erlebt hatte: Ihm als dem züchtigenden Gott zu begegnen, hatte Er mich durch lange Jahre üben lassen. Doch diesmal kam der Herr zu mir, dem Sünder, in heiligem Zorn. Er war mir wie ein Fremder geworden in Seinem ehernen Schweigen und Zürnen. Furcht überfiel mich. Ich war wie von Ihm verworfen, sodass mein Herz vor Schmerz schier versteinert war. Ein Todesgrauen umgab mich, das wie mit Händen zu greifen war. Es war, als ob ich während dieser Tage etwas von dem Zorn schmecken musste über die Sünde als solche und über mich als Sünder.

Dieser Zorn verfolgte mich, wohin ich auch ging. Konnte ich es in meinem Zimmer nicht mehr aushalten und ging in den Wald, so verfolgte mich Sein Zorn auch dort. Es war mir, als habe sich das Zürnen Gottes über die Natur entladen, denn ein mächtiger Sturm zog auf, der all die Wochen anhielt. Die hohen Stämme der Fichten im Wald knickten um und zerbrachen. Man musste gewärtig sein, jeden Moment erschlagen zu werden. So tat ich, wie die Heilige Schrift sagt: „Geh hin, mein Volk, in deine Kammer …! Verbirg dich einen kleinen Augenblick, bis der Zorn vorübergehe" (Jes. 26,20), denn Gottes Zorn schien mir so groß, dass er mich nur vernichten konnte.

Inzwischen ist mir klar, dass ich dies alles erleiden sollte, damit ich später von den Zorngerichten schreiben könnte, die sich bald über die Erde entladen werden, weil es letzte Zeit ist. Das war nur möglich, wenn ich diesen Zorn selbst geschmeckt hatte. Damals aber wusste ich noch nicht, dass sich schon so bald die Sünden der Menschheit zum Himmel türmen und Gottes Gericht herabziehen würden. Ich ahnte nicht, dass die Verführungsmächte in Kürze überhandnehmen und die Menschen bis in die Kirche hinein der Gotteslästerung und Unmoral verfallen würden – und dass ein Jahrzehnt später die Zahl der Verbrechen sintflutartig ansteigen würde, weil man Gottes Gebote nicht mehr ernst genommen und somit der Hölle Bahn gemacht hatte. Dennoch schrieb ich schon 1957 in mein Tagebuch:

Die Botschaft vom Schmerzzorn Gottes über die sündige Menschheit der Endzeit ist die Botschaft der Stunde schlechthin, weil wir den Gerichten Gottes entgegengehen.

Bereits drei Jahre später begann ich deutlicher zu verstehen, was der Herr mit der Erfahrung Seines Zorns in meinem Herzen hatte vorbereiten wollen. Denn seit 1960 hatte ich über das Thema „Das Ende ist nah" zu schreiben – aus einem inneren Muss heraus, das Er wirkte. Weil der Herr mir im Mai 1957 die kommenden Gerichte und Seinen Zorn so eindrücklich nahegebracht hatte, konnte ich nun vom Zorn Gottes, der sich entladen wird, schreiben. Durch das Erleben Seiner Heiligkeit in jenem Jahr war ich fähig, all die grauenhaften Tatsachen, die in den folgenden Jahren unsere Welt zu prägen begannen, ganz anders vom Blickpunkt der Leiden und des Schmerzzorns Gottes her zu sehen. Das machte mich willig, später etwas von Seinen Gerichten im Voraus zu erleiden und darüber zu schreiben, um noch retten zu helfen.

Durch dieses persönliche Erleben des zürnenden Gottes konnte ich aber auch ermessen, was Gnade ist. Denn nur wer etwas vom Zorn Gottes erfahren hat, kann ahnen, was es bedeutet, dass Jesus für uns zum Sühnopfer wurde und darum der Zorn Gottes keinen vernichten kann, der an Jesus glaubt. Nur von daher konnte ich in den Schriften, die ich von nun an zu schreiben hatte, bezeugen, dass die Gnade Gottes noch größer ist als das Gericht – wenn wir umkehren und Jesus unsere Sünden bringen, ehe es zu spät ist.

Wie brennend dieser Ruf ist, zeigt sich von Tag zu Tag mehr, denn inzwischen haben sich vorlaufende Gerichte Gottes in unserer Welt erschütternd gehäuft als ein Fanal dafür: Der Tag des Herrn kommt, er steht vor der Tür. Keiner kann ihm entgehen. Ein erbarmungsloser Tag wird es sein, voll von Grimm und Zornesglut (Jes. 13,9 M). Ach dass wir heute noch Seine Stimme hörten!

JAHR DES TODES –
BEGRABEN SEINER VERHEISSUNGEN –
UND AUFERSTEHUNG
1958–1959

SCHLAG AUF SCHLAG

Das Jahr 1958 sollte in noch anderer Weise als zuvor eine Prüfungszeit werden, ja ein Todesjahr, denn es sollte erweisen, ob ich in dunkelsten Stunden wirklich an des Vaters Liebe festhalte.

Zuerst traf mich die große Enttäuschung mit Kanaan. Jahrelang hatten nicht nur wir, sondern auch maßgebende Persönlichkeiten uns innerlich wie äußerlich für dieses Land eingesetzt – nun war das Ergebnis ein endgültiges Nein vonseiten des Landes Hessen. Man wollte uns das staatliche Gelände weder verkaufen noch verpachten. Damit war der Auftrag Kanaans so gut wie begraben – zum wievielten Mal?

Ich hatte also die Gelegenheit in diesem Jahr, dem Vater im Himmel unter Schmerzen mein Ja zu geben. Wiederum war meine Antwort:

Mein Vater, ich verstehe Dich nicht, aber ich vertraue Deinen Wegen, die immer richtig und gut sind. Der Du Tote zum Leben erwecken kannst, Du kannst auch die über Kanaan stehende Verheißung, die wie erstorben ist, neu zum Leben erwecken.

Dann kam der zweite Schlag: Unsere Geldnot wurde so groß wie wohl kaum in den Jahren zuvor. Wir standen davor, den Bau des Rüstzeitenhauses *Jesu Freude* einstellen zu müssen. Nur unter großem Bangen, doch keinesfalls in Schulden zu geraten, konnte die Arbeit langsam weitergeführt werden.

Aber die Wasser der Trübsal schwollen erst richtig an, als die Macht der Krankheit, ja des Todes in unsere Schwesternschaft einbrach. Bis dahin hatte der Herr uns in dieser Beziehung große Güte widerfahren lassen – kaum eine unserer damals sechzig jungen Schwestern war krank geworden. Und wenn es doch einmal geschah, wurde durch Handauflegung und Gebet Heilung oder in einzelnen Fällen durch den Arzt Hilfe geschenkt.

Des Vaters besondere Güte erlebten wir mit unserer Schwester Angelika. Sie war nach Kriegsende von ihrem Einsatz als Flakhelferin todkrank heimgekommen. Der Arzt hatte ihr, als sie bei uns eintrat, nur noch zwei Jahre gegeben. Nun aber lebte sie schon zehn Jahre unter uns, buchstäblich immer neu als ein Wunder Gottes. Doch Ende des Jahres 1957 wurde alles anders. Zuerst hatte sich unsere Schwester Margaretha im Herbst 1957 plötzlich schwer krank niedergelegt – Diagnose: Krebs. Wir beteten und glaubten, dass der Herr ein Wunder tut und sie, die erst 33 Jahre alt war, noch heilt. Doch der Herr half nicht. Er brachte uns in einen Kessel von Anfechtungen. Einerseits rangen wir uns im Gebet immer wieder zum Glauben durch, dass Gott noch ein Wunder der Heilung tut, was auch Schwester Margarethas Hoffnung und Glaube war. Andererseits sahen wir, dass es mit ihr nicht besser wurde und sie dem Tod entgegenging. Nach einem halben Jahr des Leidens holte der Herr sie im Mai 1958 heim.

Als ich zum ersten Mal eine meiner Töchter auf dem Totenbett liegen sah, krampfte sich mein Herz zusammen. Schwester Margaretha war noch so jung und innig von uns geliebt. Unsere Marienschwesternschaft war keine große, kaum übersehbare Schar, sondern eine Familie, besonders auch dadurch, dass wir eine ganze Reihe Schwestern von Kindheit an kannten. So waren sie im doppelten Sinn unsere geistlichen Töchter, denen unsere besondere Liebe gehörte und die uns liebten. Darum traf es uns ins Mark, dass eine junge Schwester aus unserer glücklichen geistlichen Familie herausgerissen wurde.

Schmerzerfüllten Herzens ging ich von Schwester Margarethas Totenbett zu Schwester Angelika, um ihr diese leidvolle Nachricht zu bringen – nicht ahnend, dass mich am selben Tag ein zweiter Schlag zutiefst treffen sollte, denn Schwester Angelika antwortete: „Und nun folge ich." In der vorhergehenden Nacht war sie halb erblindet, bei ihrer Nierenkrankheit das klare Anzeichen, dass der Tod nahte.

Die zweite junge Schwester innerhalb eines Jahres, nach der die Hand des Todes griff. Schwester Angelika war voll sprühenden Lebens, sodass ihr nichts so fremd war wie der Tod. Als eine unserer führenden Schwestern, Bildhauerin, Gestalterin und Leiterin der Ruferspiele stand sie im Blickfeld unserer Schwesternfamilie. Auf die Frage, ob mit ihrem Heimgang der Auftrag der Ruferspiele endgültig hinfalle, antwortete ich, dass ein Auftrag Gottes nicht an eine Person gebunden ist – aber wie alles weitergehen sollte, das konnte ich mir auch nicht vorstellen. Es folgten leidvolle Monate an diesem so schmerzensreichen Krankenlager, bis Schwester Angelika ein halbes Jahr später, im Dezember 1958, heimging.

Es war nun, als ob der Tod in diesem Jahr nicht aufhörte, bei uns seine Ernte zu suchen. Noch andere Schwestern wurden schwer krank – eine von ihnen lebensgefährlich, wodurch weitere Schwestern bereits hätten angesteckt sein können. Ständig kamen neue Hiobsbotschaften über Erkrankungen. Mit Heilung half Gott in keinem Fall. Mein Herz war voller Wunden und Schmerzen. Ich konnte mich nur unter Seine gewaltige Hand beugen und gab Ihm unter Tränen mein Ja.

Aber nicht nur die Kranken erfuhren keine Hilfe, obwohl wir darum flehten – auch für Kanaan blieb die Hilfe weiterhin aus. Verheißungen erfüllten sich nicht. Unser Rüstzeitenhaus *Jesu Freude* war wie ein tot geborenes Kind. Schon 1954 hatte Gott mir in der Stille dieses Haus aufs Herz gelegt. Menschen sollten zu stillen Zeiten gerufen werden, um sich durch das Wort Gottes in Seinem Licht zu erkennen; sie sollten auf dem Weg der Reue zur bräutlichen Liebe zu Jesus und in die kompromisslose Nachfolge kommen, in das kindliche Abhängigkeits- und Vertrauensverhältnis zum Vater geführt werden.

Doch nun geschah das für mich ganz Unerklärliche: Trotz dieses so klar von Gott gegebenen Auftrags kamen zu einer der ersten Rüstzeiten im neuen Haus *Jesu Freude* nur sechs bis sieben Anmeldungen. Und dieses Haus mit seinen 50 Zimmern war doch unter vielen Opfern erbaut worden. Früher, als wir unsere Gäste noch im Obergeschoss von *Jesu Werkhaus* und in Notquartieren unterbringen mussten, hatten wir oft weit mehr Anmeldungen gehabt, als zu bewältigen waren. Aber gerade jetzt, wo wir für diesen Auftrag endlich andere Möglichkeiten hatten, stagnierte alles.

Nicht anders war es mit der in Planung befindlichen großen *Jesu-Ruf-Kapelle*. Aus Gehorsam gegen Gott hatte ich dem Oberbaudirektor die Notwendigkeit dieses großen Baus klarzumachen versucht. Doch unsere Ruferspiele, die damals noch in der kleinen Mutterhauskapelle stattfanden, waren in dieser Zeit häufig halb leer – nachdem wir vorher erlebt hatten, dass wir ein Ruferspiel dreimal an einem Tag bringen mussten. Einmal kamen zu einem Passionsspiel nur etwa 20 Personen. Das alles lag als drückende Last auf Mutter Martyria und mir, von der Notlage mit dem Geld ganz zu schweigen.

IM ANGESICHT DES TODES

Noch war der Leidenskelch nicht ausgetrunken. Im Dezember 1958 griff der Tod nun auch nach mir. Schwer krank musste ich ganz plötzlich ins Krankenhaus gebracht werden und lag dort wie eine an Leib, Seele und Geist vom Tod Gezeichnete. Es war Weihnachten – im Mutterhaus ein Weihnachten voll tiefer Traurigkeit im Gegensatz zu unseren früheren Weihnachtsfesten. Denn gerade am Heiligen Abend kam die Nachricht, dass für mich akute Lebensgefahr bestehe.

So war tiefe Nacht über die Schwesternschaft hereingebrochen. Für Mutter Martyria und die Schwestern ging es ja nicht nur um den persönlichen Schmerz, mich zu verlieren. Durch Seine Berufung hatte Gott die entscheidenden Initiativen für unser Werk – innerlich und äußerlich – bisher mir gegeben. Als die Nachricht über meinen gefährlichen Zustand kam, war es Mutter Martyria und den Schwestern, als ob der Herr damit unserem Werk den Todesstoß gebe. Sollte ich heimgehen, ohne die Erfüllung zu erfahren, dass Kanaan Wirklichkeit geworden war? Sollte ich heimgehen zu einem Zeitpunkt, wo nahezu alle Hoffnungen begraben, die Aufträge unvollendet waren, ja in Trümmern lagen? Sollte ich durch den Tod von einem Werk scheiden, das unter der Verheißung Gottes stand, ohne dass sich diese Verheißung erfüllt hatte?

Mein Lebenswerk, die noch junge Marienschwesternschaft, war auf dem mir für sie gezeigten Weg noch sehr der Führung bedürftig. Kanaan musste nicht nur erbaut werden, sondern seine Sendung wenigstens noch eine Zeit lang ausgeübt haben vor der kommenden Notzeit.

Sollte ich jetzt heimgehen, wo unsere geistlichen Töchter noch nicht zu dem ersehnten inneren Ziel geführt worden waren? Gerade in diesem Jahr hatten Mutter Martyria und ich erneut große Enttäuschungen an ihnen erlebt, was uns unsagbaren Kummer brachte. Die schweren Monate der Todeskrankheit Schwester Margarethas hatten viel unbußfertiges Wesen unter uns und manche Verhärtung ans Licht gebracht. Trotz der harten Schläge Gottes blieben einige Schwestern innerlich nahezu unerreichbar. Und sollte ich jetzt heimgehen, wo es unmöglich zu sein schien, dass wir Marienschwestern – und später die ganze Kanaangemeinde – etwas vom Anbruch des Himmelreichs darstellten, wie Jesus es mit Seinem Kommen auf diese Erde verheißen hat? Dies waren die schwersten und schmerzlichsten Anfechtungen für mich.

Wochenlang lag ich damals in großer Schwäche im Krankenhaus, an Seele und Geist gequält, in Gottverlassenheit, in innerer

Nacht und in Anfechtungen über alle bis dahin unerfüllt gebliebenen Verheißungen. In mein Tagebuch schrieb ich:

Lauter Trümmer: Schwester Margaretha starb – Tod und Krankheit zogen ein – Kanaan öffnete sich nicht – die Jesu-Ruf-Kapelle wurde nicht – Schwester Angelika, die Spielgestalterin, starb – und meine Kraft liegt danieder – doch Buße schenkte der Herr, ein zerbrochenes Herz. So gab Er das Größte, und die Sendung wird laufen: Leben kommt aus dem Untergang.

Krankenhaus 1.1.1959

Gott führte mich mit dieser schweren Krankheit und damit dem totalen Zusammenbruch auf allen Gebieten meines Lebens in die Hochschule des Glaubens, um mir ein Ja-Vater zu entlocken, das mehr kostete als alles bisher und Ihm darum kostbar sein würde. Es war letztlich die Erfüllung meiner Bitten in all den vorausgegangenen Jahren, dass Gott in meinem Leben durch immer neue Willenshingabe verherrlicht werde. Ich wusste, dass dem Herrn unsere Willenshingabe mehr bedeutet als tausend Anbetungsgebete, die wir Ihm zu Seiner Ehre bringen. Ich wusste, dass ein Ja-Vater, in dunkler Stunde gesprochen, Ihm das kostbarste Gebet ist, besonders wenn Sein Wille uns größtes Leid bringt und wir Ihn nicht verstehen können.

Wohl jedes Mal neu, wenn wir auf einen dunklen Züchtigungsweg geführt werden, steht der Vater fragend und bittend vor uns: *Mein Kind, willst du Mir jetzt auch noch vertrauen – wirst du nun auch noch glauben, dass Mein Herz Liebe ist? Willst du Mir dein Ja zu Meinem Tun, Meiner Führung, die du nicht verstehst, weiterhin geben? Willst du Mir deine Willenshingabe neu schenken? Dann wirst du innig mit Mir vereint, denn dein Mir hingegebener Wille ist gleich einem Schlüssel zu Meinem Herzen, ja zum himmlischen Reich.* Wunderbares bringt solche Willensvereinigung mit Gott, dem Herrn. Sie ist tiefste Liebesvereinigung der Seele mit Gott – das sollte ich nach dieser Zeit erfahren.

Ja, auf diesem Weg wurde Fundament für unseren Kanaanauftrag gelegt. Es ging dem Herrn bei Kanaan darum, dass es ein Ausstrahlungszentrum wird mit einem Zeugnis, das Vollmacht hat, ein Ort der Verkündigung, wer der Vater ist, wer der dreieinige Gott ist. Und eine weltweite Sendung sollte später von hier ausgehen. Darum mussten andere Leiden in das Fundament Kanaans gelegt werden, war mehr Willenshingabe nötig als bisher. Da genügten nicht die ersten schweren Glaubenswege für den Erwerb Kanaans und die finanziellen Unmöglichkeiten während der Bauzeit. Es musste Ihm ein Ganzopfer gebracht, nämlich alle Verheißungen für Kanaan zurückgegeben werden. Es musste ein Jahr des Todes durchgangen werden. Daraus sollte die Frucht wachsen, dass dem Vater auf Kanaan einst auch von den Besuchern auf dunklen Wegen Glauben geschenkt, Er in Wahrheit geliebt wird. Der Weg musste so dunkel sein und voll Anfechtungen, weil es um einen großen Auftrag ging.

NICHT STERBEN, SONDERN LEBEN!

Nach meiner Heimkehr aus dem Krankenhaus Ende Januar 1959 befand ich mich noch bis in den März hinein in einem Zustand zwischen Leben und Tod. Zugleich ließ mich der Herr immer neu in großer Gottverlassenheit und weiterhin in schweren Anfechtungen wegen unerfüllter Verheißungen. Er führte mich innerlich durch ein Tal des Todes, denn ich konnte wegen meiner Schwäche nicht mehr recht sprechen, kaum mehr schreiben, nichts mehr tun. Von meinen Töchtern war ich wie abgeschnitten. Bei allem Sehnen, ganz bei Jesus droben zu sein, kam ich immer wieder in große Not, weil ich in manchem nicht überwunden hatte und vielleicht jetzt heimgehen müsse. In dieser Zeit halfen mir drei Sätze zum Durchhalten:

> Ja, Vater, Dein Wille geschehe!
> Ich vertraue Deiner Vaterliebe.
> Ich will leiden.

Welch eine Stunde war es darum für mich, als der Herr mir gerade in den Tagen, da der Tod mir noch einmal greifbar nahegerückt war, durch Seinen Geist die innere Gewissheit gab: *Ich werde gesund!* In mir brach ein wahrer Osterjubel auf: Ich soll leben und wieder aufstehen, um meine Aufträge zu Ende zu führen. Dieses Geschenk war mir unfassbar – Gottes Verheißungen werden sich doch noch erfüllen! Kanaan wird noch erstehen und etwas vom Himmelreich aufstrahlen lassen zu Seinem Ruhm. Ich war überglücklich: Ja, Er wird alles und damit auch mich selbst vollenden, alles zum Ziel hinausführen. Mein Leben wird nicht wie ein abgerissener Faden plötzlich aufhören. Wie sollte ich dieses Wunder Seiner Güte fassen, nachdem ich mich schon ganz zum Sterben hingegeben hatte? Mein Herz war ein einziger Dank- und Lobgesang.

Und tatsächlich, im April schenkte mir der Herr Besserung. Ich konnte wieder sprechen und schreiben. Es war wie ein Auferstehen aus dem Tod. Höchste Gnade schien es mir, ein Werk vollenden zu dürfen – größte Gnade, wenn der Herr auch mich noch vollenden würde, dass ich zu Seiner Ehre und Ihm zur Freude Sein Bild ausstrahlen könnte.

Gott hatte mir während meiner Krankheit sehr klar gezeigt, was bei mir noch geläutert werden musste. Nun würde Er – dessen war ich gewiss – durch Sein heiliges Blut, auf dem Weg der Züchtigungen, der Reue und des Glaubenskampfes, mehr und mehr an mir arbeiten zu Seiner Verherrlichung. Ja, dass ich Versäumtes gutmachen und noch viel lieben dürfe – auch meine Gegner, meine Feinde lieben –, das war mein Gebet. Mein ganzes Herz war von dem einen leidenschaftlichen Wunsch erfasst: *Gott muss verherrlicht werden!* Dafür allein hat Er mir das Leben noch einmal gegeben.

So machte Er mich wieder gesund und gab neue Kräfte und Aufträge. Alles, was ich während der letzten Monate begraben hatte, erhielt ich in größerem Maß und in verklärter Weise wieder.

Es war im Mai 1959 – ich lag im Garten, um mich etwas zu erholen, und freute mich am ersten Grün. Da schenkte mir der

Heilige Geist aus Gnaden ein neues Feuer zum Schreiben. Es war, als wolle der Herr in zwei Wochen nachholen, was in den Monaten meiner Krankheit nicht getan werden konnte. Denn ich schrieb nun Tag für Tag, beinahe von morgens bis abends, kleinere Schriften und viele Texte für Anbetungsfeiern.

Einige Wochen später hatten wir ein fröhliches Zusammensein. Da kamen einige Schwestern mit einem „Erntewagen" herein, vollgeladen mit 20 neuen Schriften, die mich mit schönen Umschlägen von allen Seiten grüßten. Dabei sangen sie: „Erntewagen – aus Leidenstagen werden Schriften heimgebracht." Und wir alle fielen ein: „Ja preist die Leiden, die bringen Freuden hier und dort in Ewigkeit."

Nun hatte Gott im Entwurf etwas geschenkt, was mir schon so lange als Glaubensziel im Herzen brannte, nämlich die Gestaltung von Festen und Feiern, die künftig in der Jesu-Ruf-Kapelle viele mit in die Anbetung hineinnehmen sollten. Das geschah dann tatsächlich; hinfort waren die großen Feste des Kirchenjahrs nicht mehr nach dem Gottesdienst am Vormittag zu Ende. Nun wurde nachmittags weitergefeiert in der großen Gemeinde und abends noch im Schwesternkreis. Bei diesen Feiern stimmen die Herzen derer, die ein Sehnen in sich tragen, Gott zu verherrlichen, mit ein in das Rühmen Seines Namens und das Besingen Seiner Glorie und Majestät.

> Jesus, König sondergleichen,
> Jesus, alle Schmach muss weichen,
> Ehre, Ehre wird Dir nun.
> Haupt, gekrönt mit vielen Kronen,
> König, Herrscher vieler Thronen,
> groß ist Deine Herrlichkeit.
> Himmel künden Deine Ehre,
> ohne End Dein Lob vermehren.
> Anbetung Dir, dem Lamm!

Solche Anbetungsfeiern sollten noch große Bedeutung bekommen als Gegenmacht gegen eine ungeheuerliche Welle der

Gotteslästerung, wie sie etwa 13 Jahre später um sich zu greifen begann. Ich schrieb an meine Töchter:

Gibt es etwas Größeres, als dem Herrn Anbetung und Ehre bringen zu dürfen? Das ist wahrhaftig ein himmlisches Tun. Im Himmel wird uns eine heilige Leidenschaft erfassen wie die vier Wesen vor dem Thron, ständig Preis und Anbetung zu geben dem Vater, dem Lamm, dem Heiligen Geist ... Ehre, Ehre muss Ihm werden! Das muss der eine Klang eurer Herzen sein. Unsere Seele ist geschaffen und erlöst, zu kreisen um Ihn, wie die vier Lebewesen am Thron ohne Ende um Ihn kreisen, um Gott allein ...

Doch nicht genug damit. Gott bestätigte auch meinen bisherigen Schreibauftrag, indem Er nun Gnade gab, vermehrt Bücher zu schreiben, die dann in viele Sprachen übersetzt durch die Lande gehen sollten, um Gott zu verherrlichen und Menschen zur Liebe zu Ihm zu entfachen.

Groß war mein Dank, als mir geschenkt wurde, MARIA – DER WEG DER MUTTER DES HERRN zu schreiben. In den ersten Rezensionen äußerten namhafte evangelische Theologen, dass dieses Buch biblisch fundiert und gerade für unseren evangelischen Raum notwendig sei. Was ich für diese Schrift vom Herrn erbeten hatte, geschah, indem sie viel bestellt und gelesen wurde. Doch brachte sie mir auch Schmach ein von Kreisen, die in ihrer antikatholischen Einstellung sogar gegen das biblische Verständnis der Mutter Jesu stritten.

In diesen Wochen entstand auch die Schrift BUSSE – GLÜCK-SELIGES LEBEN, durch die viele zu neuem Leben durchbrachen. Das war mir eine große Freude, weil doch Buße zu einer glückseligen Erfahrung meines Lebens geworden war. Mit dem Brief an Erika Madauss 1936 hatte dieser Weg begonnen: „Wo ist solch ein Gott, wie du bist, der die Sünde vergibt" (Micha 7,18 L12). Uns beide hatte damals die Buße ergriffen und unser Leben verändert – dann ergriff sie unsre Jugendkreise und später unsere geistlichen Töchter. Viele unserer Gäste, für die der Begriff „Buße", wie sie sagten, weithin noch mit Traurigkeit und Gesetzlichkeit verbunden war, erfuhren nun, wie Buße alles wandeln kann und glückselig macht. Ja sie erlebten Versöhnung in Familien, Gemeinden, Dörfern, Städten und zwischen Gliedern verschiedener Nationen.

Dass gerade BUSSE – GLÜCKSELIGES LEBEN so weite Verbreitung fand, zeigte: Nichts ist so teuer und wertvoll wie Reue und Buße. Darum rief ich die Schwestern auf:

Wir müssen es uns etwas kosten lassen, ernstlich und anhaltend um Reue und Buße zu beten, bis wir diesen Schatz wieder neu erlangt haben, besonders, wenn unser Herz hart geworden ist. Denn fehlt einem Menschen die Reue, dann fehlt ihm alles. Hat er Reue, dann hat er alles, was er braucht, weil Reue die Gnade Gottes herniederzieht. Glaubt, der Weg zur Freude, zu einem wahrhaft glücklichen Leben, führt über die Reue. Die Reue ist die Brunnenstube der Freude und der Liebe zu Jesus. Wo der Quell des Herzens Reue ist, geht ein Freuden- und Liebesstrom von ihm aus.

OSTERN – AUFERSTEHUNG FÜR KANAAN

Es war, als ob Jesus nach meiner Gesundung kein Ende finden könne, mir nach dem schweren Todesjahr Gutes zu tun. Ich erlebte einen Vorgeschmack davon, wie es droben sein wird, wenn der Herr uns nach Leiden tröstet und uns umso mehr Gutes tut.

Gründonnerstag, den 26. März 1959, kurz vor dem zwölften Jahrestag der Gründung der Marienschwesternschaft: Plötzlich erklang ein Jauchzen und Singen durchs Mutterhaus. Hatte ich Kanaan nicht begraben müssen? Hatten wir nicht von höchster offizieller Stelle der hessischen Regierung das Nein in Händen? Was war geschehen? Telefonisch erfuhren wir, der Regierungspräsident habe schriftlich erklärt: Das staatliche Gelände „unseres Kanaans" wird an uns verkauft! Keiner konnte es verstehen – Gott hatte eingegriffen. Es war ein Wunder geschehen, aus dem Nein war ein Ja geworden.

Welch ein Ostern – ein Auferstehungstag für Kanaan! Gerade in dem Augenblick, als ich selbst wie vom Tod erstanden war, erstand unser Kanaanauftrag zu neuem Leben. Gottes Verheißungen sollten sich doch erfüllen, die dunklen Glaubenswege sich lichten, die Enttäuschungen sich lohnen: Kanaan als Signal für einen Anbruch des Himmelreichs sollte Wirklichkeit werden. Die Schwestern waren glückselig und wie träumend. Ich selbst konnte in jener Stunde nur weinen: die Wunden der Enttäuschungen und die Leiden um Kanaan waren zu tief. Ich konnte noch nicht fassen, dass dieses Wunder tatsächlich geschehen war – weil Kanaan uns so oft schon in die Hand gegeben und dann jedes Mal wieder genommen worden war. Doch diesmal gab uns der Herr das Land endgültig. Zutiefst erschüttert über solche Gnade Gottes schrieb ich in mein Tagebuch:

Gott hielt Sein Wort! Mein Vater, Du bist treu, Du bist Ja und Amen. Mein Herz weint vor Glück über Deine Gnade, dass Du mich nicht enttäuscht hast. Wie bist Du so gut! Ich kann es nicht fassen, dass Du uns Kanaan schenktest, Deine Verheißung einlöstest. Ich bin es nicht wert, mein lieber Vater.

Als ich mir dann im Gebet ein biblisches Losungswort erbat, war es eines, das schon oft mein Trost gewesen war:

Vom standhaften Ausharren Hiobs habt ihr gehört und von dem Ausgang, den der Herr ihm bereitet hat; erkennet daraus, dass der Herr reich an Mitleid und voll Erbarmen ist. Jak. 5,11 M

Ja, das war der Vater! Er hatte einen Ausgang bereitet aus meinen Leiden um Kanaan, aus allen unerfüllten Verheißungen.

Kanaan wirklich unser! Das hieß: Dann wird der Herr auch das Weitere tun und es erbauen lassen, dann wird der Herr auch das Geld dafür geben. Ja, dann wird Er gewiss auch noch das Größte tun, wofür Kanaan entstehen sollte: dass hier auf einem kleinen Land Gott verherrlicht, die Vaterliebe gepriesen und durch ein Leben der Versöhnung in Liebe und Freude etwas vom Himmelreich dargestellt werde. Das wird der Herr nun schenken, so wahr Er uns Kanaan auf diesen bitteren Glaubens- und Leidenswegen gegeben hat. Darum allein hat Er durch so viele Demütigungen geführt – um uns niedrig zu machen, damit Er auf Kanaan verherrlicht würde und wir Ihm nicht die Ehre nehmen. Der Herr hatte dafür gesorgt, dass uns jeder eigene Ruhm verging, indem Er uns so viele Erziehungswege führte. Eines nur jauchzte in meinem Herzen: Gnade ist es, Gnade, unfassbare Gnade!

ZURÜCKGESCHENKTES LEBEN UND NEUE AUFTRÄGE 1959–1964

DIE STÄTTE SEINER FÜSSE HERRLICH MACHEN

Unter den neuen Aufträgen, die Gott mir gab, war einer, der mir selbst größten Segen bringen sollte – ein Auftrag im eigentlichen Kanaan, im Heiligen Land. So fernliegend er mir auch schien, der Herr hatte schon vor meiner Krankheit leise damit angeklopft. Nun aber rief mich der Herr erneut, die Stätten, wo Er gelebt und gelitten hat, aufzusuchen und durch Liebe und Gebet mitzuhelfen, dass sie geistlich lebendig werden.

Die Stätten des Erdenlebens Jesu, Seiner Leiden, Seiner Liebe – wessen Herz sollte nicht von ihnen angezogen werden? Wer möchte nicht auf Jesu Spuren gehen, zum Beispiel den Weg durchs Kidrontal, wo Seine Tränen auf die Erde fielen? Wer möchte Ihm an den Stätten Seines Leidens nicht Dank und Ehre geben? Wer Jesus liebt, den schmerzt es, dass diese Orte viel mehr von eiligen Touristen besucht werden als von Pilgern mit liebendem Herzen. Die Stätten Jesu liegen zum Teil geistlich tot da – und doch sind es Orte, an denen Er Wunder getan, wo Er gebetet hat, Orte, die Sein Seufzen und Flehen gehört haben.

Es bewegte mich, wie sehr der Herr darauf wartet, dass Menschen sich gerade an diesen Stätten im Gebet neu hingeben, mit Ihm im Alltag in Liebe das Kreuz zu tragen. Er wartet bei den vielen Tausenden aus aller Welt, die Seine Stätten besuchen, auf

Anbetung aus innerstem Herzen als Antwort auf Seine Liebes-
tat für uns. Es war mir wie eine Klage Jesu, dass die Seinen den
Stätten Seines Erdenlebens gegenüber so gleichgültig sind, dass
sie so wenig heiliggehalten werden.

Was konnte ich tun – auf welche Weise sollte ich dafür eintreten, dass eine Änderung geschieht? Ich war zwar zu neuem
Leben erstanden und hatte wie durch ein Wunder die Kraft bekommen, wieder arbeiten zu können. Eine Reise ins Heilige Land
wurde aber vom Arzt nicht befürwortet: das müsse ich dann
schon auf eigene Verantwortung tun.

Doch ich wusste: Gehorsamsschritte auf einen Ruf Gottes
hin sind unanfechtbar, wenn sie bestätigt sind. Das war in diesem Fall durch Mutter Martyria und anderweitig geschehen. So
schenkte der Herr mir auch für diesen Auftrag die Gewissheit:
Ich werde nicht sterben, sondern leben. Das heißt: Er wird mich
alles ausführen lassen und mir die Kraft dazu schenken. Und so
geschah es auch.

Als ich mich nach meiner Rückkehr aus dem Heiligen Land
dem Arzt vorstellte, war sein Verwundern groß: Ich war gesünder
als vorher. Gott rührte mich an, als ich 1959 nach Alt-Jerusalem
und zu den heiligen Stätten in der Umgebung kam – vor allem
aber setzte Er mein Herz geistlich in Brand. Betrat ich eine der
Stätten Jesu, war Er mir so lebendig gegenwärtig in dem, was Er
einst dort getan hat, wie Er dort gelebt oder gelitten hat, dass mir
das Einst zu einem Heute wurde.

Ich durfte im Geist nacherleben, was hier geschehen ist: Seine
Schmach auf dem Lithostrotos, der Stätte der Dornenkrönung –
Seine Anfechtungen in Gethsemane – Sein Leiden im Kidrontal, durch das man Ihn als Gefangenen trieb wie ein Lamm zur
Schlachtbank. Mein Herz weinte und klagte, dass man dem, durch
den die Welt geschaffen ist, die Hände in frevelhafter Vermessenheit band. In der Eleona-Grotte, dem Ort auf dem Ölberg, wo
unser Herr Jesus Seine Reden über die Endzeit gehalten haben
soll, trieb der Geist Gottes mich, darüber zu schreiben. In meinen
Tagebuchnotizen aus dieser Stunde heißt es:

Belehre mich über die Endzeit, dass ich mithelfen kann, Deine Gläubigen dafür zu bereiten. Heiliger Geist, Du Geist der Erleuchtung, komm über mich und lass mich Deine verborgenen Wege erkennen. Gib Schriften mit der Botschaft, dass das Ende naht, für dieses und für unser Land ...

Ich ahnte nicht, in welcher Weise Gott dieses Gebet in den kommenden Jahren erhören würde.

So kam mir der Herr an jeder Seiner Stätten nahe und schenkte Lieder und Betrachtungen über Sein Lieben und Leiden. Normalerweise findet man bei dem Pilgerstrom an diesen Stätten nur schwer einen stillen Platz, um länger zu verweilen und zu beten. Doch weil Gott dafür einen Auftrag gegeben hatte, ebnete Er wunderbar die Wege.

In Gethsemane konnte ich mehrere Stunden allein in der Kirche sein und Sein Leiden beklagen, wie es mir der Geist Gottes in freien Melodien ins Herz gab. Auch wenn die Kirche geschlossen wurde, konnte ich bleiben. Denn der verantwortliche Franziskanerpater, der mein Singen über die Leiden Jesu innerlich aufgenommen hatte, gab mir jederzeit Einlass in die Kirche, ebenso zu den Felsen hinter der Kirche, um dort zu beten.

Auf Golgatha, wo man sonst wegen Lärm und Unruhe kaum einige Minuten beim Altar an der Stelle des Kreuzesfußes knien konnte, durfte ich lange ungestört allein sein. Das Geschehen von Golgatha kam mir dort so nahe wie nie zuvor.

Der Heilige Geist trieb mich so stark, dass ich trotz meiner körperlichen Schwäche den Wegen Jesu – ob im Kidrontal oder auf der Via Dolorosa – mit tief gebeugtem Herzen und zum Teil kniend folgen konnte. In mir war tiefe Freude, mit Jesus auf Seinen Wegen gehen zu dürfen.

So könnte ich fortfahren zu bezeugen, wie das Erleben an jeder Stätte auf dieser Heilig-Land-Reise für mich nicht nur gedanklicher, erkenntnismäßiger Art war, sondern immer eine Begegnung mit dem Herrn einschloss. Ich spürte, dass in der Offenbarung Seiner Gegenwart an Seinen heiligen Stätten das

Eigentliche für den neuen Auftrag geschehen war; alles andere sollte wie von selbst daraus erwachsen – wie Frucht aus Samen erwächst. Und so geschah es.

Nun wurde mir gezeigt, was an den heiligen Stätten zu tun sei. Eines floss aus dem andern: Aus den Liedern, Worten und Betrachtungen, die ich zumeist während dieser Reise niedergeschrieben hatte, wurde ein Buch für Pilger, HEILIGES LAND HEUTE. Daraus entstanden kleine Hefte, die in den folgenden Jahren zu vielen Tausenden in verschiedenen Übersetzungen an den Stätten Jesu verteilt und in Hotels zum Mitnehmen ausgelegt wurden. Pilger meldeten sich, um unter unserer Führung die Stätten Jesu zu besuchen. Die erste Pilgerfahrt leitete ich – daraus wurden viele, die unsere Schwestern übernahmen.

Die Pilger wurden innerlich meist so erfasst, dass sie wieder andere ansteckten. Jemand schrieb: „Am See Genezareth stießen mehrere Gruppen zu uns, um die geistliche Botschaft mitzubekommen – auf dem Berg der Seligpreisungen kamen Hippies zu uns, voll innerem Hunger – auf Golgatha wurden viele zu Tränen bewegt über das Leiden Jesu – auf dem Karmel sangen alle spontan unsere Lieder mit – unsere Schriftenkoffer wurden im Nu leer. Überall an den Stätten sah ich einzelne Touristen mit dem Buch HEILIGES LAND HEUTE, auch wie sie daraus beteten; und wo wir Anbetungslieder sangen, knieten auch die anderen mit nieder ...“

Aber das war dem Herrn nicht genug. Ihn verlangte nach Zeichen der Liebe, die immer zu jedem reden könnten – auch ohne Pilgerführer oder wenn Kirchen und Kapellen geschlossen sind. So stellten wir Tafeln her für die heiligen Stätten, die von Seiner Liebe und von Seinem Leiden künden. Sie sollten den Blick wegziehen vom Überangebot an Sehenswürdigkeiten und Souvenirs und ihn auf das Eigentliche lenken. Wo Menschenstimmen schweigen, sollten die Steine reden – und taten es auch.

Jesu trauriger Blick über die Sünde des Petrus will auch uns
in unserer Sünde treffen und uns zum Weinen über sie brin-

gen. Soviel wir in Reue über das, was wir mit unserer Sünde Jesus antaten, weinen, so viel werden wir Ihn dann auch lieben.

Kirche vom Hahnenschrei

Herrlichkeit Gottes sollen jene sehen, die in größter Not und Ausweglosigkeit Jesus Glauben schenken, gewiss, dass Er immer größer ist als jede Not, selbst größer als der Tod.

Lazarusgrab

Die Verklärungsgnade Jesu kam, als Er sich anschickte, in Nacht und Tod zu gehen. Als Glieder am Leib Jesu werden wir der Verklärungsgnade, die Er uns erworben hat, nur auf dem gleichen Weg teilhaftig, dem Weg der Erniedrigung und der Läuterung.

Tabor

Dieses Vorhaben erregte den Feind sehr. Nachdem wir zum Beispiel mit Erlaubnis des Besitzers eine Tafel an einer Hauswand auf der Via Dolorosa angebracht hatten, entstand ein Aufruhr in der Jerusalemer Altstadt. Die Menge schrie durcheinander, die Polizei führte uns ab, entfernte die Tafel wieder, und der Gouverneur von Jerusalem verbot uns, nachdem er uns verhört hatte, jeglichen weiteren Versuch, in seinem Revier eine Tafel anzubringen. Die heiligen Stätten selbst waren als historische Orte geschützt. Auch waren sie in Händen von Orthodoxen oder Katholiken, die damals begreiflicherweise nicht gerade darauf bedacht waren, dass evangelische Schwestern an ihren Gemäuern und an Eingängen zu den Heiligtümern Tafeln anzementierten.

Aber wenige Jahre später waren unsere Tafeln an vielen heiligen Stätten – sogar im Gethsemanegarten – angebracht. Gott selbst hatte dafür gesorgt, dass dem Auftrag, den Er gegeben hatte, Bahn gemacht und die nötigen Erlaubnisse erteilt wurden. Wie wir dann hörten, wurden die Tafeln für viele Pilger und Touristen der innere Anstoß zu einer entscheidenden persönlichen Begegnung mit Jesus.

Das war Gottes Plan. „Durch diese Tafeln sind mir die kalten, toten Steine lebendig geworden." – „Für mich waren sie wie der

Leitfaden durch alle Stätten Jesu." – „Ich habe eine Lebenswende dadurch erfahren ...", schrieben uns Pilger. Von da an wiesen viele Pilgerführer auf die Tafeln hin, manche Hüter einer heiligen Stätte wünschten nun selbst, dass sie angebracht würden, und nahmen sie in Schutz.

Mein Verlangen, Jesus an Seinen Stätten zu erfreuen, wuchs noch mehr: Wie, wenn einige meiner Töchter auf dem Ölberg, an der Stätte Seiner Leiden und Seiner Wiederkunft wohnen könnten? Wenn sie von hier aus viel an den heiligen Stätten singen und beten und unter den Pilgern wirken könnten? Und wenn auf unserem künftigen Kanaan unserem Herrn Jesus ein Zeichen gesetzt werden könnte zum ständigen Gedächtnis an Seinen Weg der Liebe und der Leiden? Ich weiß noch wie heute, dass ich damals gerade durch Samaria fuhr, als mir dieser Auftrag Gottes plötzlich im Herzen brannte. Ja, Kanaan sollte einmal einen *Jesu Leidensgarten* bekommen, einen großen Gebetsgarten, damit die Menschen, die dorthin kommen, Seiner Leiden für uns zu gedenken lernten und Ihm viel Dank, Liebe und Anbetung gebracht werde.

Alles erfüllte der Herr. *Jesu Leidensgarten* entstand Jahre später und wurde für Ungezählte eine Stätte des Gebets und ein Aufruf Seiner Liebe. Aber auch das Haus auf dem Ölberg machte Er zu einem „Ja und Amen". Schon 1962 zogen einige Schwestern dort ein. Ein kleines geistliches Zentrum entstand mit dem weiten Blick auf die Stadt Jerusalem, wo Pilger und Besuchergruppen aus verschiedenen christlichen Konfessionen und aus vielen Ländern einkehren und mit unseren Schwestern zusammen beten und feiern. So ist unser Herr!

Als ich 1959 vom Heiligen Land nach Hause zurückgekehrt war, erfüllte Gott mir, was ich als inständige Bitte im Herzen hatte:

Schenke mir etwas für meine Töchter, dass sie Dich in jeder Karwoche auf Deinem Leidensweg durch alle Stationen recht begleiten können. Schenke mir etwas, was anschaulich ist und ihre Liebe zu Dir entzündet, Dir in diesen Stunden wirklich Trost und Anbetung zu bringen.

1960 sprach ich auf Tonband viele Stunden lang über den Leidensweg Jesu von Gethsemane bis Golgatha. Der Herr half mir, Sein Leiden lebendig zu beschreiben. Er gab mir ins Herz, um die Liebe zu werben, die Er als Antwort auf Seine Leiden erwarten kann. So wurden unsere Schwestern durch das Hören dieses Tonbands am Gründonnerstag und Karfreitag – unterbrochen von Liedern und Gebeten – Jahr um Jahr mehr mit Jesu Leiden vertraut. Auch unsere Rüstzeitgäste begehen die Karnacht in ähnlicher Weise.

Damit war meine Bitte erhört, dass Jesus sich besonders in Seinen Leiden – ob an Seinen Stätten in Jerusalem oder in unserem Mutterhaus und Rüstzeitenhaus – den Seinen mehr offenbare und mehr Dank und Liebe empfange.

Bei all diesen neuen Aufträgen erfuhr ich es wie greifbar, dass auf Stunden der Gottesferne, ja der Gottverlassenheit wieder Gnadenstunden Seines Herabneigens und Seiner Nähe folgten. Nach Zeiten tiefsten Leids schenkte Er Zeiten seligster Freude, nach großer Krankheitsnot Ströme des Lebens. Der Herr ist wahrlich ein liebender Vergelter! Ich durfte jetzt etwas davon erleben, dass die in den schweren Monaten beinahe stündlich vollzogenen Willenshingaben zu unverständlichen Führungen Gottes einem Strom der Gnade Bahn machten.

ERFÜLLT DIE WELT MIT GOTTES RUHM

Mit am tiefsten berühren mich Worte der Heiligen Schrift, in denen Jesus davon spricht, dass Er den Vater verherrlichen will oder – im Gebet am Ende Seines Erdenlebens – dass Er Ihn verherrlicht hat. Wenn ich an meinem kleinen Teil für etwas gelebt haben möchte, dann für die Verherrlichung Gottes. Darum sind wir bei jedem unserer verschiedenen Sendungsaufträge von dem Verlangen entfacht, dem Herrn Ehre und Liebe zu bringen.

Eines Tages im Mai 1960, als die Vögel um die Wette sangen und alles um mich grünte und blühte, musste ich unseren Schöpfer preisen und schrieb ein Lobpreislied nach dem andern. Ja, ich wurde getrieben, die Melodien dazu gleich auf mein kleines Diktiergerät zu singen. Aber damit nicht genug. Die Liebe zu Gott drängte mich auch, Ihm Zeichen und Denkmäler zu setzen, die andere dazu aufrufen sollten, dem Ehre und Liebe zu geben, der allein dessen würdig ist. Schon 1952 hatte ich die Errichtung eines Kruzifixes im Wald hinter unserem Mutterhaus veranlasst; diesen Platz nannten wir *Jesu Ruh*.

Als ich 1956 in Aeschi im Berner Oberland war, wurde mein Herz angesichts der Schönheit der Almen, Wiesen, Seen und Schneeberge neu von dem brennenden Wunsch erfüllt, einen Ausdruck zu finden für den Dank, den ich Gott, meinem Vater, gegenüber empfand, der solch eine wunderbare Schöpfungswelt erschaffen hat: „Ich möchte am liebsten überall Kapellen bauen, Ihm Denkmäler setzen" – so schrieb ich damals an die Schwestern. Doch den nächsten Schritt zur praktischen Ausführung sah ich bisher nicht; und was der Herr mir ans Herz gelegt hatte, wurde nicht zur Tat. Nun aber, nachdem der Herr mir das Leben neu geschenkt hatte, war das Verlangen, Ihn zu verherrlichen, in neuer Leidenschaft in mir auferstanden. Da war es, als ob Er mich frage, wo denn die Denkzeichen seien, die ich Ihm errichten wollte. Das trieb mich, alles dafür einzusetzen, der Welt, ehe sie vom Verderben ereilt wird, noch da und dort durch aufgerichtete Zeichen Anregung zum Lob Gottes zu geben.

1960 bekam ich eines Tages als Gruß einer Schwester eine kleine Tafel aus gebranntem Ton mit dem Wort: „Gott ist Liebe". Als ich diese Tafel in der Hand hielt, durchfuhr mich plötzlich ein Gedanke: Solche Tafeln in größerem Format wären wie kleine Denkzeichen, um damit auf den Herrn aufmerksam zu machen. Man könnte ein Gotteswort, einen Liedvers darauf schreiben und sie überall an schönen Orten in der Natur anbringen, dass Menschen zum Lobpreis Gottes aufgerufen werden. Damit war ein nächster Schritt gezeigt.

Ein bewegender Tag war es, als ich im Sommer 1960 mit Mutter Martyria und einigen Schwestern zur ersten Lobpreisfahrt startete. Unser Auto war wie eine fahrende Lobpreiskapelle – dort entstand das Lied, das wir ohne Unterlass durch die bayerische Berglandschaft in all ihrer Schönheit sangen:

> Gott muss verherrlicht sein;
> drum wir nun benedein
> die Schöpfungswunder groß.
> Das ist ein herrlich Los,
> Lobsänger Ihm zu sein.

FREUDENQUELL JESUS Nr. 156

In spontan entstehenden Versen und Melodien sang ich dem Vater meine Danklieder zu.

So fuhren wir als die erste Lobpreissängerschar von Kanaan in die Gegenden und zu den Orten, an denen der Herr mir in den vorhergehenden Jahren Seine Schöpferherrlichkeit offenbart und schon Lieder darüber geschenkt hatte. Dort wollten wir die Tafeln als Dankgeschenk anbringen.

Doch bald erfuhr ich, dass dieser Auftrag – wie fast alle bisherigen Aufträge Gottes – mich vor schier unüberwindliche

Probleme stellte. Das musste so sein, weil göttliche Aufträge allein Ihn verherrlichen sollen. Und Gott verherrlicht sich am meisten, wenn wir mit unseren Möglichkeiten am Ende sind. Dem Lobpreisauftrag schien ein Ende gesetzt zu sein, noch ehe er recht begonnen hatte, so viele Schwierigkeiten ergaben sich bei seiner Durchführung.

Die schönsten Aussichtspunkte sind fast nie Privatbesitz – manchmal stehen sie sogar unter Naturschutz. Und von den jeweiligen Behörden die Genehmigung zum Anbringen einer Tafel zu bekommen – so wurde mir gesagt –, sei aussichtslos. Unsere ersten Versuche waren überdies sehr dramatisch. An einem viel besuchten Touristenort in der Schweiz war uns zwar die Genehmigung gegeben worden; aber es entstand wegen der Tafeln ein solcher Aufruhr im Ort, dass man zuletzt sogar die Luft aus unseren Autoreifen ließ, um uns einen Denkzettel zu geben. So war dieser Anfang sehr entmutigend, und über dem Auftrag stand menschlich gesehen ein „Unmöglich".

Doch „der Glaube bricht durch Stahl und Stein" – besonders wenn es darum geht, für Gottes Sache zu eifern. Ich wusste: „Bei Gott ist kein Ding unmöglich" (Luk. 1,37). Außerdem war dies eine Bitte in Jesu Namen. Und was liegt Ihm mehr am Herzen, als dass der Vater verherrlicht wird und Menschen gerettet werden?

Das sollte auch gerade durch den Lobpreisauftrag geschehen. Denn wir wollten bei solch einer Lobpreistafel möglichst einen Ruferkasten anbringen, aus dem jeder kleine Schriften mitnehmen kann. Welche Möglichkeiten, Menschen zu Jesus zu rufen an vielen Ausflugsorten, wo sich im Sommer Hunderte, manchmal sogar Tausende einfinden! Die Herzen der Schwestern waren in Brand gesetzt. Wir sangen viele Glaubenslieder und freie Verse und brachten unsere konkreten Anliegen vor den Herrn.

Dabei stellten wir Glaubensziele auf, die wirklich nur Ziele für den Glauben waren, denn die Gegebenheiten, zum Beispiel in der Schweiz, dem Land so großer Schöpfungsherrlichkeit, waren deprimierend. Dennoch baten wir den Vater im Himmel und dankten Ihm schon im Glauben, dass Er es tun werde: 40

Lobpreisstätten an den schönsten Aussichtspunkten der Schweizer Berge! Später zeigte sich, dass unser Glaube viel zu klein gewesen war. Gott beschämte uns: Über 100 Lobpreistafeln riefen schon wenige Jahre später in den Schweizer Bergen dazu auf, Gott Ehre zu geben. Sie hatten die schönsten und höchsten Berge erreicht und rühmten durch ihre Inschriften, wer Gott, der Schöpfer, ist.

Auf der Rossfeldalm, oberhalb von Berchtesgaden, bewegte es mich, dass hier Gott so viel gelästert worden war. Dieser Berg war ja zum Teil im Besitz Adolf Hitlers gewesen, eines Menschen, der Gott hasste und sich selbst von Millionen vergöttern ließ. Umso mehr war ich davon erfasst, Gott, dem Schöpfer, gerade hier ein Denkmal zu setzen, das Ihm Ehre gibt. Zu meiner Freude konnte es später auch errichtet werden. Vom Rossfeld aus sah ich die österreichischen Bergketten in ihrer majestätischen Größe vor mir liegen, und es klang in meinem Herzen, was ich Jahre zuvor hier geschrieben hatte:

> Dir zu Füßen liegen Welten,
> großer König, vor dem Schelten
> Deines Mundes Berge fliehn;
> Du bist groß und hoch erhoben,
> alle Höhen Dich nur loben,
> Du bist einzig, ewig, groß.

FREUDENQUELL JESUS Nr. 171

An diesem Tag brannte mir der Herr ins Herz, dass Er auf eine Lobpreisschar warte, auf Menschen, die sich dafür verzehren, dass Er verherrlicht werde. Solch eine Lobpreisschar, die Ihm Zeichen setzt, Ihn anbetet und Ihm die Ehre gibt, würde mithelfen, Satans Vorhaben zu hindern und das nahende Verderben noch aufzuhalten.

Wer konnte damals ahnen, dass wenige Jahre später die „Gott ist tot"-Theologie bis in die Gemeinden vordringen würde? Wer dachte, dass Gott uns Menschen dahingeben müsste in unsere schändlichen Lüste (Röm. 1,18 ff.), weil wir Seine Gebote mit Füßen treten und Ihm, dem Schöpfer, Ehre und Gehorsam verweigern? Wer hätte sich vorstellen können, dass lästerliche Musicals, die Jesus zum Beispiel als Clown verhöhnen, in Kirchenräumen aufgeführt werden und von „christlichem" Publikum Applaus ernten würden? Oder wer sprach in jener Zeit schon von Umweltverschmutzung? Wer hätte es für möglich gehalten, dass es in unseren Großstädten Smogalarm geben könnte, dass Flüsse und Seen vergiftet, Wälder krank und ganze Tierarten bedroht sein würden?

Und doch wies mich der Herr schon damals auf Offenbarung 14,7, ein Wort von weitreichender Bedeutung für die letzte Zeit: „Fürchtet Gott und gebt ihm die Ehre; denn die Stunde seines Gerichts ist gekommen! Und betet an den, der gemacht hat Himmel und Erde und Meer und die Wasserquellen!" Bei der Einweihung der Ehre-Gottes-Kapelle, unserer zweiten Lobpreiskapelle im Berner Oberland, rief ich immer wieder dazu auf: „Gebt Gott die Ehre!" Ein Auszug des Bibelwortes prägt als Wandmosaik den Altarraum.

Noch wurde dieses Gebot der Stunde von den wenigsten erkannt. Aber der Herr gab mir ins Herz, dass in verschiedenen Ländern Lobpreisstätten errichtet und gemeinsame Lobpreisfahrten unternommen werden sollten, um die Zeit zu Seiner Ehrung auszukaufen. Ich schrieb damals:

Diese Fahrten werden zugleich Einheitsfahrten sein, da sich Evangelische und Katholische im Lob des Schöpfers und in der Anbetung einen werden.

Und so geschah es einige Jahre später.

Doch auch bei diesem Auftrag blieben die inneren Anfechtungen für mich nicht aus, und Fragen verfolgten mich: Ob die Tafeln, für die so viel Kraft, Zeit und Geld verwendet wird, an den Herzen Dementsprechendes ausrichten? Mir kam auf einmal alles so sinnlos vor, auch die Ruferkästen mit ihren Kurzbotschaften – nachdem diese Kästen verschiedentlich zerstört worden waren. Außerdem war ich weiterhin im Zweifel, ob sich für diesen

Lobpreisauftrag überhaupt Menschen zum Einsatz bereitfinden in dem Maß, wie es nötig ist. Eine Tagebuchnotiz spricht von meinem brennenden Anliegen:

> *Es müsste jetzt eine Aktion durchgeführt werden, und unsere Freunde müssten überall Tafeln setzen und Ruferkästen anbringen. Alles, was unsere Schwestern bisher getan haben, ist zu wenig. Hilf mir, einen zündenden Freundesbrief zu schreiben als Aufruf für den Lobpreisdienst.*

Dieser Freundesbrief ging bald danach hinaus. Aber er brachte mir eine Enttäuschung, denn er fand keinen Widerhall. Ich erlebte, wie schwer es ist, Verständnis für den bis dahin so gut wie unbekannten Lobpreisauftrag zu wecken, ja, dass er zum Teil bekämpft wurde. Man erwartete Dienste der Nächstenliebe von uns. Diese Einstellung, die uns von Anfang an, seit dem Bau der Mutterhauskapelle, zu schaffen gemacht hatte, erfuhren wir 1962 neu beim Bau der kleinen Lobpreiskapelle in Aeschi/Schweiz. Selbst Freunde erhoben ihre Stimme dagegen, Gott Kapellen zu bauen – man solle doch besser Krankenhäuser errichten. Ich erlebte: Wenn man Geld zum Dienst an Menschen ausgibt, erfährt man Wohlwollen und Dankbarkeit. Aber wenn man Geld ausgibt zur Verherrlichung Gottes, stehen auch solche, die in der bewussten Nachfolge Jesu sein wollen, dagegen auf als gegen etwas, was Verschwendung sei, trotz Jesu Wort in Markus 14,6–9. In mein Tagebuch schrieb ich:

> *Der Auftrag der Gebets- und Rufertafeln an den heiligen Stätten, der Lobpreisauftrag – alles bedeutet Kampf gegen Bollwerke. Unsere Aufträge scheinen vielen töricht, sinnlos, weil sie nicht zuerst vom Dienst am Menschen bestimmt sind, sondern vom Streben, Gott Ehre und Verherrlichung zu geben.*

> *Unsere Aufträge, wie sie auch heißen, sind der Christenheit fremd ... Aber wie soll das weithin verlorene, so kostbare Gut unserer Kirche, Gott Anbetung und Lobpreis zu bringen, uns wieder lieb und zugänglich gemacht werden, wenn keiner da ist,*

der den Preis dafür bezahlen will, keiner es wagt, viele gegen sich zu haben und für einen Narren gehalten zu werden?

Als wir 1962 an den Bau der Lobpreiskapelle in Aeschi oberhalb des Thuner Sees gingen, ahnte der Feind wohl, dass es eine Stätte nie endenden Lobgesangs werden sollte, wo ungezählte Gruppen und Einzelbesucher aus aller Welt einkehren würden. Darum versuchte er, den Bau zu verhindern durch mancherlei Widerstände, durch Gerüchte, wir wären eine Sekte, und durch Mobilisierung erbitterter Widersacher. Der bereits überall bekannt gemachte Einweihungstermin, das Himmelfahrtsfest am 31. Mai 1962, schien unhaltbar, denn aufgrund falscher Hinweise über uns verweigerten die Behörden die Bauerlaubnis. Doch Gott redete überwältigend durch Sein Wort zu mir: „Ihr aber seid getrost und tut eure Hände nicht ab; denn euer Werk hat seinen Lohn" (2. Chron. 15,7 L12). So glaubte ich gegen jede Vernunft:

Weil die Tränen für die Aeschi-Kapelle schier nicht endeten, soll es auch eine Kapelle nie endenden Lobgesangs werden, der die kommende Verderbenszeit überdauert. Du wirst Dein herrliches Werk vollenden, weil Leid in Herrlichkeit endet – auch dieses Leid.

Im letzten Augenblick griff Gott ein. Er tat das erste Wunder: Wir bekamen plötzlich, dreieinhalb Wochen vor dem Einweihungstermin, die Bauerlaubnis! Und Er tat das zweite Wunder: In diesen dreieinhalb Wochen wurde die Kapelle erbaut und bis zum festgesetzten Termin so weit fertig, dass sie eingeweiht werden konnte.

Seitdem ist diese Kapelle ein aufgerichtetes Zeichen: Gott ist der Größere, auch wenn die ganze Hölle dagegen tobt, dass Ihm die Ehre wird. Kein menschliches Nein kann gegen Ihn etwas ausrichten, königlich führt Er Sein Werk hinaus. Obwohl die Lobpreiskapelle in Aeschi nach außen klein und unscheinbar ist, wurde sie ein viel besuchter Ort. Hier werden Menschen erweckt,

Gott die Ehre zu geben, und öfter führt ein Beichtgespräch zum wahren, fröhlichen und befreiten Lobpreis.

So zahlt sich aus, was in diese Kapelle an Opfern, Leiden und Glauben hineingelegt wurde – auch an Geld, auf dunklen Glaubenswegen erbeten. Ja, es gilt, dass wir nicht sparen sollen an dem, was zum Ruhm Gottes dient.

Doch wo waren solche, die mithelfen würden, aus Liebe zu Gott die Lobpreisstätten über die ganze Welt auszubreiten? Es bedurfte noch eines langen Weges, ehe sich der Lobpreisauftrag durchsetzte. Ich konnte nur durchhalten und ihn weiterführen, indem ich mich allen Gegenstimmen verschloss und allein auf Gott hörte in dem Wissen: Gottes Gedanken sind höher und anders als Menschengedanken, Seine Aufträge mögen in den Augen der Menschen töricht scheinen – dennoch muss ich im Gehorsam danach tun, und wenn eine Welt gegen mich stünde. So schrieb ich als geistliches Vermächtnis nieder:

Meine lieben Töchter, jeder Auftrag Gottes, jede Stunde des Geistes, die eine Gnadenstunde göttlicher Herabneigung und Offenbarung ist, muss bezahlt, ja meist teuer bezahlt werden. Darum werdet nicht irre, wenn dunkle Stunden kommen, wo es schier zu schwer wird, den Auftrag auszuführen – wenn große Widerstände sich erheben und Anfechtungen kommen, ob solch ein Auftrag überhaupt vom Herrn ist.

Anfechtungen sind der Beweis, dass ein Auftrag Offenbarung Gottes war, vom Heiligen Geist gegeben. Gnaden müssen von unserem ganzen Sein und Wesen verarbeitet und fruchtbar gemacht werden. Solches geschieht, wenn wir einen Auftrag untermauern mit Leiden und Anfechtungen.

Wenn Gott Seine Gnaden durch uns anderen zuleiten will, braucht Er immer zuerst uns persönlich. Es ist nicht damit getan, dass ein Mensch für sich selbst begnadet wird. Viele Menschen, die begnadet wurden, brachten keine Frucht, sondern wurden im Gegenteil anderen zum Ärgernis und Anstoß. Warum? Weil sie diese Gnaden nicht verarbeitet, sondern wie einen Raub für sich genommen haben – weil sie nicht den Weg gehen wollten, auf dem sie fruchtbar werden, den Weg durch Züchtigungen, Anfechtungen und Leiden. Geht diesen Weg! Dann vermehrt sich die Gnade hundertfältig.

Weil der Lobpreisauftrag von Gott war und darum göttliches Leben in sich trug, setzte er sich dennoch durch, zuerst bei unseren Kanaanfreunden, dann bei vielen anderen. Denn wo Gott einen Auftrag gibt, ebnet Er zuletzt auch die Wege, ruft Er die Menschen, ihn auszuführen. Und Gott gibt Stunden der Erfüllung, in denen sich Sein JA AMEN Bahn bricht wie ein Strom. Ein Stadtausschuss für Parkanlagen in den USA schrieb: „Es ist uns eine Ehre und ein Vorrecht, in unseren Parks solche Lobpreistafeln zu haben."

Ein Revierförster im Odenwald genehmigte gleich mehrere Lobpreisstätten, denn er hatte sie schon in der Schweiz und im Schwarzwald kennengelernt und war davon begeistert. Ein Häuptling in Ghana versprach, die Tafel, die er selbst anbringen half, bekannt zu machen und vor jeglichem Unfug zu schützen. Auf Helgoland – wie vielerorts – sagte ein Ladenbesitzer, er müsse jetzt Postkarten von der Lobpreisstätte anfertigen lassen, weil so oft Fotos davon verlangt werden.

„Die Tafeln sind erfüllt von der Liebe Jesu, und es ist oft, als verschlage es den Menschen den Atem, wenn sie eine entdecken", schrieb eine Kanadierin. Und ein Missionar aus Argentinien: „Wir haben einen Ausflug gemacht zu einem ‚Naturfenster', 1200 Meter hoch, einer Touristenattraktion. 50 Christen waren am Fuß des Bergs zusammen, 35 kletterten mit an die Spitze, um die Tafel anzubringen; danach priesen wir den Herrn für alle Seine Werke. Wir hoffen, damit fortfahren zu können und die Nationalparks und andere herrliche Plätze in Lateinamerika mit dem Lob Gottes zu erfüllen."

„Wohin ich auch komme, ob nach Gethsemane oder Alverna, Assisi, in die Schweiz oder in den Odenwald – immer begegnen mir die Tafeln mit dem Gotteslob", heißt es im Brief einer Diakonissenoberin. Und ein Forstbeamter in Arizona sagte: „Ich bin für dieses Gebiet zuständig und werde für mein Revier jegliche Genehmigung erteilen. Diese Lobpreistafeln will ich haben – und wo kein Felsen ist, um sie anzubringen, lasse ich einen herbeischaffen."

Hunderte von Lobpreistafeln in vielen Ländern und Sprachen haben den schönsten Aussichtspunkten und viel besuchten Stätten ein Gottessiegel aufgedrückt, von den skandinavischen Fjorden bis zu den Paulus-Stätten in Griechenland und vom einsamen Himalaja bis zum Grand Canyon (USA) mit täglich bis zu 20 000 Besuchern in den Sommermonaten. Für jeden Brief mit der Nachricht: „Hier wurde eine neue Tafel angebracht!", dankte mein Herz voll Freude, dass dem Herrn ein Zeichen mehr gegeben ist, das Menschen auf Ihn hinweist.

Mehr und mehr setzten sich unsere Freunde unter Opfern, mit Glaubensgeist und Eifer für Gottes Ehre ein. Trotz großer Widerstände wurden sie nicht müde, bis Lobpreistafeln angebracht waren; und wenn sie wieder abgerissen wurden, nahmen sie das Werk von Neuem in Angriff. Viele unserer Freunde waren so sehr davon entfacht, Gott Ehre und Anbetung zu geben, dass es 1973 in Deutschland bereits etwa 600 Lobpreisstätten gab und über 120 in der Schweiz.

In manchen Kurorten sammeln sich während der Saison wöchentlich Gäste an Lobpreisstätten zu Andachten. In England ließ eine Stadtverwaltung an einer Felsenklippe am Meeresufer, wo sich viele das Leben nahmen, eine solche Stätte errichten, damit dem Tod gewehrt und Gott die Ehre gegeben werde. Und in der Tat erreichten uns schon mehrfach Nachrichten, dass durch Lobpreisstätten Menschen vor dem Selbstmord bewahrt wurden.

Gott die Ehre zu geben, Ihn anzubeten ist unsere Urbestimmung, und es ist ein großes Vorrecht, schon hier auf Erden sich dafür einzusetzen, dass unserem Herrn im weiten Raum Seiner Schöpfung Anbetung gebracht werde. Sie gilt ja dem Schöpfer und Herrscher aller Himmel und des Weltalls, dem Allmächtigen, Allweisen, dessen Verstand unerforschlich ist, dem Einen,

Allgewaltigen, von dem alles kommt, was ist, und zu dem alles zurückkehrt. Welch ein seliger Auftrag ist mir darum der Lobpreisauftrag geworden, wie reich hat der Herr mein Leben damit gemacht!

BERUFEN, VOR KOMMENDEM
VERDERBEN ZU WARNEN

Das Leben, das der Herr mir zusammen mit Seinen neuen Aufträgen noch einmal geschenkt hat, musste „am Ende der Zeiten" gelebt werden. Wohl zeichnete sich 1960 zu Beginn des neuen Jahrzehnts die neue Ära noch kaum ab. Doch im Lauf der folgenden Jahre wurde mancher beunruhigt, denn nun setzten revolutionäre Strömungen, die Auflösung der Gebote Gottes, Demoralisierung und der Abbau innerer Substanz in Teilen der Kirche ein. Dennoch ahnte damals kaum jemand, dass so überaus schnell, nur einige Jahre später, der große Abfall quer durch die Reihen der Christen beginnen werde. Zu jener Zeit schien alles noch verhältnismäßig ruhig.

Im Winter 1960/61 war ich wieder in der kleinen Dreieinigkeitskapelle, wohin ich mich zu Wochen der Stille und des Gebets zurückgezogen hatte. Da gab mir der Herr – mir selbst unerklärlich – plötzlich ein verzehrendes Brennen ins Herz, zu warnen vor dem, was kommen wird. Der Heilige Geist trieb mich ständig zu schreiben. Es ging um das Buch DAS ENDE IST NAH, das im August 1961 herauskam. Des Vaters Liebe wusste, was die Menschheit in den nächsten Jahrzehnten erwartet. So sollte sie auch dieser Ruf locken, die vor ihr liegende Zeit auszukaufen. Jesus wird bei Seiner Wiederkunft den Seinen als Bräutigam begegnen und sie zu sich holen in unnennbare Freude und Herrlichkeit für alle Ewigkeit. Er verlangt danach, ihnen nicht als Richter begegnen zu müssen, der zu solchen, die eigentlich zu den Seinen gehören, das vernichtende Urteil sprechen müsste: „Ich kenne euch nicht!" Sie sollen nicht das Furchtbare erleben: Die Tür ist verschlossen – es ist zu spät! Denn kein Verzweiflungsschrei wird dann den Urteilsspruch Gottes mehr wandeln können (Matth. 25,1 ff.).

Das alles stand mir vor Augen und drängte mich, den Ruf weiterzugeben, weil ich spürte: Es ist letzte Zeit, eine Lawine ist ins Rollen gekommen – der Abfall und die antichristliche Zeit sind nah. Das bedeutet schwere Gerichte Gottes, um die Menschen noch heimzurufen. Es geht eilends auf den Tag des Herrn zu. Dieser Erkenntnis folgten lange, dunkle Wochen, in denen ich in der Stille allein mit Gott vom Ende schrieb, das nah ist. Zuerst musste ich selbst durchleiden, was ich dann schreiben sollte. Erneut musste ich innerlich etwas erfahren vom Leid Gottes, von Seinem Schmerzzorn über die Menschheit, die nach Seinem Bild geschaffen ist und nun in der Sünde schier ertrinkt. Jetzt kam mir zugute, was der Herr 1957 vorbereitet hatte, als ich Seinen Zorn schmecken musste, um fähig zu werden, ihn zu künden. Doch auch während ich schrieb, galt es, etwas von den Schrecken der Gerichte, denen die Menschheit entgegengeht, zu durchleiden – und dem sintflutartigen Ansteigen der Sünde über der ganzen Welt ins Auge zu sehen. Aus meinem Tagebuch:

In mir ist ein Abgrund von Leid, als hätte ich geliebte Menschen begraben. Das Grauen unserer Zeit und das Leiden Gottes um solch eine abgefallene Welt beschwert mein Herz ... Dabei werde ich trotz meiner körperlichen Schwäche getrieben, weiter am Buch DAS ENDE IST NAH zu arbeiten. Es ist, als ob alles Antichristliche und Perverse des Geistes der Endzeit samt dem Schrecklichen, das kommen wird, den Grund meiner Seele ausfüllt wie ein tiefes Meer von Leiden ... Noch nie habe ich eine Schrift unter solcher Qual geschrieben. November 1960

Aber ich schrieb sie auch gegen meine Vernunft, die mir sagte: *Wer soll dieses Buch lesen? Diejenigen, die immer schon gegen meinen Weg und Auftrag standen, werden jetzt erst recht* sagen: „*Seht die Schwärmerin, die Unglücksprophetin mit ihrer Schwarz-Weiß-Malerei, die vom nahen Ende sagt!*" *Vor meinen Büchern wird noch mehr gewarnt werden.* Doch die Liebe Gottes behielt den Sieg – die Liebe Gottes, der um Seine Menschenkinder leidet. Der Heilige Geist trieb mich, Menschen zu locken, zu rufen und zu warnen, damit Gläubige sich für Kommendes bereiten.

Ich hoffte damals, diese schwere Botschaft zu bringen, sei ein einmaliger Auftrag. Doch ich sollte es anders erleben. Das wurde schon an Weihnachten 1960 deutlich. Damals klang immer wieder ein triumphierendes Weihnachtslied durch unser Mutterhaus. Es war das vertonte Jesajawort: „Uns ist ein Kind geboren, ein Sohn ist uns gegeben, und die Herrschaft ist auf seiner Schulter" (Jes. 9,5 L12). In diesem Jahr hatte Gottes Geist uns ein besonderes Weihnachtsgeheimnis erschlossen: Jesus, als Kind auf dieser Erde geboren, ist schon der verborgene König, auf dessen Schulter die Herrschaft liegt. So hatte es mir der Herr in der Stille gezeigt: Im Jesuskind, dem *kleinen König*, ist bereits der wiederkommende König verborgen – größte Freuden- und Siegesbotschaft in einer Zeit, in der Satan immer mehr zur Macht kommt. Diesem König Jesus werden alle Reiche der Welt gehören, wenn Er wiederkommt in Herrlichkeit!

Am zweiten Weihnachtstag war unser Zionssaal von Anbetung und Huldigung des kleinen Königs Jesus erfüllt: „Krönt Ihn, krönt Ihn zum Herrscher aller Welt!" Plötzlich, als das Lied verklungen war und wir darüber sprachen, auf welche Weise Jesus Ehre gegeben werden kann, kam das Gespräch auf die Einweihung unserer Jesu-Ruf-Kapelle, die im Mai 1961 stattfinden sollte. Da hieß es: „Wir müssen bei der Einweihung ein Ruferspiel über das Kommen des Königs Jesus in der Endzeit haben! Bitte, Mutter Basilea, schreiben Sie doch eines, wir beten dafür!" – „Dann müsst ihr morgen auf das weihnachtliche Feiern verzichten und in Gruppen dafür beten; ich will mich zurückziehen und sehen, ob Gottes Geist mir einen ersten Entwurf gibt." Ich spürte Sein Drängen – jetzt war die Stunde.

Am nächsten Abend kam ich wieder in unseren Zionssaal, und unter großem Dank hörten wir miteinander den erbetenen Entwurf vom Tonband. Gott hatte ihn aus Gnaden gegeben; Sein Geist hatte sich wirklich herabgesenkt: von morgens bis nachmittags hatte ich die Texte auf Band diktiert und die Melodien gleich dazu gesungen – es war mir als ein Wunder in diesen Stunden geschenkt worden.

So beglückend dieser Abend für uns alle war, so war damit zugleich eine große Last auf meine Schultern gelegt: Ich spürte, dass hinter beidem – dem Buch DAS ENDE IST NAH sowie dem neuen Ruferspiel mit ähnlichem Inhalt – nicht ein einmaliger, sondern ein bleibender Auftrag für mich stand. Nun wurde ich gedrängt, laufend zur jeweiligen Zeitlage ein WORT ZUR STUNDE zu schreiben. Ein solcher Auftrag aber heißt, schon im Voraus am Leiden und am Gericht über die Sünden unseres Volkes und der ganzen Welt – auch der Kirche – teilzuhaben. Ein prophetischer Auftrag heißt: sich verzehren im Vorausschauen, Vorauserleben und Vorauserleiden dessen, was dann als Botschaft weitergegeben werden soll.

Die neuen Aufträge, die ich nach meiner Gesundung bekommen hatte, brachten mancherlei Leiden und Anfechtungen mit sich, Kampf und Schmach, weil sie menschlich gesehen töricht waren. Doch dieser Auftrag schloss ein noch größeres Maß an Last und Leid in sich. Jede Herausgabe eines WORT ZUR STUNDE musste „bezahlt" werden. Zu dem, was ich dabei auszukosten hatte, gehörte auch, dass ich mich mit viel Material über Sünde und Abfall beschäftigen musste, wobei ich die Finsternis schmerzlich spürte.

Mit diesem Auftrag war ich in besonderer Weise einsam und von vielen christlichen Kreisen unverstanden. In unserer Kirche ist die Botschaft von der letzten Zeit wenig verkündigt worden, und die Offenbarung des Johannes wird zum Teil als legendär und nicht als biblische Botschaft angesehen. Pietistische Kreise haben zwar dieses Erbe verwaltet und immer wieder die Zeichen der Zeit zu deuten versucht. Aber vielfach hat eine missverstandene

Bekehrungs- und Entrückungslehre ungezählte Christen umso schläfriger und sicherer gemacht. Neu entstandene erweckte und charismatische Kreise, denen die biblische Wirklichkeit der Geistesgaben wieder aktuell wurde, schrieben wohl über die Gabe der Prophetie, fanden jedoch zumeist keinen Zugang zu dem Ruf: „Es ist letzte Zeit!" Er erschien ihnen zu düster und dem heutigen Menschen nicht zumutbar.

Selbst unter unseren Freunden und Rüstzeitgästen war es schwer, mit dieser Botschaft durchzudringen. Wenn ich einmal über Texte sprechen konnte, die dieses Thema nicht berührten – wie leicht waren dann die Herzen zu erreichen. Und welche Wände und Widerstände mussten durchstoßen werden, wenn ich über die letzte Zeit sprach, obwohl es ein wichtiges Thema in der Heiligen Schrift ist und Jesus selbst es oft gebracht hat. Darum kostete es mich jedes Mal innere Kämpfe, dem Vorschlag der Schwestern zuzustimmen, einen Großversand mit einem WORT ZUR STUNDE zu machen. Ich wüsste nicht, was mehr gegen meine Natur ginge – besonders schwer war mir, diese Stellungnahmen zur Zeitlage als Frau geschrieben zu haben und verteilen zu lassen. Aber ich spürte, dass es sein sollte.

Und nun sollte dieser Auftrag fortan mein Leben prägen! Dazu konnte allein eine größere Liebe zu Gott helfen, die in mir das Mitleiden mit Seinem zutiefst betrübten Herzen bewirkte (1. Mose 6,6). Und es bedurfte einer größeren Liebe zu den Menschen, die ins Verderben rennen, um immer neu zu rufen, zu warnen, zu locken und die Nackenschläge nicht zu achten, die mir diese Botschaft einbringt.

Nur die Liebe zu Gott und den Menschen, die der Herr mir auf meine Bitte hin mehr und mehr gab, hielt mich davon ab, dem aufsteigenden Verzweiflungsschrei meines Herzens nachzugeben: Ach, nur einmal nichts wissen, hören, schreiben von diesen furchtbaren Dingen! Doch blieb mir dieser Auftrag. Und weil der Herr ihn mir gegeben hatte, fügte Er es so, dass ich über das Zeitgeschehen oft besser unterrichtet war als die Schwester, die täglich die Zeitung liest, um die Schwesternschaft zu informieren.

Es war, als habe der Herr mein Herz zu einer Auffangstation für die großen Nöte unserer Zeit gemacht.

Als 1962 die Schrift HEUTE – EINE ZEIT WIE NIE entstand, schrieb ich:

Ich sehe konkret und unabwendbar das Verderben kommen. Wir leben im Zornzeitalter Gottes, in der Endzeit, wo die Menschen verschmachten werden vor Furcht vor den Dingen, die noch kommen werden ... Die Luft ist geschwängert von Verderben, wie es die Erde noch nie sah ... Es ist ein Wettrennen der uns aufgetragenen Sendung mit dem Verderben.

Mir lag am Herzen, dass die Schwestern den Ernst der Zeitlage nicht mehr verdrängen, sondern durch Leidenshingabe bewältigen. Jesus sollte ihnen so aufstrahlen, dass sie getrost und stark sein können, wenn die Drangsalszeit beginnt. Ich schrieb Ihnen viele Trost- und Stärkungsworte aus der Heiligen Schrift auf und später ein Büchlein zur Bewältigung der Angst und Übung im Vertrauen.

Von diesem inneren Erleben war das Weihnachtsfest 1961 und 1962 geprägt. Gerade das letzte war ein richtiges Trost-Weihnachten. Die Gegenwart des Herrn, der als Kind auf unsere dunkle Erde kam, um zu retten und die Finsternismächte zu besiegen, war uns tröstlich nahe. Wir sangen viel eines der damals entstandenen Lieder:

> Liebstes Kind, Du kommst ins Dunkel,
> bringst Dein Licht der finstern Welt,
> die in mitternächtger Stunde
> dem Gericht und Tod verfällt.
> Doch Dein Licht, das leuchtet heller
> als der Sünde Nacht und Not,
> triumphierend führst zum Siege
> Du die Welt aus ihrem Tod.

FREUDENQUELL JESUS Nr. 42

Später wurden diese Lieder, das Büchlein zur Überwindung der Angst und weitere Trostschriften veröffentlicht.[1] Ich war dankbar, dass ich mit den verschiedenen WORT ZUR STUNDE nicht nur warnen und aufschrecken musste, sondern auch in Ängsten und Nöten stärken und trösten durfte. Weil ich im Voraus manches durchlitten hatte, konnte ich davon schreiben, was in Zeiten, wenn Trost rar sein wird, noch helfen kann. Bei den Schwestern erlebte ich, dass eine starke Zuversicht, ja eine tiefe innere Freude unter ihnen aufbrach – in der Gewissheit, dass sie während kommender Trübsal den Vater erleben werden wie noch nie.

Auch andere sagten mir, dass meine Hingabe, vor kommendem Verderben zu warnen – was mir immer wieder schwer war –, nicht umsonst ist.

HIMMELSFESTE – HIMMELSLIEDER

War ich wirklich Unglücksprophetin, wie meine Widersacher mich nannten? Nein, das konnte nicht sein, weil ich auf meinen inneren und äußeren Wegen eine andere Wahrheit erfahren habe: Nach dunklen Zeiten bricht das Licht auf, nach Leiden die große Freude, weil bei Gott das Leid nie das Letzte ist; denn Gott ist Liebe, Gott ist ein Vollender. Ja, gerade das Toben der Hölle heute kündigt an: Das Kommen des Himmels ist nahe. Und wenn das Wüten des Antichristen auf dem Höhepunkt sein wird, klingt schon der Jubelruf durch alle Himmel: „Es sind die Reiche der Welt unseres Herrn und seines Christus geworden." – „Die Hochzeit des Lammes ist gekommen" (Offb. 11,15; 19,7). Das durfte ich in jedem WORT ZUR STUNDE den Lesern nahebringen. So schrieb jemand: „Ich streiche mir immer mit leuchtendem Gelb an, wo

---

[1] Siehe auch M. Basilea Schlink: WIR BERGEN UNS IN DEINE HAND und DER NIEMAND TRAURIG SEHEN KANN.

etwas vom Himmel, von Jesu Wiederkunft und Herrlichkeit geschrieben steht – und in Ihrer Reihe WORT ZUR STUNDE ist bei mir seitenweise alles gelb! Mein Herz schlägt höher in Vorfreude bei diesem Ausblick…"

Nach dem Jahr des Todes sollte auch das auferstehen, was der Vater mich schon nach meinem Morija-Erleben 1956 hatte erfahren lassen: ein Vorgeschmack des Himmels, den ich nun auch anders vermitteln konnte. Viele Himmelslieder hatte ich damals und in den folgenden Jahren geschrieben, auch kleine Schriften über den Himmel, aber ich hatte nicht den Eindruck, dass dafür unter den Schwestern oder unter unseren Gästen und Freunden schon viel Aufnahmebereitschaft vorhanden war. Als ich diese Lieder 1956 zu schreiben begann, hatte ich in mein Tagebuch notiert:

Ich erbitte mir heute, dass später, wenn diese Himmelslieder gesungen werden, der Himmel herniederkommt. Bitte tu das Wunder und lass den Himmel, wenn von ihm gesungen wird, auch wirklich herabkommen, auf dass an den Seelen geschieht, was sie in den Liedern singen. Du weißt, wie schwer es mir oft ist, die Lieder zu schreiben, weil sie mir Zeitvergeudung und nichts Rechtes zu sein scheinen. Doch heute ist der Himmel da, und ich sehe, sie sind von Dir, wie Du es auch verheißen hast. So erhöre mein Gebet und sage Ja und Amen.

Nachdem das schwere Jahr 1958 durchgangen war, begann der Herr auch dies Gebet zu erhören. Denn bald brach sich der Strom der himmlischen Freude Bahn. Er erfasste die Schwestern, und es konnte nicht anders sein, als dass „Himmelsfeste" begannen, wie wir sie bisher nicht gekannt hatten. Wo der Himmel herniederkommt, da muss man feiern, denn es steht geschrieben: „Ihr seid zu dem Berge Zion und zur Stadt des lebendigen Gottes, dem himmlischen Jerusalem, herangetreten und zu vielen Tausenden von Engeln, zu einer Festversammlung und zur Gemeinde der im Himmel aufgeschriebenen Erstgeborenen" (Hebr. 12,22–23 M). Im Himmel gibt es Feste und Feiern, der Himmel ist erfüllt von Anbetung und Huldigung.

Dass diese Lieder und Texte nun bei den Schwestern eine andere Resonanz fanden, kam wohl auch daher, dass bei vielen eine tiefere Reinigung geschehen war. Sie hatten in den Zeiten Seiner Heimsuchungen ebenfalls etwas von Seinem Zorn geschmeckt und den heiligen Gott neu fürchten und lieben gelernt. Und damit war eine Basis für Himmelsfeste gegeben. Ein ausländischer Pfarrer drückte es später einmal so aus: „Mir scheint, das Feiern ist ein besonderes Charisma, das Ihnen auf Kanaan geschenkt ist. Darum zieht es mich besonders hierher. Freude und Feste-Feiern ist Himmelreich. Und dabei habe ich gespürt: so viel Reue, so viel Freude."

Bei diesen Himmelsfesten gab es nichts Organisiertes, kein Programm. Wir kamen zusammen und begannen zu singen und konnten nicht anders, als den zu besingen, der die Krone des Himmels ist, unseren Herrn Jesus. Wir brachten Ihm Anbetung in vielen Liedern. Unser Herz wurde dann immer mehr davon erfasst, zu sagen und zu singen, wer der König des Himmels ist – Jesus, das Lamm Gottes auf allerhöchstem Thron. Wir gaben Ihm Ehre in freien Melodien und rühmten Ihn auf immer neue Weise. Dann begannen wir von dem zu singen, was die Seinen droben im Himmel erwartet.

Die Freude brach sich Bahn, auch in traurigen Herzen. Unser Zionssaal war bald wie von Himmelsglanz erfüllt. Wenn wir, den Himmel herbeisehnend, sangen: „Eia, wärn wir da..." (WENN ER ERSCHEINT Nr. 37), hätten wir das Lied, obwohl es sehr viele Strophen hat, am liebsten zwei Mal gesungen, weil die Freude des Himmels nie auszurühmen ist.

Dieses Lied hatte ich in dunkelster Stunde geschrieben, als unsere Schwester Angelika kurz vor ihrem Tod unsagbare Schmerzen litt und ich im Mitleiden nicht wusste, wie ihr noch Trost zu bringen sei. Da ging ich von ihrem Krankenbett in mein Zimmer und betete, und dabei ließ mir der Herr den Himmel aufstrahlen. Ich schrieb einen Vers nach dem anderen und eilte zu ihr, um sie ihr zu singen. Auf einmal war es, als ob die Schmerzen wichen. Schwester Angelikas Antlitz wurde immer mehr vom Freudenglanz erfüllt, ja sie sang in ihrer Schwäche sogar noch mit. Der Himmel war herniedergekommen.

Jahre danach sangen das Lied viele, nicht nur unsere Schwestern. Ich denke an ein Himmelsfest in unserer Jesu-Ruf-Kapelle mit unseren Rüstzeitgästen, darunter viele Jugendliche. Zu diesem Himmelsfest ging ich mit etwas bangem Herzen, denn morgens in der Bibelstunde hatte ich schonungslos die Wahrheit über die kommende Zeit aufgezeigt. Ich hatte gesprochen vom Todeszeitalter, in das sie hineingeboren sind, von allen Seiten nach Leib, Seele und Geist vom Verderben bedroht. Dabei hatte ich aufzeigen müssen, dass dämonische Mächte immer stärker vorandringen und wir einer Verfolgungszeit entgegengehen, die auch unter ihnen das Blut von Märtyrern kosten kann. Aber ich hatte ihnen auch gesagt, dass sie die auserwählte Generation sind, die vielleicht schon erfahren darf, wohin dies alles führt – zur Erscheinung der Herrlichkeit Jesu Christi – denn unsere Zeit kündet: Der kommende König ist nah! Und wenn sie zu den Jesusliebenden und Überwindern gehören, sind sie dem ganz nah, worauf Geschlechter durch zwei Jahrtausende geharrt haben: der Wiederkunft Jesu zur Entrückung, dem Tag größter Freude und Herrlichkeit.

Es ist kaum zu sagen, was auf diese Stunde hin am Abend beim Himmelsfest aufbrach: eine Glückseligkeit, wie wir sie in diesem Maß selten erlebten. Die Jugendlichen sahen sich durch die Bibelstunde des Vormittags mit der kommenden Trübsal konfrontiert. Sie hatten den Ruf zur Umkehr gehört und dem Herrn das Ja dazu gegeben. Und nun wurde ihnen im Maß der Hingabe zum Leiden die Freude geschenkt, weil Leid und Freude einander entsprechen. Es brach in ihnen eine Glückseligkeit auf und eine Sehnsucht nach dem Himmel. Voller Freude sangen sie mit uns Himmelslieder, schwangen grüne Zweige und brachten Jesus, dem König des Himmels, in großer Liebe Huldigung, Ehrung und Anbetung. Ja, das Singen vom Himmel hatte wirklich den Himmel herniedergebracht. Solche, die sich am Morgen noch durchringen mussten und unter dem Druck dieser schweren Zeit standen, hörten am Ende des Festes nicht auf zu singen – über ganz Kanaan erklangen die Himmelslieder. Und Himmelsfeste mit solch einer Auswirkung haben wir dann wiederholt erlebt.

Welche Freude war es mir, dass nun die Himmelsfeste bei uns dazugehörten. Zuerst, als wir nur ein Himmelsfest im Jahr hatten, das sogar in unserem Jahresplan angezeigt war, schrieb jemand: „Wir wollen gern kommen, aber erklären Sie uns doch bitte, was Sie unter Himmelsfesten verstehen? Wir können uns nichts darunter vorstellen." Dann aber wurden die Himmelsfeste die Krönung der Rüstzeiten und die Sehnsucht des Jugendkonvents. Als wir einmal aus Raummangel den männlichen Jugendkonvent nicht eingeladen hatten, betete ein Junge, Gott möge es mir doch ins Herz geben, sie alle noch einzuladen, bis dies – durch Gottes spürbares Eingreifen – tatsächlich geschah. Oder von auswärts kam ein Anruf: „Wir feiern heute Abend ein Himmelsfest, wie wir es auf Kanaan erlebt haben."

Ein Pfarrer, der mit einer mehr fernstehenden Gemeinde zu uns gekommen war, sagte später, obwohl schon Wochen vergangen seien, habe das Himmelsfest auf Kanaan seinen Glanz noch nicht verloren; seine Gemeinde singe oft mit neuer Bewegung: „Jerusalem, du hochgebaute Stadt!" (J. M. Meyfart, EG 150).

An unsere Töchter schrieb ich einmal:

Denkt an den Himmel – und euer Leiden wird euch auf einmal klein werden vor des Himmels Herrlichkeit, die an euch für alle Ewigkeit offenbar werden soll. Wenn ihr das Wort „Himmel" hört, wisst ihr: Die Freude, der ihr entgegengeht, ist ewig. Und damit wisst ihr zugleich: Das Leiden, in dem ihr steht, hat ein Ende ... Bitte, lebt mehr im Himmel, beschäftigt euch mehr mit dem Himmel! Er ist es wert. Er ist eure ewige Heimat, wo ihr einst für immer sein werdet. Das wird euch das Kleine klein machen und groß allein das, was ewig groß und wichtig ist. Singt vom Himmel, feiert mitten im Dunkel der Zeiten Himmelsfeste! Die Hölle vertreibt man nur durch den Himmel. Er ist stärker als

*die Hölle, weil dort Jesus Christus der Herr ist … „Selig seid ihr,
die ihr jetzt weint; denn ihr werdet lachen"* [Luk. 6,21] *… Darum
gebt euch hin zum Leiden, wenn ihr Himmel schmecken wollt.*

Das sagte ich den Schwestern immer wieder und habe es selbst
erfahren: Der Gedanke an den Himmel, das Singen vom Himmel,
die Beschäftigung mit dem Himmel hat große Macht. Dies lässt
unsere Leiden klein werden und versinken vor des Himmels Herrlichkeit, die uns bald erwartet. Doch wo der Himmel nahekommt,
so erfuhr ich es seit 1956, wird auch die Sehnsucht zu einem leidenschaftlichen Begehren: Lass mich in das himmlische Wesen
verklärt werden, dass ich einst in den Himmel passe. Lass mich
mit den himmlischen Tugenden, das heißt mit den Wesenszügen
Jesu, geschmückt werden, denn nur Überwinder werden das Ziel
der Herrlichkeit erreichen.

So schwer es mir war, von Gericht und Leid, von der Wirklichkeit der Sünde und Dämonie unserer Zeit zu sprechen, so dankbar
war ich, dass ich zugleich von der Himmelsherrlichkeit sagen
durfte, dem Kommen des Bräutigams, dem wir entgegengehen.
Der Herr hatte mir in Seiner großen Liebe unter Seinen neuen
Aufträgen nicht nur den einen, sondern auch den anderen gegeben, war es doch Jesu ureigener Doppelruf: „Tut Buße, denn
das Himmelreich ist nahe herbeigekommen!" (Matth. 4,17).

AUF DASS KOMME DAS PARADIES

Unter allem Leidvollen, das meine schwere Krankheit 1958/59
mit sich brachte, war mir am bittersten, ein bestimmtes Herzens-
anliegen zu begraben, dessen Erfüllung mir der Herr verheißen
hatte. Seit der Gründungszeit hatte Er mir als Glaubensziel für
unsere Marienschwesternschaft vor mein inneres Auge gemalt,
dass etwas vom Paradies, Anbruch des Himmels, unter uns dargestellt werde. Das hatte sich jedoch noch nicht erfüllt.

Nun erlebte ich, dass der Herr in dieser Vergeltungszeit nach meiner Krankheit in Seiner Liebe nicht nur alles wiederherstellte oder zurückschenkte, sondern es auch vermehrte. So ließ Er mich die Wahrheit Seines Wortes erfahren: „Wo aber die Sünde mächtig geworden ist, da ist doch die Gnade noch viel mächtiger geworden" (Röm. 5,20). Ja, Jesus ist ein mächtiger Erlöser! Denn was allmählich Kanaan auszumachen begann, war letztlich nicht das kleine Land mit seinen Anlagen und Häusern – es gibt schöner gelegenes Land, es gibt andere Häuser, die auf dem Weg des Glaubens erstanden sind. Nein, was Jesus auf Kanaan verherrlicht, ist vor allem, dass man dort unter Seiner Vergebung und untereinander versöhnt lebt. Wenn Paulus von seiner Gemeinde in Philippi schreibt, dass sie seine Freude und seine Krone sei (Phil. 4,1), kann ich das inzwischen auch von meinen Töchtern sagen.

Schon in der Anfangszeit auf dem Steinberg war meine größte Bitte, dass sich unter uns die Verheißung Gottes erfüllen möchte: „Der Herr hat Zion erwählt und hat Lust, daselbst zu wohnen. Dies ist meine Ruhe ewiglich, hier will ich wohnen; denn es gefällt mir wohl" (Ps. 132,13–14 L12). Das zu erfahren, schien mir Anbruch des Himmelreichs, ein Strahl vom Paradies zu sein. Davon durfte ich nun nach vielen Enttäuschungen tatsächlich etwas im Schwesternkreis erleben. Durch unsere „Lichtgemeinschaften", bei denen wir uns immer wieder der Wahrheit stellen und unsere Sünde zugeben, machte sich der Herr Bahn, unter uns zu wohnen – Er, der in zerschlagenen und gedemütigten Herzen Wohnung nimmt (Jes. 57,15).

Ich erinnere mich an die große Freude und Dankbarkeit, die mich erfüllte, als ich einmal von einer langen Reise zurückkehrte. Die Schwestern waren in unserem Zionssaal versammelt, mich zu empfangen. Als ich eintrat, war es mir, als trete ich in einen hell erleuchteten Saal – nicht um seiner Beleuchtung willen, sondern weil ein inneres Strahlen von ihnen ausging und damit Jesus, die helle Sonne, mich grüßte.

Aber nun ließ der Herr mich wissen, dass nicht nur auf unserem Kanaan etwas vom Himmelreich und Paradies verwirklicht werden solle, sondern auch in anderen Ländern. Als Erstes sollte dies geschehen im Zentrum der Welt, in Jerusalem. Viele solcher Kanaanzentren wünschte der Herr, von denen Liebe, Friede und Freude ausstrahlt. Sie sollten ein kleiner Vorgeschmack dessen sein, was das große Ziel unseres Herrn in Seiner Heilsgeschichte mit der Menschheit ist, die Hochzeit des Lammes.

Wenn die Braut des Lammes das neue Jerusalem bildet (Offb. 21,9 ff.), dann ist es folgerichtig, dass schon auf Erden die Braut Jesu, wo immer sie ist, dafür leben möchte, eine Abschattung des himmlischen Jerusalem zu erglauben. Das hatte ich für Kanaan ständig tief im Herzen getragen, und nun sollte es auch der Charakter unserer Niederlassungen werden. Darum stand als Glaubensziel vor mir: Sie sollten etwas widerspiegeln von der Lichtklarheit, der Durchsichtigkeit der Gottesstadt. Jede Schwester sollte im Licht leben und sich der Wahrheit über ihre Sünden stellen. Gottes lichte Gegenwart möge sich dort niederlassen, die alles, was Ihn vertreibt, verzehrt, doch mit Seinem verklärenden Licht den durchstrahlt, der dem Licht standhält.

Von diesen Kanaanzentren sollte strahlende Freude ausgehen, ja, Feiern und Singen, wie es die Gottesstadt droben ausmacht – ein Zeichen dafür, dass aus Reuetränen die große Freude kommt. Wie die Wesen am Thron, so sollte auch dort alles in großer Liebe um Jesus, um den Vater und den Heiligen Geist kreisen. Liebeseinheit unter den Schwestern, Friede und Versöhnung sollte in ihren Häusern herrschen und andere anstecken. Dieses Bild stand vor meinem inneren Auge.

Je mehr unsere Welt in den verschiedenen Erdteilen und Völkern wie ein brodelndes, tobendes Meer wird, das ständig Sünde und Schmutz auswirft, umso wichtiger sind kleine Inseln der Heiligkeit Gottes, das heißt, Seiner heiligen Gegenwart. Dazu sollten auch unsere Niederlassungen mit dienen. Von solchen Inseln gehen dann Lichtstrahlen und Gotteskräfte aus, werden ständig Rettungsseile ausgeworfen, um Menschen zu ihrem Retter Jesus Christus zu ziehen und sie zur Begegnung mit der Liebe Gottes zu bringen. Immer wieder sollten Seelen, die wie am Ertrinken sind, nach diesen Rettungsseilen greifen und nicht nur Gläubige im Glauben gestärkt, sondern auch Verlorene noch gerettet werden.

Diese Inseln Seiner Heiligkeit werden – wenn sie auf dem Fundament der Reue und Buße aufgebaut sind – nicht vom Toben des Meeres verschlungen. Die Finsternis wird sie anfechten und mag ihnen Leiden bringen, aber sie kann sie nicht vernichten, wie Jesus von Seiner Gemeinde sagt: „Die Pforten der Hölle sollen sie nicht überwältigen" (Matth. 16,18).

Ich wusste nun: Wenn auch die Kanaanzentren in ihren Ländern nur wie winzige Punkte sind – solange sie in Liebe brennen, werden die Auswirkungen weithin zu spüren sein. Und in jedem Land werden sich die zusammenfinden, die diesen Ruf im Herzen tragen: „Dein Reich komme!" Menschen werden entzündet, nach den Gesetzen des Himmelreichs zu leben, weil sie täglich neu durch das Tor der Buße gehen. Sie werden bereit, sich selbst zu sterben, um mitzuhelfen, dass Gottes Reich, das Reich der Liebe, anbricht.

Ich war voll Dank, dass Gott sich für mein mir noch einmal geschenktes Leben solches erdacht hatte – wahrlich „Gedanken des Friedens und nicht des Leides" – und sie bald danach auch zu verwirklichen begann. Denn schon 1961 gab Er uns in dem damals noch geteilten Jerusalem in der Neustadt unser *Beth Abraham* und 1962 auf dem Ölberg das *Morijahaus*, den Vorläufer unseres späteren *Beit Gaudia Dei* – unsere beiden ersten Niederlassungen, und das in Seinem Land!

BERG SINAI –
HÖHEPUNKT MEINES LEBENS
1963–1969

WOCHEN DER STILLE AM SINAI

1963 – ein ganz besonderes Jahr für mich: Der Sinai kam mir nahe. Schon lange hatte mich durch einen Ruf Gottes der Gedanke bewegt, dorthin zu fahren zu einer Zeit der Stille, um mir vom Herrn Wegweisung geben zu lassen für unseren Auftrag, unsere Sendung. Nun, als die Verwirklichung dieses Plans ins Auge gefasst wurde, brachen Fragen auf: War es wirklich Gottes Ruf und Wille? Konnte dies nicht ebenso gut in meinem Gebetsraum auf Kanaan geschehen? Unaufhörlich stiegen aus meinem Verstand heftige Anfechtungen auf. Alles in mir wehrte sich gegen diesen Ruf, wenn der Geist Gottes mir auch immer wieder das Wort ins Herz gab: „Meine Gedanken sind nicht eure Gedanken, und eure Wege sind nicht meine Wege" (Jes. 55,8) – sie sind höher und anders, von unserem kleinen Verstand nicht zu ergründen.

Warum sollte es nicht Gottes Plan sein, dass ich Ihm in der Stille und Einsamkeit der Wüste, der völligen Weltabgeschiedenheit Seines heiligen Berges begegnete? Wenn Er mir nun gerade dort einen neuen, die Völker umspannenden Auftrag geben wollte? Ich gab mein Ja. Freude und Erwartung begannen sich in meinem Herzen auszubreiten.

Dann aber kam eine Reisebeschreibung über den Sinai in unser Haus. Durch sie wurden die Anfechtungen nicht nur erneut entfacht, sondern noch größer. Denn es hieß darin: Keine Stille ist dort zu finden, viel ungeistlicher Lärm von Touristengruppen in der Klosterfestung – keine Einzelzimmer – Verlassen des Katharinenklosters als Einzelner kaum möglich wegen Gefahr durch Beduinen… Also hatte die Reise keinen

Sinn, denn die Gebetsstille sollte ja die Hauptsache während des Sinai-Aufenthalts sein – und gerade die schien ausgeschlossen. Außerdem las ich von Weltreisenden, dass kaum eine Reise so anstrengend sei wie die ins Sinaimassiv. Damit war sie mir eigentlich von vornherein verwehrt, denn gerade im Sommer 1963 ging es mir gesundheitlich sehr schlecht. So wurde ich innerlich lange durch zermürbende Anfechtungen geführt. Dazu schienen uns die hohen Reisekosten nicht zu verantworten.

Ich fürchtete mich jedoch, Gott entgegenzustehen, falls es dennoch Sein Wille war. Oft genug hatte ich erlebt, dass menschlich gesehen sinnlose, törichte Wege zu großen Aufträgen Gottes führen. Ich wusste, dass die Torheit Gottes weiser ist als die Menschen (1. Kor. 1,25). So war ich wie in einer Mühle der Anfechtungen. Doch gerade das schien Gott zu wollen. Einer Gottesbegegnung gehen immer dunkle Zeiten der Anfechtung voraus, die uns auslöschen, damit Sein Licht hereinbrechen kann, das sich nicht mit dem Licht unseres gefallenen Verstandes vermischt. Und es gab – im Bild gesprochen – keinen anderen Weg auf Seinen heiligen Berg, als den Weg durch die Wüste der Anfechtungen, der mich demütigte und niedrig machte, damit ich dem großen Gott begegnen könne. Dann aber bestätigte der Herr Seinen Ruf, indem Er mir für diesen Auftrag die überwältigende Losung gab: „Ich bin Gott, der Gott deines Vaters; fürchte dich nicht, nach Ägypten hinabzuziehen; denn daselbst will ich dich zum großen Volk machen. Ich will mit dir hinab nach Ägypten ziehen und will dich auch wieder heraufführen" (1. Mose 46,3–4).

Tatsächlich bekam ich das Visum für die Einreise nach Ägypten, obwohl dies für mich als Autorin des Buches ISRAEL, MEIN VOLK und wegen unseres Hauses *Beth Abraham* in Jerusalem unmöglich schien.

Am 8. Oktober brach ich auf, sehr schwach, ja fast krank. Doch da geschah das Wunder: am Tag der Abfahrt rührte der Herr mich an. Neues Leben durchströmte mich nach Leib, Seele und Geist. Ich konnte die Reise – drei Tage und Nächte beinahe ohne Schlaf – gut überstehen, weil Gott mir Auferstehungskräfte gab.

Auf der Autofahrt von Suez durch den Wüstensand, viele Stunden lang, grüßten mich die Berge, deren Felsgestein in verschiedenen Farben in der heißen Sonne glänzte. Ewiges Schweigen liegt über dieser Wüste, wo man keinen Laut vernimmt, keinem Menschen begegnet, außer in der Oase Raphidim. Als wir dann zum Katharinenkloster kamen, war ich tief bewegt, die Erhabenheit Gottes über den Wüstenbergen aus Granit und Gneis zu spüren. Diese Berge stehen ehern gleich den Geboten Gottes, die Er hier Seinem Volk gab.

Wir betraten das Kloster – eine kleine Stadt mit Häusern und Kapellen, von einer hohen Mauer umgeben, am Fuß des Mosebergs inmitten der gewaltigen Wüstenberge des Sinaimassivs. Griechisch-orthodoxe Mönche leben hier schon seit dem 6. Jahrhundert. Das Kloster hat einen Gästeflügel. Eine Frage bewegte mich: Wird der Herr mir als ein Wunder ein Einzelzimmer, einen stillen Raum bereitet haben? Schwester Benedicta sprach mit dem Gästepater und bat um ein Einzelzimmer für mich. Er wehrte solch ein Ansinnen ab, weil es im Gästeflügel nur Mehrbettzimmer gab. Da plötzlich, während des Gesprächs, wendete Gott seinen Sinn: Ich wurde in ein Dreierzimmer geführt, um es allein zu bewohnen! Das hatte mir der himmlische Vater bereitet und mir damit Seinen Ruf bestätigt, etliche Wochen in der Stille am Sinai zu sein. Ich war von Seiner Liebe zutiefst berührt. Auch hatte dieses Zimmer gerade den Ausblick auf den Moseberg, der jeden Morgen bei Sonnenaufgang mit seinen in rötlichem Glanz schimmernden Felsen in mein Zimmer grüßte.

Gott hatte mir in Seiner Güte noch einen zweiten Ort der Stille bereitet: den Söller des Hauses. Dort konnte ich mich beinahe immer allein aufhalten und den ganzen Tag beten und schreiben. Dabei war ich von den riesigen Bergen umgeben, mit dem Blick nach Westen, wo im Schutz der Felsenriesen eine weite Wüstenebene vor mir lag, die Raha-Ebene, die einst zum Schauplatz besonderen Handelns Gottes geworden war. Denn hier hatte das Volk Israel gelagert beim Bundesschluss und der Gesetzgebung Gottes auf dem Berg Sinai.

So war ich nicht dem lauten Treiben in der Klosterfestung ausgeliefert. Alle Anfechtungen waren wie weggewischt. Gottes Verheißungen manifestierten sich als Erfüllung im greifbaren Geschehen und erfüllten sich während der Zeit immer wieder. Nach einer uralten strengen Ordnung durften Touristen nie länger als drei Tage im Kloster bleiben. Doch Gott durchbrach diese Ordnung und ließ mich von höchster Stelle eine Ausnahmegenehmigung für mehrere Wochen bekommen – eine weitere Bestätigung, dass Er mich an Seinen heiligen Berg gerufen hatte.

Gottes gnädige Hilfe erlebten wir auch bei dem Risiko mit der Verpflegung, weil man dort nichts kaufen, nichts selbst kochen und bei der Hitze auch nichts aufbewahren kann. In unserem Reisegepäck hatten wir nicht für Wochen Verpflegung mitbringen können. Aber Gottes Fürsorge überraschte uns immer neu: Prächtige Weintrauben aus Raphidim wurden uns eines Tages von einem Mönch gebracht, und – was sonst nicht üblich war – die Mönche des Klosters gaben uns freundlicherweise von ihrem Brot. Touristen wollten Reste ihres Proviants nicht wieder mit zurücknehmen, ein Beduine brachte Eier und etwas Fleisch, und so deckte uns der Vater jeden Tag den Tisch, oft auf sehr wunderbare Weise.

Alle Wege ebnete der Herr, denn ich sollte dort in der Wüsteneinsamkeit eine Gottesbegegnung erleben.

SINAI – der heilige Berg Gottes, wo Gott mit Menschen, mit Seinem Volk einen Bund einging (5. Mose 5,2).

SINAI – der Berg, auf dem Mose dem Herrn begegnen durfte und Er mit ihm redete.

SINAI – der Berg, wo Gott Seinem Volk und damit der Menschheit Seinen Willen durch Seine Gebote kundmachte.

Berg heiliger Offenbarung – konnte ich anders dorthin kommen als nach einem Vorbereitungsjahr, in dem ich durch körperliche Leiden und Krankheiten, durch schwere Anfechtungen des Geistes und durch viele Nöte der Seele gegangen war?

Der Herr begann bereits in den ersten zwölf Tagen mit mir zu reden; so wurde mir der Berg zum „Sinai heute". Zunächst erlebte ich ihn als den Ort, an dem Gott Seine Gebote gab, um an ihnen, dem göttlichen Maßstab für unser Leben, unsere Sünde offenbar zu machen. Die Losung der Brüdergemeine am 13. Oktober 1963, meinem dritten Tag dort, war aus 3. Mose 19,18: „Du sollst deinen Nächsten lieben wie dich selbst" (L12), und der Wochenspruch: „Und dies Gebot haben wir von ihm, dass, wer Gott liebt, dass der auch seinen Bruder liebe" (1. Joh. 4,21 L12). Diese Gebote Gottes, die mir an sich so vertraut waren, fuhren in mein Herz wie eine neue Offenbarung. Tränen der Reue aus tiefstem Herzen waren die Antwort angesichts aller Übertretungen dieser Gebote, wo ich gegen die Liebe gehandelt hatte. So war mir gewiss: Ehe du den heiligen Berg, den Moseberg, besteigen darfst, musst du deine Sünden dem Herrn hinlegen, damit das Blut des Lammes sie wegnehme. Ich musste also zuerst innerlich hinabsteigen, immer tiefer – im Geist auch für alle meine Töchter –, dann hob mich der Herr empor.

Nun kam der gnadenreiche Tag, an dem die Besteigung des Mosebergs stattfinden sollte. Es war gerade mein Geburtstag, ein Tag, an dem Gott Seine Gnaden in reichem Maß über mich ausgoss. Ein strahlender Tag – nicht zu heiß – kein Sturm. Der Moseberg lag klar, in vollkommener Schönheit vor mir, als ich früh um 6 Uhr auf einem Kamel die erste Wegstrecke hinaufritt. Ein Strom von Glückseligkeit kam über mich. Es war, als ob der Herr mich auf dem Gipfel erwarte, wo die kleine Mosekapelle steht. Ich war voll Sehnen, in die Stille zu Gott zu kommen. Trotz meines schwachen Herzens flog ich schier die grob gehauenen, ungefügen Granitstufen der steilen Bußtreppe hinauf, auf der mein Weg nach dem Kamelritt die letzte Dreiviertelstunde zum Gipfel des Mosebergs führte.

Oben auf dem heiligen Berg der Gottesoffenbarung breitete sich vor meinen Augen ein Meer von mächtigen Bergriesen aus, die sich in Urgewalt der Schöpfung rings um den Moseberg lagern. Ihre Majestät und Herrlichkeit überwältigte mich. Und ich erfuhr hier etwas von dem, was Gottes Name JAHWE aussagt: „Ich bin, der ich bin" und „Ich will vor deinem Angesicht alle meine Güte vorübergehen lassen" (2. Mose 3,14 M; 33,19 L12). Der Herr neigte sich hernieder als der Gott, der mit einem Menschenkind, einem Sünder, einen Bund eingeht, weil das Blut des Lammes die Sünden bedeckt. Was der Herr mir nun auf dem Gipfel des Moseberges schenkte, war eine Wirklichkeit. Als Geschenk des Geistes, der das ruft, was nicht ist, dass es sei (Röm. 4,17), gab Er mir eine Liebe zu den verschiedenen Völkern, die Er zu Seiner Ehre geschaffen hat, wie ich sie vorher nicht gehabt hatte. Sie wurde mir geschenkt, weil Gott mir einen Auftrag für die Völker geben wollte, dessen Voraussetzung die Liebe ist.

Er erfüllte mich mit dem Geist des Mitleids, des Erbarmens mit den Völkern, die vor dem Untergang stehen, weil sie die Gebote Gottes nicht mehr halten. Ich war gedrängt, sie Ihm von nun an jeden Tag im Gebet zu bringen, damit noch Rettung aus dem Sündenverderben dieser Zeit geschehe. So schenkte Er durch diese in mir erweckte Liebe die Glut, alles für sie zu tun, was der Herr mir zeigt und was in meinen Kräften steht. Vor allem musste ihnen das Rettungsseil der Liebe zugeworfen werden – das sind Seine Gebote, die uns vor dem Unheil bewahren sollen.

Die Völker lebten fortan in meinem Herzen, und ich musste mit ihnen leben, für sie leben, sie lieben und für sie leiden. Ohne dieses Geschehen wäre es mir nicht möglich gewesen, unsere Töchter bald in verschiedene fremde Länder herzugeben. Doch nun gab mir der Herr die Ausrüstung, mich für die Völker priesterlich in den Riss zu legen aus erbarmender Liebe zu ihnen. Es war ein Gnadentag und ein großer Tag für unsere Sendung.

Aber zugleich schenkte mir der Herr eine neue Gabe des Glaubens für den großen Auftrag an den Völkern. Dieser hätte mich sonst erdrückt, weil ich meine völlige Unfähigkeit und die Unmöglichkeit, solch einen Auftrag auszuführen, bis in jede Faser meines Herzens spürte.

Das Größte auf dem Gipfel des Moseberges war jedoch die Begegnung mit dem Herrn selbst. Er war da. Welch ein Geschehen

umschloss dieser Tag: die besondere Gnadenstunde der Herabneigung Gottes — und damit verknüpft der gewaltige Auftrag,
den Er gab!

Wie um dies alles zu versiegeln, krönte der Vater das Erleben
dieses Tages sichtbar und real mit einem eindrücklichen Natur-
geschehen. Als ich gegen Abend etwa drei viertel des Abstiegs
zurückgelegt hatte und mich noch einmal kurz auf einen Fels-
vorsprung setzte, um auszuruhen, wölbte sich plötzlich über dieser Stelle ein mächtiger Regenbogen in aller Schönheit, der an
beiden Enden vollkommen bis zur Erde herabreichte. Doch war
noch keine Regenzeit. Es war Gottes Bestätigung: Der Bund ist geschlossen, der Auftrag gegeben. Der Sinai war mir zu einem „Sinai
heute" geworden. Gott hatte alle Seine Güte an mir vorübergehen
lassen und mir Sein Wesen enthüllt, „barmherzig und gnädig und
geduldig und von großer Gnade und Treue" (2. Mose 34,6).

War dieser Tag der ersten Moseberg-Besteigung der Höhepunkt meines Aufenthalts am Sinai, so schlossen die Wochen
dort vieles ein, was im Zusammenhang stand mit dieser heiligen
Stunde. In der Stille des Gebets warf Gott einerseits Sein Licht
rückwärts auf die Jahre meines Lebens mit allem Kampf und aller
scheinbaren Sinnlosigkeit und ließ sie mich jetzt im Licht der ewigen Ratschlüsse Gottes sehen, die zu wunderbarem Ziel führen.

Er warf Sein Licht aber vor allem vorwärts auf unseren weiteren Weg und Auftrag. Er schenkte mir, unsere Regel zu schreiben,
eine Art Auslegungsgebote zu den Geboten der Heiligen Schrift
als Hilfe für Alltagssituationen. Die Schwestern waren glücklich, als sie später dieses für sie kostbare kleine Buch in Händen
hielten. Auch für unsere Dornenschwestern, den weiteren Kreis
um die Marienschwestern, schrieb ich eine Regel. Und für die
Kanaanfreunde, Männer und Frauen im In- und Ausland, die
den geistlichen Auftrag Kanaans in ihrer jeweiligen Umgebung
mittragen, entstanden die sogenannten *Kanaangebote*. Sie wurden später von Freunden aus aller Welt in verschiedenen Sprachen veröffentlicht, ja sogar von Rundfunkstationen als Parolen
ausgestrahlt.

Wie bald in der Völkerwelt Gesetzlosigkeit und Missachtung Seiner Gebote überhandnehmen würden, wusste zu jener Zeit nur Gott. In der zweiten Hälfte der sechziger Jahre war es dann so weit: Mehr und mehr gewannen theologische Richtungen an Einfluss, die Gottes Gebote infrage stellten, ja sie für nicht mehr zeitgemäß hielten und versuchten, sie bis in die Kirchengemeinden hinein außer Kraft zu setzen. Darum hatte mir Gott auf dem Sinai den Auftrag so stark ins Herz gebrannt, überall den Ruf Seiner Gebote laut werden zu lassen und von ihrer Herrlichkeit und Unantastbarkeit zu künden.

Nach den Gnadentagen, in denen ich den großen Auftrag Gottes und unsere Kanaan-Regel, die Auslegungsgebote, empfangen hatte, brachen Tage tiefer Leiden an. Ich litt unsagbar um die Völker und sah sie im Geist dem Grauen der antichristlichen Zeit und der Zerstörung entgegengehen. Und da hinein hatte Gott unsere Töchter durch Seinen Geist als priesterliche Schar gerufen. Sie sollten willig sein, in Niederlassungen, bedroht durch Kriege, einsam auf dunklen Glaubenswegen ihren Auftrag auszurichten. So musste ich jetzt schon vorauserleben, was dieser Völkerauftrag an Opfern mit sich bringen würde.

Nun verlangte der Herr das Überwinden meiner natürlichen Schwäche, nämlich meiner menschlichen Besorgnis um die meist noch jüngeren Schwestern. In fremden Verhältnissen vor schwere Aufgaben gestellt, würden sie weithin sich selbst überlassen sein. Damals schrieb ich in mein Tagebuch:

Ich spüre schon jetzt das Leid … das Grauen der immer antichristlicher werdenden Völker, wo unseren Töchtern Verfolgung droht – muss alles vorauserleiden. Ich erlebe den Schmerz, mir Töchter vom Herzen zu reißen, sie in fremde Länder zu senden.

Katharinenkloster, 4.11.1963

Diesen Schmerz trug ich überall mit hin – ob ich auf dem Söller war oder in meinem Zimmer oder in der kleinen Märtyrerkapelle, oder wenn ich den Gang allein durch die Wüste zum Aaronshügel machte, wo Gottes Volk das goldene Kalb angebetet hatte.

328

So war mir der Sinai zum Berg größter Gnade und Glückseligkeit, aber auch tiefster Leiden und Schmerzen geworden, bis dahin, dass ich an einem mir unvergesslichen Tag, am 8. November 1963, in der kleinen Märtyrerkapelle in der Klosterfestung dem gewaltigen Gott des Sinai, der ein heiliges Feuer ist, begegnete. Ich erfasste etwas von der Realität des Wortes: „Schrecklich ist's, in die Hände des lebendigen Gottes zu fallen" (Hebr. 10,31). Ich erlebte etwas von Seiner Heiligkeit, die den Sünder richtet. Vor Seiner göttlichen Majestät musste ich erzittern und erbeben. Das war der eine Gott, vor dem Welten vergehen und vor dem der Mensch nichts als ein Staubkorn ist. So schrieb ich in dieser Kapelle:

O Gott, Du großer, uns unverständlicher,
ewiger, heiliger Herr und Gott,
Du bist der Ferne, uns nie Erreichbare –
Gott in der Wolke, in Feuer verhüllt,
schleuderst von Dir die Menschenkinder,
Blitze Dein göttliches Auge zuckt...

Wer kann entfliehen vor Deinem großen Zürnen,
Gott, o Du Ferner, doch zornig mir nah?
Wer von uns könnte Dein Herz noch erreichen,
schrecklicher Gott, der im Feuer nur da?
Grauen und Entsetzen lässt die Seele erbeben,
Gott! – welch ein Wort – vor Dir Welten vergehn!

10.11.1963

In ganz neuen Dimensionen erfasste ich aber auch, was der Gnadenstuhl für uns bedeutet: dass wir, vom Blut Christi bedeckt, vor den dreimal heiligen Gott treten können, ohne vernichtet zu werden.

Zum Abschluss dieser besonderen Sinaizeit bestieg ich am 13. November 1963 zum letzten Mal den Moseberg, da ich am folgenden Tag zur Heimreise aufbrechen musste. Würde der Herr auf alles Geschehen dieser Wochen noch ein weiteres Siegel drücken? Er tat es! Genau wieder am 13. November – 1972, neun

Jahre später – machte sich eine merkwürdige Expedition auf den Weg hinauf zum Moseberg bis unweit der Stelle, wo einst wohl das Gehege den jäh aufragenden heiligen Berg umgeben und für Mose der Aufstieg zu Gott begonnen hatte. Verwundert mögen die beiden Kamele zugesehen haben, wie zwei Schwestern, ein israelischer Fremdenführer und zwei Beduinen mit Bohrgerät, Eisen und Zement eine große Tafel an der Felswand anbrachten. Hier, fast am Ende des Kamelpfads, mit Blick auf den Gipfel, stand nun geschrieben:

> *The* LORD *our God made a covenant*
> *with us in Horeb.* Deuteronomy 5:2

> *Blessed are they*
> *whom God encounters here,*
> *to make the covenant of love*
> *with them,*
> *to unite Himself with them,*
> *to take them into His Heart and Being,*
> *on His path,*
> *the path of His commandments.*

> *(Der Herr, unser Gott,*
> *hat einen Bund mit uns geschlossen*
> *am Horeb.* 5. Mose 5,2

> *Selig, wem hier Gott begegnet,*
> *um mit ihm den Bund der Liebe*
> *zu schließen, sich ihm zu vereinen*
> *und ihn in Sein Herz und Wesen*
> *zu nehmen, auf Seinen Weg,*
> *den Weg Seiner Gebote.)*

Jahrelang hatten wir gebetet, dass dem Herrn hier ein Zeichen gesetzt werden dürfte – und jahrelang stand über diesem Vorhaben das Wort „Unmöglich"! Hier war jeder neue Vorstoß gescheitert – ob schriftlich, trotz Befürwortung mit imposanten

Stempeln, oder mündlich durch unsere Schwestern, Freunde, Pilger und andere Vermittler. Ein eiserner Riegel schien dieses Tor zu verschließen, jeder sagte uns, er sei nie wegzuschieben. Doch ausgerechnet nach dreimal drei Jahren, wieder am 13. November, dem Tag meines letzten Aufstiegs zum Gipfel – und wir wissen ja, dass Gott auch unsere besonderen Daten in Seinem liebenden Herzen trägt –, tat sich als ein Wunder das verschlossene Tor auf.

Es wurde wie vom Himmel dirigiert: Plötzlich waren die „zufälligen Ratgeber" für die Erlaubnis zur Stelle; und in kurzer Zeit wurde sie gegeben. Es fügte sich alles wunderbar mit dem Flug unserer Schwestern aus Jerusalem und mit der Bereitschaft der Helfer. Selbst der Brennstoff für das Bohrgerät, der erst dort beschafft werden konnte, weil im Fluggepäck nicht zugelassen, erfuhr noch ein Vermehrungswunder. So unmöglich es Jahre hindurch war, so selbstverständlich schien es jetzt, sodass der israelische Fremdenführer, der ihnen half, sagte: „Das war doch eine große Sache, die wir da machen durften – und dass bis heute noch niemand auf diesen Gedanken gekommen ist?!" Die Inschrift der Gedenktafel vom Bund Gottes mit Seinem Volk mag bei den Gliedern Seines Volkes Urtiefen berühren.

Der Herr versiegelte das Geschehen jener Wochen auf dem Berg Sinai nicht nur später durch diese Tafel. Er gab auch an jenem 13. November 1963, als ich Abschied zu nehmen hatte, das Wort zur Bestätigung, dass Er es war, der mich zum Sinai gebracht und dort mit mir geredet hatte: „Du wirst Zeuge zu allen Menschen sein von dem, das du gesehen und gehört hast" (Apg. 22,15 L12).

AMERIKAREISE SINNLOS?

Nach meiner Rückkehr vom Sinai sah mich eine andere Wirklichkeit an als die, die der Herr mir dort mit dem Völkerauftrag vor Augen gestellt hatte. Unsere Sendung war wie ein untergehendes Schiff. Neue Schmähschriften, die inzwischen über uns veröffentlicht worden waren, bewirkten, dass kaum noch nach unseren Schriften gefragt wurde. Zu den Ruferspielen bekamen wir nur ganz wenige Anmeldungen. Auf unsere Bitte hin, sich neu anzumelden, hatte sich der Kreis unserer Rundbriefempfänger auf die Hälfte reduziert. Das alles wirkte sich auch auf die Gaben für unseren Dienst aus. Und ausgerechnet in dieser Situation sollte unser Auftrag bis in andere Länder gehen?

Selbst unter den Schwestern erwarteten mich Enttäuschungen, wie ich sie bisher nicht erlebt hatte und die Mutter Martyria und mich zutiefst bekümmerten. Am Sinai hatte ich gedacht: Welch eine Freudenzeit wird es geben, wenn ich mit all dem geistlichen Segen heimkehre. Ganz neue Feste und Feiern sollen unser Jahr durchziehen. An allen Gnaden, die mir Gott gegeben hatte, sollen unsere Töchter teilhaben. So müssen auch die Schwestern aus den Niederlassungen in Jerusalem an diesem Weihnachtsfest im Mutterhaus sein, um alles lebendig mitzuerleben.

Doch dann, als wir alle beisammen waren, kam es so anders. Das Geschenk vom Sinai war mir wie zerbrochen, und voll tiefem Schmerz hielt ich nach Weihnachten eine Woche lang das „Sinaikapitel" im Kreis unserer Töchter, das ich mir als die schönste Festzeit aller Jahre vorgestellt hatte. Nun musste ich mir jedes Wort abringen, es war lauter Nacht in mir.

Dazu kam das Wissen, nicht nur von Gegnern umgeben zu sein, sondern es hatte auch den Anschein, als sei ich von Freunden vergessen. Selbst Gott, der mich so Großes auf dem Sinai hat erleben lassen, schwieg nun. Doch Seine Hand, die in dem allem wirkte, ließ mich nicht untergehen. Wenn ich auch nichts an spürbarem Trost empfand, so lag er doch darin, dass sich Seine Verheißungen bald erfüllten. Sie nahmen Gestalt an in Geschehnissen, die stärker redeten als jede andere Bestätigung. Das begann in der Passionszeit 1964, und ich schrieb:

Jetzt ist in mir nur noch ein verzehrendes Eifern, die Welt mit dem Ruf der Endzeit, der Bereitung auf das Kommen Jesu zu erfüllen.

Die Dunkelheit der anbrechenden Welt-Mitternachtsstunde legte sich mir wie eine Zentnerlast aufs Herz, und damit erfasste mich ein Brennen, dass doch noch Menschen herausgerettet würden. Ich begann, unter vielen inneren Leiden das Buch UND KEINER WOLLTE ES GLAUBEN zu schreiben, die Botschaft des Sinai. Denn hier ging es um den einen Aufruf, zu den Geboten Gottes zurückzukehren, wovon Sein oder Nichtsein für jedes Volk abhängt. Indem mir dieses Buch geschenkt wurde, verwirklichte sich der Auftrag des Sinai und wurde zum Geschehnis.

In diesem Frühjahr 1964 traf mich ganz unerwartet und plötzlich der Ruf Gottes: Du sollst nach Amerika fahren, die Stunde dazu ist gekommen! Dieser Gedanke war mir sehr fremd, denn damals hatten wir noch kaum Verbindungen dorthin. Aber Gottes Gedanken sind höher als unsere. Durch Seinen Geist, der mich weiter antrieb, wurde ich gemahnt, diesem Auftrag Gottes nachzukommen. Und als Mutter Martyria und ich den Herrn um eine Bestätigung baten, bekamen wir das Wort: „Ihr ... werdet meine Zeugen sein" (Apg. 1,8).

Eine sichtbare Bestätigung Gottes, dass der Völkerauftrag als Erstes in Amerika zu tatsächlichen Diensten führen sollte, erlebte ich in den nächsten Wochen: Auf einmal, was bisher nicht geschehen war, kehrte ein Besucher nach dem anderen von dort bei uns ein. Und die meisten sprachen dann spontan Einladungen aus zu einem Dienst in ihrer Gemeinde oder einem Kreis. Weil wir in den USA fast ganz unbekannt waren, war es ein Wunder vor unseren Augen, dass im Lauf des Sommers 1964 der Plan für eine achtwöchige Vortragsreise entstand. Gottes Geist war am Werk. Der Auftrag brannte wie Feuer in mir. Ich schrieb:

Die Gebetsglut ist so übermächtig in meinem Herzen, das brennende Flehen für Amerika ist mein ständiges Gebet.

Menschlich war das nicht zu verstehen. Denn ich konnte in diesem Auftrag keinen Sinn erkennen, fühlte mich nicht fähig dazu und hatte keine Kraft. Große Reisen sollten meine nächsten Jahre mitbestimmen? Was vielen anderen Wunsch und Erfüllung wäre, Reisen in andere Länder und Erdteile, war für mich ein Kreuz. Das Kreuz aber ist uns gegeben, um daran zu „sterben". Als ich Ende vierzig war, in meinen besten Jahren, war ich um Jesu willen in die Stille gegangen. Jetzt, wo ich über sechzig und meine Kraft verbraucht war, hatte ich lange, sehr anstrengende Reisen zu machen. Warum? Damit alles aus menschlicher Unfähigkeit geschieht, sodass, was getan wird, allein von Ihm ist.

So trat ich in großer Armut des Geistes und in Schwachheit des Leibes diese erste Völkerreise an, mir meiner Unfähigkeit bewusst. Denn ich bin nicht sprachbegabt, und in Schule und Studium hatte ich alte Sprachen gelernt, nur eine ganz kurze Zeit Englisch. Völlig ausgeschlossen war es für mich, Vorträge frei in Englisch zu halten. Würde ich Übersetzer finden, die im rechten Geist übersetzen? Auch fühlte ich mich den vielen Vorträgen in den Colleges bei Studenten mit liberaler Theologie nicht gewachsen, zumal ich als Schwester keinen großen Anklang finden würde. Doch im innersten Herzen wusste ich: So will es Gott gerade, denn Er offenbart sich durch die Kleinen und Unfähigen. Es war richtig, dass diese Reise für mich eine „Sterbereise" werden sollte, denn aus dem Sterben sollte das Leben hinströmen zu anderen.

So reiste ich Ende Oktober 1964 nach Kanada und in die USA. Diese erste Völkerreise brachte mir viele Enttäuschungen: Zumeist waren die Kreise für unsere Verkündigung nicht offen. Unsere Tracht war ungewohnt und löste Vorbehalte aus, besonders in evangelikalen Kreisen. Begreiflicherweise waren auch

Widerstände gegen uns als Deutsche spürbar. Dazu kam, dass die Kontaktperson, die meine Dienste für Kanada eingeleitet und organisiert hatte, dem nicht gewachsen war. Dadurch erwiesen sich Zusagen für Veranstaltungen als utopisch.

Ständig lastete die Finsternis der Großstädte auf mir, in denen ich zu sprechen hatte, angefangen mit Toronto/Kanada – und dann von der Ostküste der USA bis zur Westküste Abend für Abend: New York, Washington D.C., Philadelphia, Baltimore, Richmond, Minneapolis, St. Paul, Chicago, Dubuque/Iowa, San Francisco, Los Angeles ...

Meine Vorträge waren festgelegt an Colleges verschiedener Glaubensrichtungen, in lutherischen, presbyterianischen, freikirchlichen, katholischen und anglikanischen Gemeinden, bei Pfarrer- und Jugendversammlungen, in Synagogen, beim Oberrabbinat und in jüdisch-christlichen Kreisen, bei Diakonissen, Retreat-Zentren und in Abteien, bei „Prayer Breakfasts", „christlicher Modeschau" und Fernseh-Interviews ...

Ein Dienst reihte sich in pausenloser Folge an den andern – durch Unkenntnis bei der Vorbereitung und durch täglich hinzukommende Bitten und Anfragen im Land selbst. Bei den Vorträgen war es dann zumeist ein Kampf, die Hektik zu durchstoßen, die das volle, abwechslungsreiche Programm mit sich brachte. Vielerorts war man nur auf eine kurze Botschaft am Ende des Abends eingestellt, die wegen der Übersetzung noch auf die Hälfte reduziert werden musste, und rechnete nicht mit einer längeren geistlichen Ansprache. Doch das hatten wir vorher nicht erfahren. So gab es nicht genügend Zeit, damit die Herzen still werden, wirklich hören und sich Gott öffnen könnten. Die Botschaft konnte sich nicht recht entfalten, und die Zuhörer hatten kaum die Möglichkeit, dem Herrn darauf zu antworten.

Immer wieder fragte ich mich, ob der Ruf durchgedrungen sei. Zwar waren der Dank und die Reaktionen sehr herzlich, die mich nach den Vorträgen erreichten, aber die Stimmen meiner Anfechtung waren viel lauter. Bei meiner restlosen Erschöpfung begleitete mich die Sinnlosigkeit dieses Auftrags wie mein Schatten. Meist war ich so schwach, dass ich kaum einen Gedanken fassen konnte, doch hat der Herr dies jedes Mal vor allen anderen gnädig verborgen. Ich sagte mir oft, wie viel sinnvoller es sei, wenn diese Reisedienste von Schwestern gemacht würden, die jünger und kräftiger sind, die Sprache beherrschen und keinen Übersetzer nötig haben.

Eines allerdings geschah bei meinen Diensten: Unsere Schriften wurden in den USA viel mitgenommen. Aber auch damit war ein nicht geringes Glaubenswagnis verbunden. Damals hatte noch kein amerikanischer Verlag die Veröffentlichung meiner Schriften übernommen. So waren außer einigen in England erschienenen Büchern die Schriften mit schlechten Übersetzungen auf Kanaan hergestellt und in großen Mengen per Schiffsfracht vorher überall hingesandt worden. Das geschah trotz der Aussage einzelner amerikanischer Gäste, dass für diese Art von Schrifttum dort wenig Bedarf sei – und zudem war es in finanzieller Hinsicht ein ganz unsinniges Unterfangen. Doch waren wir nun bei dem großen Interesse an den Schriften dankbar, dies im Glauben gewagt zu haben.

Am meisten aber legte sich mir innerlich die Last auf, in diesen Großstädten meinen Auftrag auszurichten, den mir der Herr auf dem Sinai gegeben hatte. Sehr stark spürte ich: Finsternis bedeckt die Völker und Städte, Gott ist ausgeschaltet, Wohlleben ist alles. Das schrieb ich damals in mein Tagebuch. Täglich empfand ich, wie wenig ich ausgerichtet hatte; von einem weitreichenden Eingang war nicht die Rede. Bei allen Enttäuschungen auf dieser Reise stärkte mich Mutter Martyria durch ihre in mittragender Liebe geschriebenen Briefe.

Traurig kehrte ich heim, dem Herrn so schlecht gedient zu haben. Auf der Rückreise, als mein Herz voll Trauer war, erbat ich mir im Gebet ein Bibelwort, das über dieser hinter mir liegenden Reise stehen möchte. Da war es wieder das Wort, das ich zweimal für diesen Auftrag bekommen hatte: „Ich bin Gott, der Gott deines Vaters; fürchte dich nicht, nach Ägypten hinabzuziehen; denn daselbst will ich dich zum großen Volk machen" (1. Mose 46,3).

Es überwältigte mich, dass es zugleich das Wort für den Sinai war, wo ich den Völkerauftrag empfangen hatte.

„… zum großen Volk machen" – auf welchem Fundament? Auf dem Fundament des Leidens und Sterbens. Damals konnte ich nicht ahnen, was jetzt vor meinen Augen steht, dass in Phoenix/ Arizona wirklich ein kleines *Canaan in the Desert* (Kanaan in der Wüste) entstanden ist, dass englischsprachige Rüstzeiten bei uns stattfinden, zu denen Jahr für Jahr Amerikaner über den Ozean fliegen, um zwei Wochen auf Kanaan mitzuerleben. Sie tragen dann die Botschaft zurück in ihr Land. Ich konnte auch nicht ahnen, dass sich für meine Schriften bald ein Verlag in den USA auftun und Ungezählte erreichen würde. Und ein zweiter Verlag folgte, der sich sehr einsetzte und bis zu sechs meiner Bücher in einem Jahr herausgab.

Wir erlebten nun: Wenn Gott anfängt zu vergelten, dann tut Er es überströmend, wie ich es auch schon nach meiner Krankheitszeit erfahren hatte. Wer Gottes Herz noch nicht kennen sollte, der könnte es an solchen Fakten kennenlernen! Er geht nur deshalb so hart mit den Seinen um – wie es uns manchmal scheint –, damit sich, wenn Er erreicht hat, was Er wollte, der Strom Seiner vergeltenden Liebe umso gewaltiger über uns ergießen kann.

Wer hätte gedacht, dass an amerikanischen Colleges die Broschüren der Reihe WORT ZUR STUNDE zu Tausenden verteilt werden, auch bei einer großen internationalen Studentenkonferenz dort – dass amerikanische Radiosender unsere Botschaften und Lieder für Millionen ausstrahlen – dass unser Liederbuch FREUDENQUELL JESUS in Englisch erscheinen und vielerorts im Land daraus gesungen wird! – Wie sollte ich damals ahnen, dass wenige Jahre später erste Brüder für unsere Kanaan-Franziskusbruderschaft aus den USA kommen würden, auch Marienschwestern von dort und aus Kanada, die dann hier unermüdlich an Übersetzungen und Rundfunksendungen für ihre Länder mitarbeiten?

Eine Amerikanerin sagte in ihrer Ansprache beim Jesu-Liebe-Fest auf Kanaan 1972: „Wir 30 Amerikaner hier sind nur Vertreter von vielen Hunderten, die sich sehnen, heute auch hier zu sein. Durch die Besuche der Mütter in den Vereinigten Staaten und durch die vielen Bücher, die nun dort veröffentlicht sind, ist das Lied Kanaans in unserem Land von einer Küste zur anderen gesungen worden ... In sehr wenigen Jahren wurde die Sendung Kanaans bekannt, sozusagen als ein neuer Weg – und doch als ein ganz alter Weg, weil es der Weg Jesu ist ... Und das haben wir in Amerika erfahren."

Selbst in Kanada, wo während meiner Reise alles besonders sinnlos schien, ging der Same nach Jahren wunderbar auf. Die Schwestern in Phoenix/Arizona schrieben von einem zweiwöchigen Reisedienst in Kanada: „Wir haben 4500 Menschen erreicht, unsere 2500 Bücher und 10 000 Kleinschriften waren zu wenig, Eilpakete mussten nachgesandt werden."

Ja, in der Rückschau auf diese Reise kann ich nur Gott anbeten und die wunderbare Erfüllung des Auftrags nach all den Jahren rühmen. In Sinnlosigkeiten, auf die wir im Gehorsam gegen Gott eingehen, liegt der größte Sinn. Was an verborgenen Hingaben, an Gehorsams- und Glaubensakten ausgesät wurde, reift eines Tages heran als Frucht für das betreffende Land. Das habe ich auf meinem ganzen Weg erfahren.

So gab ich mich dem Herrn zwischen den nun folgenden Reisen immer neu hin:

> Ich tu's so gern für Dich,
> was Du mich heißest tun,
> ich folge Deinem Ruf
> und will nicht eher ruhn,
> Dein Auftrag sei erfüllet.
>
> Ich tu's so gern für Dich,
> herzliebster Jesu mein,
> was würd ich lieber tun,
> als Dir mein Leben weihn,
> Dir, dem ich alles danke!

FREUDENQUELL JESUS Nr. 247

IM ZEICHEN DER SCHULD UNSERES VOLKES

Wie können wir die Botschaft von der Reue, die das Himmelreich aufschließt, von der Bedeutung der Gebote Gottes, vom Anbruch der Endzeit, von Seinem Leiden heute, von der Glückseligkeit der Liebe zu Jesus und von Seiner Herrlichkeit in Länder bringen, die leidgetränkt sind durch unsere Schuld aus den Jahren 1939–1945 und die außerdem noch hinter dem Eisernen Vorhang liegen? Gott wusste es. Schon seit dem Aufenthalt am Sinai trug ich den Plan im Herzen, in Länder wie Polen und die Tschechoslowakei zu fahren – wie damals nach Israel –, um dort, wo immer der Herr mir Gelegenheit geben würde, mich zu beugen unter diese große Schuld.

Doch war es mir wichtig, dass hinter dieser Reise, die ich gewissermaßen als Vertreterin vieler Christen aus unserem Volk machte, nicht nur Mutter Martyria und unsere Schwestern standen, sondern auch der Kreis unserer Kanaanfreunde. Darum schrieb ich ihnen vorher einen Gebetsaufruf:

Wie sollen wir nun – beladen mit der schweren Schuld unseres Volkes – in diese Länder gehen, ohne neu Wunden aufzureißen, wenn sie uns als Vertreter des Landes sehen, das ihnen Grauen und Terror brachte? Nur ein Herz, das weint über das, was wir angerichtet haben, kann ihre Herzen erreichen. Nur aus einem solchen Herzen heraus kann das Wort Gottes, das wir ihnen zu bringen haben, glaubwürdig verkündigt werden ... Es wäre nicht wiedergutzumachen, wenn wir den Allerärmsten, die nicht nur Geschlagene vom letzten Weltkrieg sind, sondern unter neuer Bedrängnis stehen, ... nicht den Trost, die Hilfe des Evangeliums brächten ...

Wir bitten Sie herzlich, begleiten Sie uns auf diesem Gang ... Beten Sie, dass der Herr uns durch unsere Reue noch Vergebung schenken könnte für die schwere Schuld unseres Volkes, dass

dort ein so grauenhaftes Blutbad an wehrlosen Frauen und Kindern, der Intelligenz Polens und den Juden angerichtet wurde ... Wir wagten es nicht, diese Länder zu betreten und dort die Botschaft hinzutragen, wenn Gott nicht den Auftrag gegeben hätte. Aber wir können ihn nicht ausführen – es sei denn, Sie helfen beten!
35. Kanaan-Freundesbrief

So konnte diese Reise nur im Zeichen des Kreuzes und des Leidens stehen und eine „Sterbereise" sein. Damals bekamen Deutsche für diese Länder normalerweise kein Visum, geschweige denn christliche Schwestern in Tracht. Doch als im Nahen Osten am politischen Horizont das Wetterleuchten eines Kriegsausbruchs stand, erhielten wir das lang beantragte Visum für Polen und die Tschechoslowakei. Dies war ein deutliches Zeichen, dass wir trotz des drohenden Kriegs fahren sollten. Und tatsächlich: Eine Stunde, nachdem ich am 5. Juni 1967 mit Schwester Eulalia die Grenze zur Tschechoslowakei passiert hatte – brach in Israel der Sechstagekrieg aus.

Nun war ich hinter dem Eisernen Vorhang und konnte während langer Wochen keinerlei Nachricht mehr bekommen, wie es mit den Kampfhandlungen stand, ob unsere Töchter in Israel noch am Leben waren oder nicht und wie es unseren vielen lieben Freunden in Israel ergehen mochte. Das war mir sehr schwer, doch wollte ich gerade auch dieses Opfer in die Reise legen – denn wie viele Menschen hatten durch uns Deutsche in der Kriegszeit oft lange oder für immer nichts erfahren über Tod oder Leben ihrer Nächsten.

Die Sinnlosigkeit des Auftrags sperrte aber gerade hier – im Bilde gesprochen – ihr Maul auf wie kaum je. Die Kreise, die ich antraf, waren sehr klein, durch die kritische politische Situation noch kleiner als sonst, und es war kaum geistliches Leben zu finden. Unsere Einstellung zu Israel fand kein Verständnis und gefährdete uns erst recht. Ein einziger größerer Dienst wäre unter katholischen Schwestern gewesen, von denen mich ein paar Hundert mit großem Verlangen erwarteten – aber durch ein Versehen bei der Vorbereitung warteten sie am falschen Tag. So kam dieser Dienst nicht zustande. Ich konnte nur sagen: *Mein Vater, ich verstehe Dich nicht, aber ich vertraue Dir,* und gab Stunde um Stunde meinen Willen neu dem Willen Gottes hin. Selten war ich so geschwächt wie in diesen Tagen. Ich hielt mich nur mühsam aufrecht und hatte den Eindruck, von Gott und Menschen wie verlassen zu sein.

Unvergebene Schuld, Blutschuld unseres Volkes starrte mich auf Schritt und Tritt an; Massengräber und Mahnmale – Stätten und Statistiken des Grauens – Zeugenberichte von Gequälten aus jener Zeit – Verlustlisten ganzer Sippen – Wunden, die noch brannten – dies alles umgab mich Tag und Nacht.

Nie hätte ich den schweren Gang zu diesen leidgeprüften Menschen machen können, wenn Gott in Seiner großen Gnade uns nicht seit der Erweckungszeit den Weg der Reue und Buße geführt hätte. Die Erkenntnis unserer persönlichen Schuld Gott und Menschen gegenüber ließ mich das Geheimnis der alles verwandelnden Reue entdecken. Von daher hatte ich unsere Schuld am Volk Israel und an unseren Nachbarvölkern erfasst – und nun durfte ich hier an den Stätten des damaligen Grauens und unter den Überlebenden erneut etwas davon erfahren, welche Macht in der Reue liegt. Sie wandelte tiefe Bitternis in Vergebung; der Ausdruck unseres Schmerzes wirkte Linderung für die Wunden anderer. Ich sah viele Augen weinen, aber nun als Antwort darauf, dass wir uns an ihren Gedenkstätten unter unsere Schuld beugten. Mancherorts legten wir Zeichen der Sühne nieder mit Texten wie:

Gott, sei gnädig uns Sündern, errette uns von den Blutschulden.

Psalm 51

In tiefer Scham und großem Schmerz gedenken wir all der Opfer, die durch deutsche Hand hier so qualvoll litten und umkamen.   Evangelische Marienschwesternschaft

Es bewegte es mich tief, als mich beim Besuch einer der alten Synagogen in Prag, die nur noch als Museum besichtigt werden, die jüdischen Betreuer umstanden, um zu hören, wie ich die Lage Israels ansehe. Ein neues Hoffnungslicht ging spürbar in ihren Herzen auf.

Wir besuchten die Stätte des Warschauer Gettos, das Gefängnis Pawiak und Auschwitz. In Theresienstadt und Lidice begegnete ich verantwortlichen Persönlichkeiten, die unseren Besuch mit innerer Anteilnahme aufnahmen. Wie es auch in Auschwitz geschah, brachten sie unsere Zeichen der Sühne in ihre Museen, wo Tausende hinkommen.

Bei meiner Rückkehr erwartete uns Mutter Martyria an der Grenze, um uns so bald wie möglich mitzuteilen, dass die Kampfhandlungen in Israel beendet und die Schwestern alle unverletzt seien. Unsere beiden Häuser standen noch. Eine Granate, die in unser Haus auf dem Ölberg eingeschlagen hatte, war durch eine Truhe mit Decken in ihrer Wirkung gedämpft worden, sodass niemand zu Schaden kam. Der Brief, den ich vor meiner Abreise für israelische Freunde geschrieben hatte mit dem Hinweis auf Gottes Verheißungen für sie, war in der ersten Kriegsnacht noch von Schulkindern statt Postboten ausgetragen worden und hatte viel Trost gebracht.

Nur wer in Wochen völliger Ungewissheit Gott alles zum Opfer gebracht hat, weiß, welche Glückseligkeit es bedeutet, alles noch einmal zurückgeschenkt zu bekommen.

Nach ein paar Jahren ging auch Same von dieser Reise auf. Ein Vortrag, den ich in Freiburg vor katholischen Oberinnen gehalten hatte, wurde in einer polnischen Zeitschrift abgedruckt – und war somit viel mehr Schwestern in Polen zugänglich, als damals wegen der verwechselten Termine vergeblich auf mich gewartet hatten. Solange die Grenzen noch offen waren, kehrten oft Freunde aus der Tschechoslowakei bei uns ein. Vielen ist Kanaan Ort der Umkehr zum Herrn und geistliche Heimat geworden.

Weitere Reisen unter dem Zeichen der Schuld unseres Volkes, die Gott uns aufs Herz legte, wurden später meist von Schwestern in den Niederlassungen durchgeführt und waren oft verbunden mit dem Anbringen von Sühnetafeln. Dies geschah in Dänemark,

Norwegen, Finnland, Jugoslawien, Griechenland und in einem ehemaligen Konzentrationslager in Deutschland.

Im äußersten Norden Norwegens, wo die deutsche Besatzung bei ihrem Rückzug 1944 weite Gebiete als *verbrannte Erde* hinterließ und zum Beispiel in Karasjok nur die alte Kirche erhalten blieb, wurde bei der Einweihungsfeier der Sühnetafel gesagt: „Wir versprachen, der Tafel einen würdigen Platz zu geben, und uns wurde klar, dass kein Platz besser wäre als der neben der alten Kirche. Hier haben wir selbst Vergebung empfangen, und hier möchten wir als Geschwister im Licht der Liebe vom Himmel zusammenstehen." Artikel über diese Einweihungsfeier gingen als Zeichen der Versöhnung durch die großen christlichen und weltlichen Zeitungen Norwegens – mit Fotos des anwesenden Bischofs und maßgeblicher Persönlichkeiten.

Im Katharinenkloster auf dem Sinai hatte ich die kleinen Auslegungsgebote als unsere Kanaanregel niedergeschrieben und hätte nicht gedacht, dass sich eines dieser Worte auch auf unser Verhältnis zu Nationen auswirken würde, an denen wir schuldig geworden waren. Doch das geschah jetzt:

Versöhne dich!
Mit keinem Menschen seist du je entzweit!
Gehe hin zu dem, gegen den du etwas im Herzen hast
oder er gegen dich, und lass die Liebe siegen.

UM SEINETWILLEN UNTERWEGS

Nach meinem Erleben auf dem Sinai folgten tatsächlich Reisen in verschiedene Länder, in die ich eingeladen wurde. Da war es ein Bischof der Südindischen Kirche, der einmal drei Stunden auf Kanaan verbracht hatte und nun Hauptinitiator der Reise nach Indien wurde. Sie führte mich 1969 mit Schwester Pista wiederum durch evangelische und katholische Colleges und Seminare. Außerdem fanden Veranstaltungen statt, bei denen ich Hunderte junge Theologen erreichte, Pastoren und kirchliche Mitarbeiter, Studentinnen und Frauen, christliche Lebensgemeinschaften, aber auch Tausende Hindus.

Dieser Bischof hatte schon Monate vor meinem Kommen eine Gebetskampagne in Bewegung gesetzt und erwartete Großes von Gott. Um auch die Stadtoberhäupter, von denen einer Hindu war, und alle Verantwortlichen zu erreichen, veranstaltete er einen öffentlichen Empfang. Gott tat nach seinem Glauben, und mehr als tausend Menschen füllten den Saal, darunter viele Hindus. Und Gott gab mir nicht nur die Botschaft für diesen Empfang, von dem ich vorher nichts gewusst hatte, sondern ließ auch wunderbarerweise genau für diese Stunde mein Buch IMMER IST GOTT GRÖSSER in Tamil fertig werden, nach dem sich dann alle Hände ausstreckten.

Abgesehen von Gottesdiensten und vielerlei Begegnungen hatte der Bischof auch eine große Freiversammlung eingeleitet. 2000 Stühle waren aufgestellt und überall Lautsprecher angebracht, viele Neonröhren erhellten das Gelände. Plakate hatten in der ganzen Stadt eingeladen, und für den Abend war alles bis ins Kleinste einzigartig organisiert. Von 3000 Zuhörern waren zur Freude der Gläubigen die Hälfte Nichtchristen; rund 300, darunter viele Hindus, kamen dann nach vorne und bekannten sich öffentlich dazu, Jesus, dem Gekreuzigten, ihr Leben zu übergeben, Sünde und Satan abzusagen. Welches Glück und welche Dankbarkeit strahlte aus ihnen! Das Verlangen dieser Inder, die Unmittelbarkeit und Unberührtheit der Jugendlichen, das Kindlich-Strahlende all der Frauen, die gesegnet werden wollten, erquickten mein Herz.

Der himmlische Vater hatte vor dieser Reise unsere Kasse gesegnet, und unsere Freunde hatten uns die Hände gefüllt, damit wir da, wo es am nötigsten war, auch materielle Not lindern könnten. Die Frau des Bischofs widmet sich besonders notleidenden Witwen und obdachlosen Frauen. So ließen sich der Bischof und seine Frau nicht davon abbringen, dass ich als Patin ihres Altenheims an der Grundsteinlegung mitwirken sollte.

In mehrfacher Hinsicht war das Erleben in diesem indischen Bezirk bewegend für mich. Zum einen sah ich hier, was das Ernstnehmen der Bitte Jesu vermag: „auf dass sie alle eins seien" (Joh. 17,21 L12). Denn die innere Aufgeschlossenheit war kein Zufall. Früher gab es hier viel Streit, auch zwischen kirchlichen Mitarbeitern. Nun aber – das merkte ich schon, als mich die etwa 40 Pfarrer und Mitarbeiter mit ihren Frauen am Flugzeug abholten – war eine wirkliche Liebeseinheit und Verbundenheit unter ihnen zu spüren. Hier war also nicht nur viel gewirkt und großartig organisiert worden, sondern es war der Boden bereitet durch versöhnte Christen, sodass durch sie auch Heiden gerufen werden konnten. Zum anderen war es mir eine Stärkung, einmal erleben zu dürfen, dass der Auftrag, den Gott mir am Sinai gegeben hatte, auf so viele offene Herzen traf.

Doch im Übrigen war die Indienreise – auch durch die große Hitze – geprägt von Erschöpfung, sodass ich bei meinen Diensten meist kaum wusste, was ich sagen sollte. Und sie war geprägt von der Erfahrung des Mitleidens mit dem Leiden Gottes in diesem großen Land. Ich war erschüttert von der Armut und von der Götzenknechtschaft des Heidentums. Aber am schmerzlichsten war die Erfahrung, dass auch hier viele Christen durch Uneinigkeit und Lauheit oder durch den Einfluss moderner Theologie nicht Salz und Licht für ihre heidnische Umgebung sein konnten. Umso

wunderbarer ist es mir rückblickend, dass eine Reihe einflussreicher, lebendiger Christen Kanaanfreunde wurden. Sie eifern
für ihr Volk und Land und setzen alles daran, die Botschaft von
der täglichen Reue und Buße, von der Versöhnung und der bräutlichen Liebe zu Jesus zu leben und zu verbreiten. Laufend werden
seitdem meine Bücher in indische Sprachen übersetzt und dort
im Land in Telugu, Tamil und Malayalam herausgegeben, auch
in Hindi und Kanaresisch, dazu eine Reihe Kleinschriften und
Kanaanworte. Auf unsere englischen Rundfunksendungen, die
im ostasiatischen Raum ausgestrahlt werden, kamen gerade aus
Indien viele lebendige Echos, auch von Gottfernen. Inzwischen
haben Sendungen in indischen Sprachen begonnen.

ERDRUTSCH DER MORAL – DER SINAI WANKT

Mitte der sechziger Jahre soll – nach Aussage des Gründers der Satanskirche in den USA – das neue satanische Zeitalter begonnen haben. Wie bei einem Dammbruch stürzte tatsächlich eine Flut von Dämonie über die Länder herein. Hemmungsloser Lebensgenuss und Ausleben der Triebe wurde zum Ideal für viele, Massenmedien verdarben die Leitbilder von Millionen, Fernsehprogramme gaben – zum Teil unter dem Deckmantel von Kunst oder Forschung – Anschauungsunterricht in Brutalität, Mord, verwilderter Sexualität und Missachtung des Lebens im Mutterleib.

Böses, was sich früher nur am Rand der menschlichen Gesellschaft halten konnte und schwer geahndet wurde, durfte sich offen behaupten, ja wurde gefördert und gefeiert. Gewissensnot wurde als Symptom ungesunder Gehemmtheit bezeichnet, der Mensch als Objekt seiner Triebe von Verantwortlichkeit und Sündenbewusstsein „befreit". Naturwissenschaftler, Juristen, Mediziner, Theologen und Politiker gaben die Parole aus: Recht und Gesetz müssen den veränderten sittlichen Vorstellungen der Gesellschaft angepasst werden.

Damit war der Erdrutsch der Moral nicht mehr aufzuhalten. Eine Lawine wurde ins Rollen gebracht – die furchtbarste, die es gibt, die Lawine der Sünde. Sie wird Menschen und ganze Völker unter sich begraben, denn Sünde hat zerstörende Kraft. Sie bringt den Menschen immer Verderben, wie sich bald zeigen sollte.

In mir war ein verzweifelter Schrei: Eine Verbrechergeneration wächst heran! Bald werden Gewalttaten und Verbrechen das Leben bestimmen, die Menschen von durch Sünde ausgelösten Krankheiten des Leibes und der Seele geprägt, weithin zerstört und vielfach vom Tod gezeichnet sein.

347

Vor meinen Augen stand das Bild der ins Ungeheuerliche angewachsenen Sündenlawine, die mit Macht herniedergeht, und mein Herz wurde von tiefem Schmerz und innerem Weinen ergriffen: Sünde, dies todbringende Übel, hat die Menschen, die Völker erfasst – Sünde, die jede Freude, jeden Frieden nimmt – Sünde, die schon junge Menschen, die normalerweise von lebendigem Wirken und schöpferischem Tun gekennzeichnet sind, zu lebensmüden Herumlungernden, ja zu Verbrechern absinken lässt – Sünde, die Verheerung anrichtet, hinter der Satan steht, der nur ein Ziel hat: Zerstörung, Vernichtung von Menschenleben und ganzen Völkern.

In den Jahren nach meinem Sinai-Aufenthalt ging mir für mein persönliches Leben das Grauen der Sünde ganz neu auf. Das merkte ich zum Beispiel, als ich eine meiner ersten Schriften wieder in die Hand nahm: ... ER KÄMPFE DENN RECHT. Dieses Buch hatte ich als Hilfe für den Glaubenskampf gegen die Sünde geschrieben und war nun ganz betroffen, wie wenig schlagkräftig es war. Nachdem ich inzwischen etwas mehr von der Macht Satans erfasst hatte, spürte ich, dass ich es neu schreiben müsse.

Anders als zuvor wusste ich, dass wir vor der Heiligkeit Gottes zu leben haben. Ich erkannte tiefer, dass unsere Sünde immer Gottes Zorn herausfordert und Jesus deshalb so qualvoll leiden musste – aber auch, dass nach Jesu Kreuzestod unser Sündigen besonders schwer wiegt. Jetzt hatte ich anders vor Augen: So viel hat es Jesus gekostet, uns von unserer Sünde zu erlösen! Nun erwartet Er von uns, dass wir ihr nicht leichtfertig nachgeben, sondern kategorisch und schonungslos dagegen vorgehen: „Wenn dich aber dein rechtes Auge zum Abfall verführt, so reiß es aus und wirf's von dir. Es ist besser für dich, dass eins deiner Glieder verderbe und nicht der ganze Leib in die Hölle geworfen werde" (Matth. 5,29).

Jesus weiß, dass Sünde uns hier schon Hölle bringt und uns nach diesem kurzen Leben ins Reich der Finsternis verdammt, „wo ihr Wurm nicht stirbt und das Feuer nicht verlöscht" (Mark. 9,48), in dem man den zweiten Tod erleiden, das heißt ständig sterben muss und doch nicht sterben kann. Jesus sagt uns so viel von den Schrecken der Hölle, weil Er uns liebt und uns warnen möchte.

So schrieb ich in dieser Zeit der Auflösung der Gebote Gottes anstelle von ... ER KÄMPFE DENN RECHT ein neues Buch: SO WIRD MAN ANDERS. Das Leiden Gottes um die Sünden Seiner Menschenkinder und ihre furchtbaren Auswirkungen für Zeit und Ewigkeit saß jetzt tief in meinem Herzen und brachte immer neue Schmerzen. Oft war es mir, als könne ich von all den Perversitäten nichts mehr hören, so sehr litt ich darunter, dass viele, die als Ebenbild Gottes geschaffen waren, immer perverser wurden, gezeichnet von Schmutz, Hass und niedrigsten Leidenschaften.

So musste ich im Lauf der Jahre immer mehr beklagen: Die Jungen, Starken liegen niedergemäht am Boden, und zwar nicht als Helden, die ihr Leben gaben zur Rettung eines bedrohten Vaterlandes. Sie sterben an der Lust, am Sex, am Rausch, sich selbst vergiftend. Satan und Sünde haben sie ins Verderben gebracht, ihre Persönlichkeit zerstört, sie zu Verbrechern gemacht, sie sind krank an Leib und Seele, zu Millionen dem Tod ausgeliefert.

Ich lernte mit dem Propheten Jeremia zu klagen und auszurufen: „Ist denn keine Salbe in Gilead oder ist kein Arzt da? Warum ist denn die Tochter meines Volks nicht geheilt?" (Jer. 8,22). Die Salbe, die *Jesus* heißt, ist doch da! Aber wo waren Gläubige, die noch klagen und weinen konnten in Mitleiden und tiefster Betrübnis? Wo taten sie sich angesichts der lawinenartigen Zunahme des Rauschmittelgenusses zusammen, um Gott um Hilfe anzuflehen und Wege zur Rettung zu suchen?

Schon zu Beginn dieser neuen Ära fragte ich mich Tag für Tag: Was kann ich tun, wie noch retten helfen? Ich bat Gott, mir zu zeigen, wodurch ich Ihm in dieser Stunde meine Liebe erweisen könnte. Er möge mich Menschen finden lassen, die auch aufs Tiefste von Seinem Leid um unser Volk und unsere Jugend ergriffen und darum bereit waren, letzten Einsatz zu geben.

Im Herbst 1964 schrieb ich in der ersten Nummer unserer Zeitschrift IN ALLE WELT über diesen Erdrutsch der Moral. Daraus entstand ein Flugblatt mit dem Aufruf WAS TUN? Wir begannen Handzettel zu drucken, um sie als Warnruf vor Kinos zu verteilen, in denen schmutzige Filme liefen. Es folgte ein Flugblatt STOP und ein *offener Brief,* den jeder gebrauchen konnte, um ihn mit möglichst vielen Unterschriften an einflussreiche Persönlichkeiten und Organisationen zu senden.

Jeden Morgen beteten wir im Schwesternkreis nun das sogenannte NOTZEITGEBET, und eine Reihe Freunde tat es ebenfalls. Diese kleine Gebetssammlung hatte ich 1962 geschrieben und nun etwas aktualisiert.

Im Herbst 1964 wandten Mutter Martyria und ich uns an alle christlichen Frauenverbände unseres Landes mit der Bitte, dass wir gemeinsame Wege suchen müssten, hier einen Damm zu bauen. Daraufhin reihte sich, wie vom Himmel eingefädelt, eine Fügung an die andere: Das *Weiße Kreuz* schickte uns die Einladung zu einer Tagung über christliche Sexualethik und Seelsorge. Kontakte wurden geknüpft mit Kreisen, die ebenfalls über diese Entwicklung beunruhigt waren. Bei Ruferspielfahrten nach Bayern und nach Norddeutschland sammelten wir Unterschriften zu unserem *offenen Brief* – anderswo taten es unsere Kanaanfreunde. Die insgesamt 50 000 Unterschriften, die zusammengekommen waren, ließen wir im folgenden Frühjahr Bundespräsident Heinrich Lübke zugehen.

Schließlich kam es während meiner Amerikareise Anfang Dezember 1964 zu einer Tagung in unserem Rüstzeitenhaus *Jesu Freude,* zu der Mutter Martyria Verantwortliche und Interessierte eingeladen hatte. Daraus entstand die Aktion *Sorge um Deutschland,* die sich nicht nur als notwendiger Informationsträger verstand, sondern auch den priesterlichen Dienst des Gebets und den Rufer- und Warndienst als Auftrag hatte. Der Vorstand der Aktion ließ das Buch UND KEINER WOLLTE ES GLAUBEN – POSITIONSLICHT IM NEBEL DER ZEIT an alle evangelischen Bischöfe unseres Landes schicken und es auch sonst so viel wie möglich verbreiten, um damit vielen die geheime Strategie Satans im Licht Gottes aufzudecken.

Ausgehend von unserem *offenen Brief* wurde im Vorstand ein Aufruf erarbeitet und an prominente Persönlichkeiten geschickt mit der Bitte um Befürwortung. Und einige, auch leitende kirchliche Persönlichkeiten, erklärten sich dazu bereit. Dieser Aufruf wurde dann in Mengen verbreitet und der Presse übergeben, um unser ganzes Volk noch einmal zu erreichen:

... Durch Missachtung des Willens Gottes stehen wir heute mitten in der Auflösung aller sittlichen Ordnungen... Bedrohung fordert den Zusammenschluss aller Verantwortungsbewussten. Der Flut muss Einhalt geboten, ein Schutzwall muss errichtet werden! Menschen im Gehorsam gegen Gott können einen Damm bilden! Es gilt, der Zerstörung unseres Volkes mit allen Kräften entgegenzutreten, ehe es zu spät ist...

Im Wort der Heiligen Schrift leuchten mitten in Unklarheit und Verwirrung die ewig gültigen Maßstäbe auf, die Gebote Gottes... Wo Menschen sich täglich neu am Wort Gottes orientieren, entsteht Klarheit und Erneuerung... Jeder, dem die Erneuerung unseres Volkes am Herzen liegt, schließe sich mit uns zusammen zur Aktion Sorge um Deutschland...

Innerhalb weniger Wochen kamen Tausende von Unterschriften zusammen. Die Aktion *Sorge um Deutschland* breitete sich aus. Ehrenamtliche und bald auch hauptamtliche Mitarbeiter stellten sich ein. Rundbriefe und thematische Aufrufe gingen hinaus, Vortragsabende wurden gehalten, Tagungen zielverwandter Bewegungen besucht, eine Ärztetagung durchgeführt. Auf Kanaan hielten wir Rüstzeiten der Aktion für Interessierte mit Bibelstunden über das priesterliche Eintreten für unser Volk, für die Gemeinde. Auch lag es mir am Herzen, wegen der Rebellion gegen Gott, des Aufbäumens gegen Seine Gebote öffentliche Zeugnisgottesdienste zu halten, um darin vor der sichtbaren und unsichtbaren Welt zu rühmen und auszurufen, wer unser Gott ist, Vater, Sohn und Heiliger Geist. Auf Kanaan und in verschiedenen Städten konnte das verwirklicht werden. Hin und her entstanden auch einzelne Gebetskreise für die *Sorge um Deutschland.*

Zwar konnte entsprechend unserer endzeitlichen Situation von einem spürbaren Erfolg nicht die Rede sein, weil die Mächte der Finsternis bereits zu stark dominierten. Und doch ist gewiss, dass die Verteilblätter, Plakate und Handzettel gegen Filme und Sexmessen und vor allem die vielen Gebetseinsätze nicht vergeblich waren. Dem Vordringen der Finsternis und der Macht der Sünde wird durch jedes Gebet, durch jedes Opfer und jeden Einsatz auf irgendeine Weise gewehrt, Menschen werden noch wachgerüttelt.

Die Lawine der Sünde als Ganzes war jedoch nicht mehr aufzuhalten. Das bedeutete, dass die Sünde sich bald bis zum Himmel türmen und ein Gericht Gottes herausfordern würde, wie die Welt noch keines sah. Die Zeit des großen Schmerzzorns Gottes war im Kommen. Bald wird Gott nur noch Sünde sehen, und Er, der die Liebe ist, wird in Seinem Schmerzzorn mit verzehrendem Feuer und tödlichem Gericht darauf antworten. Das sah ich im Geist vor mir. Den Sinai mit seiner Botschaft von Gottes Geboten brachten wir Menschen ins Wanken und bald zum Sturz. Ein englischer Theologe schrieb: „Das mächtige Ereignis am Sinai hat seine Schrecken verloren." Doch das war mir damals gewiss: Sobald das geschieht, wird der Sinai auf uns Menschen stürzen, uns unter sich begraben; denn Gott ist heilig. Was aber ist Seinem Herzen schwerer und schmerzlicher, als wenn sich die Menschen von Seinem Geist nicht mehr strafen lassen wollen? Dann wird Er richten und Seinen Zorn herniederfahren lassen. So klagte es in dieser Zeit immer wieder in meinem Herzen:

O großes Gottesleid!
Die Zeit ist nah, wo Gott, der die Welt doch so liebte,
dass Er Seinen eigenen Sohn für sie dahingab,
mit Blitzen des Gerichts wird schlagen und verderben.

Das Herz der ewigen Liebe schier im Zürnen bricht,
ist nicht mehr gnädig, zeigt sich nicht mehr voll Erbarmen,
kann nur noch Zornesblitze schleudern
auf die Erde, Seine Welt.

O fremdes Tun unseres Gottes!
Schon einmal musste Gott,
der Gott der Liebe, des Erbarmens,
sich selbst verleugnen, beim Gericht der Sintflut –
doch dann ließ Er den Regenbogen Seiner Gnade leuchten
über dieser Erde, weil Sein Herz voll Erbarmen ist.

Nun ist es letzte Zeit, die Welt ein Sündenbabel,
und der Empörergeist zu Gott gen Himmel schreit.

Ja, Gott, der die Liebe ist, muss zürnen sondergleichen.
Er muss richten,
auf dass die Hölle sich auf Erden nicht verewige.
Er, der erhalten will, muss vernichten lassen –
und der nur Gutes tun will Seinen Menschenkindern,
muss sie strafen [Jes. 13,9.11].

Dann werden die Äcker keine Frucht mehr tragen,
dann wird der Wald keinen Schatten,
keine Erquickung mehr geben,
kein Holz hervorbringen, denn er wird nicht mehr sein.
Dann werden Städte und Wohnungen zerstört sein,
die doch das Zuhause für die Menschen sein sollten.

Dann wird die Erde bedeckt sein
von Tod, Verwesung und Grauen,
weil sie zuvor bedeckt war von Sünde, Sünde, Sünde.

O betet Gott in Seiner harten Liebe an,
weil Er sich selbst nun tiefstes Leid antut
und straft und zürnt,
dass durch Gericht noch eine neue Erde werde
und dass aufwachse ein neues Geschlecht.

O welche Stunde für den ewigen Gott ist nun nahegekommen!
Wer steht Ihm bei und trägt mit Ihm,
fasst Seine Qual ins Herz,
bejaht das Grauen, das Gericht?

Er schaut sich um, ob Er wohl eine Seele finde,
die kann verstehen,
welch ein abgrundtiefes Leid heut Gottes Herz erfüllt.
Der wird es verstehen, der Kind ist, seinen Vater liebt.

Jetzt ist die Zeit der großen Gottesnot!
Geht nicht vorüber an dem Leid, das keinem gleicht!
Es ist der Vater doch, der euer Vater ist –
und ist in solcher Qual.

So erlebte ich im Voraus innerlich etwas davon, welch ein Gericht Gottes das frevelhafte Tun der Menschen herausfordert, damit die Sünde sich auf Erden nicht verewige. Wie Gott geklagt hat zu Jesajas Zeiten auf dessen Frage: „Woher rührt das Rot an deinem Gewande, und warum sehen deine Kleider aus wie die eines Keltertreters?", so wird Er wieder klagen über unsere Welt: „Die Kelter habe ich getreten, ich allein, denn von den Völkern stand niemand mir bei; da habe ich sie in meinem Zorn niedergetreten und in meinem Grimm zerstampft" (Jes. 63,2–3 M). Und doch fragt der Herr gerade in diesem Zusammenhang nach solchen, die Ihm beistehen: „Als der Herr das sah, missfiel es ihm sehr, dass nirgends Recht vorhanden war; und weil er sah, dass kein Mann (zur Rettung) da war, und er sich verwunderte, dass niemand sich ins Mittel legte, da musste sein eigener Arm ihm helfen, und seine Gerechtigkeit musste seine Stütze werden" (Jes. 59,15–16 M). Dafür wollte ich leben, Ihm beizustehen – und Gott gab mir später Gelegenheit dazu.

Die Sturzflut der Gesetzlosigkeit und Sünde breitete sich auf immer weitere Gebiete aus, und die Aktion *Sorge um Deutschland* sah sich einer mehr und mehr veränderten Lage gegenüber. Die Zeit der Schüler- und Studentenunruhen brach an, und daraus ergab sich für die Aktion die vordringliche Aufgabe, denen, die hier an vorderster Front standen, biblische Orientierung zu geben, der Jugend an Schule und Universität.

Auf Initiative des Geschäftsführers Horst-Klaus Hofmann fanden 1968 erste Konferenzen im Rahmen der Aktion *Sorge um*

Deutschland auf Kanaan statt – und es war erstaunlich, wie viele kamen und was an den Jugendlichen geschah. Die sich mehrenden Jugendkonferenzen waren aber in unseren Rüstzeithäusern kräfte- und zeitmäßig nicht mehr zu bewältigen. Gott hatte Ehepaar Hofmann den speziellen Auftrag für die Jugend aufs Herz gelegt und ebnete nun die Wege, dass sie ihn eigenständig in Bensheim an der Bergstraße weiterführen konnten.

So ergab sich eine Gabelung: Einerseits entstand die *Offensive junger Christen*, ein Zentrum der Zurüstung für junge Menschen, andererseits blieb Kanaan mit den Kanaanfreunden Gebetsrück- halt für die Aktion und unterstützte sie durch Schriften. Weiter- hin gehörte der priesterliche Auftrag wesentlich zu unserem Ruferdienst.

Es war nicht nur der Erdrutsch der Moral, der Gott tief be- trübte, wie wir es für die Zeit vor der Sintflut in der Heiligen Schrift lesen (1.Mose 6,6). Was musste es für Ihn erst bedeuten, dass nun auch Seine Kirche in solch weitgehendem Maß von Ihm abfiel! Die „Gott ist tot"-Theologie war ausgerufen wor- den. Und auf den großen Evangelischen Kirchentagen wurde sie feilgeboten. Als ich 1965 das Vorbereitungsheft für den Kölner Kirchentag las, schrieb ich: „Der Kirchentag wird zum Podium Satans." Sollten wir trotzdem hinfahren und wie in den Jahren zuvor unsere Ruferspiele dort bringen? Es krampfte sich mir das Herz zusammen, wenn ich an die Tausende Christen dachte, die mit innerer Erwartung und Hunger zum Kirchentag kommen, meist ohne zu ahnen, was ihnen geboten wird. Gott gab uns aber die Gewissheit, dass wir den Dienst mit unseren Ruferspielen diesmal noch tun sollten.

In Köln waren Mutter Martyria und ich dann erschüttert, dass der Jugend, die in großen Scharen unter den Zuhörern saß, der Weg freigegeben wurde zu Sünden, die in der Heiligen Schrift unter Gottes Strafandrohung stehen. Gottes Gebote wurden aufgeweicht, sexuelle Freizügigkeit toleriert. Typisch dafür war eine Abendveranstaltung mit Lesungen von Bert Brecht, bei der eine Sängerin davon sang, wie süß die Sünde sei. Ostentativ verließen wir den Saal. Denn dies war ein Symptom dafür, dass der Einzug Satans in unsere Kirche von kirchlichen Kreisen nicht nur geduldet, sondern sogar willkommen geheißen wurde. Und Dorothee Sölle erntete mit ihrer „Gott ist tot"-Theologie auf diesem Kirchentag Applaus. Nach unserer Heimkehr sagte ich unseren Töchtern, dass es mir war, als hätte ich in Köln die Totenglocken für unsere Kirche gehört. In mir war ein Brand des Gebets und ein unaussprechlicher Schmerz. Ich schrieb:

Es ist Nacht geworden. Statt Jesus bringt man von Satan inspiriertes Gedankengut. Ich kann nur noch klagen, dass solches Jesus angetan wird. Der große Abfall ist da. Und nach einer Reihe von Jahren folgt das Gericht, denn sie wollen nicht hören. Sie wollen die Sünde und verführen die Jugend und alle, die noch unentschlossen sind.

Mein Herz war von einem erfüllt: Es muss doch ein Gegenruf ertönen! Wohl war mir klar, dass wir nie mehr an einem Kirchentag teilnehmen würden, aber nur fernbleiben war nicht genug. So schrieb ich darüber einen Freundesbrief, *Ein Wort zum Deutschen Evangelischen Kirchentag in Köln*, und später in der Reihe WORT ZUR STUNDE die Broschüre MITMENSCHLICHKEIT. Als die Entwicklung unserer Kirche in dieser Richtung weiterging, drängte es mich 1970 – obgleich es mich viel inneren Kampf kostete –, in einem weiteren WORT ZUR STUNDE von biblischer Sicht her dazu Stellung zu nehmen: ZUM ERSTEN MAL, SEITDEM ES KIRCHE JESU CHRISTI GIBT.

Ich war Gott dankbar, dass meine Schriften ein Licht sein konnten unter den Irrlichtern unserer Zeit. In diesen Leiden war es mir ein Trost, dass ich Sein Licht und Seine Wahrheit den Menschen, die so irregeführt werden, noch bringen und Ihm damit dienen durfte, ungeachtet des Kampfes, der dadurch heraufbeschworen wurde. Aber ich erbat mir auch, dass dadurch von denen, die Gott lieben, die große Klage angestimmt werde:

Den lebendigen Gott, den Ewigen,
durch den die Welt geschaffen ist,
durch den alles, was lebt, erhalten wird,
dessen Geschöpfe wir sind,
erklärt man für tot.

Der Mensch, der sich losgelöst hat
von Gott, dem Ursprung des Lebens,
wird als Folge davon nun selbst lebendig tot sein –
tot in Sünden!

Damit wir in diesem Leid bei Jesus stehen, schrieb ich ein
Ölberggebet im Gedanken daran, dass Jesus heute wieder eine
Gethsemanestunde durchleidet wie damals am Ölberg, wo die
Seinen Ihn angesichts des Tobens der Finsternis verließen. Wir
beteten es öfter am Donnerstagabend und sangen Jesus Lie-
der der Liebe und des Trostes zu. Freunde und Rüstzeitgäste,
die das Ölberggebet hier miterlebten, übernahmen es für ihre
Kreise:

Herr Jesus,
wir wollen anstimmen die große Klage über Dein Leiden
heute: Deine Kirche, die den Auftrag hat, das Evangelium zu
bezeugen, ist am Zerbrechen. Sie wird zum Ort des Disku-
tierens und der Gotteslästerung. Die Gebote Gottes werden
aufgelöst, Dein Wort gilt vielfach nicht mehr.

Lasst uns klagen, lasst uns flehen
und vom Schlafe nun aufstehen,
lasst uns bringen Ihm die Liebe,
dass Er nicht mehr so betrübet.
Lasset uns im Opfer glühen,
in der Schande bei Ihm knien.
Hier hast Du mein ganzes Leben
Dir zum Opfer übergeben.

KANAAN – LETZTE FUNDIERUNG UND VOLLENDUNG 1960–1973

NUR NOCH EIN BAUABSCHNITT

Seit 1955 lebte Kanaan in meinem Herzen, das Land der Verheißung, für das mir der Herr den Auftrag gegeben hatte. Wie das biblische Kanaan sollte es die Ehre Gottes groß machen. Der Herr sollte auf Kanaan aufstrahlen als der Lebendige, als der Gott, der Gebete erhört, der Wunder tut. Alles auf Kanaan – Bewohner, Häuser, Pflanzen und Tiere – sollte von Ihm künden und ausrufen: Wer ist wie Gott! Hier sollte Gott geliebt werden – alle, die hier wohnen, sollten Ihn ausstrahlen unter dem Wort: „Wenn wir aber im Licht wandeln, wie er im Licht ist, so haben wir Gemeinschaft untereinander" (1. Joh. 1,7).

Wie auf einem Kampfschauplatz waren die Wogen der „Glaubensschlachten" hin- und hergegangen. Manche Glaubenssiege hatten sich nur als vorläufig erwiesen, die Niederlagen schienen das Letzte zu sein. Was wir bereits bedankt und gefeiert hatten, mussten wir oft wieder hergeben, bis das, was ich immer neu an Verheißungen begraben hatte, endgültig auferstand: Ganz Kanaan war unser!

Die Jahre 1960 bis 1966 brachten nun die Gestaltung Kanaans: Einfriedung, Bepflanzung, Errichten der Häuser, Vorbereiten des Seebeckens, Bau der Brunnen, des Monuments am Eingang und Anlage von *Jesu Leidensgarten*. All das schien mir eine fast nicht zu bewältigende Aufgabe, denn Kanaan sollte uns das damalige

Geschehen des Lebens und Leidens Jesu heute nahebringen und lebendig machen – so hatte es der Herr mir ins Herz gegeben.

Überall sollten Plätze und stille Ecken zur inneren Besinnung sein. Alles sollte zum Gebet locken: *Jesu Leidensgarten, Bethlehemgrotte, Berg der Seligpreisungen, See Genezareth, Jordan* und *Jakobsbrunnen*. Aus Liebe zu Jesus war es mein Verlangen, dass alles auf Kanaan an Ihn erinnere – wie Martin Luther 1525 geschrieben hat: „Wollte Gott, ich könnte die Herren und Reichen dahin bereden, dass sie die ganze Bibel inwendig und auswendig an den Häusern vor jedermanns Augen malen ließen – das wäre ein christlich Werk."

Könnte ich genug rühmen, wie sich Gott, unser Vater, erzeigt hat während der sechs Jahre der Gestaltung Kanaans! Was bedeutete es, diese große Aufgabe ohne Gartenarchitekten und entsprechende Firmen anzupacken, auszuführen und nicht zuletzt auch zu finanzieren – und das alles neben dem Bau der Häuser und der großen *Jesu-Ruf-Kapelle*. Die Kostenvoranschläge nahmen uns fast den Atem, ob es um die Bauten ging oder den großen Brennofen für die vielen Tontafeln der Reliefs, um die Erdbewegungen, den Straßenbau und vieles mehr.

Etwas anderes belastete mich aber fast noch mehr als die Ausgaben, nämlich die Frage: *Kannst du es verantworten, diese Summen – selbst wenn sie geschenkt würden – für solche Anlagen auszugeben?* Dieser Gedanke brachte mir Anfechtungen über Anfechtungen. Ich hatte ja alles veranlasst – darum lag auf mir die ganze Last der Verantwortung. Außer den mir seit Langem bekannten inneren Kämpfen, ob ich mich geirrt hätte und nun Gottes Ehre in den Staub ziehe, kamen Anfechtungen von außen: Vom wirtschaftlichen Standpunkt aus sei die Gestaltung Kanaans mit den großen Anlagen eine Verschwendung, war dieses Gelände doch begehrtes Bauland – und nun sollte es, statt dringend nötiges Wohngebiet zu werden, zum Teil für einen Gebetsgarten verwendet werden!

Aber ich widerstand dem Teufel in diesen Kämpfen, sodass er von mir floh – und nahte mich zu Gott, bis Er wieder nahe war:

Konnte jemals zu viel Geld für Seine Ehre ausgegeben werden, zumal es um Stätten ging, die an Sein Leiden erinnern und Ihm Liebe und Dank einbringen sollten? Hatte ich vergessen, wie verschwenderisch Maria von Bethanien vor Jesu Leidensweg die teure Salbe über Ihn ausgoss, um Ihm ihre Liebe zu erweisen? Die unverständigen Jünger meinten, das Geld wäre besser den Armen gegeben worden – Jesus selbst aber wurde durch Marias Geschenk erquickt und getröstet. Dass viele angeregt und aufgerufen würden, Jesus ihre Liebe und ihren Dank zu geben, das war auch mein Beweggrund bei den Kanaan-Anlagen. Und darum sollten sie sein!

Hätte ich in diesen Anfechtungsstunden nur sehen können, dass wenige Jahre später im Lauf eines Sommers Tausende in Gruppen oder allein durch *Jesu Leidensgarten* gehen werden und dort an vielen Herzen Großes geschieht! Dann wäre ich getröstet gewesen und hätte gewiss keinen Zweifel gehegt wegen dieser „Verschwendung" zur Ehre Gottes, erst recht nicht im Gedanken an die gezielten Verhöhnungen und Lästerungen Jesu in Bühnenstücken und Filmen, für die heute auch viele Christen Geld ausgeben.

Doch schon damals beschämte mich der Vater und tröstete mich, indem Er selbst für uns stritt: Von benachbarten Baustellen wurde uns Sand und Erde zum Aufschütten der Hügel kostenlos angefahren; auch die Raupenarbeiten bei den Erdbewegungen wurden uns umsonst gemacht. Und die vielen kleinen Büsche und Bäume zum Bepflanzen von *Jesu Leidensgarten* bekamen wir zumeist geschenkt.

Schwester Myrrhia, unsere Bildhauerin, gestaltete Plastiken und Reliefs für die einzelnen Leidensstationen. Herr Hottes, unser Oberpolier beim Bau des Mutterhauses, leitete selbstlos die Schwestern an, die kleinen Bauten und Mauern zu errichten. Die Bruchsteine dafür wurden uns geschenkt und Lastautos zum Transport überlassen. Die vielen Pflastersteine, mit denen das Seebecken ausgepflastert werden sollte, gab uns die Stadtverwaltung kostenlos, weil man gerade Asphaltstraßen anlegte und Pflastersteine übrig hatte; den Zement zum Ausgießen der Fugen stiftete eine Firma. So kam alles, aber auch alles herbei. Es fehlte nichts an allem Guten, was normalerweise viel Geld gekostet hätte. Mir war, als wolle der Vater Seine Ehre darein setzen, bis ins Kleinste für diese Anlage zu sorgen, die Seinen Namen verherrlichen und Seines Sohnes Leiden den Menschen nahebringen sollte. So wurde aus Weinen Lachen, aus Glauben Schauen, aus Bitten Danken.

Der Herr hatte mich gelehrt, eher an allem anderen zu sparen, aber nicht an Geld und Gut, an Zeit und Kraft zu Seiner Verherrlichung.

VON UMWELTVERSCHMUTZUNG BEDROHT

Es gehört nicht viel dazu, sich vorzustellen, dass Satan rast, wenn ein Stück Land Gott geweiht ist und Ihn verherrlichen soll. Er ist der Feind der Ehre Gottes und allen menschlichen Glückes. Er kann nicht mitansehen, dass auf einem kleinen Land Menschen in Frieden zusammenleben, dort alles grünt und blüht, die Erde ihre Früchte hervorbringt und die Vogelwelt dem Vater im Himmel zur Ehre jubiliert.

So spürte ich: Es war der Feind, der Kanaan schädigen wollte durch Plagen, mit denen heute alle Welt geschlagen wird: durch Schädlinge! Und wenn Schädlinge auftreten, werden die entsprechenden Schädlingsbekämpfungsmittel eingesetzt, nämlich Gift – und das hat zur Folge Vernichtung der nützlichen Käfer, Sterben der Vögel, der Fische, Vergiftung des Bodens und des Wassers – und schließlich der Menschen.

Doch wo Satan zum Kampf antritt, ist dies für uns eine Herausforderung, den Kampf des Glaubens gegen die Sünde intensiv aufzunehmen. Obwohl ich von Landwirtschaft nichts verstehe und man sich damals noch kaum für Umweltverschmutzung interessierte, bekam ich eines Tages durch Gottes Geist eine große innere Unruhe. Ich rief unsere Schwestern zusammen und sagte ihnen, was der Herr mir ins Herz gegeben hatte: Gift gehört nicht nach Kanaan. Gott hat andere Mittel, Ungeziefer zu vertilgen, als solche, die vergiften, was Er wachsen ließ. Hier gilt es wieder neu, den Glaubensweg zu gehen, das heißt, die nach Kanaan eingedrungenen Schädlinge durch den Kampf des Glaubens zum Unterliegen zu bringen. Danach werden wir das Eingreifen, die Wundermacht Gottes erleben, denn Er sagt in Seinem Wort: „Ich will für euch den Fresser schelten" (Mal. 3,11 L12) – sofern wir Seine Gebote halten und nach Seinem Willen leben. Mit diesen Glaubenskämpfen, die zum Sieg über die Schädlinge führen sollten, gab uns der Herr eine neue Gelegenheit, Ihn zu verherrlichen. Davon war ich ganz erfasst.

Unsere Töchter, vor allem die Gartenschwestern, sträubten sich anfangs dagegen, jede Schädlingsbekämpfung mit Giftstoffen aufzugeben. Das ging gegen ihre Erfahrung. Aber der Herr überführte sie dann doch, und es wurden keine solchen Mittel mehr verwendet. Die darauffolgende Prüfung war schwer. Wenn man Glaubenswege einschlägt, wird es fast immer zuerst noch dunkler. Die „Fresser" stürzten sich in Scharen auf unser kleines Kanaan, so dicht am Wald gelegen: viele Sorten von Blattläusen, begünstigt durch die Trockenheit, dazu Kartoffelkäfer, Engerlinge und Raupen. Die ganze Ernte stand in Gefahr. In den Apokryphen heißt es: „Die Natur, die dir, ihrem Schöpfer, dient, steigert ihre Kraft zur Züchtigung wider die Gottlosen und beruhigt sich wieder, um denen wohlzutun, die auf dich vertrauen" (Weisheit 16,24 M).

Der Herr hatte zugelassen, dass Kanaan durch Ungeziefer heimgesucht würde. Nun galt es, dieser Züchtigung standzuhalten, bis der Vater bei jedem von uns erreicht hatte, wozu Er sie geschickt hatte. Denn wir sollten auf diesem Weg tieferer Abhängigkeit von Ihm in ein innigeres Kindesverhältnis der Liebe kommen. Jedes Mal würde uns Reue zur Erfahrung Seines Erbarmens und Seiner Hilfe führen. Und Gott schenkte Reue. Viele von uns erkannten, in welchen Punkten es umzukehren galt, und bekamen die rechte Einstellung zu diesen Plagen. So hatte der Feind das Umgekehrte dessen erreicht, was er geplant hatte: Wir wurden neu wach im Kampf gegen die Sünde.

Abende lang waren wir beisammen und sangen unsere Glaubenslieder. Je trostloser Kanaan aussah, sodass vor den Besuchern schon Gottes Ehre auf dem Spiel stand, desto mehr hielten Mutter Martyria und ich unsere Töchter an, jetzt gegen unsere von Gott aufgedeckte Sünde zu kämpfen, im Glauben durchzuhalten und den Mut nicht zu verlieren. Singend zogen wir über unser heimgesuchtes Land, einzeln und gemeinsam brachten wir dem Herrn unser persönliches Versagen, auf das Er Seinen Finger gelegt hatte, entschlossen, nicht zu weichen, bis in diesen Punkten Lösung geschah. Durch viele Lichtgemeinschaften und Einzelseelsorge ließ Gott in uns bisher verborgene Wesensschichten Licht fallen, was oft sehr schmerzlich war. Wir nannten diesen Sommer „Entlarvungszeit", weil Gott in Seiner Heiligkeit verborgene Schäden unter uns aufdeckte. Einige Schwestern, die sonst sehr zur Verzagtheit neigten, lernten gerade in dieser Zeit erst richtig Glauben zu halten und im persönlichen Glaubenskampf gegen die Sünde auszuharren.

Aber sie lernten auch, dass der Kampf des Glaubens Werke einschließt, wie das Neue Testament sagt. Nicht verdienstliche Werke, sondern Zeichen unserer Willigkeit. Das machte sich auch darin bemerkbar, dass nun alle mit Entschlossenheit dem Ungeziefer auf den Leib rückten: In ihrer Freizeit holten die Schwestern Engerlinge aus dem Boden, sammelten Raupen und Kartoffelkäfer ein und wuschen Läuse von Gemüse und Rosen ab. Bei einer Kaninchenplage machten sie sich schon frühmorgens auf, um die Kaninchen zu fangen – wie es bei unseren Sünden gilt, die „kleinen Füchse" zu fangen, die den Weinberg verderben (Hld. 2,15). Freilich konnte unser Einsatz keine wirkliche Hilfe bringen, ebenso wenig, wie unser Glaubenskampf uns von Sünden frei machen kann. Wir konnten nur Zeichen unserer Willigkeit geben.

Die Wende kam in diesem Sommer – wie auch später bei jeder weiteren Plage – allein durch den Herrn, wenn die Stunde erfüllt war. Gott antwortete auf den Glauben entsprechend Seinem gütigen Herzen. Im Kampf des Glaubens gegen Sünde und Satan wurde Sein Sieg offenbar: Nach monatelanger Heimsuchung durch Trockenheit schickte Er Regen zur rechten Zeit, dazu viele Marienkäfer gegen die Läuse, Vögel gegen anderes Ungeziefer und Helfer, die mit uns den Kampf gegen das Unkraut aufnahmen. Der Vater änderte im letzten Augenblick die ganze Lage und ließ noch eine Prachternte gedeihen. Als das Erntedankfest kam, zogen unsere Gartenschwestern singend durch die Häuser auf unserem Kanaan, voll Dank und überwältigt von der Güte Gottes. Prächtige Früchte hingen an den Stangen, die sie – wie einst die Kundschafter im biblischen Kanaan – auf den Schultern trugen. Es war unsere erste Gnadenernte, wie wir sie nannten, denn unsere biblische Losung für jenen Sommer lautete: „Wo aber die Sünde mächtig geworden ist, da ist doch die Gnade viel mächtiger geworden" (Röm. 5,20 L12).

Diese Erfahrung machten wir seit Ende der sechziger Jahre immer wieder. Wie oft musste der Vater sich wieder hart stellen gegen uns, um uns wachzurütteln, dass wir neu den Kampf gegen die Sünde aufnahmen! So ist nicht genug dafür zu danken, was im Lauf der Jahre durch diese freiwillige Abhängigkeit an innerer Erneuerung in unserer Schwesternschaft geschehen ist. Und unsere Ernteerträge nahmen von da an so zu, dass oft auch unsere Gäste und sogar Bedürftige in unserer Stadt mit davon essen konnten.

Als sich dann die Umweltverschmutzung in aller Welt so verschlimmerte, dass unsere Erde existenziell davon bedroht und das Rad der Entwicklung nicht mehr zurückzudrehen war, erfasste ich erst, was Gott uns mit diesem Weg geschenkt hat: eine Hilfe für unser Leben als Christen. Denn diese Existenzbedrohung macht uns ganz konkret bewusst, wie sehr wir von Gottes Gnade abhängig sind. Das treibt uns in die Reue und zum Kampf gegen die Sünde und bringt uns dadurch in eine tiefere, gereinigte

Verbindung mit Gott. Nachdem wir einige Jahre diese Erfahrung der Schädlingsbekämpfung ohne Gift gemacht hatten, konnte ich 1972 das WORT ZUR STUNDE schreiben: UMWELTVERSCHMUTZUNG UND DENNOCH HOFFNUNG. Dies war jedoch nicht der letzte Kampf, der zu Kanaans Fundierung zu bestehen war.

EPHESER-6-KÄMPFE

Kanaan war inzwischen ein Land geworden, auf dem der Herr aus Gnaden ein wenig von Seiner Verheißung wahr gemacht hatte: „Hier will ich wohnen" (Ps. 132,14), und wo viele Besucher etwas von Seiner Gegenwart empfanden. Sollte das nicht Satan herausfordern? Sollte er da nicht zu noch schwereren Gegenschlägen ausholen? Diese bekamen wir tatsächlich zu spüren. Es war etwa ein Dreivierteljahr vor dem Kanaan-Vater-Dankfest, das wir für den 10. Juli 1966 geplant hatten. Wir lebten mit allen Vorbereitungen und mit unserem Gebet auf dieses Ereignis zu – da erfolgte ein Großangriff der Finsternis.

Eine unserer jungen Schwestern sagte mir, dass sie seit ihrer Kindheit immer wieder grauenhafte Belästigungen durch Dämonen erfahren habe. Sie sei von ihrem Großvater Satan verschrieben worden, das hielten ihr diese Geister immer neu vor und quälten sie sehr. Sie hatte gehofft, in der Marienschwesternschaft frei zu werden, uns aber vor ihrem Eintritt nichts von ihrem Erleben gesagt.

Nach einem grundlegenden Beichtgespräch mit ihr überkam mich ein großer Schmerz und Schrecken. Ich hatte in früheren Jahren über Johann Christoph Blumhardts Kampf um Gottliebin Dittus gelesen. Für mich war es darum eine quälende Vorstellung, mit solchen Mächten konfrontiert zu werden. Durch Blumhardts Beschreibung wusste ich, dass es beinahe nichts Grauenhafteres gibt, als in einen Kampf gegen diese gefallenen Geister und Dämonen einzutreten, zumal wenn sie einen Menschen befallen.

Das schien mir die Aufgabe für einen Kreis von Männern zu sein, wie Blumhardt und seine Brüder. Doch nun war mir diese junge Schwester von Gott vor die Füße gelegt, ich konnte mich ihrer großen Not nicht entziehen. Gott forderte von mir, in den Kampf einzutreten, den ich gern hätte umgehen wollen: den Kampf mit den dämonischen Mächten.

Meine Furcht war nicht umsonst, denn es handelte sich hier um eine sehr schwere Bindung. Das wurde mir bestätigt von Menschen, die etwas von diesen Kämpfen mit der Finsternis verstanden. Es folgten grauenhafte Monate. In dieser großen Not entstanden einige Kampfgebete und -lieder. Eines davon sang ich immer wieder:

> Nur Einer, Einer hat die Macht,
> Jesus, Er hat den Sieg vollbracht,
> hat Satans Macht bezwungen.
> Jesus, Er lebt, der starke Held,
> der heut den Feind schlägt aus dem Feld,
> der hat sein Recht verwirket.

> Der Kaufpreis voll bezahlet ist,
> drum weichen muss des Satans List,
> er hat sein Recht verloren.
> Die Seel gehöret dem allein,
> der gab Sein eigen Leben drein,
> auf dass die Seel errettet.

7 X UM JERICHO NR. 19

Angesichts dieser Finsternismächte rief ich einige Schwestern zu einem kleinen Gebetskreis zusammen, die den Kampf des Glaubens mit durchfochten. Doch alles Flehen, Beten und Fasten schien umsonst. Die dämonischen Mächte tobten nur umso mehr. Es war furchtbar, und ich konnte Blumhardt verstehen, der über seinen Kampf schreibt, dass er unsäglich dabei gelitten habe.

So lag auf mir eine Last, wie ich es kaum je erlebt hatte. Aus meinem zerquälten Herzen stieg der Schrei auf: *Wo ist nun Jesus, der Sieger?* Immer wieder rang ich mich im Gebet zum Glauben durch: Er ist doch der Sieger! Er hat erlöst! Die Rechte des Herrn ist erhöht; die Rechte des Herrn behält den Sieg! (Ps. 118,16). Es gilt: Er hat die Schlüssel der Hölle und des Todes (Offb. 1,18). Es gilt: Er hat der Schlange den Kopf zertreten (1. Mose 3,15). Es gilt: Jesus Christus ist gekommen, dass Er die Werke des Teufels zerstöre (1. Joh. 3,8). Diese Worte brachten wir im Gebet immer neu dem Herrn und rühmten Seinen Sieg auf Golgatha, durch den Satan sein Anrecht auf diese Seele verloren hat.

Sollte ich mit dieser unendlichen Not ins Vater-Dankfest hineingehen? So wollte es Gott. Und ich schrieb:

> *Das sollte mein Geschenk an Dich sein, mein Vater: völliges Vertrauen, das Ja zu schweren Wegen, die ich nicht verstehen kann ... Aber Kanaan kann doch kein Kanaan sein, kein Gottesland, keine Abschattung des Himmelreichs, kein Land, wo der Herr wohnt, wenn Satan solche Macht hat über ein Menschenkind und wenn er triumphiert, indem er nicht weicht. Das kann nicht sein um der Ehre Jesu willen.*

So flehte ich ohne Unterlass und ließ nicht locker: Dein ist der Sieg, und darum wird er offenbar werden! – „Und wenn es währt bis in die Nacht und wieder an den Morgen, doch soll mein Herz an Gottes Macht verzweifeln nicht, noch sorgen ..." (Martin Luther)

Auf dem Weg nach Kanaan hatte ich glauben gelernt, wenn hundertmal der Glaube nicht zum Schauen wurde, sondern die Widersacher zu siegen schienen und der Kanaan-Auftrag wie zertrümmert vor mir lag. Immer neu hatte ich mich schweren Herzens zum Glauben durchringen müssen – nun aber musste ich es mit todwundem Herzen. Hier hatte ich es mit der dämonischen Welt zu tun und nicht nur mit einer schweren Führung Gottes. Hier ging es um ein Menschenleben, das mir anvertraut war, ob es aus Satans Hand gerettet würde oder ob es ewig verloren wäre.

Was half mir dabei, nicht müde zu werden? Das, was uns Blumhardt aus seinen Erfahrungen in dem gewaltigen Kampf, der allen zum hilfreichen Vorbild gegeben ist, übermittelt hat:

Diese Geister haben sich verraten, indem sie sagten, sein leidiges Beten, dass er nicht aufhörte, den Siegernamen Jesus auszurufen, habe sie veranlasst, den Kampf aufzugeben. So wusste ich eines: Nur nicht den Glaubenskampf aufgeben, sondern weiterführen und den Sieg Jesu ausrufen, auch wenn es unzählige Male nichts auszurichten schien. Und das Wunder geschah: Jesus erwies sich als das Lamm Gottes, das Satans Macht zerbrochen hat. Satan musste von dieser Seele weichen, sie wurde frei. Nach eineinhalb Jahren lag sie weinend zu Jesu Füßen, den sie in den Zeiten der dämonischen Beeinflussung – gegen ihr natürliches Empfinden – gelästert hatte, und brachte Ihm Tränen der Reue und ihre Liebeshingabe. In den folgenden Jahren durfte sie zu einer Braut Jesu werden, Ihm besonders innig verbunden.

Doch in jenem Sommer war der Kampf noch nicht zu Ende. So musste ich mit dieser schweren Last ins Vater-Dankfest hineingehen, ja mit der großen Enttäuschung, dass der Herr meine vielen Gebete noch nicht erhört hatte.

Nun hieß es, Gott Vater zu danken und Ihn anzubeten, nicht in dem überströmenden Dank für erfahrene Hilfe in dieser Not, sondern unter Leiden. Ich wusste: Es sind die Lobgesänge in der Nacht, die dem Vater-Dankfest ein inneres Gewicht geben.

> Ein Lied will erklingen,
> aus Tiefen besingen
> den Willen des Vaters, der heilig und groß;
> und Seelen sich neigen,
> dem Willen sich beugen,
> und rühmen die Ratschlüsse Gottes so hehr.
>
> Von ferne wir stehen,
> Gott stets nur nachsehen,
> wie Er führt Verheißungen, Pläne hinaus.
> Anbetend wir schweigen,
> demütig uns neigen,
> bis wir es erfahren, wo Gott will hinaus.

FREUDENQUELL JESUS Nr. 222

VÖLLIG IN DER LIEBE

Es war Januar 1966. Ich hatte mich wieder zur Stille zurückgezogen, diesmal zu einer Gebets- und Fastenwoche für eine innere
Erneuerung unserer Schwesternschaft.

In diesen Tagen kam mir das Buch KRÄFTIGE IRRTÜMER –
EINE STELLUNGNAHME ZUM THEMA „SCHWÄRMER EINST UND
JETZT" in die Hände, verfasst von Richard Ising, der in Berlin
einen eigenen Gemeinschaftsverband gegründet hatte. Ich kannte
Herrn Ising nicht, und er war nie bei uns gewesen. Als ich las,
was er über unser Werk und mich geschrieben hatte, war es, als
ob alle Wasserwogen über mir zusammenschlügen. Wohl hat er
auch andere Bewegungen negativ bewertet, aber sein besonderer
Angriff galt unserer Marienschwesternschaft. Da und in einer
weiteren Stellungnahme las ich, dass mein Weg „teuflischen Charakters" sei und ich die „Gemeinde Gottes zerreiße und zerstöre",
den Namen Gottes „beschmutze und verlästere". Er sprach von
Irrlehre bei uns, von „katholisierenden Tendenzen" und dass
sich ein falscher Geist einschleichen konnte, weil ich mich dem
Hochmut geöffnet habe. Der Hochmut sei immer Grund allen
Abfalls gewesen.

Eine lange Geschichte des Kampfes, ja der Feindseligkeit, die
schon während der Entstehung der Marienschwesternschaft begonnen hatte, fand in diesem Buch ihre Krönung. Denn diesmal
wurde nicht nur in Form eines Rundschreibens an bestimmte
Kreise über uns berichtet, sondern all die Anklagen fanden sich
in einem Buch, das vom Verfasser und seinen Mitarbeitern samt
Prospekten dem christlichen Buchhandel zugeleitet und außerdem an Prediger, Pfarrer und christliche Werke geschickt wurde.

Man sollte meinen, ein derartiges Buch, im Selbstverlag erschienen, könne in bewusst christlichen Kreisen nichts ausrichten.
Doch dem war nicht so. Ein Pfarrer zum Beispiel hatte je 25 000

Exemplare der Broschüre MITMENSCHLICHKEIT und meines Briefs über den Kölner Kirchentag bestellt, um sie auf einem großen Bekenntnistag zu verteilen. Alles lag bereit – doch dann kam das Buch KRÄFTIGE IRRTÜMER dazwischen, das ihm von verschiedenen Seiten zugeschickt worden war, und vereitelte die Aktion.

Meine Gebetswoche war zu einer Zeit der Tränen geworden. Aus den Kreisen, in denen nun dieses Buch kursierte, hatte ich zuvor viele dankbare Leserechos bekommen, in denen bezeugt wurde, dass meine Schriften zu neuer Reue und Liebe zu Jesus, zu hingebungsvoller Nachfolge geholfen hatten. So brachte es mir unendliches Leid, dass viele, die Jesus mit Ernst nachfolgen wollten, dadurch verwirrt, ja irre wurden, ob der von ihnen eingeschlagene Weg der richtige sei.

Immer wieder sagten mir Gläubige, sie könnten es nicht fassen, dass solche Verleumdungen veröffentlicht würden. Doch beruhigten sie sich damit, dass auf die unglaublichen Argumente niemand eingehen werde. Darum könnten sie uns auch nicht schaden. Ich wusste aber aus den Erfahrungen der letzten zwanzig Jahre, dass Lügen und Verleumdungen trotz unglaublicher, fast grotesker Argumente ein Gift sind, das eingeht. In den Herzen derer, die solche Bücher lesen, bleibt vieles haften. Das trägt dazu bei, ein Werk fragwürdig zu machen oder sogar seinen Ruf dauerhaft zu schädigen.

Schon zu Beginn unserer Marienschwesternschaft hatte ich erlebt, dass unrichtige Nachrichten, in Rundschreiben oder in Vorträgen weitergegeben, wie ein Lauffeuer durchs Land eilten. Doch durch dieses Buch von Richard Ising wurde ein weitreichender Angriff gestartet, weil er und seine Mitarbeiter von der Notwendigkeit überzeugt waren, dass es bis ins Ausland gezielt verbreitet werden müsse. Es sollte erreicht werden, dass ich geächtet und unser Werk zerstört würde. Hier waren Verleumdungen auf einen Höhepunkt gekommen, wie sie mich im Lauf der Jahre immer getroffen hatten. Wo Auszüge aus meinen Schriften oder Liedern in Zeitschriften, in den LOSUNGEN der Herrnhuter Brüdergemeine, in Kalendern oder sonst erschienen, wurden die Redaktionen hinterher zur Rechenschaft gezogen. Die Verleger mussten befürchten, Kunden zu verlieren, wenn sie weiterhin etwas von mir abdruckten. Es war für mich demütigend zu wissen, dass jeder, der mit mir und unserem Werk in Berührung kam, mit unter diese Schmach geriet.

Das Buch von Richard Ising erreichte weite christliche Kreise. Viele unserer Freunde erhielten Warnbriefe, ich sei die größte dämonisch inspirierte Irrlehrerin – sie sollten jede Verbindung mit mir abbrechen, kein Buch mehr lesen. Ja, immer wieder wurde geraten, meine Bücher zu verbrennen. Und selbst dort, wo geistliches Schrifttum rar war, wie in der DDR, fielen meine Schriften solchen Bücherverbrennungen anheim.

Mir wollte fast das Herz brechen, wenn ich immer neue Nachrichten bekam über die verheerenden Folgen dieses Buches. Ich schrieb:

Als „dämonisch" abgestempelt bin ich – unser Werk ist in Wirklichkeit neu begraben – wir sind durch den Rufmord so gut wie tot. Mein Herz bricht schier vor all der Schmach und ist krank vom Schmerz. Wir sind fast nur von Gegnern umgeben, nirgends ein Lichtblick.

Doch genauso oft oder noch mehr gab ich mich hin:

Es soll mich demütiger machen, die priesterliche Liebe ausreifen lassen. – Ich schreie zum Herrn, dass Er alles, was nicht Liebe ist, in meiner Seele töte, durch die vielen Wunden, die mir geschlagen werden.

Der Herr schenkte mir, dass ich letztlich im Frieden bleiben und mich beugen konnte unter Seine gewaltige Hand, die durch diesen Großangriff des Feindes unser Werk und mich traf. Obwohl es mir schwerfiel zu glauben, dass unser Auftrag dadurch letztlich keinen Schaden nehmen könne, rang ich mich immer wieder durch zum Vertrauen, dass Gott alles zum Besten hinausführt.

Unter dem Zeichen dieser Gegnerschaft stand nun die Vorbereitung auf das Kanaan-Vaterdankfest 1966, bei dem Gottes Güte gepriesen werden sollte. Und Er prägte uns ein: Nicht das Fest war das Entscheidende, auch nicht die einzelnen Sendungsaufträge Kanaans – nein, eines war das Anliegen für das nun angelegte und bebaute Land Kanaan: dass es ein kleines Königreich der Liebe darstelle. Weil der Herr den Auftrag, ein Kanaan zu erbauen, mir gegeben hatte, war es entscheidend, welchen Einfluss ich durch meine innere Haltung ausübte. So kam alles darauf an, dass ich auf diese Angriffe mit erbarmender Liebe reagierte. In meinem Herzen hieß es: „Nur geschmückt mit dieser Liebe, der grenzenlosen Barmherzigkeit, der Fülle der Liebe zu Freund wie Feind ist dir der Thronplatz bereit" (Paul Riedinger) – nur so bist du Bürger des Königreichs der Liebe. Nur so kann Kanaan seinen Auftrag vollmächtig ausführen, wird es ein wahres Ausstrahlungszentrum werden und das Himmelreich nahe sein – denn den Himmel macht aus, dass dort nur Liebende beisammen sind.

Die Liebe ist die Strahlungskraft, die den Bewohnern Kanaans den Freudenglanz bringt und sie diese große Freude ausstrahlen lässt. Gott hatte offensichtlich einen klaren Plan, diese Liebe in mir zu erwecken, indem Er sich im Jahr der Vollendung Kanaans ein Werkzeug erweckte, das mit schweren Verleumdungen gegen mich arbeitete. Es konnte nur Seine Liebesabsicht sein, dass dieser Züchtigungsweg mir zur Liebe verhelfe.

Auch für mich persönlich schien sich damit ein Ring zu schließen. Mit dem Kampf um die Liebe hatte mein inneres Leben seinen Anfang genommen. Daran war ich in meiner Jugend gescheitert. Der Liebe teilhaftig zu werden war darum seither die Bitte meines Herzens. Zum ersten Durchbruch der Liebe hatte mir der Herr geholfen, als Er mich in den dreißiger Jahren eine Zeit lang mit einem sehr schwierigen, hysterischen Menschen zusammenleben ließ, der mir viel Unrecht tat. Damals war ich verbittert, das Band zu diesem Menschen war zerrissen. Als der Herr mir aber meine Sünde der Bitterkeit zeigte, ich zur Reue kam und das Blut des Lammes darüber anrief, erfuhr ich Lösung. Ich überwand die Bitterkeit, Liebe kam in mein Herz, das zerrüttete Verhältnis wurde geheilt.

Später schenkte mir der Herr die Gnade, dass trotz der vielen Schmähungen und Verleumdungen, die ich seit der Gründung unserer Marienschwesternschaft zu erleiden hatte, in meinem Herzen für Nichtvergeben oder gar Bitterkeit kein Raum mehr war. Doch ich spürte, dass zur völligen Liebe noch viel fehlte. Es zeigte sich, wie sehr ich die Enkelin eines Juristen war, denn Ungerechtigkeit und Unwahrheit konnte ich schwer ertragen. Das hemmte den Strom der erbarmenden Liebe.

Drei Jahre vor dem Erscheinen dieses Buches war das besonders deutlich geworden: Man hatte uns Marienschwestern gebeten, in Berlin ein Ruferspiel zu bringen; doch durch Schmähschriften, die dort in Umlauf waren, blieben viele Menschen fern. Und als ich am anderen Morgen nach der Predigt aufgefordert wurde, noch zur Gemeinde zu sprechen, verließen Gottesdienstbesucher ostentativ die Kirche. Während dieser Demütigung konnte mein Herz frohlocken, denn das war Schmach um Jesu willen. Zurückgekehrt ins Mutterhaus hörte ich von weiteren Verleumdungen und neu entbrannter Gegnerschaft. Da erregte ich mich, dass gerade Christen, die mit besonderem Ernst Jesus folgen wollten, solche Unwahrheiten verbreiteten.

Als mich das auch während der Nacht noch beschäftigte, zeigte mir der Herr sehr klar: Es ist Sünde, es ist dein Ich, dem das Unrechtleiden noch so schwerfällt. Das war die Wurzel, darum erregte ich mich und konnte nicht schlafen. Doch Jesus hat uns schon auf solche Situationen hingewiesen und uns gesagt, wie wir uns dann verhalten sollen: „Haben sie mich verfolgt, sie werden euch auch verfolgen ... Solches habe ich zu euch geredet, dass ihr euch nicht ärgert" (Joh. 15,20; 16,1 L12).

So bat ich den Herrn, Er möge mir doch helfen, bei Verleumdungen ganz im Frieden zu bleiben, selbst im Gedanken daran, dass dadurch Menschenherzen vergiftet werden, in der Gemeinde Gottes Risse entstehen und die Verbreitung der Botschaft Jesu gehindert wird.

Dieses Gebet, das ich dem Herrn in den drei Jahren oft brachte, erhörte Er. Doch es ging Ihm um mehr, um die völlige Liebe. So sind meine Tagebücher und meine Lieder in den sechziger Jahren von dieser Bitte durchzogen, denn die Liebe gehört zum Größten, was Gott uns schenkt. Gott ist Liebe. Zur Liebe sind wir geschaffen und von Jesus erlöst – sogar unsere Feinde zu lieben, wirklich zu lieben. Ich wusste, diese Liebe wird uns nur dann zuteil, wenn wir immer neu darum bitten und fest daran glauben, dass wir durch Jesu Opfer zur Liebe erlöst sind. So sang ich immer wieder im Glauben:

> Ich bin erlöst, zum Lieben freigemacht,
> ich bin erlöst, Du riefst: Es ist vollbracht!

Wenn ich in jenen Jahren einen bestimmten Weg öfter zurückzulegen hatte, war er diesem Bittgebet um die Liebe gewidmet, sodass jeder Schritt ein Schrei war:

Vater, weil ich als Dein Kind erwählt bin, Deine Züge zu tragen, musst und wirst Du mich zur Liebe machen. Und mein Herr Jesus, weil ich zur Braut des Lammes gehören will, Deine Braut bin, wirst Du mich Dir ähnlich machen. Dazu hast Du Dein Blut vergossen. Und Heiliger Geist, weil Du der Verklärer bist, wirst Du mich in das Bild der Liebe verklären.

Immer neu flehte ich so zu Gott im Bewusstsein, wie sehr mir dieses Erbarmen noch fehlte. Dabei stand mir Jesus vor der Seele, dessen Herz voll überströmender Liebe ist, dessen erstes Gebet vom Kreuz herab nicht Seinen Freunden, sondern Seinen Feinden galt: *Vater, vergib ihnen!* Jesu ganzes Wesen ist Barmherzigkeit und Güte.

Sollte ich da nicht auch glauben, dass Er das wirkt, was Ihm wohl besonders am Herzen liegt: dass wir, Seine Kinder, Seine erbarmende Liebe ausstrahlen. Diese Liebe umschließt auch unsere Widersacher und senkt ihre Strahlen in streitende, rechthaberische Herzen hinein. Diese Liebe liebt alle, die uns schmähen und verleumden, mit göttlichem Erbarmen; denn sie kommt als Strom der Liebe aus dem Herzen Gottes. Darum hat sie keine Grenzen und Schranken und bekümmert sich nicht um das, was ihr Ungemach und Schmach einbringen könnte. Sollte ich nicht glauben, dass Jesus auch uns durch Sein blutiges Opfer zur völligen Liebe erlöst? Wie oft hatte ich erfahren, dass Gott zu Seinen Verheißungen steht!

Allerdings müssen wir auch bereit sein, dafür die Erziehungswege Gottes zu gehen. Der Glaube allein macht es nicht. Glauben und Züchtigungswege gehören zusammen, das hatte ich auf dem Weg nach Kanaan gelernt. Denn wenn die Bibel sagt, dass wir im Glauben an Jesu Blut gereinigt werden, dann sagt sie ebenso, dass Er uns züchtigt, damit wir an Seiner Heiligkeit Anteil haben (Hebr. 12,10). Wer nur an den Sieg Jesu glaubt, Sein Blut rühmt, aber nicht willig ist, sich vom Vater Erziehungswege führen zu lassen, der wird kaum Sieg erfahren und kann keine Frucht bringen. Doch wer das Blut Jesu in Wahrheit in Anspruch nimmt, der ist auch willig, sich vom Herrn erziehen zu lassen. So benutzte Gott das Buch von Richard Ising zur Erhörung meiner Gebete, dass Er mich mehr in das Bild Seiner Liebe gestalten möge!

In den Jahren darauf – 1968/69 – wurde meine Liebe neu geprüft. Mutter Martyria und ich erlebten leidvolle Enttäuschungen, ähnlich denen, wie sie Paulus beschreibt: Solche, die ihm anfangs nahegestanden und mit ihm zusammengearbeitet hatten, wurden später seine Gegner. Wir machten diese Erfahrung bei Freunden im In- und Ausland, gerade bei solchen, die wir sehr geliebt hatten. Sooft dabei schmerzliche Wunden geschlagen wurden, war es mir, als ob Jesus auf mich schaute: Wie werde ich mich jetzt verhalten? Bin ich voll Erbarmen, wie Er barmherzig ist – liebe ich, wie Er geliebt hat – kann ich geduldig ausharren im Leiden, wie Er geduldig ausgeharrt hat?

Dabei hämmerte mir der Herr ins Herz: Es geht in deinem Leben um eines, um die Liebe. Alle unsere Werke, die nicht von Liebe geprägt sind, werden vergehen; alles wird sterben, was nicht aus der Liebe getan ist. Die Liebe ist es allein, die niemals aufhört (1. Kor. 13,8); sie ist ewig, unsterblich, weil sie göttliches Leben in sich trägt.

Von der versöhnenden Liebe zu künden, war nun im Besonderen mein Auftrag – bei unseren Rüstzeiten, durch unsere Zeitschrift IN ALLE WELT, durch meine Schriften. Doch ich hatte diesen Ruf zur Versöhnung durch Jesu Liebe auch übers Meer zu tragen, zu Christen und Heiden. Die Botschaft von der versöhnenden Liebe war mein Leben geworden. Immer wieder wurde mir nach einem Vortrag gesagt: „Das ist genau das, was wir brauchen; denn bei uns herrscht viel Streit und Zwistigkeit, überall sind verbitterte Herzen." Weil es ein Lebenszeugnis und keine theoretische Lehre war, wurden andere zur Versöhnung bereit.

In Kanaan, das ein kleines Königreich der Liebe werden sollte, musste diese Botschaft an erster Stelle stehen: Die Jesusliebenden sind die Barmherzigen; denn wer Gott liebt, liebt auch seinen Nächsten, ja seinen Feind. Die Einheit der Liebe mit Gott hat zur Folge die Einheit der Liebe untereinander. Selbst wenn der Bruder mir zum Feind wird, bleibt die Hand des Jesusliebenden zur Versöhnung ausgestreckt.

So wurden all diese Kämpfe um die völlige Liebe ins Fundament Kanaans gelegt, gerade vor seiner Einweihung.

DAS KANAAN-VATERDANKFEST

Dem Vater sollte am 10. Juli 1966 für die Vollendung Kanaans, für die Erfüllung Seiner Verheißungen von einer großen Gemeinde Dank und Lobpreis gebracht werden. Mit diesem Tag wurde ein Markstein in der Geschichte Kanaans gesetzt. Es war die Krönung aller Vaterwege Gottes mit uns.

An diesem strahlenden Festtag lag unser Land Kanaan bebaut und angelegt vor aller Augen da. Über tausend Freunde waren gekommen, um den Herrn, der sich so wunderbar erwiesen hatte, mit uns zu preisen. Die Fahnen von zwanzig Nationen waren auf unserem kleinen *Berg der Seligpreisungen* aufgepflanzt. Aus so vielen Ländern, auch von anderen Erdteilen, waren Festgäste angereist. Wunderbares war geschehen, was man jetzt vor Augen sehen konnte. Gottes Verheißungen hatten sich tatsächlich erfüllt. Auf Wegen des Glaubens, ohne menschliche Macht und Möglichkeiten, allein durchs Gebet war das Land eingenommen worden. Die fest geplante Umgehungsstraße, Siedlungen der Stadt und der amerikanischen Armee waren endgültig verlegt worden. Die Geldmittel zum Erwerb der Grundstücke, zum Bau der Häuser und zur Gestaltung der Kanaan-Anlage waren durch Gottes Eingreifen zusammengekommen.

Was Gott hier getan hatte, offenbarte Sein Herz voll Liebe, Seine überströmende, verschwenderische Vatergüte. Sein großes Tun war es wert, dass Menschen von weither kamen, um mit uns den „Vater der Güte" zu preisen. So fand sich am *See Genezareth* vor dem *Berg der Seligpreisungen* eine zahlreiche und vielgestaltige Festgemeinde zusammen. Tatsächlich – ein kleiner See war auf Kanaan entstanden. Wer konnte fassen, welches Wunder das bedeutete! Wer konnte ahnen, welche Glaubens- und Leidensstunden es gekostet hatte, bis das Wasser da war! Denn Kanaan hatte Steppencharakter mit seinem sandigen, unfruchtbaren Boden in unserer niederschlagsarmen Gegend.

Nur im Glauben war damals das Seebecken ausgebaggert und von Schwestern ausgepflastert worden. Denn vom Wasserwirtschaftsamt hatten wir die Auskunft bekommen, eine Brunnenbohrung in diesem Gebiet lohne sich nicht. Man könne bestenfalls Wasser zur täglichen Versorgung für einen Haushalt von vier bis fünf Personen bekommen. Wenn es um die Wasserversorgung eines so großen Geländes wie Kanaan gehe, müsse der Ertrag einer Bohrung ein Wunder sein, gleich einem biblischen Ereignis. Doch der Herr hatte einen Hoffnungsstern aufblinken lassen, indem Er Karl Erdmann, einen Weingroßhändler aus Lützelsachsen, den wir bis dahin kaum kannten, nachts weckte, damit er für Wasser auf Kanaan bete. Gott gab ihm dann auch ins Herz, für eine Bohrung auf Kanaan zu sorgen.

Nun aber, an diesem großen Festtag – ein Posaunenstoß: Alle Augen wandten sich in die Richtung, aus der man ein Wasserrauschen hörte. Das Wasser aus der Beregnungsanlage stieg hoch und strömte über die Wiesen und Felder. Von der anderen Seite her rauschte der *Vaterbrunnen,* vor uns glitzerte der See. Ergriffen stimmten alle ein: „Großer Gott, wir loben Dich ...“

Was bewegte die Herzen so sehr? Unter der Festgemeinde waren manche, die in den Jahren zuvor nicht glauben wollten, dass dieses Wasserwunder geschehen könne. Mutter Martyria und ich waren im Fragen gewesen, ob wir unseren Freunden überhaupt von dem Glaubensziel sagen sollten: „Wasser auf Kanaan“ – ehe etwas davon in Sicht war. Als Bestätigung baten wir um ein Losungswort, das von Wasser sagt – und bekamen: „Ihr werdet mit Freuden Wasser schöpfen aus den Heilsbrunnen“ (Jes. 12,3). Dieses Wort setzten wir dann 1960 über den Freundesbrief, der zum Mitglauben und -beten für Wasser auf Kanaan aufrief.

Und nun, am 10. Juli 1966, schöpften unsere Freunde wirklich – während wir diesen Bibeltext sangen – Wasser aus dem Brunnen. Sie tranken das frische Kanaanwasser, das aus den Hähnchen am Brunnen fließt. Denn Gott hatte nach Jahren des Wartens, der Bereitung und Demütigung 1964 tatsächlich das Wasserwunder getan. Pro Stunde bringt unser Brunnen 25-mal so viel Wasser hervor wie etwa hundert gleich große Brunnen in dieser Gegend. Ein leitender Herr vom Wasserwerk bestätigte tief beeindruckt: „Hier ist ein Wunder geschehen!"

Ja, wir haben einen Gott, der Wunder tut! Das klang als Lobgesang vom *Berg der Seligpreisungen*, der am Nachmittag unsere Naturbühne war. Von hier aus bezeugten die Schwestern unseren Gästen und Freunden auf vielerlei Weise, was der Herr in den vergangenen Jahren getan hatte. Von hier aus wurden die Großtaten Gottes ausgerufen. Die Bewohner Kanaans traten auf, Alt und Jung. Alles wetteiferte im Danken für die Güte Gottes, dass uns dieses „Erbteil" Kanaan zuteilgeworden ist. Die Festgemeinde antwortete – das Lobpreisen, Feiern, Danken und Freuen ging über mehr als drei Stunden, ohne dass man merkte, wie die Zeit verflog.

Der Vaterbrunnen, der unentwegt sprudelte, war mir ein sichtbares Zeichen dafür: So sprudelt aus dem Herzen Gottes Güte und Liebe ohne Unterlass. Das hatte ich erfahren – ein Quell der Güte ist das Herz unseres Gottes. Und die Vaternamen Gottes, wie sie auf dem Brunnenrand zu lesen sind, klangen wunderbar vertont den ganzen Tag über Kanaan. Die große Gemeinde stimmte mit ein: „Vater der Güte – der Liebe – der Gnade; Vater des Trostes – der Treue – des Erbarmens – der Geduld".

In den Pausen sah man überall auf Kanaan Gruppen von Festgästen, die sich erfreuten an dem, was hier geworden war. Ja, Kanaan, noch drei Jahre zuvor ein Gelände mit ungeordneten Sandbergen und verdorrten Wiesen, lag nun mit seinen Hügeln und dem See, mit seinen Brunnen, seinen Dank- und Denkmälern als ein kleines Prachtland vor uns. Alles pries die Schöpferherrlichkeit Gottes: die saftigen Wiesen, die bunten Blumen, die Büsche und Bäume voll Schönheit. Die verschiedenen Häuser auf unserem Kanaan standen schuldenfrei da. Wer konnte diese Vatergüte fassen?

Es war, als ob des Vaters Güte sich auch im Wetter dieses Tages erzeigen wollte. Wir waren ganz auf gutes Wetter angewiesen, weil die Feierlichkeiten zum großen Teil am *Vaterbrunnen* und am *Berg der Seligpreisungen* stattfinden sollten. Und mitten im Juli war große Hitze zu befürchten mit brennender Sonne oder starkem Gewitterregen. Doch der Vater gab das schönste Wetter. Es war ein milder, warmer Tag, sodass alle draußen sitzen konnten. Noch vollkommener hätte es nicht sein können; erst als die letzten Gäste abgefahren waren, setzte der Regen ein.

Für den Festgottesdienst am Vormittag in der Jesu-Ruf-Kapelle war mir im Herzen, Gottes Vatergüte zu preisen, indem ich unseren Töchtern vor Gottes Angesicht und im Beisein der Gemeinde verschiedene Fragen vorlegte:

Hat Gott uns all die Jahre jeden Tag den Tisch gedeckt und uns versorgt?
Hat der Herr im Blick auf Kanaan Sein Wort gehalten?
Hat Er sich als Vater erwiesen?

Daraufhin standen sie auf und antworteten von ganzem Herzen mit „Ja, Amen". Sie hatten miterlebt, vor wie vielen Unmöglichkeiten, Nöten und Abgründen wir gestanden hatten. Darum wussten sie, welch ein Erleben von Gottes Macht, Güte und Durchhilfe es in sich schloss, wenn sie mit Ja antworten konnten. Ein mächtiger Chor der Anbetung und des Dankes scholl als Echo zu Ihm empor.

Draußen vor der Jesu-Ruf-Kapelle war dieser Dank gleichsam in Stein gehauen – sechs Gedenksteine mit Gottesworten, die der Herr uns im Lauf der Jahre für den Bau Kanaans gegeben hatte, sagten von unserem Dank für Seine Wundertaten und Seine Hilfe.

Wohin mein Auge schaute – mein Herz konnte nur staunen. Was hatte Gott getan! Ich musste anbeten: Wir haben einen Gott, der Wunder tut, einen Vater voll Güte, der nicht nur Verheißungen gibt, sondern sie erfüllt und der sich als Ja und Amen erwiesen hat.

ICH PREIS DEN NAMEN, DER JA UND AMEN

Schon seit Beginn unserer Marienschwesternschaft spielte ich abends oft bei offener Zimmertür auf dem Harmonium und sang unseren Töchtern Lieder von der Liebe zu Jesus ins Herz, von Seinem Leiden, von der Güte des Vaters, von der Herrlichkeit des Himmels. Sie kannten meine Lieblingslieder und warteten schon darauf. In den Jahren nach dem Vaterdankfest aber war es vor allem *ein* Lied, das ich immer wieder singen musste. Ich hatte es niedergeschrieben im Glauben und im vorweggenommenen Dank, dass wir einen Gott haben, der alle Wege herrlich hinausführt:

> Ich preis den Namen, der Ja und Amen,
> ich preis die Wege, die ich musst gehn
> in dunkler Nacht, die mir gebracht
> Frucht, Segen ohne Ende.

> Ich preis den Namen, der Ja und Amen,
> der führt zum Ziel, weil Gottes Will'
> einzig nur Güte, Liebe ...

Dieses Lied bewegte mich darum so sehr, weil ich es auf manchen Gebieten meines Lebens nun nicht mehr nur im Glauben zu singen brauchte, sondern tatsächlich erfahren hatte: Er vollendet das Werk, das Er uns aufgetragen hat. Ich durfte etwas davon schauen, dass Sein JA AMEN über vielem geschrieben stand, was Er mir verheißen hatte.

Durch die anfechtungsreichen Glaubenswege für Kanaan, die der Herr so wunderbar zum Ziel geführt hatte, waren viele Menschen ermutigt worden, selbst Glaubensschritte zu tun. Beiläufig erzählten Missionarinnen aus dem Fernen Osten, dass sie in größter Not, als ihre Kinderbaracken durch Hochwasser zerstört worden waren, unser Buch REALITÄTEN – GOTTES WIRKEN HEUTE

ERLEBT bekamen und dann im Glauben daran gingen, ein festes Haus als Kinderheim zu erbauen, das nun vollendet dastand. – „Ich bin dabei, ein Kanaan aufzubauen, ein Glaubenswerk für einheimische Kinder", schrieb ein Pfarrer aus Afrika. – „Ich möchte solch ein Kanaan in England bauen helfen", ein anglikanischer Pfarrer. – „Ein Stück Land für ein Kanaan habe ich schon", berichtete uns eine Schwester aus Indien. Überall hatte Gott Einzelne erweckt, durch den Glauben die Königsherrschaft Jesu Christi auf Erden mehr und mehr sichtbar zu machen vor vielen Zeugen.

Und Gott hatte außer denen, die den Kanaangedanken für sich und ihre Länder aufnahmen, auch solche erweckt, die unseren Kanaan-Auftrag zu verwirklichen halfen. Nach Glaubens- und Leidenswegen spart es der Herr tatsächlich nicht erst für die jenseitige Welt auf, uns mit Gutem zu überschütten, sondern vergilt schon jetzt hundertfältig, auch unter Verfolgung, wie Er versprochen hat (Mark. 10,30). So gab Er uns Freunde, die uns in mancherlei Hinsicht beistanden. Er gab uns einen Arzt, der in großer Liebe und Selbstlosigkeit für uns da war. Er gab uns einen getreuen Oberpolier zur Seite – einen Oberbaudirektor und einen Bürgermeister, die sich für uns einsetzten. Er gab uns Berater für fast alle Gebiete unserer vielfältigen Sendung, für die Ruferspiele, für die Druckmaschinen und fürs Tonstudio, für die Landwirtschaft und die Bienen, für Lobpreistafeln und Keramik. Er gab Wohltäter, die Gaben und Opfer brachten und so Kanaan mit erbauten. Und Er gab uns schließlich Sendungsträger, die auf Kanaan entzündet wurden, Botschafter an Christi statt zu sein für ihr Land oder ihre Gegend.

Außerdem erfüllte der Herr auch in anderer Weise die Verheißung, die ich seit 1945 immer wieder vor Ihn gebracht hatte: „Ich will unter ihnen wohnen und will ihr Gott sein, und sie sollen mein Volk sein" (Hes. 37,27).

Wie oft hörten wir – trotz uns und aller unserer Schwächen – aus dem Mund unserer Gäste und Besucher, auf Kanaan sei ein Anbruch des Himmelreichs oder Paradieses zu spüren. Sie durften Gott begegnen, wurden erneuert und glücklich, Scharen von

Menschen Jahr für Jahr – und für alle geschah es auf dem Weg der Reue, wie wir es auch selbst erfahren haben. Aus unterschiedlichen Ländern kamen sie von nah und fern auf Kanaan zusammen. Die meisten gingen wieder in ihre Länder zurück, voll Freude, weil sie durch Reue und Beichte neu die Vergebung Jesu erfasst hatten und von ihrer Sündenlast befreit worden waren. Größere Liebe zu Jesus hatte ihre Herzen entzündet, Ihm nachzufolgen und für Ihn zu leiden. Ja, Kanaan war eine viel besuchte Stadt geworden, wo sich Jesusliebende aus allen Kreisen und Glaubensrichtungen treffen. Und viele kamen in dieser letzten Zeit noch zum Glauben und wurden Jesu Eigentum – auch Jugendliche. Wie konnte ich anders, als darüber wieder und wieder zu singen: „Ich preis den Namen, der Ja und Amen…"

Aber nicht nur viele Besucher und Gäste hatte der Herr nach Kanaan geschickt. Es verging kein Tag, an dem ich Ihm nicht dafür dankte, dass Er uns Töchter gegeben hat, an denen bereits abzulesen ist, wie sich der Glaubenskampf ausbezahlt. Auf ihre innere Bereitung habe ich zusammen mit Mutter Martyria viel Mühe verwandt und dafür gebetet. Aber nun hat der Herr auch göttliche Freude anbrechen lassen. Schwestern, die zu Depressionen neigten, sind fröhlich geworden, hart Gebundene frei, Disharmonische gelöst. Sicher brachten sie mir auch Enttäuschungen und Anfechtungen, doch vor allem sind sie mir zur großen Freude geworden. Ihnen galt meine Liebe, und jede einzelne unserer Töchter ist mir wie ein Juwel. Sie alle wurden durch Jesu kostbares Blut erlöst, von Ihm erworben, von Ihm gewonnen, und zwar zu Seiner Braut, zur Braut des Lammes, und die Arbeit an ihnen war nicht vergeblich.

Die innere Verbundenheit als Familie, die Mutter Martyria und ich von Anfang an mit unseren Töchtern hatten, war von Jahr zu Jahr fester und inniger geworden. Denn das Band der Liebe, das durch ständige gegenseitige Vergebung entsteht, ist das stärkste Band. Dieses Vergeben ist mir deshalb nicht schwer geworden, weil ich mich immer selbst schuldig wusste. Wie oft hatte ich in der Geduld versagt, in der demütigen Liebe und Güte, und es den Schwestern dadurch nicht leicht gemacht. Darum danke ich ihnen, dass sie mir mit so zarter Liebe begegnen.

Die Liebe und Verbundenheit untereinander in unserer großen Familie ist in dem Maß gewachsen, wie sie Jesus gegenüber zugenommen hat. Was die früheren Jahre oft beschattet hatte, nämlich Gleichgültigkeit gegen Gottes Aufträge und dass man mehr mit sich selbst als mit den Anliegen Seines Reiches beschäftigt war, ist zumeist gewichen. Unsere Töchter leben mit in den Leiden und Freuden der Sendung, die Gott uns aufgetragen hat.

Beglückend sind unsere Tischgemeinschaften, bei denen von allem berichtet wird, was für uns wichtig ist, und von denen viel Inspiration und Ansporn für unsere Aufträge ausgeht. Alle sind voll Freude, wenn wieder ein Sieg fürs Reich Gottes erfochten wurde, wenn entsprechende Briefe aus unseren Niederlassungen vorgelesen werden oder von allen Seiten Sendungsnachrichten einlaufen. Höhepunkte sind die gemeinsamen Morgenwachen und das abendliche Zusammensein. Bei den Glaubens- und Sendungsabenden setzen sich alle mit innerer Beteiligung im Gebet ein und rühmen Jesu Sieg über diesen oder jenen Auftrag.

Auch die monatliche Rücksprache mit den einzelnen Schwestern ist mir ein Geschenk, weil ich dann an viel Kostbarem, was Jesus in sie hineingelegt hat, Anteil bekomme. Und welch gesegnete Stunden habe ich mit kleinen Gruppen unserer Töchter! Da sprechen wir etwa über die Himmelsherrlichkeit, auf die wir zuleben dürfen. Dann wieder treibt es uns, den Vater zu besingen oder die Liebe Jesu. Dabei sind wir eine glückliche Familie – Kinder Gottes, des einen Vaters, Braut des Lammes, geführt vom Heiligen Geist, vereint in der Liebe und voll Sehnsucht auf den Tag, an dem wir einst in der Ewigkeit das Lamm Gottes anbeten dürfen.

Dieses Leben mit unseren Töchtern war, seit ich Mutter der Marienschwesternschaft bin, Herzstück meines Lebens. Denn wo wir lieben, da ist unser Herz. Deshalb hatte der Herr mir gerade in diesem Punkt so viele Gelegenheiten zum Opfer gegeben. 1952 war es Sein Ruf in die Stille – einige Jahre später kamen zu meinen Klausurzeiten noch die Reisen, und auch danach wusste ich, was davon abhängt, dass ich meinem Gebetsauftrag in der Stille treu blieb. Darum galt es für mich von vornherein, den Jahreskalender so einzuteilen, dass – meist im Wechsel von Woche zu Woche – die Zeit allein mit Jesus und die Zeit inmitten unserer Töchter mit allen Aufgaben zu gleichen Teilen eingeplant war. Dieses zweigeteilte Leben hatte aber nicht zur Folge, dass die Schwestern zu kurz kamen, sondern dass Gott die Zeiten, in denen ich bei ihnen war, umso mehr segnete.

Doch nicht nur dafür danke ich viel, dass der Herr mich in unserer Marienschwesternschaft hier auf Kanaan etwas von Seinem JA AMEN erfahren lässt, sondern auch, dass Er es in gleicher Weise bei unseren Töchtern in den Niederlassungen tut. Sie waren aus Liebe zu Jesus bereit, Kanaan, Mütter und Schwestern zu verlassen und ihr Leben in anderen Ländern einzusetzen, damit dort Himmelreich anbreche. Die Sendungsanliegen, die Gott ihnen für ihr Land gegeben hat, sind ein Teil ihrer selbst geworden.

Zwar fiel es mir jedes Mal schwer, in dieser unsicheren Zeit Schwestern in andere Länder ausreisen zu lassen, doch hat der Herr uns nicht nur Töchter abverlangt, sondern Er hat uns auch wieder neue Töchter gegeben. Das gehört mit zu Seinem JA AMEN. In den letzten Jahren ging ich mit Mutter Martyria mehrmals durch unser Mutterhaus, um zu beraten, wo noch etwas an Wohnraum herauszubekommen wäre – oder ob wir wieder bauen müssten, was dann unbedingt nötig war. Denn über fünfzig Schwestern aus zehn Ländern sind innerhalb von sechs Jahren eingetreten. Für uns ist es jedes Mal bewegend, wenn wir am Eintrittstag eines neuen Kurses die Zeugnisse der Einzelnen hören, wie Jesus, der Bräutigam ihrer Seele, in ihr Leben einbrach und sie in die Marienschwesternschaft berief, auch über Landesgrenzen und Ozeane hinweg.

Entsprechendes gilt für unsere *Kanaan-Franziskusbrüder,* deren Gemeinschaft 1967 gegründet wurde. Unvergesslich ist mir eine Autofahrt während meiner USA-Reise, als ich von einem Pfarrer in Minneapolis zu weiteren Diensten abgeholt wurde. Plötzlich stand es klar vor mir: Der Herr möchte unseren Weg der

Nachfolge auch für junge Männer öffnen und sie an den Aufträgen Kanaans beteiligen. Diese Gewissheit wurde stärker als die vielen Fragen, die in Mutter Martyria und mir aufstiegen. Bald darauf berief der Herr die ersten Brüder aus den Vereinigten Staaten und aus unserem Land.

Er pflanzte sie ein in unseren inneren Auftrag, machte sie und weitere, die dazukamen, zu wirklichen Kanaan-Franziskusbrüdern. Sie können sich einerseits in gesunder Eigenständigkeit als kleine Bruderschaft entwickeln, andererseits abcr sind sie echte geistliche Söhne Kanaans. Sie beteiligen sich nicht nur mit ganzem Einsatz an allen unseren Aufträgen – sei es bei Garten-, Tonband- oder Jugendarbeit. Vor allem verlangen sie danach, aus den inneren Quellen zu leben, die Gott im Lauf der Jahre unter uns hat aufbrechen lassen.

Zum Kanaanvolk gehören auch solche, die nicht immer auf Kanaan wohnen können. Schon früh schlossen sich zumeist verheiratete Frauen, die unseren Weg seit der Erweckungszeit begleiteten, zur *Dornenschwesternschaft* zusammen. Über Jahrzehnte haben sie verborgene Opfer gebracht, die Leiden und Lasten unserer Sendung in großer Treue mitgetragen und ihre Kraft oft bis zum Letzten dafür verzehrt. Einige von ihnen hatten im fortgeschrittenen Alter den Ruf Jesu zum gemeinsamen Leben gehört und sich aus Familie und Beruf gelöst – unsere *Dornenkranzschwestern.* Ihr Haus *Jesu Trost* im Süden Kanaans wurde auch zur Heimat für die Dornenschwestern.

Mein Dank für Gottes JA AMEN gilt vor allem der inneren Erneuerung, die Er in den letzten Jahren unter Dornenschwestern und Dornenkranzschwestern gewirkt hat. Auch sie hatten Zeiten der Reifung und Bewährung durchlaufen. Und es ist mir ein Trost und eine große Freude, mitzuerleben, wie sie die Bastion für unseren Herrn und Gott halten – die einen vor allem im Gebetsdienst, die anderen an vorderster Front mitten in unserer dunklen Welt.

Und auch dafür bin ich voll Dank, dass der Herr so viele treue Kanaanfreunde im In- und Ausland erweckte, die sich für die

Aufträge Kanaans einsetzen und dafür leben möchten, dass da und dort Himmelreich anbreche.

Dazu aber hat der Herr mir noch viele andere innerlich verbunden, deren Länder und Sprachen ich nicht kenne, Freunde, Leser und Hörer. Ihre so unmittelbaren, herzlichen Echos kann ich immer wieder nur Gott zurückgeben und sagen: Ja, Sein Wort ist wahrhaftig, Er tut, was Er verspricht.

ALTELTERN SCHLINK

Doch der Herr gab uns nicht nur Freunde und Wohltäter – Er hatte noch ein besonderes Geschenk für unsere Schwesternschaft bereit, für das ich persönlich voll Dank bin. Es waren die *Alteltern Schlink* – so nannten die Schwestern meine Eltern, und so unterschrieben meine Eltern ihre Grüße an die Schwestern.

Kanaan und die Marienschwesternschaft sind die Liebe meiner Eltern geworden. Von der Vielzahl ihrer „Enkel" – unserer Schwestern – kannten sie jede Einzelne, und in ihren Gebeten hatten Kanaan und die Marienschwestern, vor allem die in den Auslandsniederlassungen, einen großen Platz. Auf Kanaan gab es kein Fest, keine Feier zu der sich meine Eltern nicht einstellten, wenn es ihnen gesundheitlich möglich war – bis in ihr 90. Lebensjahr hinein. Und als bei meinem Vater gegen Ende seines Lebens das Gedächtnis nachließ, war ihm dennoch alles lebendig gegenwärtig, was die Anliegen Kanaans und der Schwesternschaft betraf. Er wusste die konkreten Fürbitteanliegen und brachte sie Tag für Tag in langen Gebeten vor Gott.

Diese Liebe zu Kanaan, zur Marienschwesternschaft, war für mich ein Zeichen des Eingreifens Gottes. Immer neu musste ich darüber singen: „Ich preis den Namen, der Ja und Amen ..." Denn so war es nicht von Anfang an gewesen. Meinen Eltern war es begreiflicherweise sehr schwer, wie ich seit 1935 lebte, vor allem, als ich begann, in den Fußtapfen Jesu den Weg der Armut zu gehen. Mein Vater, Hochschulprofessor und langjähriger Rektor der Technischen Hochschule, hatte mich studieren lassen bis zur Promotion – und ich hatte bald danach alle standesgemäßen Stellen ausgeschlagen.

Dennoch brachten meine Eltern das Opfer, unsere große Schwesternfamilie in ihr Haus aufzunehmen, was Einschränkungen an Raum und Stille für sie bedeutete. Während sie kaum an unserem schwesternschaftlichen Leben beteiligt waren, beanspruchte es meine Kraft und Zeit völlig. Das war für sie ein Verzicht. Wohl lernte ich in diesen Jahren die Gelegenheiten auszunützen, die mir blieben, um meinen Eltern Anteil zu geben an dem, was unser junges Werk betraf. Aber weil es mir nicht möglich war, den Anspruch, den meine Eltern auf mich erhoben, vor Gottes Aufträge zu stellen, war es unvermeidlich, ihnen Enttäuschungen und Kummer zu bereiten. In ihrem hohen Alter sorgten sie sich auch, sie könnten gerade dann sterben, wenn ich auf einer Vortragsreise im Ausland sei. Das legte sich als große Last auf sie, und um ihretwillen brachte es dann auch mir Schmerzen. Aber Jesu Wort sagt: „Wer Vater oder Mutter mehr liebt als mich, der ist meiner nicht wert" (Matth. 10,37).

Auch waren manche Wege, die mich der Herr nun gehen ließ, meiner Familie anfangs unverständlich und brachten Schwierigkeiten. Die Glaubenswege zum Beispiel waren für meinen Vater als Physiker und Professor für Mechanik sehr ungewöhnlich und fragwürdig. Bei ihm musste alles aufgehen, im Voraus gesichert sein; es mussten Kostenvoranschläge und klare Finanzierungsnachweise vorliegen – was an sich auch meiner Veranlagung entsprach. Nun aber wurden meine Eltern überrascht von einem Glaubensabenteuer nach dem anderen, wodurch für sie jedes Mal die Familienehre auf dem Spiel stand. Nie werde ich vergessen, welch ein Erschrecken mein Vater zum Ausdruck brachte, als ich ihm Gottes Auftrag für unser Land Kanaan unterbreitete.

Gerade um meiner Eltern willen war es mir eine besondere Güte Gottes, wie treu Er sich in den Jahren der Entstehung

Kanaans erwies. So wurden sie selbst Zeugen, dass Gottes Aufträge beglaubigt wurden, indem sie sich verwirklichten. Mein Vater staunte von Jahr zu Jahr mehr über die Wunder, die Gott auf Kanaan tat. Tiefer Dank strömte aus seinen Gebeten. Jedes Mal begann er zu strahlen, wenn ich ihm von einer neuen Gebetserhörung erzählte. Nun pries mein Vater die „himmlische Mathematik", mit der Gott ein ganzes Kanaan hatte erstehen lassen. Welch eine Erfüllung bedeutete das für mich nach manchem Schweren in den vorangegangenen Jahren!

Die Liebeseinheit mit meinen Eltern in unserem Herrn, die im letzten Jahrzehnt so innig und warm geworden war, gehört darum zu diesem Ja-Amen-Kapitel. Gott hatte sie nach manchen Kämpfen, Leiden und Reuetränen als Seinen Sieg geschenkt und ließ auch darin Kanaan als Anbruch Seines Reiches der Liebe aufleuchten.

LETZTE STUNDE, UM DIE SENDUNG NOCH AUSZUFÜHREN

Gott hatte mir während der Wochen am Sinai einen Auftrag für die Völker gegeben. Darum begannen wir in den folgenden Jahren – noch ohne die entsprechenden technischen Voraussetzungen –, aus meinem Schrifttum einfache Radiobotschaften in Deutsch und einigen Fremdsprachen zusammenzustellen. Als wir mit diesem Material bei verschiedenen Rundfunkstationen anfragten, bekamen wir nur eine einzige Zusage – zu unserer Freude jedoch gerade für russische Programme, mit denen auch manche unserer verfolgten Brüder und Schwestern erreicht werden konnten.

Doch schon im Frühjahr 1966 wurden – als Reaktion auf das Buch von Richard Ising – diese Sendungen wieder eingestellt. Das war mir ein großer Schmerz. Ende 1969 schickten wir nochmals Material an Rundfunkstationen in aller Welt. Diesmal kamen positive Antworten von den Philippinen, aus Indonesien und Indien – jeweils Stationen von *Far East Broadcasting Company* (FEBC) –, außerdem aus Addis Abeba, Äthiopien, aus Monaco für tschechische Sendungen, von der russischen Abteilung der BBC London und aus Rom für deutsche Sendungen nach Sibirien.

Nun zeigte es sich, dass unsere bisherigen primitiven und zeitraubenden Möglichkeiten zur Programmherstellung völlig ungenügend waren. Um die laufenden Bitten der Sender erfüllen zu können, brauchten wir dringend ein Tonstudio – nur: Wie sollten wir Rundfunkarbeit in größerem Rahmen durchführen ohne Gelder, ohne Erfahrung, ohne Fachkräfte? Und würden wir nach dem Bau eines Studios überhaupt noch die erforderliche Zeit haben, wo bereits dunkle Wolken der Christenverfolgung am Horizont aufzogen und Naturkatastrophen sich häuften? Gott gab mir die Gewissheit, es trotz allem zu wagen. Auf überwältigende Weise kamen Spenden zusammen für die hohen Ausgaben. Der Herr erweckte unter Schwestern und Brüdern die für das Fachgebiet Tontechnik nötigen Gaben und führte auch entsprechende Mitarbeiter zu uns. Und tatsächlich konnte unser Kanaan-Studio im Februar 1971 seine Arbeit aufnehmen.

Damit hatten wir ganz andere Möglichkeiten, Rundfunkbotschaften herzustellen. Ich konnte die deutschen und zum Teil die englischen Texte im eigenen Studio sprechen; passende Lieder und Instrumentalmusik wurden ebenfalls im Studio aufgenommen. Und Gott tat das Unfassliche: Innerhalb kurzer Zeit wurden unsere Sendungen (1, 2, 5, 15 und 30 Minuten) in mehrere Sprachen übersetzt und täglich oder wöchentlich in alle fünf Erdteile ausgestrahlt. Millionen Menschen bis an die Enden der Erde werden dadurch erreicht. Gottes Gedanken sind wahrlich höher als unsere.

Echos kamen nun aus dem indonesischen Dschungel, aus dem vietnamesischen Kriegsgebiet, aus indischen Oberschulen und amerikanischen Großstädten, aus dem Urwald von Birma und von einsamen Missionsstationen in Neuguinea und Malaysia. Das ließ mich oft staunen über die Ratschlüsse Gottes, die so unbegreiflich und wunderbar sind. Aber die Eile, mit der Er uns die Türen öffnete und alle Wege ebnete, schienen mir zu bestätigen, dass wir nur noch sehr wenig Zeit haben. Zeichen der Finsternis, Sünde, Schmutz und Perversitäten beherrschten mehr und mehr unsere Völker.

Jahre hindurch hatte ich das Anliegen im Herzen, durch einen Film Alt und Jung im In- und Ausland auf zeitgemäße Weise glaubhaft nahezubringen, wer unser Gott ist. Wir hatten dafür das Losungswort bekommen: „Darum, meine lieben Brüder, seid fest, unerschütterlich und nehmt immer zu in dem Werk des Herrn, weil ihr wisst, dass eure Arbeit nicht vergeblich ist in dem Herrn" (1. Kor. 15,58). Doch für die Herstellung eines Films fehlte uns jede Voraussetzung.

Aber nun, 1972, war ganz deutlich Gottes Stunde, einen Film über Kanaan in Angriff zu nehmen. Man nannte uns eine Filmgesellschaft, die technisch fähig und geistig sensibel sei für diese Aufgabe. Die Termine klärten sich unter himmlischer Regie. Gottes Geist half uns, ohne jede Erfahrung in kurzer Zeit das Drehbuch zu schreiben. Für die zwei Wochen Drehzeit schenkte der Vater uns strahlendes Wetter und ließ eine Fülle filmenswerter Begebenheiten gerade in diese Zeit fallen. Er sorgte auch für Spenden, sodass wir alle Rechnungen begleichen konnten. Es schien zwar, als habe der Teufel eine große Wut auf den Film, denn er versuchte, ihn beim Entwickeln und auch bei späteren Arbeitsgängen teilweise zu vernichten. Doch vergeblich: Der Herr stritt für unseren Kanaanfilm SO IST UNSER GOTT! Mit der englischen Fassung konnte schon begonnen werden, während die deutsche noch in Arbeit war.

An der Wirkung des Films zeigte Gott, wie sehr es Ihm am Herzen gelegen haben muss, dadurch Suchende, Sich-Sehnende, Resignierte, Lau-Gewordene heimzurufen an Gottes Herz, den Quell allen Lebens. Jesusliebende wurden neu und tiefer zur Liebe entzündet. Wie lange hatte mir dieser Film im Herzen gebrannt! Ich hatte den Herrn jahrelang wieder und wieder angefleht, dass Er unseren Kanaanfilm gelingen lassen, ihn für Sein Reich zu einem ausgeworfenen Netz machen und noch Gnadenzeit schenken möchte, damit wir mithelfen können, noch viele zu retten. Denn wir kennen den allmächtigen und allliebenden Gott, unseren Vater, und dürfen täglich erfahren, wer Jesus, unser Erlöser, ist und was Sein Heiliger Geist vermag – das müssen noch viele erfahren! Aber bisher hatten uns die Möglichkeiten gefehlt, dies den Menschen weltweit nahezubringen.

Wohl arbeiteten seit Jahren unsere *Kanaan-Feuerteams* in treuer Kleinarbeit. Sie verteilten Kernworte, verbreiteten unsere Kleinschriften, stellten Ruferkästen auf, eroberten Touristenziele für Rufertafeln und gewannen immer wieder auch Freunde, die bereit waren, Telefonanschlüsse für Kurzbotschaften zur Verfügung zu stellen. Sie machten Plakataktionen, sammelten sich in Hauskreisen, um Tonbandansprachen zu hören, reisten mit Kanaan-Diaserien durchs Land und taten vieles mehr. Aber in mir war immer die Klage: Was ist das im Anblick der Millionen? Wir müssten ihnen konkret zeigen können, wie und wer Gott ist, dass Er der Lebendige ist, für den es nichts gibt, auch keine Sünde, womit Er nicht fertig wird. Es müsste den Menschen vor Augen gemalt werden, welche Freude aus Buße und Sündenvergebung kommt – wie glücklich es macht, mit Gott und untereinander versöhnt zu leben – wie Er Probleme löst und unsere Angst überwindet – wie über alle und alles liebenswert unser Gott ist!

Nun war der Kanaanfilm da und nahm seinen Lauf durch viele Städte unseres Landes. Und das war nicht alles: das noch in der Entwicklung begriffene Kabelfernsehen in Kanada interessierte sich für unseren Film, kaum war die erste Nachricht darüber dorthin gedrungen. Und auch in den USA wurden für große Tagungen und Fernsehstationen sogleich Termine festgemacht, und Verleihstationen übernahmen es, den englischen Film in alle Staaten zu bringen. Gäste aus Neuseeland und Australien, die auf Kanaan von unserem Film gehört hatten, bestellten Kopien, noch ehe er fertig war. Fernsehunternehmen anderer Länder bewarben sich darum. Fassungen in weiteren Sprachen entstanden. Bis hin nach Indien, Taiwan und den Philippinen wurden Wege gesucht, unseren Film in Landessprachen übersetzen zu lassen.

Mit dieser rapiden und weltweiten Ausbreitung unseres Sendungsauftrags hatte der Herr mir zugleich eine Antwort auf die Frage gegeben, warum Er den Völkerreisen Einhalt geboten hatte, die doch seit dem Sinai-Aufenthalt bis 1969 für mein Leben prägend gewesen waren. Noch 1970 war ich gebeten worden, in Indonesien zu sprechen, unter anderem auf Timor bei neu erweckten Gläubigen und bei einer Glaubenskonferenz in Batu. Ich hatte zugesagt, und die Reise war bis ins Kleinste vorbereitet – als Gott eingriff. Die Fahrtrichtung meines Lebensschiffs wurde um 180 Grad gedreht. Ich wurde so krank, dass der Arzt die Indonesienreise nicht erlaubte. Nach Gottes Ratschluss sollte ich nun durch Rundfunksendungen, später durch den Film und durch meine unerwartet schnell in anderen Ländern und Sprachen verbreiteten Schriften wirken. Damit befreite mich der Herr nicht nur von der Last der Völkerreisen, die über meine Kraft gegangen wären, sondern Er wartete auch auf mich mit einem neuen Auftrag.

JAHRE IM ZEICHEN
HEREINBRECHENDER NACHT –
AB 1970

BESTELLE DEIN HAUS

Zur gleichen Zeit, als ich die Reise nach Indonesien absagte, wurde mir unabhängig von meiner Krankheit auf eine Weisung des Herrn hin nahegelegt, mich mehr in die Stille zurückzuziehen. Ich solle mich auf meinen Heimgang bereiten, mein Haus bestellen, unsere Töchter für spätere Zeiten ausrüsten und mit Mutter Martyria zusammen unsere Nachfolgerinnen für ihren Auftrag vorbereiten. Seltsamerweise äußerte sich unser Hausarzt, dem solche Gedanken eigentlich nicht nahelagen, in ähnlicher Richtung.

Kaum war ich in der Stille, da kam Gottes Geist über mich und trieb mich, vieles für die Zeit nach meinem Heimgang niederzuschreiben. Es war wie ein Gnadenregen, der auf mich herabströmte. Der Herr gab mir Vermächtnisworte in reicher Fülle für unsere Marienschwesternschaft: für eine künftige Katastrophenzeit, für die verschiedenen Zweige unserer Arbeit, für die später führenden Schwestern. Wohl brachte mir dieses Schreiben angesichts der späteren Zeit viele Schmerzen und Ängste:

Ich leide Qual, die Lüfte sind schwanger vom Verderben –
und all das erwartet sie!

Doch in mir war ein starker Drang, nicht nur mich selbst zu bereiten für den Tag meiner Heimkehr, sondern bis dahin auch für unsere Töchter alles vorzubereiten und fertig zu machen. Als

Unterton klang in diesen Wochen eine leise Freudenmelodie in meinem Herzen: „Heimat, in deinem Strahl leuchtest du mir ..." Bei allem Schmerz, dass die Völkerreisen abgebrochen waren, spürte ich eine verborgene Seligkeit: *Heim, heim! Bald geht es heim zu meinem Herrn Jesus Christus.* In mir war eine verzehrende Sehnsucht, für immer zu meinem Herrn zu gehen.

So lag eine besondere Weihe auf diesen Wochen, die ich ganz in der Stille auswärts durchlebte: die Weihe von Weh und Abschied, die Weihe von der Seligkeit baldigen Heimgehen-Dürfens, und der Schmerz über das, was die Schwestern erwartet, die zurückbleiben müssen.

Die Ewigkeit war nahegerückt, das lichtumflossene Wanderziel, die Gottesstadt. Von nun an sang ich noch ganz anders als früher:

> Ich weiß von einer goldnen Stadt,
> weitab von Leid und Tränen.
> Und wer die Stadt gesehen hat,
> der wird hier unten nicht mehr satt,
> er trägt ein heimlich Sehnen.
>
> Verfasser unbekannt

Doch die Tatsache, dass die Ewigkeit nahegerückt war, konfrontierte mich auch in neuer Weise mit der Realität des Todes. Bisher war der Tod mir vor allem ein Heimkehren-Dürfen zu meinem Herrn gewesen. Schon bei dem Gedanken: *Bald bin ich daheim!* hatte eine unbeschreibliche Seligkeit mein Herz durchströmt. „Christus ist mein Leben und Sterben ist mein Gewinn" (Phil. 1,21) war eines meiner Lieblingsworte in der Bibel. Ich hatte durch Jahrzehnte etwas von dem Pauluswort geschmeckt: „Ich sterbe täglich" (1. Kor. 15,31). Darum war meine Vorfreude groß; und immer wird die Himmelssehnsucht dem vorausgegangenen Leiden und geistlichen Sterben entsprechen.

Nun aber kam mir ganz anders die Furchtbarkeit des Todes nahe, von dem es in der Heiligen Schrift heißt, dass er der letzte und damit wohl größte Feind ist, der am Ende vernichtet wird (1. Kor. 15,26). Es wurde mir zur Wirklichkeit, dass der Tod eine

Gestalt des Schreckens und des Grauens ist, zum Fürchten. Am Grab des Lazarus „ergrimmte Jesus im Geist und wurde sehr betrübt" (siehe Joh. 11,33) über die Macht des Todes, der so unendlich viel Herzeleid mit sich bringt, der lebendige Menschen in einem Augenblick in eine Leiche verwandelt, blühendes Leben im Tod erstarren lässt, und Er weinte darüber. Darum sangen unsere Glaubensväter und Liederdichter aus tiefstem Durchleiden dieser Realität so viel vom Tod, seinen Schrecken, seinem Grauen. Sie beteten, was wohl jeder, der in der Wahrheit über sich selbst lebt, nur von ganzem Herzen nachbeten kann:

> Wenn ich nun komm in Sterbensnot
> und ringen werde mit dem Tod ...
> so komm, Herr Christe, mir behend
> zu Hilf an meinem letzten End ...
> verkürz mir auch des Todes Qual!
>
> Paul Eber, 1511–1569

Der Tod stand vor mir in seiner Unerbittlichkeit – mit unserer Todesstunde zieht er einen Schlussstrich unter unser Leben. Denn dann sind alle Möglichkeiten vorbei, noch umzukehren. Jede Chance ist verspielt. Nichts mehr kann man gutmachen. So kommt der Tod zu uns als der große Entlarver unseres Lebens.

Darum war es nicht zu verwundern, dass im Angesicht des nahenden Todes auch mir alles vor Augen stand, was ich in den vergangenen Jahrzehnten getan oder versäumt hatte, wo ich die, die mir Not gemacht hatten, nicht in Geduld und Liebe getragen hatte. Besonders stand mir vor Augen meine Schuld an Jesus, unserem Herrn, die mangelnde Liebe, die fehlenden Opfer aus Liebe und Dank für Seine Erlösungstat, für Sein Vergeben und Lieben. Geschehnisse aus meinem Leben, Verhaltensweisen, Tun und Reden in Einzelsituationen, bei einzelnen Menschen standen anklagend vor mir. Der Herr schenkte in den folgenden Monaten und Jahren Zeiten tiefen Reueschmerzes, aber zugleich auch eine unendliche Dankbarkeit dafür, dass Jesus Sündern, die voll Reue sind, aus Gnaden das Himmelstor öffnen wird, weil Er Sein Blut um unserer Sünde willen vergossen hat. *Gnade* wurde mir das kostbarste Wort, weil ich rückblickend in meinem Leben nichts Gutes mehr finden konnte.

Doch aus diesem Reueschmerz, der mir in den letzten Jahren so stark und bleibend gegeben worden war, erwuchs ein leidenschaftliches Flehen: Hilf mir, noch zu lieben, wo ich nicht geliebt habe! Gib mir eine Leidenschaft zu opfern, wo ich zu wenig geopfert habe, lass mich in Leiden und Züchtigungen Dir ganz hingegeben sein! Schenk mir die Gnade, mich in meinen letzten Jahren, wenn auch in aller Schwachheit, für Dein Reich, die Sendung, die Du uns aufgetragen hast, einzusetzen wie nie zuvor!

Jetzt, wo es dem Ende meines Lebens zuging, stand das Wort Jesu wieder vor mir, das mich schon 1958, als ich todkrank war, stark beeindruckt hatte: „Ich habe dich verherrlicht auf Erden und das Werk vollendet, das du mir gegeben hast, damit ich es tue" (Joh. 17,4).

Das war meine Bitte: Vollenden, vollenden dürfen! Lass mich den Auftrag an meinen Töchtern recht zu Ende führen. Hilf mir, den Völkerauftrag nun auf andere Weise zu vollenden. Gib, dass ich in meinen letzten Jahren nicht ablasse, sondern – koste es, was es wolle – auch weiterhin das Amt des Warnens und Rufens ausführe, das mir so schwer ist. Lass mich die Aufträge aus der Stille heraus erfüllen, aus dem Anteilnehmen an den Leiden Deines Herzens über den Abfall der Menschheit von Dir und über ihre Sünden, die sich zum Himmel türmen. Stärke mich, zu tun was ich kann für meinen Hauptauftrag seit 1952: die Gemeinde der Jesusliebenden von überall her sammeln zu helfen und auf den Tag Deines Kommens vorzubereiten. Lass mich jetzt gegen Ende meines Lebens nicht müde werden, wenn das Vorgehen der Gegner mit ihren Schmähschriften die Liebeseinheit immer mehr zerstört und dieses Glaubensziel schier zunichtegemacht wird.

Im Angesicht des Todes, im Angesicht der Ewigkeit verhält man sich anders als zuvor. Gott legt dies wohl in Menschenherzen hinein, dass man die kurze Zeit auskauft und nachholen, wiedergutmachen will, was möglich ist, solange man noch auf Erden lebt. So wurden für mich diese Jahre eine Zeit, die manche Gegensätze in sich vereinigte: ich war älter, in größerer Schwachheit und schaffte doch so viel wie nie, meine Tage waren so lang wie kaum je zuvor. In Erschöpfung wurde ich immer wieder gestärkt mit Kraft von oben und lebte allein durch die Wunder Gottes. Es wurde eine Zeit, in der ich viel in der Stille bei Jesus war und dennoch viel an Aufträgen bewältigte für unsere Schwesternschaft, für die Niederlassungen, die Dornenschwestern, die Rüstzeitgäste, dazu Schriften und Rundfunksendungen.

So kann ich dem Herrn nie genug danken für den Einschnitt in mein Leben im Frühjahr 1970, für diese Krankheitszeit mit dem Einbruch vom Himmel: *Bereite dich! Lass die Völkerreisen fahren! Bestelle dein Haus!* Wenn ich auch nicht verstehen konnte, dass der Völkerauftrag plötzlich abgebrochen sein sollte, so galt doch auch gerade dafür: Gottes Gedanken und Ratschlüsse sind immer viel weitreichender und umfassender, wunderbarer, als wir es uns ausdenken könnten. Ohne dass ich unterwegs sein musste, wurde das am Sinai mir aufgetragene Werk in viel weitreichenderem Maß ausgeführt als zuvor. Ich konnte gleichzeitig mein Haus bestellen und die Schwestern zurüsten; in den stillen Zeiten mit dem Herrn wurden die Aufträge durch innere Leiden fundiert und dadurch vielseitiger und umfassender. Durch die Tränen über mein Versagen konnte ich ganz anders als bisher von der Heiligkeit Gottes sagen, von Seinen bevorstehenden Gerichten über die Sünde, von der Buße als dem einzigen Weg zur Rettung, von Seiner um uns werbenden Liebe und der seligen Erwartung des kommenden Königs.

So wurden die nächsten Schriften in der Reihe WORT ZUR STUNDE im Angesicht der Ewigkeit geschrieben. Auch SO WIRD MAN ANDERS, das Buch über den Glaubenskampf gegen die Sünde, ist ein Ertrag dieser Jahre, außerdem REICHE DER ENGEL UND DÄMONEN und HÖLLE – HIMMEL – WIRKLICHKEITEN.

25-JÄHRIGES JUBILÄUM –
VORBEREITUNGSZEIT UND JESU-LIEBE-FEST

Wer sein Haus bestellt, wird vor allem überprüfen, ob es der Reinigung bedarf, ob es Risse und Schäden hat, die noch rechtzeitig in Angriff genommen werden müssen, damit das Haus seinen Halt und seinen Wert behält. Das legte der Herr auch mir aufs Herz für unsere Marienschwesternschaft.

Wir standen einige Monate vor unserem 25-jährigen Jubiläum. Ich spürte, dass wir nicht ohne Weiteres in das Fest und in die kommende Zeit hineingehen konnten. Wohl hatten wir in all den Jahren regelmäßig Lichtgemeinschaften gehalten, Seelsorge geübt und Beichtgespräche geführt, wodurch der Herr viel an jedem Einzelnen von uns hatte wirken können. Und doch spürte ich – zum Teil ohne es recht greifen zu können –, dass sich dennoch viel an Geschäftigkeit, Gleichgültigkeit, Lieblosigkeit und anderen Gewohnheitssünden eingestellt hatte. Die erste Liebe war bei manchen verloren gegangen.

So bedurfte unser Haus, das doch ein „Tempel Gottes" sein sollte, vor dem Jubiläum dringend einer Reinigung. Das lag mir schwer auf der Seele, denn wie gern hätte ich alle unsere Töchter aus den Niederlassungen heimgerufen zu einem Familientreffen mit Feiern und Anbeten, mit stärkenden Glaubensabenden zur Zukunftsbewältigung und mit inspirierenden Sendungsstunden. Aber ich wusste: Zuvor musste eine Reinigung sein. Und ich gab mich dem Herrn dazu hin, auch wenn es tagelang dauern würde – doch hatte ich die Hoffnung, dass wir dann bald zur Freude und zum Feiern übergehen könnten.

Aber es kam anders. Gott heiligte diese zehntägige Vorbereitungszeit Ende 1971 durch Seine Gegenwart in besonderer Weise. Jesus, der Herr und Richter, war spürbar unter uns. Nachdem ich nichts mehr festhielt von dem, was mir an Freuden für die Schwestern am Herzen gelegen hatte, war ich von einer festen

Entschlossenheit durchdrungen: Jesus muss Raum und Recht haben, alles aufzudecken, was Ihm missfällt, selbst wenn es die ganze Zeit in Anspruch nehmen würde. Er muss Seinen Tempel reinigen können, hatte Er uns doch verheißen: „Hier will ich wohnen; denn es gefällt mir wohl" (Ps. 132,14 L12).

Ich spürte, wie sehr es dem Herrn in Seinem Wirken unter uns darum ging, dass jeder von uns in der Zukunft standhalten und darum jetzt rechtzeitig durchs Feuer der Reinigung gehen möchte. Er eiferte dabei um den Fortbestand unseres Werkes, wenn wir Gründerinnen einmal nicht mehr leben – und um das Ziel der Ewigkeit, uns bis zur Hochzeit des Lammes zu bringen.

So schenkte der Herr in diesen Tagen die Gnade, dass die Schwestern sich Seinem Licht öffneten. Über unserem Zionssaal war der Geist der Wahrhaftigkeit ausgebreitet. Keiner hielt zurück mit dem, was er den anderen im Licht Gottes zu sagen hatte. Furcht oder falsche Mitmenschlichkeit fand zumeist keinen Raum, es herrschte vielmehr eine Liebe, die den anderen nicht in seiner Sünde lassen will. Ich selbst spürte, dass Gott mir Stunde um Stunde beistand, während dieser Tage die Lichtgemeinschaften mit verschiedenen Schwesterngruppen durchzuführen – Mutter Martyria war in dieser Zeit gerade krank.

Als wir dann am letzten Tag miteinander anbeteten und feierten, waren wir neu beschenkt von Seiner Gnade, und ein tiefer Dank und Lobgesang erfüllte unsere Herzen, wie wir es in solcher Gemeinsamkeit vorher noch nicht erlebt hatten. Einzelne Schwestern waren fast nicht wiederzuerkennen, und aus den Niederlassungen kamen danach warme Dankbriefe für das, was sie durch diese „Tempelreinigung" an neuem Leben gewonnen hatten. Der Herr aber hatte damit schon für unser bevorstehendes Jubiläumsfest vorgearbeitet.

Mir war dafür eines im Herzen: Dieses Fest muss Jesus gewidmet sein, wie 1966 die Einweihung Kanaans ein Dankfest für den Vater war. Es muss ein *Jesu-Liebe-Fest* werden, und Jesus muss überströmende Liebe bekommen. Er soll in diesen Tagen gepriesen werden als Herr und Bräutigam, der Seine große Liebe gezeigt hat. Auf viele Weisen muss ausgerufen und verkündigt werden, wer Jesus ist, der Eine, dem keiner gleicht. So vielfach Jesus heute verachtet und verhöhnt ist – nun sollte Ihm von einer großen Schar Liebe gebracht werden, Liebe, wenn möglich, so viel wie noch nie.

Als ich mich wieder zu einigen stillen Tagen zurückgezogen hatte, um auch über das Jesu-Liebe-Fest zu beten, schenkte mir der Geist Gottes die Gestaltung der verschiedenen Feiern, die Texte dafür und dann auch die Lieder. Und auf Anregung von Schwester Agathe wurde auf Kanaan als bleibendes Zeichen für dieses Fest der *Jesusweg* angelegt, an dem entlang auf großen Tafeln geschrieben steht, wer Jesus ist.

Für den Vorabend des Festes war eine Anbetungsfeier mit abschließendem heiligem Abendmahl vorgesehen, wo Jesus, unser Bräutigam, in zarten Liedern und Melodien gepriesen werden sollte. Den Sonntag über sollte das Rühmen und Lobsingen kein Ende nehmen: wer Jesus ist, wie Er uns geführt und durch 25 Jahre geistlich lebendig erhalten hat, welch ein Schatz in der Reue verborgen liegt, welche Glückseligkeit Er denen gibt, die Ihn lieben.

Aber gerade ein solches Fest, das Jesus verherrlichen soll bei Anbruch der Weltennacht und angesichts der vielen Lästerungen, die Er zu erleiden hat, verlangt eine besondere Heiligung und Reinigung der Beteiligten. Denn Satan ist sehr geschäftig, wenn Christen Feste feiern wollen. So verbanden Mutter Martyria und ich die Einladung an unseren Freundeskreis zu diesem Tag mit der herzlichen Bitte, dass auch alle Geladenen sich dem Herrn in den Monaten vorher zu einer neuen und tieferen Reinigung hingeben möchten:

In ein Fest kann man nicht ohne rechte Bereitung gehen, ohne dass – wie Mutter Martyria sagte – Kleider frisch gewaschen und gebügelt werden, ohne dass das Haus schön sauber gemacht wird ... So gilt es auch für unsere lieben Freunde, die zu diesem Fest zum Teil aus nächster Nähe, zum Teil über den Ozean oder über den Kanal oder vom Norden zu uns kommen, sich in diesen Wochen vor dem Fest innerlich zu bereiten. Bei Nöten, Schwierigkeiten, Leiden wollen wir sprechen: „Ich danke Dir, mein Vater – das ist es, was ich brauche, auf dass meine Kleider schön gewaschen werden. Zeige mir darum vorher noch alle Flecken in meinem Kleid, damit ich sie bekennen und unter Jesu Blut bringen kann. Bereite mich um jeden Preis für dieses Jesu-Liebe-Fest auf Kanaan!"

... Es kommt darauf an, dass ich die Entschlossenheit habe und dem Herrn sage: „Anders will ich nicht zu diesem Fest kommen, es sei denn dies geschehen." Auf ein ernstliches Gebet wird der Herr hören. So wird es eine Festversammlung sein, die unserem Herrn Jesus große Freude und Trost gibt. Es soll den Himmel jauchzen lassen, dass Engel durch die Sphären den Ruf weitertragen, wer Jesus ist: der Schönste, der Reinste, der Herrlichste und Liebenswerteste, das Lamm Gottes, der Bräutigam ...

Mai 1972

Doch vor allem schickte der Herr durch Sein ernstes Reden eine erneute innere Vorbereitung für uns Marienschwestern. Und Gott, der von Sündern geliebt werden möchte, die über ihre Sünde weinen, redete so, dass wir alle es verstehen konnten. Er ließ uns auf unserem Kanaan spürbar und sichtbar erleben: durch Züchtigung zur Reue – durch Reue zur Gnade – durch Gnade zur ersten Liebe.

Wir hatten einen fast regen- und schneelosen Winter und ein niederschlagsarmes Frühjahr. Diese katastrophale Dürre im ganzen Land ließ für die kommenden Monate eine ungeheure Ungezieferplage erwarten. Das bedeutete, weil wir nicht mit Giftmitteln spritzten, für Kanaans Anlagen, Felder und Gärten große Gefahr. Bäume und Sträucher zeigten bereits Dürreschäden, die Wiesen waren braun und vertrocknet. Der Himmel blieb ehern verschlossen, auch dann, als es in anderen Gegenden des Landes bereits regnete. Ende April brach solch ein starker Frost herein, dass zuerst unsere Rosen erfroren, die doch das Symbol der Liebe sind, und später die Obstbaumblüte. Als im Juni Sonne nötig gewesen wäre, um die Heuernte einzubringen, goss es tagelang in Strömen. Gott zürnte und stellte sich gegen uns – offensichtlich wartete Er noch auf tiefere Reue. Erst drei Tage vor dem Jesu-Liebe-Fest kam die Wende.

Für diese Monate hatte ich vom Herrn das biblische Losungswort bekommen: „Ich habe mein Angesicht im Augenblick des Zorns ein wenig vor dir verborgen, aber mit ewiger Gnade will ich mich deiner erbarmen, spricht der HERR, dein Erlöser" (Jes. 54,8). Dann aber erfüllte sich der zweite Teil dieses Wortes, und Seine Gnade brach wie ein Strom über uns herein. Die Rosen hatten sich vom Frost wieder erholt und standen beim Jesu-Liebe-Fest in großer Pracht und Fülle da. Die Erdbeeren hatten wieder Blüten bekommen und brachten mehr Früchte als zuvor, manche Obstbäume trugen doch. Das Gras war durch den zuletzt einsetzenden Regen dicht und hoch geworden, und das Heu konnte im letzten Augenblick noch trocken eingebracht werden. Die Vorbereitungsarbeiten geschahen so „geräuschlos" unter Seinem Segen, weil unsere Herzen überwältigt waren von der Gnade Gottes.

Es kamen über 1500 Gäste aus etwa 17 Ländern, und alles ging wie vom Himmel dirigiert. Da war kein Bett zu viel und keines zu wenig. Die Handwerker waren rechtzeitig fertig geworden, die Übertragungsanlagen funktionierten, unter uns herrschte Liebeseinheit. Über den anreisenden Gästen war der Geist der Freude, der Stille, der Liebe zu Jesus ausgegossen. Das Wetter an beiden Festtagen empfanden wir als ein besonderes Geschenk Seiner Gnade, und bei den Feiern war der Herr mitten unter uns, wie auch unsere Gäste bezeugten.

Einige schrieben später, welch ein Erlebnis für sie das Fest gewesen sei, bei dem Jesus immer neu in Liebe besungen und angebetet wurde und selbst gegenwärtig war – ein Fest von nachhaltiger Wirkung! Das Abendmahl war, wie uns viele sagten, ein Vorgeschmack des himmlischen Abendmahls. Während wir stundenlang in der Jesu-Ruf-Kapelle miteinander feierten und anbeteten, war die ganze Gemeinde wie ein Herz und eine Seele und von dem einen Anliegen erfüllt: „Liebe, Liebe soll Dir werden!" Die Mahlzeiten im Festzelt wurden begleitet von Liedern und Ansprachen der Freunde aus aller Welt, und wir waren eine große, einträchtige Tischgemeinschaft. Und immer wieder sang und klang an dem Tag das Lied über Kanaan:

> Nichts ist so zu lieben wie Jesus,
> denn keiner, nicht einer Ihm gleicht;
> Er ist meine Liebe, mein Leben,
> nicht einer auf Erd Ihn erreicht.

> DICH WILL ICH BESINGEN Nr. 32

Musste mein Herz nicht überglücklich sein, weil mein großes Anliegen erfüllt war: Jesus hatte von vielen aus innerstem Herzen Liebe und Anbetung bekommen!

EMMAUSZEIT 1973

Weil ich spürte, wie schnell die Nacht über diese Welt hereinbrechen würde, ließ es mich nicht mehr los, einen Weg zu suchen, alle Schwestern im folgenden Jahr noch einmal für länger ins Mutterhaus heimzurufen zu einer Zeit innerer Ausrüstung. Ich sah die Wetter am politischen Horizont heraufziehen, und zugleich ballte sich der in aller Welt aufflackernde Hass gegen Jesus massiv zusammen. Das kündete eine Zeit an, in der er sich vermehrt auch gegen Jesu Glieder richten würde. So zeichnete es sich ab: Eine weltweite Christenverfolgung steht bevor.

Weil zugleich die Freveltaten auf Erden mehr und mehr zum Himmel schrien, war auch das Anzeichen gegeben, dass Gottes Antwort nahe bevorstand – nämlich die Zorngerichte Gottes, um die zu verderben, die die Erde verdorben haben (Offb. 11,18). Ich begann zu beten und zu flehen, dass wir alle bis dahin Gedemütigte und Gerichtete sein möchten, in denen sich nichts mehr erhebt, wenn Gott in heiligem Zorn straft. Bis dahin müssen wir unter unserer Sünde gebeugt sein und unter dem Frevel unserer Welt so leiden, dass wir sprechen können: „Herr, allmächtiger Gott, deine Gerichte sind wahrhaftig und gerecht" (Offb. 16,7). Solchen Menschen würde Gott, sofern Er sie nicht auserwählt, für Ihn zu leiden, Bewahrung gewähren in der Zeit Seines Zorns und sie an jenem Tag als Sein besonderes Eigentum ansehen, sie darum schonen, wie ein Mann seinen Sohn schont, der ihm dient (siehe Mal. 3,17 L12).

Sehr bat ich den Herrn, dass Er Mutter Martyria und mir mit allen unseren Töchtern eine Zeit der inneren Vorbereitung dafür schenken möge. Wir nannten sie *Emmauszeit* im Gedanken an das Emmausgespräch des Herrn mit Seinen Jüngern, als Er ihnen die Heilige Schrift auslegte. Ich bat Ihn, der Macht und Mittel hat, dass Er für alle unsere Stationen im Ausland Freunde zur Vertretung geben möchte. In langen Dienstbesprechungen mit Mutter Martyria und zuständigen Schwestern ging es darum, wie Arbeiten für die ersten Wochen 1973 im Voraus erledigt oder verschoben werden könnten. Und der Herr erhörte mein Gebet auf wunderbare Weise.

Er ließ mich zwar vorher noch einmal durch eine schwere Krankheit gehen, von der ich zu Beginn der Emmauszeit noch nicht völlig genesen war; so konnte ich die Stunden mit unseren Töchtern nur in großer Schwachheit halten. Aber der Herr gab mir Abend für Abend eine durchschlagende Botschaft, sodass die Schwestern für die kommende Zeit eine große Fülle von geistlichem Proviant bekamen, innere Ausrichtung, biblische Schulung anhand Seines prophetischen Wortes für unsere dunkle Zeit, Gebetsparolen für den Alltag, Stärkung zum Durchhalten im Leiden, Lieder und Gebete.

Wohl war es immer wieder ein Kampf, die Flut der täglich anfallenden Arbeit zurückzudämmen, aber es gelang, sodass die meisten Schwestern während der Emmauszeit genügend Stille hatten, das Gehörte auch innerlich zu verarbeiten. Es war erschütternd zu erleben, dass sich – während wir über eine bevorstehende Katastrophenzeit sprachen – Gottes vorlaufende Gerichte Tag für Tag in aufsehenerregender Weise häuften. In diesem Frühjahr ereigneten sich ausgesprochen viele Katastrophen, sowohl Naturkatastrophen als auch Revolten, Streiks und Terrorakte. So schien unsere Emmauszeit gerade für diese Wochen von Gott geplant zu sein, damit wir auf eine Weltkatastrophe mit einer vorhergehenden Christenverfolgung vorbereitet seien.

Am letzten Abend unserer Emmauszeit, ehe unserer Schwestern wieder in die verschiedenen Länder ausreisten, waren wir in der Mutterhauskapelle zusammen. Gott schenkte uns eine Stunde Seiner heiligen Gegenwart, wie wir sie gemeinsam so noch kaum erlebt hatten. Im Gebet war ich geführt worden, unseren Töchtern davon zu sagen, dass heute gleichsam eine Welt-Gethsemanestunde für unseren Herrn angebrochen ist und wir als die Seinen in diesen Kampf mit hineingenommen sind. So könne uns durch die kommende Zeit nichts anderes hindurchretten, als was Jesus in Gethsemane gerettet hat, nämlich der Gebetskampf und das Ja-Vater.

Ich hatte für uns alle noch ein Gebet geschrieben, eine Weihe zum Leiden, die jede Einzelne an diesem Abend vollziehen konnte. Es war uns, als ob es das letzte Mal sei vor kommenden Leiden, dass Gott uns in dieser Weise zusammen sein ließ. Und entsprechend herzbewegend war das Abschiednehmen von jeder Schwester aus unseren Niederlassungen, besonders von denen, die nach Jerusalem ausreisten. Kurz darauf bekamen sie nach allerlei anonymen Anrufen den ersten Drohbrief, der von ihnen forderte, binnen vier Wochen Haus und Land zu verlassen. Das war ein Angriff auf sie als Christen, hinter dem eine geheime Terror-Organisation stand.

Wer unter uns das Vaterherz Gottes bis dahin noch nicht gekannt haben sollte, der hat es durch die Emmauszeit kennengelernt. Welch eine Güte und Liebe, welch eine Vorsorge und Herabneigung Gottes war es, uns diese Zeit zu schenken! Wie ein Licht uns in der Nacht besonders hell erstrahlt, leuchtete vor dem Hintergrund kommender Leiden wie wohl nie zuvor auf, wer unser Gott und Herr ist: die ewige Liebe, die in der Notzeit den Seinen helfen will – die Allmacht, die immer helfen kann und stärker ist als alles Grauen, alle satanischen, gegnerischen Mächte. Und tatsächlich überwältigte diese Liebe unsere Herzen so sehr, dass die Ängstlichen unter uns strahlend sagten, die Angst könne sie nun nicht mehr beherrschen, sie hätten glauben gelernt, auch angesichts kommender Leiden, dass Sein Herz Liebe, nichts als Liebe ist.

Andere Gläubige waren, als sie von unserer Emmauszeit hörten, sehr begierig, etwas Anteil daran zu haben. Ich selbst war wie verzehrt von einer inneren Glut, mitzuhelfen, Menschen unserer Tage, Christen und Fernstehende, auf kommende Leiden zu bereiten, denen doch keiner entrinnen kann und die Millionen den Tod bringen werden. So ließ ich dem Herrn keine Ruhe mit der Bitte, mir ein neues WORT ZUR STUNDE zu geben, das noch einmal weite Verbreitung fände – auch in Form einer Zeitung – und dann vielen zum Aufwachen diene, zur Umkehr, zur Hilfe und Bereitung. Gott erhörte mein Gebet und gab mir in der Reihe WORT ZUR STUNDE gleichzeitig zwei Schriften: KURZ VOR DER CHRISTENVERFOLGUNG – LIEBE WILL LEIDEN und KURZ VOR DER WELTKATASTROPHE – BEDROHUNG UND BEWAHRUNG.

Weil aber nicht nur die atheistische Linke immer weiter vordrang und die Kriegsbedrohung mit jedem Tag zunahm, sondern auch die Verleumdungskampagne gegen unser Werk in vollem Gang war, schien es wie ein Wettlauf mit der hereinbrechenden Nacht, diese Botschaft noch auszurichten um jeden Preis.

MACHE DEINEM TOD
MICH ÄHNLICH!

AN DER SEITE MEINES ERNIEDRIGTEN HERRN

Jesus zu lieben ist unsere Berufung – dies brannte mir als Wichtigstes für unsere Töchter im Herzen. Die Liebe zu Jesus war die kostbare Perle, die ich nach langem Suchen gefunden hatte. Und weil ich nach ihr so lange suchen musste, war sie mir besonders wertvoll. Alles Glück habe ich in dieser ersten, bräutlichen Liebe zu Jesus gefunden, die Lösung aller meiner Fragen und Probleme, alle Erfüllung meines Lebens. Seit Seine Liebe um mich geworben und die Liebe zu Ihm in meinem Herzen entzündet hatte, kreisten meine Gedanken, meine Empfindungen, mein ganzes Leben um Jesus als den einen Mittelpunkt. Jesus, Jesus! – so sang es in meinem Herzen.

Jesus entlockte mir Anbetungen und Lieder, Jesus vermochte, was kein Mensch mit seiner Liebe je bei mir hätte erreichen können, dass ich einen Weg erwählte, der völlig gegen meine Natur war: zum einen in die Stille zu gehen und zum anderen meinen umkämpften Warn- und Ruferauftrag auszuführen und damit im Brennpunkt der Meinungen zu stehen.

In dieser Liebe zu Jesus war ich ganz an Ihn gebunden – Sein Weg war mein Weg, und Seine Leiden waren auch die meinen. Was Ihn betrübte, betrübte mich. Wo Er nicht geliebt, ja, wo Er abgelehnt, gehasst wurde, da konnte es nicht anders sein, als dass mein Herz in Liebe und Hingabe entbrannte, Ihm Erquickung und Trost zu bringen.

Anfang der siebziger Jahre nahm das Leiden um Jesus ein bisher ungekanntes Ausmaß an. Nach Unmoral, Enthemmung und

Glorifizierung der Sünde, die sich wie ein Sturzbach ergoss und bald die Erde bedeckte, brach eine neue Flut herein: die Schmähung und Lästerung Gottes, Verhöhnung und Erniedrigung Jesu Christi. Zum ersten Mal in der Geschichte gibt es eine offiziell anerkannte Satanskirche und einen Hohen Priester Satans in den USA, dazu Tausende von Satanspriestern, nicht zu zählende Satansanbeter, grauenhafte Satansmessen, Satanskulte, die Menschenopfer fordern, und eine Satansbibel. Die Satansanhänger leben aus dem Hass gegen Jesus Christus.

Doch dies alles war, obwohl es sich sintflutartig ausbreitete, Satan wohl noch zu wenig. Er begann mit seinen Gotteslästerungen in alle Schichten einzudringen, auch in die Kirchen – und es ist ihm gelungen. HAIR, JESUS CHRIST SUPERSTAR, GODSPELL – Musicals und Shows von nie dagewesener Abscheulichkeit – erfüllten Bühnen und Kirchenräume von den USA über Europa bis nach Australien. Sie wurden jahrelang, oft mehrmals täglich in derselben Stadt gebracht und waren Wochen im Voraus ausverkauft. Die daraus entstandenen Filme liefen erst recht um die Welt. In diesen Darbietungen wird Jesus schmählich verunehrt. Das Publikum – oft Kirchenvolk, Gruppen von Kindern, Jugendliche aus gläubigen Kreisen – applaudiert, wenn Jesus, der Gottessohn, als Clown und Einfaltspinsel gezeigt wird. Noch furchtbarer: Ein Regisseur stritt mit größter Zähigkeit für einen Film über die „Liebesaffären Jesu Christi" – als „blasphemisch, pornografisch und sadistisch" angekündigt.

Von diesen grauenhaften Lästerungen zu lesen und zu hören, war mir überaus schmerzlich. Wen man liebt, den kann man nicht so erniedrigt sehen. Es wollte mich fast zerreißen, wenn ich an Jesus, meinen Herrn, dachte, wie ich Ihn im Herzen trug: Jesus, der Reinste und Schönste – Jesus, voll Erhabenheit und Glorie, voll königlicher Majestät – Jesus, durch den alle Welten und Menschen geschaffen sind, voll göttlichem Adel und Liebe – nun zu einem Schauspiel für die ganze Welt gemacht, als ein lächerliches Spektakel dargeboten für Millionen Menschen aus allen Völkern, verhöhnt und verspottet.

So klagte es in mir: Damals wurde Jesus unter der Dornenkrone nur in einem Land von Römern und Juden verhöhnt und gelästert, heute beteiligen sich an der Lästerung und Verhöhnung Jesu fast alle Völker, vor allem die sogenannten christlichen. Ja, unter denen, die diese Verhöhnung beklatschen, sind heute auch Christen, die von Jesus, dem Herrn und Gottessohn, wissen; selbst Gläubige, die Jesus als ihren persönlichen Heiland und Erlöser bezeugen.

Vor mir stand das Bild, wie Jesus von Pilatus der grölenden Volksmenge vorgeführt wurde, schamlos erniedrigt, entstellt durch Schläge und Geißelung, gekleidet in Lumpen, verlästert und verhöhnt: Das soll Gottes Sohn sein! Stunde tiefster Erniedrigung für unseren Herrn Jesus, den Sohn Gottes. Wenn Jesus jedoch heute von Narren umtanzt, von halb nackten Frauen umgeben dargestellt wird, wenn Er als Weltenrichter karikiert und Seine Passion verhöhnt wird, wenn Seine Abschiedsreden zu Späßen gemacht werden, schien es mir manchmal, als könne mein Herz das nicht mehr ertragen. Ich konnte mich im Geist nur weinend zu Füßen meines so erniedrigten Herrn legen, der doch König aller Welten ist, und Ihn in Seiner Demut anbeten, dass Er sich dies bieten lässt, um noch etliche zu retten. Darum fährt Er noch nicht mit Seinem Zorn herein. So unermesslich groß ist Seine Liebe, dass Er sich aufs Grauenhafteste verlästern lässt, um dadurch noch einigen den Weg zur Seligkeit zu öffnen. Denn die Stunde Seiner abgrundtiefen Schmach ist eine Chance für die Seinen, nicht nur an Ihn zu glauben, sondern aus Dank und Liebe willig zu sein, für Ihn zu leiden.

In mir war nur noch ein Verlangen: jetzt dicht an der Seite meines erniedrigten Herrn und Heilandes zu stehen! Voll Schmerz über GODSPELL und SUPERSTAR schrieb ich gegen diese Musicals zwei Aufrufe, die zu Hunderttausenden in verschiedenen Ländern verteilt wurden. Ich durfte erfahren, dass dadurch manche umkehrten und sich dann selbst einsetzten, um andere vor diesem Gift zu bewahren. Sie machten Gebets- und Verteileinsätze und verhinderten zum Teil sogar weitere Aufführungen.

Doch war mir das zu wenig, besonders weil die Lästerungen immer schlimmer wurden, neue Filme und Theaterstücke entstanden, die in Verbindung mit Jesus oder Gott Vater noch Grauenhafteres an Perversitäten und Schmach brachten. Wie oft hatten wir den Vers gesungen:

> Liebe, Liebe soll Dir werden,
> wie noch nie ein Mensch auf Erden
> Trost und Lieb um Lieb empfing.

Nun aber ging es in tieferer Weise um das liebende Mitleiden mit Ihm – ist doch sonst niemand vor der ganzen Welt, vor allen Völkern und Menschen so erniedrigt und verlästert worden wie Jesus Christus, der wie keiner zu lieben ist. Wie konnte ich Ihm jetzt „Trost und Lieb um Lieb" bringen? Er wusste, wie.

1970 war ich wieder einmal auswärts in der Stille. Da kam eine Schwester eigens vom Mutterhaus zu mir gefahren und überbrachte mir einen schwerwiegenden Brief. Der Leiter eines Werkes für Schriftenmission sandte mir ein Rundschreiben zu, das er bekommen hatte. Darin wurde er aufgefordert, die Verbindung mit uns abzubrechen, meine Schriften nicht mehr anzuzeigen und erst recht nicht mehr auszuliefern, andernfalls sehe man sich gezwungen, auch gegen sein Werk vorzugehen. Denn wenn er meine Schriften weiterhin verbreite, stelle er sich zu meiner Verkündigung, der Botschaft einer gefährlichen Irrlehrerin, gespeist von dämonischem Geist, und werde selbst unter diesen Geist kommen.

Blitzartig begriff ich, dass es sich hier nicht um einen Einzelangriff handelte, sondern dass damit ein strategischer Plan des Feindes an die Oberfläche kam, ein systematisch vorbereiteter Angriff auf meine Person und unser Werk, um es zu zerstören. Wie sehr aber die Schmach, die das mit sich brachte, Gottes Antwort auf meine Bitten war, jetzt an der Seite meines erniedrigten Herrn stehen zu dürfen, erfasste ich damals noch nicht im ganzen Umfang. Doch da der Brief unmittelbar nach meinem Geburtstag zu mir kam, war mir dies ein Zeichen, dass

Jesus mich für mein neues Lebensjahr neu und viel tiefer auf den Schmachweg rufen wolle.

Mit jenem Rundschreiben war ein Feldzug eröffnet worden, bei dem mich bald von allen Seiten Pfeile trafen. In den nächsten Wochen kamen Briefe von weiteren christlichen Werken, die solch ein Schreiben erhalten hatten. Es waren bekannte und einflussreiche Werke in unserem Land, auf die man in gläubigen Kreisen hörte. Auch sie waren bedroht worden, und manche baten um Klärung. Der Plan war von Friedrich Wilhelm Ringsdorff geschmiedet worden, einem geistlichen Sohn von Richard Ising, der dessen 1965 erschienenes Buch KRÄFTIGE IRRTÜMER wieder aufgriff. Nach Isings Tod hatte er gewissermaßen als dessen Vermächtnis übernommen, unser Werk zu zerstören, und sich dies zur Lebensaufgabe gemacht.

Von dieser Aufgabe, die er meinte, um Gottes willen tun zu müssen, wurde er wie verzehrt, sodass er in einem Brief äußerte, es sei kraft- und zeitmäßig kaum ein Durchkommen. Er forderte viele Persönlichkeiten aus der gläubigen Welt, die er zum Teil persönlich besuchte, dazu auf, ihm das fehlende belastende Material gegen uns zu liefern zur Unterstützung seines Kampfes gegen mich und unser Werk. Auch trat er an führende Männer aus bekenntnistreuen Bewegungen heran und ließ Sitzungen anberaumen, wo er seine unwahren Anklagen und Verdrehungen vorbrachte, damit man gegen uns vorgehe. Er reiste durchs Land, hielt Vorträge gegen uns und sammelte Verbündete, um in enger Zusammenarbeit mit ihnen sein Ziel zu verfolgen: Vernichtung unseres Werkes. So fand er einige Bundesgenossen, darunter solche, die uns die weite Verbreitung unseres Schrifttums neideten.

Eigentlich war in den entsprechenden Kreisen allgemein bekannt, dass Ringsdorff mit Lügen umging und auch das, was er gegen uns vorbrachte, unwahr war. Dennoch gaben sogar neutrale gläubige Persönlichkeiten die Verleumdungen weiter oder wehrten ihnen nicht. Der Giftsame ging auf – diesmal in noch weit größerem Ausmaß als in den ersten Jahrzehnten unseres Bestehens.

In den zwei Jahren bis 1972 überstürzten sich die Nachrichten förmlich. Ein leitender Pfarrer warnte auf einer großen Tagung erweckter Jugend vor uns. Für die Arbeitstagung einer bekennenden Bewegung wurde schon in der Einladung die Parole vom „Zweifrontenkrieg" ausgegeben; man habe also nun nicht nur gegen die moderne Theologie zu kämpfen, sondern auch gegen enthusiastisches Christentum, gegen den „Schwarmgeist", womit vor allem wir gemeint waren.

Das Hauptkampfzentrum gegen uns lag in Nordwestdeutschland, doch gab es auch im südlichen Teil unseres Landes Stützpunkte. Ringsdorff hatte unter anderem Kontakt aufgenommen mit einem großen christlichen Werk, das zu einem weiteren Kampfzentrum gegen uns wurde, weil sich sein Einfluss auf weite Kreise des Pietismus erstreckt.

So wurden in der gläubigen Welt Werke, Gemeinden und Gemeinschaften planmäßig mit der Behauptung vergiftet, die Marienschwesternschaft sei dämonisch und okkult. Und als Beweise wurden katholische Beziehungen genannt, Geistesgaben, Ruferspiele, der Weg der Reue und Buße... Dabei wurden auch angebliche Tatsachen angeführt, die sich nie bei uns ereignet hatten: Eine Schwester sei durch Fasten in Israel zu Tode gekommen, eine andere sei an Blinddarmentzündung gestorben, weil wir sie aus Unnüchternheit nicht hätten operieren lassen, und anderes mehr. Und wenn manche Gläubige nicht recht wussten, warum wir so gefährlich seien, sagte man ihnen: „Wissen Sie nicht, dass bei der Marienschwesternschaft der Teufel eingebrochen ist?"

Jedes Mal ging es neu wie ein Schwert durch meine Seele, wenn die nächste solche Nachricht eintraf. Der Zweifrontenkrieg war entbrannt – doch in meinem Herzen war auch ein Feuer entbrannt: ein Feuer des Glaubens und der Liebe. Seit über 20 Jahren hatte ich mein Leben Jesus dafür geweiht und mich eingesetzt, dass der zerrissene Leib Jesu geheilt würde, dass Neiden und Streiten unter den Seinen beigelegt werden möchten. Und nun entspann sich gerade an mir und unserem Werk solch ein Krieg.

Wohl hatten wir schon immer im Brennpunkt dieses Kampfes gestanden, doch nun war er in größerem Maß öffentlich ausgebrochen und griff immer weiter um sich.

Der Herr konnte – so dachte ich – Satan nur so viel Raum gegeben haben, weil Er diesen Streit durch größeren Glauben und größere Liebe mit einem Sieg Seiner Liebe beenden wolle. Ich glaubte ganz fest, dass Er der Welt noch das Zeugnis der wahren Gemeinde Jesu geben werde, die gerade in einer Zeit des Abfalls vom Glauben in Liebeseinheit zusammensteht.

Der Herr schenkte mir damals eine besondere Gnadenstunde. Unter dem Aufschrei meines Herzens: *Die Lüge kann doch bei Gott nicht das Letzte sein, der Feind kann hier doch nicht siegen und die Gemeinde Jesu zerstören!*, kam in den Apriltagen 1971 ein Geist des Glaubens über mich, der nicht von mir stammte, sondern von Gott. Mutter Martyria, die insbesondere dieses Leid um Jesu willen mittrug, und alle Schwestern wurden mit in diese Glaubensära hineingenommen; wir hielten gemeinsame Glaubensabende und setzten extra Gebetszeiten an. In mir war eine triumphierende Gewissheit, dass Gott nicht anders könne, als zu Seinem Wort zu stehen. Ich sagte mir: Es ist jetzt nur noch eine Frage des durchhaltenden Glaubens und der Geduld, den endgültigen Sieg zu erleben, nämlich eine geeinte Gemeinde Jesu, eine Schar von Gläubigen, die in dieser satansgeprägten Welt noch ein Bollwerk bildet gegen den Feind, eine Oase für Jesus. Biblische Verheißungsworte stärkten meinen Glauben, dass der Herr es hinausführen werde, zum Beispiel: „Sollte dem HERRN etwas unmöglich sein?" – „Bei Gott ist kein Ding unmöglich" (1. Mose 18,14; Luk. 1,37).

Rückblickend kann ich dem Herrn nicht genug dafür danken, dass Er mir Liebe zu meinen Gegnern gab, sodass ich sehr viel für sie beten musste. Stundenlang sang ich Glaubenslieder für sie und erbat den Segen Gottes für ihre Werke und Kreise. Immer, wenn ich das tat und das Blut des Lammes darüber rühmte, harrte ich im Glauben auf den Tag, an dem Jesus sich als der Stärkere erweisen wird und ihnen den Hass aus dem Herzen nimmt.

Damals folgten bald einige Geschehnisse, die unseren Glauben stärkten. Der Sieg schien nahe zu sein. Einzelne gläubige Brüder setzten sich ein, die um Jesu willen diese Verheerung und Zerstörung nicht mehr untätig mit ansehen konnten. Karl Beck, einem Kaufmann aus dem Kreis der Kanaanfreunde, gab Gottes Geist ins Herz, einen *Rundbrief zur notvollen Lage christusgläubiger und bekenntnistreuer Gruppen untereinander* mit Unterschriften namhafter Brüder herauszubringen, der zu Tausenden verteilt wurde.

Amtsgerichtsdirektor Friedrich Stephan, erster Vorsitzender der Stadtmission Darmstadt, war erschüttert über die verleumderischen Angriffe auf unser Werk und gab eine uns stützende Erklärung heraus. Er bezeugte darin – weil er im Dienst der Stadtmission mit uns in über zehnjähriger gemeinsamer Arbeit in einem Stadtrandviertel von Darmstadt gestanden hatte – „ein vom Herrn geschenktes Einssein in gegenseitiger Liebe und Achtung bei der Bewältigung dieser Aufgabe". Und er stellte klar, dass der für unser Gebiet zuständige Starkenburger Gemeinschaftsverband und damit die Gemeinschaftskreise unseres Bezirks keinen Grund hätten, vor uns zu warnen. Als Jurist wies er darauf hin, dass die gegen uns erschienenen Schmähschriften „längst vom Gericht eingezogen und die Aufstellung von Behauptungen dieser Art untersagt worden wären, wenn von der Marienschwesternschaft eine entsprechende Klage anhängig gemacht worden wäre. In der Welt ist man in dieser Hinsicht viel vorsichtiger als in christusgläubigen Gruppen, in denen man bedenkenlos andere Gruppen schmäht. In der Welt würde man aus finanziellen Gründen der Haftung für unwahre und nicht beweisbare Behauptungen viel vorsichtiger zu Werke gehen..."

Auch andere gläubige Persönlichkeiten, die uns zum Teil bisher kaum nahestanden, sich aber aus Liebe zur Wahrheit gerufen wussten, versuchten durch klärende Gespräche in verschiedene Gremien beteiligter Gemeinschaften hineinzuwirken.

Gott schien zu antworten: Auf einer Tagung bekennender Christen distanzierte man sich sogar öffentlich von Ringsdorff, der „schon so viel Unheil angerichtet habe", und beschloss, ihn aus der Bewegung auszuschließen. Das von ihm in Mengen versandte Buch KRÄFTIGE IRRTÜMER sollte nicht mehr empfohlen, sondern davor gewarnt werden. Die meisten Teilnehmer – unter ihnen viele Pfarrer – nahmen Stellung für die Marienschwesternschaft. Eine christliche Rundfunkstation in unserem Land zeigte Bereitschaft, uns in ihr Sendeprogramm aufzunehmen, nachdem sie viele Zuschriften mit dieser Bitte erhalten hatte.

Die Freude über diese Nachrichten entsprach den vorausgegangenen Leiden. Ein Abend aus jener Zeit ist mir unvergesslich: Eine dieser Freudenbotschaften war eingetroffen; wir alle, Mutter Martyria und die Schwestern, waren so glücklich, dass wir nach unserem Zusammensein nicht zur Ruhe kamen, sondern mit Dank- und Lobgesängen durchs Haus zogen. Jesu Liebe hatte über Streit, Verleumdung und Hass gesiegt – so schien es. Ein Anbruch der Liebesgemeinde, der wahren Gemeinde Jesu, deren Kennzeichen die Liebeseinheit untereinander ist, war geschenkt worden. Darum hatten wir so heiß gefleht.

Doch jäh schlug alles ins Gegenteil um: Der Initiator der Verleumdungswelle wurde doch nicht aus jener Bewegung ausgeschlossen; man fand nicht den Mut, gegen ihn vorzugehen. Damit veränderte sich das Bild wieder völlig. Die Rundschreiben, die der Wahrheit Bahn machen sollten, blieben im Ganzen gesehen ohne Widerhall. Der christliche Sender zog bald seine Bereitschaft zurück, weil er so viele Zuschriften vonseiten unserer Gegner bekam, die ihn beschworen, uns keinesfalls aufzunehmen, sonst würde man Mitarbeit und Unterstützung beenden.

Selbst die Veröffentlichung einer *Seelsorgerlichen Orientierung* über unsere Schwesternschaft veränderte das Klima nicht. Bekümmert über die Auswirkungen der Verleumdungskampagne in gläubigen Kreisen, hatte sich eine kleine Gruppe von Brüdern zusammengefunden, die sich aus innerer Verantwortung einschalteten. Sie beschlossen, diese *Seelsorgerliche Orientierung über die Evangelische Marienschwesternschaft in Darmstadt-Eberstadt* als Ergebnis ihrer persönlichen Prüfung herauszugeben, um den vielen durch den ausgestreuten Giftsamen verwirrten Gewissen zu helfen. Darin hieß es:

Aus eigenen Beobachtungen und Erfahrungen können wir sagen, dass unter einer nüchternen biblischen Verkündigung viele Menschen befreite, erlöste und fröhliche Gotteskinder geworden sind. Viele sind durch den Dienst der Marienschwestern, besonders durch das Schrifttum, zum lebendigen Glauben an Jesus Christus gekommen und wurden aktive Glieder ihrer Gemeinden. Andere sind dadurch geistlich gefördert worden und gewachsen und haben diese Erfahrung in ihren Gemeinden weitergegeben.

Wir haben erkannt, dass die ganze Botschaft der Heiligen Schrift die alleinige Grundlage und Richtschnur des Glaubens, des Lebens und der Verkündigung der Marienschwesternschaft ist...

Diese Erklärung wurde zu Tausenden in unserem Land verbreitet und befreite einzelne Christen von ihren Anfechtungen. Doch sonst war keine wesentliche Wirkung wahrzunehmen, weil die *Seelsorgerliche Orientierung* durch eine eiserne Blockade unserer Gegner kaum Eingang in den Kreisen finden konnte, in denen die Verleumdungen hauptsächlich ausgestreut worden waren. Gerade die Tatsache, dass über hundert Geistliche und Laien unterschrieben hatten, darunter viele namhafte Persönlichkeiten aus ihren eigenen Reihen, veranlasste unsere Gegner, noch erbitterter gegen uns zu kämpfen und neue Wege zu suchen, unser Werk zu vernichten.

Freunde und freundlich gesinnte Kreise rückten schließlich von uns ab und wurden zu Gegnern. Da und dort wurden von christlichen Brüdern Sitzungen anberaumt, die unsere Marienschwesternschaft als Gesprächsthema hatten – selbst während wir unser 25-jähriges Jubiläum, das Jesu-Liebe-Fest, feierten. Es gab jedes Mal ein erregtes Für und Wider; dabei war der Fanatismus der Gegner so groß, dass weder Neutrale noch uns freundlich Gesonnene dagegen ankamen.

Eines Tages kam Ehepaar van der Kolk, Kanaanfreunde aus den Niederlanden, voll Schmerz zu mir. Jahrelang hatten sie unsere Schriften in ihrem Land verbreitet und erhielten viele Anfragen für Veranstaltungen mit unseren Tondiaserien; viele ihrer Landsleute kamen zu Rüstzeiten nach Kanaan. In ihrem Ruhestand verzehrten sich van der Kolks für diesen Ruferdienst, weil in ihrem Land so großer Hunger nach der Verkündigung war, die sie von Kanaan weitergaben – die Botschaft von der Reue, die zur Liebe zu Jesus und in die Freude führt. Nun aber war alles aus. Durch die Verleumdungswelle, die auch jenseits der Grenzen um sich griff, hatte sich ein Mehltau auf viele Christen dort gelegt. Man wollte doch nichts mehr mit solchen Schwestern zu tun haben, die okkult, spiritistisch und dämonisch seien.

Mit am schwersten traf mich jedoch die Nachricht, dass ein großer evangelischer Missionssender, der unsere Rundfunkbotschaften eine Zeit lang ausgestrahlt hatte, plötzlich absagte, was auf die gleiche Quelle zurückzuführen war. Ich wusste, wie groß das Verlangen nach geistlicher Speise war. Nun war dem Feind auch noch diese Zerstörung gelungen, durch die Millionen betroffen waren, selbst unsere Brüder und Schwestern hinter dem Eisernen Vorhang, für die gerade Sendungen eingeleitet worden waren.

Das alles war mir ein Morija-Erleben von großem Ausmaß und brachte mir Schmerz über Schmerz. So hatte der Feind, der unser Werk zerstören, die Gemeinde Jesu Christi zerreißen wollte, doch gesiegt? Die Verheißungsworte Gottes hatten sich nicht erfüllt, alles heiße Flehen war ohne Erhörung geblieben, alles Glauben umsonst gewesen? Lange musste ich – bei aller Hingabe an den unverständlichen Willen Gottes – immer neu dieses quälende Warum in meinem Herzen erleiden.

Der Feldzug hatte in dem Jahr begonnen, in dem mir der Herr gezeigt hatte, dass es auf das Ende meines Lebens zugehe. Damit war also gerade der Auftrag nicht zur Vollendung gekommen, der am längsten mein Leben bestimmt hatte: mitzuhelfen am Bau der Liebesgemeinde Jesu. Sollte ich so enden, von meinen Feinden als „dämonisch inspirierte Irrlehrerin" bezeichnet? Welcher Plan Gottes mochte hinter Seinem Tun stehen? Warum ließ der Herr diesen Generalangriff des Feindes zu, der mit solcher Macht die Einheit der Gemeinde zerstörte?

DEM LAMME NACH

In diese Nacht hinein fiel ein Lichtstrahl von oben. Der Herr erinnerte mich an ein Bild von Matthias Grünewald: das Bild des Lämmleins auf dem Isenheimer Altar. Damit stand Jesus vor mir, der wie ein Lamm unter Hass und Schlägen, unter Lügen und Verleumdungen Seinen Weg zum Kreuz ging. Nun hatte ich vor meinem inneren Auge dieses Lamm, das Sein Kreuz fest umfängt und so Seinen Weg Schritt um Schritt zurücklegt, der Kreuzigung entgegen. Und dabei rinnt Blut aus den Wunden, die Ihm Hass, Hohn und Spott geschlagen haben. Das Bild Grünewalds zeigt, wie sich das Blut im Kelch sammelt, aus dem andere dann das Heil trinken und so die wahre Gemeinde Gottes auferbaut wird. Mir war das wie ein Anruf Jesu: Das Lamm Gottes schritt voran, damit Seine kleinen Lämmer, die Seinen, nun hinter Ihm hergehen, Schritt für Schritt, auch ihr Kreuz fest umfassend – ihr Kreuz, das oft ebenfalls aus Schmach und Verleumdungen, aus Unrechtleiden und Verachtung besteht. Nichts wurde mir so lieb wie das Lamm Gottes, von dem Paul Gerhardt singt:

> Ein Lämmlein geht und trägt die Schuld
> der Welt und ihrer Kinder...
> Es geht dahin, wird matt und krank,
> ergibt sich auf die Würgebank...

Nun brauchte ich nicht mehr zu fragen nach Recht und Sieg der Wahrheit, brauchte nicht mehr zu fragen: Wann wird die Gemeinde Jesu, von der Wahrheit überwunden, sich zusammenfinden? Wo bleibt die Erhörung der Gebete? Ich wusste: Dieser

Weg ist der rechte, denn Sein Weg ist unser Weg. Nun durchströmte mich bei all dem Schmerzlichen die Seligkeit: Ich darf auf Seinem Weg sein – verachtet, verleumdet, verhöhnt. Nichts auf der Welt hätte mich wieder davon abbringen können, Seiner Spur zu folgen, an Seinem Leben teilzuhaben.

Durch dieses Bild wurde mir auch die Antwort auf meine Fragen gegeben, warum trotz meines Flehens und Glaubens die Wahrheit nicht siegen konnte: Die Wahrheit siegte auch nicht auf Jesu Weg, es siegten Seine Feinde. Der von Jesus ausgestreute Same wurde durch die Pharisäer vergiftet. Sein Volk stand schließlich gegen Ihn, und selbst Seine Jünger flohen. Die Lüge hatte gesiegt, denn Jesus stand vor der damaligen gläubigen Welt als ein Irrlehrer, Verführer und Verbrecher da, als einer, der den Teufel hat und der das Volk aufwiegelt.

Ich wusste, Jesus verlangt danach, dass Er Sein Bild, das Bild des Lammes, in Seinen Nachfolgern findet: dass sie nicht klagen und seufzen, wenn sie unter Schmach, Unrecht und Verleumdung stehen. Er sucht Sein Bild in uns, dass wir in Liebe Ihm Schritt für Schritt nachgehen, dankbar, dass wir überhaupt Seinen Weg gehen dürfen, auf dem das Größte erreicht wird: nach Sterben ein Auferstehen – nicht nur für uns, sondern auch für Seine Gemeinde. Ich war voll Dank, dass der Herr mich durch Jahre auf Wegen des Verleumdetwerdens geübt hatte, sodass meine Seele still geworden war und ich meine Gegner nun lieben und segnen konnte. Dieses Lieben sollte offenbar noch mehr herausgestaltet werden im Gedanken an Sein Wort: „Sie wissen nicht, was sie tun" (Luk. 23,34).

So war bei allem Schmerz ein starker Trost in meinem Herzen: Gemeinschaft Seiner Leiden – größtes Vorrecht! Denn gibt es etwas Größeres, als mit dem und für den zu leiden und geschmäht zu werden, der uns so geliebt hat, dass Er Sein Leben für uns in den Tod gegeben hat? Er ist unsere ganze Liebe, unser Bräutigam, Er ist der König aller Könige, der voll Glorie zur Rechten der Majestät sitzt und wiederkommen wird in Herrlichkeit. Sollte es nicht Auserwählung sein, im Maß meines kleinen Lebens zu erfahren: Der Jünger steht nicht über dem Meister, sondern soll wie sein Meister werden (Matth. 10,24–25)?

Es ging für mich um dies eine: den Weg meines Herrn Jesus Christus zu erwählen und damit vor allem anderen Ihn selbst, den Mann der Schmerzen! Dazu hatte ich mich vor Jahrzehnten hingegeben, und Jesus hatte mich in den Zeiten der Stille, wenn ich nur für Ihn da war, im Verborgenen an Seinem Leiden teilhaben lassen, nun aber auch an der Realität dieses Weges im Alltag.

Der Herr hatte mir den Trostblick auf das Lamm Gottes gegeben nach all den Schlägen und Enttäuschungen, dem Morija-Erleben im Gebetskampf um den Sieg der Liebe in Seiner Gemeinde. Nun aber ging es darum, ob ich wirklich bereit sei, Jesus, den schmachgekrönten Herrn, in letzter Konsequenz zu wählen – ob ich bereit sei, Ihm meine Liebe darin zu erweisen, dass ich mich samt meinem Lebenswerk zu einem so schweren Schlag hingebe, wie er uns bisher noch nicht getroffen hat.

Dabei stand vor meinen Augen, dass trotz aller Angriffe des Feindes Kanaan bis jetzt eine viel besuchte Stadt geblieben war: Rüstzeiten mit Gästen aus vielen Ländern und überfüllte Ruferspiele, Gottesdienste, bei denen Hunderte zum Abendmahl strömten, Kanaan bevölkert mit Jugend aus aller Welt – im Verlag riss der Bestellungsstrom nicht ab, das Tonstudio hatte Sommer und Winter Hochsaison, die Druckerei kam bei Weitem nicht mehr nach und gab Druckaufträge nach auswärts … Mein Herz krampfte sich zusammen bei dem Gedanken, dass dies alles der Zerstörung anheimfallen könne. Sollte dies das Ende meines Weges sein, nachdem ich mein Leben lang dafür gelebt hatte, dass die Liebesgemeinde Jesu Gestalt gewinne?

Die Hingabe dazu schloss in sich, Tag für Tag der Möglichkeit ins Auge zu sehen, dass unser Werk zerbrochen vor mir liegen könnte. Das würde bedeuten: Verlust der Freunde, die wir noch haben – Zerstörung der Kreise, die hin und her in den Ländern zu lebendigen Zentren geworden sind. Die durch meine Schriften und durch Rundfunksendungen weltweit verbreitete Botschaft wäre unglaubwürdig.

In diesem inneren Kampf erbat ich mir ein Wort vom Herrn und bekam 1. Korinther 4,9:

Ich denke, Gott hat uns Apostel als die Allergeringsten hingestellt, wie zum Tode Verurteilte. Denn wir sind ein Schauspiel geworden der Welt und den Engeln und den Menschen.

Deutlicher und barmherziger hätte der Herr nicht reden können. Sogleich ging es mir ins Herz: Es ist unser Herr Jesus, der heute so behandelt wird. Vor meinem inneren Auge stand, wie Er vor allen Menschen als der zutiefst Erniedrigte verlästert und geschmäht wird in Shows, Musicals und Filmen – im Fernsehen und im Theater. Er wird gleichsam in einem Triumphzug als Besiegter vorgeführt, ein Schauspiel vor der ganzen Welt. Wie oft hatte ich angesichts solcher Verhöhnung gesagt: Was kann ich nur tun, was Jesus in Seinem Leiden heute Erquickung und Freude bedeuten würde? Nun wurde mir mit diesem Wort die klare Wegweisung gegeben: *Geh mit Jesus den Weg der Schmach – stelle dich an die Seite deines geschmähten und erniedrigten Herrn und Heilands. Damit tröstest du Ihn, denn auf diesem Weg der Leiden wird deine Bitte erfüllt, mithelfen zu dürfen, Seine Gemeinde zu bauen, Ihm Frucht zu bringen.*

Dass es um diese letzte Hingabe zum Schmachweg mit Jesus ging, wurde bald darauf, am Himmelfahrtstag 1973, durch ein Geschehen unterstrichen: Bekennende Bewegungen hatten eine große Tagung. Etwa 20 000 Menschen von überall her waren versammelt. Plötzlich, während der Pause, ertönte durch Lautsprecher eine Stimme: „Das Verteilen von Schriften der Marienschwestern ist verboten und sofort einzustellen." Auch andere Blätter wurden verteilt, doch hier ging es ganz speziell gegen uns. Die Durchsage wurde mehrmals wiederholt, ergänzt durch die Bemerkung, man habe nichts mit uns zu tun. Eine Erregung entstand in der Halle, unwilliges Gemurmel von vielen. Was war geschehen? Eine Pfarrfrau aus Westfalen hatte den Leiter der Tagung vorher gefragt, ob sie mit ihrer Frauengruppe mein neues WORT ZUR STUNDE verteilen dürfe – wie es bei solchen Veranstaltungen

423

oft geschehen war. Bereitwillig hatte er zugesagt, und die Schrift wurde von den Teilnehmern zumeist dankbar entgegengenommen. Als aber unsere Gegner dies merkten, ließen sie nicht nur das Verteilen verbieten, sondern verbreiteten von da an, die Marienschwestern hielten sich nicht einmal an Verbote. Das sollte ihre Warnung vor uns verstärken.

Ich wusste, dass dies nur eine weitere Station auf dem Weg mit Jesus war. Es konnte vielleicht noch so weit kommen, dass ich vor vielen Tausenden in aller Welt, die unsere Botschaft gehört hatten und meinen Namen kannten, gebrandmarkt dastehen würde. Von solchen verfolgt zu werden, die als gottlos bekannt sind und nichts anderes sein wollen, das bedeutet Ehre, darin liegt Genugtuung, denn man wird offensichtlich gehasst um Jesu willen. Doch gehasst und verfolgt zu werden von denen, die Jesus ihren Erlöser nennen, das trifft ins Mark, weil es von den eigenen Brüdern kommt. Es ist eine Verfolgung, die keine Ehre einbringt, sondern die vor der gläubigen Welt tiefste Schmach bedeutet – außerhalb des Lagers sein zu müssen, ausgestoßen aus der Gemeinschaft der Gläubigen.

Der Herr zeigte mir jedoch immer eindrücklicher: Gerade das ist Sein Weg. Und Jesu Weg, der zum Sieg, zur Auferstehung führt, geht über Kreuzigung und Grablegung, über die Zerstörung des eigenen Lebenswerks. Er baut Seine Liebesgemeinde nicht in erster Linie durch den Glauben, obwohl dieser da sein muss, sondern auf dem Weg der Schmach, der Zerstörung und des Leidens. Dadurch erst bekommt der Glaube seinen eigentlichen Tiefgang, denn dann muss geglaubt werden trotz Enttäuschung, Zerbruch und Tod. Es muss durchlitten werden, dass Gott sich gewissermaßen gegen sich selbst und Seine eigenen Verheißungen stellt.

SEIN RATSCHLUSS IST STETS WUNDERBAR

Vor mir stand der wunderbare Heilsratschluss Gottes: Nicht Zerstörung Seiner Aufträge, Seiner Liebesgemeinde ist das Letzte, sondern vielmehr wächst dort, wo gelitten wird, wo Wunden bluten, aus dem Erdreich der Leiden ein Reis auf: die wahre Gemeinde. Nur wo Jünger Jesu mit Ihm ins Sterben gehen, kann Seine Gemeinde wachsen und auferstehen. Nun musste ich mich nicht mehr wundern, dass in diesem Kampf die Gegner siegten. Es war der richtige Weg, und er würde zur Auferstehung führen, einem Aufblühen der Liebesgemeinde zu Seiner Zeit – auch wenn ich es nicht mehr erleben sollte.

Gott beschenkte mich mit der Gnade eines Glaubens, der hinausreichte über den Abgrund von Zerstörung, der als Nächstes vor mir lag. Er gab mir den Blick bis in künftige Zeiten hinein. Nicht um kleine vorläufige Teilsiege ging es Ihm, um ein wenig mehr Zusammenhalt da und dort in der Gemeinde eines Landes – sondern Er hat die Sichtung, Reinigung und Bereitung Seiner ganzen Gemeinde, die Vollendung der Braut des Lammes im Auge.

Vor mir stand der große Bogen der Heilsratschlüsse Gottes, die Er durch Sterbenswege zum Ziel führt: „Siehe, ich mache alles neu!" (Offb. 21,5). Jesu Freude, auf die Er zulebt, ist die Hochzeit des Lammes, wenn Seine Erstlingsschar, nach Zahl und Wesen vollendet, heimkehrt. Das wird Ihn erquicken, wenn Er als größten Lohn Seiner Schmerzen Seine Braut für Ewigkeiten bei sich haben kann, Seelen, die durch Seinen Opfertod Ihm gleichförmig geworden sind, das Wesen des Lammes tragen. Dafür zu leben und zu leiden ist tiefste Sinnerfüllung unseres Lebens.

Konnte mir Jesus eine größere Gnade zuteilwerden lassen, als dass Er mich dazu hinnahm, auch meine Schmachleiden in die Waagschale zu werfen für die Vollendung Seiner Brautgemeinde, wie Paulus sagt: „Darum dulde ich alles um der Auserwählten willen" – „... und erstatte an meinem Fleisch, was an den Leiden Christi noch fehlt" (2. Tim. 2,10; Kol. 1,24). Sollte mir mein kleines Leben noch wichtig sein können, wenn es um Gottes weitreichende Heilspläne geht? Seine Gedanken sind immer viel höher und herrlicher, als wir uns denken können. Und je sinnloser unsere Wege scheinen, je mehr wir umsonst gebetet, gewartet und gelitten haben, ein desto herrlicheres Auferstehen werden wir erleben.

So war es seit 1973 ein anderes Lied, das ich manchmal mitten am Tag und an vielen Abenden am Harmonium anstimmte. Es war ein vertontes Bibelwort, das mir in dunkelster Stunde vom Herrn gegeben wurde und das in mir triumphierenden Glauben ausgelöst hatte:

Sein Rat ist wunderbar, und er führt es herrlich hinaus.

Jes. 28,29

Damals – nach meiner schweren Krankheit, die mich an den Rand des Todes geführt hatte – hatte ich als größte Bitte dem Herrn gebracht: „Schenk mir die Gnade, den Auftrag zu vollenden, den Du mir gegeben hast; erst dann rufe mich heim!" Er hat diese Bitte erfüllt, anders als ich gedacht hatte, aber viel herrlicher. Er hat mich – wie Paulus sagt – teilhaben lassen an der „Gemeinschaft seiner Leiden, dass ich seinem Tode ähnlich werde" (Phil. 3,10 L12).

So schließt dieser Lebensabschnitt mit dem Dank, dass der Herr mich würdigte, Seinen Weg zu teilen, gerade auch den Weg der Schmach. In dieser Gemeinschaft mit Ihm durfte ich auf meinem bisherigen Lebensweg zutiefst das JA AMEN Gottes erfahren.

Nachwort: Was Gott tut, das ist wohlgetan

Mutter Basilea konnte nicht ahnen, dass ihr Rückblick nach 70 Jahren nur eine Zwischenbilanz werden sollte. Ein langer Weg lag noch vor ihr. Über 25 weitere Jahre folgten, in denen sie unbeirrbar liebend, leidend und betend ihren Weg vollendete. So viel hatte sie vom Himmel gesungen und hätte mit Freuden alles, was sie aufgebaut hatte, aus der Hand gelegt, um zu ihrem geliebten Herrn heimzukehren. Doch Gott hatte es anders geplant. Bereits 1975 bei einem Gebetsaufenthalt auf der Insel Patmos zeigte Er ihr, dass sie noch bis ins hohe Alter auf Erden bleiben solle.

Was prägte diese Jahre? Zuerst ein besonderer Einschnitt im Jahr 1979/1980: Gründung neuer Niederlassungen in Australien, Hongkong (später Taiwan), Japan, Ägypten, Südamerika, Kanada, Frankreich, Norwegen, Holland, der Schweiz – und weitere in den folgenden Jahren. Das war nicht leicht – für die ausreisenden Schwestern nicht, für die, die auf Kanaan zurückblieben nicht, und schon gar nicht für Mutter Basilea und Mutter Martyria, die jede ihrer geistlichen Töchter innerlich begleiteten. Unsere Dienste auf Kanaan mussten drastisch reduziert werden. Allen Freunden, denen das ebenfalls schwerfiel, danken wir von Herzen für ihre Treue in diesen Jahren.

Doch wie so oft in ihrem Leben machte Mutter Basilea die Erfahrung, und wir mit ihr, dass aus „Sterben" ein „Auferstehen" wurde. Schon die erste Reise in verschiedene Niederlassungen brachte völlig unerwartet einen neuen Auftrag, der die nächsten Jahre prägen sollte. Wir, die wir kein Fernsehgerät besaßen, sollten Fernsehprogramme herstellen! In Phoenix/USA bat die Verantwortliche einer Filmverleihstelle herzandringend um einen Weihnachtsfilm „mit Tiefgang". Der Mangel an geeignetem Material hatte dazu geführt, dass an christlichen Feiertagen Programme eingesetzt wurden, die nicht der Verherrlichung unseres Herrn dienten. In jedem Land, das Mutter Basilea besuchte, war ihr die gleiche Not entgegengekommen. Hemmschwellen sanken,

Schmutz und Gewalt bestimmten zunehmend die Medien, und gotteslästerliche Produktionen waren keine Seltenheit mehr. Tief bekümmert verbrachte Mutter Basilea viele Stunden im Beten und Flehen für die verschiedenen Länder, die ihr durch die Reisen und die Briefe aus den Niederlassungen so nahe gekommen waren.

In den folgenden Jahren entstanden auf Kanaan Videoprogramme, die in den USA und anderen Ländern von christlichen Fernsehstationen und sogar namhaften säkularen Netzwerken ausgestrahlt wurden. Für Mutter Basilea bedeutete dies, sich auf viele Videoaufnahmen vorzubereiten, bei denen sie vor allem englische Texte zu sprechen hatte. In ihrem Alter fiel ihr das sehr schwer, doch brannte es ihr im Herzen, alle Möglichkeiten auszuschöpfen, um Menschen zu einer echten Gottesbegegnung zu verhelfen.

Wenn Naturkatastrophen ein Land nach dem anderen erschütterten, waren ihre Tage von Gebet für die Opfer und Rettungskräfte erfüllt. Doch es blieb nie beim menschlichen Mitleid. Wie die Propheten des Alten Bundes geklagt haben, dass Gott Seinen Segen zurückziehen musste, wenn Israel nicht mehr nach Seinem Willen lebte, so erkannte Mutter Basilea den Zusammenhang zwischen diesem Geschehen und dem Zerfall von biblischen Werten – besonders in unseren sogenannten christlichen Ländern. Hatte sie 1963 am Sinai schon vorausschauend gelitten unter dem, was auf die Ablehnung der Gebote Gottes folgen musste, so schaute sie jetzt nicht tatenlos zu, sondern blieb ihrem unbeliebten prophetischen Wächter- und Ruferdienst treu. Auf vielerlei Weise versuchte sie, die Gesetzlosigkeit noch etwas zurückzuhalten.

Gott ließ uns aber auch Seine große Güte erfahren. Neue Schwestern und Brüder aus verschiedenen Ländern traten in unsere Gemeinschaft ein. Mutter Basileas Bücher und Kleinschriften wurden in immer mehr Sprachen übersetzt und fanden ihren Weg bis zu den bereits um Jesu willen Verfolgten.

Gleichzeitig ging unsere Mutter Martyria einen besonderen Weg. Jahrzehntelang hatte sie die Verantwortung für die Schwestern- und Bruderschaft aktiv mitgetragen. Während Mutter

Basileas Klausurzeiten führte sie unser Werk mit Unterstützung einiger Schwestern aus der Gründergeneration. Die Liebe zu Jesus und der Dank für Seine Erniedrigung von der Krippe bis zum Kreuz brannte in Mutter Martyrias Herzen. Ganz bewusst gab sie sich zur Niedrigkeit hin, und der Herr löste ihre Hingabe ein, als ihr Gedächtnis mehr und mehr nachließ, sodass sie sich aus dem aktiven Leben zurückziehen musste.

Ein Leitungskreis übernahm weitgehend die Verantwortung für laufend anfallende Entscheidungen, und Mutter Basilea konnte wieder mehr Zeit in Klausur verbringen. Doch blieb sie bis zuletzt Mutter unserer Gemeinschaft und geistliche Mutter für jede Schwester und jeden Bruder. Ihre priesterliche Fürbitte begleitete uns, und sie hatte ein zartes Empfinden dafür, was den Herrn in unserer Gemeinschaft betrübte. Dass Er unter uns gegenwärtig sein kann, weil wir in Seinem Licht der Wahrheit leben, war ihr unerschütterliches Glaubensziel.

Auch in Krankheitsleiden bis zu ihrem Heimgang war Mutter Basileas Parole: *Was Gott tut, das ist wohlgetan!* Immer wieder kam dieser Satz aus ihrem Mund, wenn sie unter uns war – entschlossen, positiv, aufmunternd.

In der Morgenfrühe des 21. März 2001 kam die Stunde, von der Mutter Basilea in ihren Liedern so oft gesungen hatte:

> Ich freu mich auf Erden auf einen Tag,
> da endlich zum Vater ich heimkehren mag,
> darf ruhen in Seinen Armen.
> Ich freu mich auf Erden auf einen Tag,
> da ich dann zu Jesus heimkehren mag,
> in Liebe Ihm ewig vereinet.

WENN ER ERSCHEINT Nr. 19

In unserem Mutterhaus-Gebetsgarten ist sie neben Mutter Martyria begraben, die im Jahr 1999 heimging. Die von ihr selbst gewählte Inschrift auf der schlichten Grabtafel lautet: „Christus ist mein Leben, und Sterben ist mein Gewinn" (Phil. 1,21).

Bei der Dank- und Gedächtnisfeier sagte Mutter Basileas Ärztin: „In ihrem Leiden verherrlichte sie Jesus. Was war das Geheimnis? Sie war ein ansteckendes Vorbild im Kindsein, im Glauben und Vertrauen und in der Liebe zu Jesus, zum Vater und zum Heiligen Geist. Eine heilige Heiterkeit und Fröhlichkeit strahlte von ihr aus, selbst noch unter starken Schmerzen. Bis zuletzt hat sie gesungen."

Ein unerschöpfliches geistliches Erbe und ein Reichtum an Erinnerungen – persönlich und gemeinsam – bleibt jedem von uns. Wir waren geliebt mit einer Liebe, die uns zu Gott führte.

Nur der Herr weiß, wie viele Leser durch Mutter Basileas Lebenszeugnis gesegnet wurden. Etwas davon erfahren wir in Briefen aus vielen Ländern. Aus Russland schrieb ein Pastor: „Ich lese noch einmal Mutter Basileas Buch und danke Gott für dieses Beispiel des Glaubens und Vertrauens zum Herrn. Solche Glaubenszeugen sind wie Sterne, und wenn ein Stern erlischt, scheint sein Licht noch viele Jahre weiter, sodass die Strahlen Jahrzehnte durchziehen."

Evangelische Marienschwestern
Darmstadt, im Herbst 2017

Im gleichen Verlag erschienen von M. Basilea Schlink:

DIE LEUCHTKRAFT DES KREUZES

Aus Mutter Basileas Vermächtnis

„Ein Buch, das mir zur großen Herausforderung wurde – prophetisch, tief verwurzelt in der Heiligen Schrift, die Widerspiegelung eines opferreichen Lebens in der Liebe zu Jesus. In den Prüfungen der Endzeit wird es eine starke Ermutigung für viele Christen sein. Mutter Basilea zeigt auf, wie man den Weg der Kreuznachfolge gehen kann bis zum herrlichen Ziel – der einzige Weg zum Leben, zur Freude und zum Sieg." (England)

5. Tausend   168 Seiten, mit Farbfotos   Gb

ALLES FÜR EINEN

Vom größten Schatz eines Christenlebens, der Liebe zu Jesus

„Ich sehnte mich nach echter Begegnung mit Jesus mitten in dem verwirrenden religiösen Strudel unserer Zeit. Da wurde mir im rechten Augenblick dieses Buch geschenkt. Die Botschaft von Jesus, dem wahren Bräutigam, und unserer Berufung zur bräutlichen Liebe war die Antwort, die mein Herz gesucht hatte. Es war wie das Entdecken einer frischen Quelle in der Wüste. Man spürt, die Worte kommen aus der Realität Ihres Lebens." (USA)

35. Tausend   232 Seiten   Kt

BUSSE – GLÜCKSELIGES LEBEN

Die tägliche Umkehr als befreiende Lösung und Quelle beständiger Freude

„Dieses Buch ist so genial geschrieben, so hilfreich und praktisch. Man spürt jeder Seite an: Ein Leben steht dahinter. Es ist nicht von oben herab geschrieben, sondern für jeden nachvollziehbar und eine große Hilfe – gerade bei Spannungen, Verletzungen, Kränkungen, Empfindlichkeiten, die leider so oft das geistliche Wachstum blockieren. Man wird an der Hand genommen und bekommt den Ausweg gezeigt." (Deutschland)

63. Tausend   104 Seiten   Kt

DER NIEMAND TRAURIG SEHEN KANN

Ein Wort des Zuspruchs für jeden Tag des Jahres

„Eine Botschaft der Hoffnung, des Trostes und des Glaubens, gerade für unsere Zeit, die immer schwieriger wird. Ein Buch, das auf dem Nachttisch liegen – oder noch besser in der Handtasche getragen werden sollte, um daraus im Lauf des Tages immer wieder Kraft zu schöpfen. Eine Einladung, Gott zu vertrauen, der ein Vater ist." (Italien)

212. Tausend   240 Seiten   Kt

REALITÄTEN – GOTTES WIRKEN HEUTE ERLEBT

„Der Inhalt wirkte auf mich wie Regen auf dürres Land. Die Schilderungen der Erlebnisse aus der Gründungszeit Ihrer Gemeinschaft haben einen glaubhaften und lebendigen Eindruck vom Wirken Gottes und der Kraft rechten Betens in mir bewirkt. Dadurch konnte ich ein neues Gottvertrauen und eine neue Einstellung zum Leben gewinnen." (Deutschland)

150. Tausend   224 Seiten   Kt

ZUM GEWINN WARD MIR DAS LEID

Ein Lebenszeugnis, das uns den Schatz im Leiden entdecken lässt

„Mit Zartgefühl wird hier der Finger auf wunde Punkte in unserem Leben gelegt, doch zugleich eine einfache und klare Lösung gezeigt. Welche Erleichterung durchströmt uns, Frieden und stille Freude. Mutter Basilea lässt uns nicht allein die Leiden konfrontieren – sie ermutigt in jedem Kapitel, uns Jesus zuzuwenden." (USA)

28. Tausend   112 Seiten   Kt

PATMOS – DA DER HIMMEL OFFEN WAR

Die Offenbarung des Johannes wird lebendig in den Geschehnissen unserer Zeit

„Nur wenige Bücher haben mich dermaßen bis ins Innerste ergriffen. Der Kampf zwischen dem Tier und dem Lamm Gottes und der gewaltige Endsieg des Lammes sind hier mit Herz und Einfühlungsvermögen beschrieben. Man wird angesteckt, zutiefst erfasst, ins Gebet geführt und von Vertrauen und Sehnsucht nach dem Tag erfüllt, an dem das Reich Gottes siegen wird." (Schweden)

38. Tausend   144 Seiten   Kt

VATER DER LIEBE

Verankert im Herzen Gottes

„Es ist wunderbar, den Vater der Liebe kennenzulernen. Vieles, was mir auf schweren Wegen bis jetzt verhüllt war, wird beim Lesen dieses Buches aufgeschlossen, und das ‚Warum?' verschwindet." (Deutschland)

28. Tausend   144 Seiten   Gb

LASS MEIN LIEBEN DICH BEGLEITEN

Die Passion Jesu – kurze Betrachtungen

„Dieses Buch wurde zu einer Revolution für mein Leben. Ich habe dadurch meinen Heiland besser kennengelernt, und Er hat meine Liebe neu gewonnen. Es ist ein kostbarer Schatz." (Israel)

23. Tausend   240 Seiten   Gb